무용예술코드

무용예술코드 김말복지음

한길아트

무용예수코드

지은이 김말복
펴낸이 김언호
펴낸곳 한길아트
등록 1998년 5월 20일 제75호

주소 10881 경기도 파주시 광인사길 37
www.hangilart.co.kr
E-mail: hangilart@hangilsa.co.kr
전화 031-955-2000~3 팩스 031-955-2005

디자인 장포 031-955-2097 인쇄 예림 제본 예림

제1판 제1쇄 2011년 8월 19일
제1판 제3쇄 2021년 3월 25일

값 25,000원

ISBN 978-89-91636-62-0 03680

◆ 잘못 만들어진 책은 구입하신 서점에서 바꿔드립니다.

◆ 이 도서의 국립중앙도서관 출판시도서목록(CIP)은
e-CIP 홈페이지(http://www.nl.go.kr/cip.php)와 국가자료공동목록시스템
(http://www.nl.go.kr/kolisnet)에서 이용하실 수 있습니다.
(CIP제어번호: CIP2011003112)

◆ 이 저서는 2007년 정부(교육인적자원부)의 재원으로 한국학술진흥재단의 지원을 받아
수행된 연구임. (KRF-2007-812-G00026)
This work was supported by the Korea Research Foundation Grant funded
by the Korean Government(Ministry of Education&Human Resources Development).
(KRF-2007-812-G00026)

마리우스 프티파의 「라 바야데르」(La Bayadère, 1877) 공연장면.

추상적인 춤으로 유명한 '망령들의 막'(Shades Act). 프티파의 고전적 발레 이상인 질서감과 클래식 튀튀의 아름다움이 잘 드러난다. 러시아의 전설적인 무용가 루돌프 누레예프가 파리 오페라 발레단의 예술감독으로 있을 때 프티파의 원작에 따라 재안무한 1992년 버전으로, 2010년 가르니에 극장 공연장면이다.

위 | 「폴란드인의 발레」(Ballet des Polonais, 1573)의 마지막 그랑 발레 장면.

캐서린 드 메디치가 섭정 당시 그녀의 셋째 아들에게 폴란드 왕위를 올리기 위해 방문한 폴란드 대사를 환영하여 개최한 발레다. 가운데 검은색 드레스를 입고 앉은 이가 캐서린 드 메디치로, 모든 귀족들이 마지막 그랑 발레에서 야외로 이동하여 춤추는 모습이다.

오른쪽 | 쥘 페로 안무의 「4인무」(Pas de Quatre, 1845)에 등장한 발레리나들.

낭만 발레 시절 큰 인기를 끌었던 4명의 스타 발레리나를 한 작품에 모아 선보이자는 발상으로 기획하여 큰 흥행을 거둔 작품이다. 춤은 특별한 줄거리 없이, 발레리나들이 경쟁의식을 발휘하여 각자 개성적인 기량을 발휘할 수 있도록 구성되었다.

지리 킬리안 안무의 「Bella Figura」(1995), 캐나다 몬트리올 발레단 공연장면.

작품 제목은 'good form'이라는 뜻의 이탈리아어로, 아름다운 무용수의 신체와 정밀한 테크닉을 특징으로 하는 추상적인 컨템퍼러리 발레의 대표작이다. 안무자는 무용수들의 상체를 드러냄으로써 '인간의 상처받기 쉬운 성질'을 나타내고자 했다.

이탈리아 바르베리니 궁전에서 열린 '말들의 발레' 장면(1656).

1654년 퇴위한 뒤 로마를 방문한 스웨덴의 크리스티나 여왕을 위해 열린 공연이다. 당시 말들의 발레는 극도로 호사스러웠는데, 발레에 출연하는 왕은 물론 말도 다이아몬드와 루비, 사파이어로 만든 의상을 입었을 정도다. 한편, 말들은 한 작품을 공연하기 위해 3개월 정도 바이올린 반주에 맞춰 연습해야 했다.

궁중정재 「선유락」(船遊樂), 국립국악원 무용단 공연장면.

뱃놀이를 주제로 하는 선유락은 신라시대 궁정춤으로 만들어진 향악정재다. 조선시대 궁정에서 주로 궁중연향의 마지막 순서로 즐겨 공연되었고, 인기를 누리며 조선조 말까지 계승되었다. 기생들이 배를 밀고 당기며 춤추는 선유락은 군악대의 반주와 참가하는 무용수의 수, 배를 지휘하는 군사의 복식 등에 있어 장대하고 화려한 궁중정재다.

무용을 이해하는 새로운 열쇠

이 책은 한순간에 사라지는 신기루처럼 흔적을 남기지 않는 신비로운 무용 예술을 다각도로 해독하는 데 도움을 주기 위해 기획했다. 무용의 본질과 영역, 예술적 경계를 밝히는 모든 주요 개념을 해체시켜 무용의 코드를 정리하고, 어떤 주의나 이론을 구축하기 위한 수단이 아니라 숨겨진 의미와 아우라를 찾기 위한 독자적인 주체로 무용 예술을 풀어놓음으로써 특정 주장의 제한이나 구속으로부터 벗어난다는 의도다.

전통적인 학술서는 대개 특정 이론의 패러다임 아래 하위개념과 종개념 그리고 주개념의 순서로 관계를 설명하며 서사적으로 구성하는 방식을 따르고 있다. 따라서 이제까지의 학습 방법은 저자의 설계도에 따라 의미 관계를 이해하는 것이 해당 개념 자체의 의미보다 중요했다. 반면 이 책은 무용의 특징적인 의미와 메시지를 파악하는 데 필수적인 코드 개념들을 열거한다. 코드는 곧 암호라고 할 수 있는데, 각 대상은 고유한 기호를 발산하고 그 의미는 코드를 해독할 능력을 갖춘 사람에게만 내면을 드러내 보인다. 과거부터 현재까지 많은 무용 현상에 내포된 코드들을 포착해 무용 아이콘과 코드의 퍼즐 놀이를 즐길 수 있는 자만이 춤의 문화적 의미나 사상적 메시지를 이해할 수 있다. 무용사에 나타나는 단편적인 사건을 코드와 결합시킬 수 있는 조합 원리를 이해하지 못한다면 '코드 부재'와 '코드의 혼란'을 야기하게 될 것이다. 미스터리한 암호와 단서인 무용 코드를 따라 춤의 본질로의 미궁을 쫓아가다 보면 마법에 둘러싸인 자기만의 무용의 성에 도달하게 될 것이다. 이 책에서 제시한 100개의 무용 코드를 가지고 각자 고유한 조합을 만들어 창의적으로 무용을 바라보고 자기만의 관점과 이론을 구성할 수 있도록 의도한 것이다. 주관적인 시각이나 이야기 구조를 강요하지 않고 창의적인 해독을 장려하기 위한 방편이다.

무용 예술의 현상과 정체를 설명하고 이해를 돕는 데 이러한 구성은 참신하다고 할 수 있다. 사회·문화적 흐름과 함께 필자의 교육 현장 경험을 반영해 이루어진 결과다. 첨단 테크놀로지와 미디어 그리고 일상생활의 디지털화로 사람들은 현실을 감각적으로 받아들인다. 인터넷과 TV, 자동차, 비행기, 온갖 종류의 자동화기기는 인간 능력의 확장, 즉 '인간의 확장'extensions of man을 가져왔다고 마셜 맥루언은 진단했다. 그는 사람들이 경험하고 지각하는 대상이 공간적으로나 시간적으로 인간의 한계를 뛰어넘어 전 지구적 규모로 확장되었다고 말했다. 그 결과 경험과 인식 그리고 지각 방식도 크게 변화해, 책의 기능도 '일정한 주제에 따라 순서에 맞게 구성되는 선형linear 구조에서 벗어나 모자이크식 구성에 따른 중층적 짜깁기로 연결될 것'이라 예언하기도 했다.

이 책은 맥루언의 예언을 맹목적으로 따른 것이라기보다는, 인터넷을 통해 정보를 수집하고 의사소통을 하는 요즘 학생들은 더 이상 서사 구조로 이루어진 거대한 이론을 필요로 하지 않는다는 판단에 따른 것이다. 두꺼운 책보다는 필요한 정보만 간단히 얻는 것을 선호한다는 점을 간파해 이러한 특성에 맞춘 것이다. 지금까지 필자는 강의와 저술 모두 이해하기 쉽게 엮어내기 위해서 잘 짜인 연결고리로 이어지도록 했다. 그 결과 책이 두껍거나 내용이 많아지는 경향이 있었다. 요즘 학생들의 학습 취향이 감각적이고 단타적인 만큼, 이 책에서는 정보를 유연하게 취사선택할 수 있도록 구성하고, 다양한 코드를 유연하게 관련지어 무용에 대한 독창적인 관점을 가질 수 있도록 돕고자 한다. 학문 연구 방식에서 경계를 넘나드는 '통섭'consilience이 요청되는 지경에, 무용 예술을 설명하는 과학적 개념과 예술적 개념이라는 경계도 허물어야 한다는 생각이다.

물론 교차적이고 다각적인 조망을 지향한다는 취지에도 불구하고 기존 이론의 틀을 완전히 제거하지는 못하리라 짐작한다. 하지만 그것들을 독립적으로 제시하고 다양한 맥락에서 종·횡적으로 새롭게 해석할 수 있도록 기회를 열어둔다는 것만도 매우 가치 있는 시도라고 생각한다.

역사를 돌이켜보면 무용이란 사전식으로 정의하기가 불가능한 예술이다. 급진적인 변화와 개혁이 끊임없이 일어나는 춤의 현장을 딱 떨어지게 설명하기란 쉽지 않다. 무용에 교과서 같은 훌륭한 사전이 없는 이유이기도 하다. 수십 년 동안 춤과 씨름해온 저자에게도 춤은 여전히 수수께끼고, 그래서 더욱 매력적이다. 미래의 춤은 더욱더 변화무쌍하리라 짐작하기 때문에 이런 방식의 코드 풀이가 무용을 설명하는 데 가장 안전할 것 같다.

책을 구성하면서 무용의 의미와 메시지를 구성하는 주제어들을 어느 범주에서 그쳐야 독자들이 부담 없이 접근할 수 있을지, 그 경계를 어디로 잡을지 고민했다. 이 책의 목적은 결국 많은 사람들이 쉽게 접근해 자기의 무용 코드를 조합하는 데 있기 때문이다.

독자에게 저자의 방식을 일방적으로 강요하지 않고, 개념 해석의 문을 열어놓음으로써 창의적인 조합과 해석으로 새로운 무용 이론이 탄생하기를 기대한다.

2011년 여름
김말복

12　무용을 이해하는 새로운 열쇠

성 SEX

23　남장 여성무용수
27　낭만 발레
32　누드
42　동성애 취향
51　로이 풀러
58　발레 블랑
62　발레광
65　백조와 춤
73　실피드
77　여권주의적 시각
82　여성 발레
87　장미의 정령
92　토슈즈
96　튀튀
101　팜므 파탈

문화 CULTURE

109　가면무도회
112　누벨 당스
117　당스 노블
121　댄스 테라피
125　댄싱 마스터
128　디시램브
131　무도광
135　무용금지령
139　미뉴에트
143　바로크 댄스
148　발레 루스

156 발레뷔
159 사교춤
165 오케스트라
171 왈츠
177 종교의식
183 죽음의 춤
188 최승희
194 캐서린 드 메디치
198 코메디아 델라르테
202 태양왕
208 효명세자
214 희극 발레

유형
STYLE

219 그랑 발레
223 말들의 발레
227 모던 댄스
232 무용 극장
239 무용시
244 바우하우스
252 발로 · 발레티 · 발레
255 볼룸댄스 · 댄스스포츠
259 아르누보
264 아방가르드 댄스
272 오페라 발레
276 왕비의 희극 발레
281 재즈 댄스
285 저드슨 그룹
291 정재
296 추상 발레
302 캐릭터 댄스

306 컨템퍼러리 댄스
311 클래식 발레
315 탄츠테아터
322 탭 댄스
327 현대 발레

기법 TECHNIQUE

335 대2인무
339 델사르트 엑서사이즈
343 디베르티스망
346 디지털 댄스
351 무용보
357 바스 당스
361 발레 테크닉
365 아라베스크
370 앙트레
373 우연성 기법
379 유리드믹스
384 즉흥
389 팬터마임·마임
394 포인트 워크
398 프로시니엄 무대
405 필름과 비디오
412 해프닝·이벤트
418 현대무용 테크닉

생각 THOUGHT

425 가상의 힘
428 당스 데콜
431 동양무용
436 뮤즈

439 미메시스
442 발레 닥시옹
445 부정의 미학
450 서양무용
457 신명
461 신체 문화
466 심신이원론
470 아프리카
474 영감
477 오리엔탈리즘
484 유의미한 형식
487 카타르시스
489 커뮤니케이션
492 코레이아·오케시스
495 표현주의
500 프랑스 왕립 무용 아카데미
503 현상학
506 후기 현대파 춤

513 참고문헌
519 그림출처
523 찾아보기

일러두기

- 일반 단행본과 간행물 제목은 『 』, 무용과 음악 작품 제목은 「 」로 표기했습니다.
- 국문 제목이 따로 없는 단행본·무용 작품은 번역하지 않고 원어 그대로 사용했습니다.

성 SEX

남장 여성무용수 Danseuse en Travestie

　1830~40년대에 절정에 이른 낭만 발레의 인기는 낭만 시기를 이끈 대표적인 발레리나의 인기로 유지되었다. 불과 한 세기 전에 남자들이 여장을 하고 여성역할을 하던 때와 달리 모든 솔로는 여성들이 도맡아 하면서 발레리나가 압도적인 지위를 차지하게 되었고, 낭만 발레는 '여성 발레'라는 별칭을 지니게 되었다. 발레가 이렇듯 여성적 색조를 띠게 된 것은 당시 프랑스 발레의 본산인 파리 오페라가 왕실의 후원이 끊기자 독립재정체제로 바뀌면서 신흥 부르주아들이 유례없이 강력한 관객으로 등장했기 때문이다. 파리의 남성관객과 강력한 극장 후원자들의 영향력이 발레의 모습과 발전 방향에 영향을 미친 것이다.

　이러한 관심은 점차 남성무용수에 대한 혐오 감정을 형성해 1840년대 중반부터 남성들이 군무용수 그룹에서 제외되기 시작했고, 파리 오페라에서는 종종 특정 발레리나가 남성역할을 대신하는 정책이 생겨 났다. 1850년대에는 '남장 여성무용수'가 여자주역의 파트너를 맡고 군무진에서도 발레리노를 대신하게 되었다. 전통적으로 남성들이 맡아왔던 군무진 중 특히 힘세고 용맹한 경기병이나 투우사, 선원 역할도 남장 여성무용수들이 맡았다. 1870년 「코펠리아」Coppélia에서 남자 주인공 프란츠 역을 파리 오페라에서 가장 예쁜 무용수가 맡음으로써 남성들은 발레 무대에서 완전히 사라지게 되었다. 그리하여 당시 재능 있는 남성무용수들이 빛을 보지 못하고 오페라 무용 학교에서도 점차 소년 학생이 줄어들기 시작했다. 이런 실정은 1860~1900년 사이에 파리 오페라의 발레리나를 그린 에드가르 드가Edgar Degas, 1834~1917의 그림에 잘 나타난다. 드가의 그림 속에 남성무용수는 한 명도 없고 남성이라고는 늙은 무용 교사 쥘 페로Jules Perrot, 1810~92가 유일하다. 20세기 초반 유럽 발레에서는 기사 역할을 맡은 여성무용수를 흔히 볼 수 있을 정도였다.

현실에서 여성이 남성복장을 한다면 남성의 힘과 특권을 지니는 것으로 받아들이겠지만, 무대에서는 의미가 매우 다르다. 이는 발레 형식이 귀족적인 궁정 예술에서 새로운 사회 계급인 부르주아의 취미와 시장성에 부응해 재탄생하는 변화를 의미한다. 그러나 산업화와 부르주아 계급이 활기찬 파리와 런던에서만 남성무용수가 사라졌고, 아직 발레가 왕실 후원 속에 귀족 예술로 발전하던 덴마크나 러시아에서는 제국적인 분위기 속에서 남성무용수들이 건재했다.

발레의 경제구조 변화는 대중과 후원자에게 강력한 힘을 부여했으며 발레단의 스타 시스템에도 변화를 초래했다. 충선서럼 기술과 서열에 따른 캐스팅이 아니라 얼마나 관객을 끌어들이는가에 따른 시스템으로 바뀌었다. 그러므로 남성무용수의 실종은 낭만주의와 시장 경제의 승리와 때를 같이한다.

발레리나들이 무대를 장악하면서 '여성성'이 발레의 사상과 정의가 되었다. 관객의 취향에 부응해 발레리나들도 발레 예술의 임무는 정신 고양이 아니라 감각을 매혹하는 것이라 생각했다. 남장 여성무용수들은 착 달라붙는 타이츠와 승마용 반바지를 입고 늘씬한 다리와 잘록한 허리, 동그스름하고 이상적인 엉덩이와 허벅지를 과시했다. 이런 남장 여성무용수의 공연은 "얼마나 감탄할만한 다리인가"라는 평을 받았

폴 탈리오니의 발레 「사타넬라」(Satanella, 1853)에서
남장을 한 마리 탈리오니.

다. 남장 여성무용수들은 성적 매력을 노골적으로 광고했다. 남성관객은 여성이 맡은 남성역이 무엇보다도 여성의 몸을 향한 은밀한 남성적 시각을 방해하지 않아 만족했다. 이런 현상은 19세기 발레 교사, 비평가, 안무자, 관객 그리고 예술감독의 지위로 철저하게 발레 무대의 안팎을 장악한 남성들만의 정치와 게임의 결과였다.

낭만 발레 Romantic Ballet

프랑스 혁명 이후 발레는 예술적 내용이나 체제, 기술, 스타일 등에서 급격한 변화를 겪고 곧이어 19세기 유럽 문화와 예술계를 휩쓴 낭만주의의 영향을 받았다. 발레에서 낭만적 경향은 1830~40년대에 절정을 맞아 이 시기를 '낭만 발레의 황금기'라고 얘기한다. 낭만주의는 근본적으로 18세기 예술 활동을 압도적으로 장악했던 아카데미파의 엄격한 형식을 타파하고자 했다. 유럽의 예술과 사상계 전반에서 낭만주의가 분명히 나타나기 시작한 것은 17세기 후반까지 거슬러 올라가지만, 대략 1780~1830년 사이로 본다.

낭만주의의 특징은 감정과 정서의 향수에 대한 새로운 충동이다. 예술 아카데미들이 고집해온 고전적 예술 규칙으로부터 탈피하고, 아울러 자유로운 상상력을 가미해 감정과 감성의 향유 경향이 현저해진 것이 19세기 예술의 특징이었다. 낭만주의는 문학에서 시작되었으며 특히 빅토르 위고 Victor Hugo, 1802~85의 시와 극에서 크게 영향을 받았다. 17세기 후반에 처음 '낭만적'romantic이라는 용어가 쓰일 때 이는 비현실적이고 불가사의한, 그리고 굉장히 공상적이고 감상적인 것에 대한 경멸의 뜻으로 쓰였다. 그러나 18세기를 지나면서 프랑스 혁명과 전쟁이 이어지자 낭만주의는 참담한 현실로부터 도피하고자 하는 갈망을 자극했다. 내성적이고 침울한 낭만주의 예술가들은 이국적인 모험, 머나먼 장소와 동화 같은 배경을 꿈꾸었다. 다른 예술 분야에서 낭만주의의 창의적 열기가 사라지는 말기에야 발레에서 낭만주의 움직임이 나타난 이유는, 당시 프랑스 발레의 본거지였던 파리 오페라 극장이 아카데미즘의 전당으로 매우 보수적이기 때문이었다.

'낭만 발레'라는 이름은 이들 작품이 등장한 시기가 낭만주의 시대와 일치하고, 작품 내용을 규정하는 대본이 낭만적 상징을 내포하기 때문이다. 낭만 발레의 낭만적 특성은 움직임이나 형식 혹은 안무 자체보다 대본에 있었다. 참혹한 현실에 대한 저항으로 낭만적인 사랑에 대한 동경과 아름다운 꿈들은 발레에 새로운 주제를 가져다주었다. 발레에 적용된 낭만적 상징은 바로 '요정'이었다. 불가사의하고 비현실적인 것에 대한 관심은 요정으로 대변되고, 천상의 존재에 대한 기약 없는 사랑은 이룰 수 없는 것에 대한 인간의 열망을 대변한다. 발레의 낭만적 주제는 요정과 사랑에 빠진 남자의 슬픈 사랑 이야기다. 주로 사랑에 배신당해 죽은 처녀들이 요정이 되어 인간을 괴롭히고 복수하는 이야기인데, 이는 획득할 수 없는 것에 대한 인간의 갈망을 의미한다. 낭만 발레는 주로 2막 구성으로, 1막에서 현실 이야기가 비극적인 파탄으로 끝나고 2막에서 요정들의 환상적인 세계가 펼쳐진다.

19세기 전반에 낭만 발레가 기교적으로 발전할 수 있도록 토대를 제공한 이는 발레 마스터 카를로 블라시스Carlo Blasis, 1797~1878였다. 또한 시인이자 저널리스트, 연극평론가로 발레 대본을 쓰고 비평을 했던 테오필 고티에Théophile Gautier, 1811~72는 발레를 대단히 사랑해 대중의 발레 취향과 열정을 크게 선도했다. 「라 실피드」La Sylphide, 1832의 공연과 함께 낭만 발레는 유럽을 사로잡았고 이 작품에서 주인공을 맡았던 마리 탈리오니Marie Taglioni, 1804~84는 세계적인 스타덤에 올랐다. '실피드'라는 이름을 딴 헤어스타일, 의상, 분위기, 잡지 등이 생겨나고 유행하면서 이는 일종의 문화 브랜드가 되었다. 오늘날 공연되는 낭만 발레의 대표작은 테오필 고티에가 대본을 쓴 「지젤」Giselle, 1841이다.

신체적 구속에서 자유로운 낭만적 무용 상징은 중력으로부터도 자유로워 달빛 속에 흐르는 듯 날아다니며 환상 속에서 완전해진다. 이런 환상을 가능하게 하기 위해 가벼운 움직임이나 발롱ballon처럼 공중에서 정지하는 기법이 중시되고 천상으로 다가가기 위해 발끝으로 춤추는 기술on point이 개발되었다. 발끝으로 서는 것을 재주의 수준에서 예술의 경지로 발전시킨 사람은 '무용에 적용된 낭만주의'라는 평가를 받은 대표적인 낭만 발레리나 마리 탈리오니였다. 당시 관객은 발끝으로 서는 기교에 매료되었다. 낭만 발레 정신의 구현은 발끝으로 서는 기법toe work 외에도 공중을 나는 장치와, 달빛이 비치는 안개 낀 숲 속 세계를 연출하기 위한 가스등 조명이 개발되었기에 가능했다. 발롱이나 토 워크 기교로 천상에서 춤추는 낭만 발레리나는 하늘을 찌를 듯 높이 솟은 고딕 첨탑 위에서 춤추는 천사와 같은 중세적 은유를 계승한 것이다. 따라서 마리 탈리오니는 '천상의 그리스도교적 무용수'라 불렸다. 의상에서도 '로맨틱 튀튀'romantic tutu라 불리는 흰 치마는 요정을 상징하게 되고, 발레리나의 다리에 휘감기는 종 모양의 흰색 치마가 인기를 끌면서 낭만 발레는 '백색 발레'ballet blanc라 불리기도 했다.

낭만 발레의 시기와 맞물려 석판 인쇄와 사진술이 발전하면서 발레리나들의 사진첩과 그림책이 대유행했다. 무용수나 작품에 대한 간략한 설명에다 100~200장의 발레리나 초상으로 구성된 앨범과 기념품으로 출판업자들은 상당한 수익을 남겼다. 사진술은 1840년대 접어들어 상용화되었는데 이는 발레 기념품 사업의 시작을 뜻했다. 사진술은 기술 혁명이 준 첫 번째 장난감이었고, 사진 속 발레리나는 일반인과

낭만 발레의 대표작 「라 실피드」에서 공기의 요정.

예술가들이 움직임에 눈뜨는 계기가 되었다. 낭만 발레는 당시 중산 계급의 필수 예술 품목이 되었고 시각 예술가들에게도 무용수는 주요 모티프가 되었다. 당시 2류 화가와 사진작가 들에게 발레리나 주제는 이름을 알리는 필수 코스였다. 드가 역시 발레리나를 고집한 것은 이런 분위기 때문이었다. 그림책 속의 발레리나는 오늘날의 연예계 스타와 다를 바 없었다. 움직임에 눈뜬 사람들은 연속적인 움직임을 기록하는 데 사진술의 문제점을 지각하면서 살아 있는 발레리나의 생생함에 더욱 빠져들었다. 이런 그림책에 대한 인기는 발레광을 낳고 이들이 낭만 발레의 인기에 기여했다.

누드 Nudity

그리스 조각에 기록된 무용수들은 누드 상태이거나 천으로 몸을 감싸며 천을 춤의 중요한 부분으로 사용한다. 그리스인들은 벌거벗은 인간의 아름다움을 너무나 사랑한 나머지 육체적 즐거움의 표현이 모든 신체적 죄악을 무색하게 했다. 플라톤Platon, BC 427~347이 춤을 교육과 공공 활동의 중심으로 설명하면서도 춤의 매력을 경계한 이유는 몸에 대한 날카로운 철학적 인식 때문이다. 예술사의 초기부터 화가들은 완전히 벌거벗은 상태보다 직물이 가볍게 몸에 달라붙거나 신체 일부분만 가린 것이 훨씬 강력한 노출을 암시한다는 것을 알았다. 이런 식의 노출에 대한 암시 방식은 고대 그리스로부터 시작되어 르네상스 시기에 부활했다.

산드로 보디첼리Sandro Botticelli, 1445~1510의 「프리마베라」Primavera에 그려진 세 여신미, 우아, 기쁨을 상징하는 여신 세 자매은 관능적이면서도 매우 순결한 인상으로 유혹하는데 이때 천의 역할이 매우 중요하다. 이런 관능적인 유혹의 느낌은 춤의 제스처가 두드러지게하며, 이로 인해 몸을 감싸며 흘러내리는 천의 리듬감을 강조한 춤 동작이 이 그림에서 매우 중요하다.

이사도라 덩컨Isadora Duncan, 1878~1927은 이 그림을 보고 "나는 이 그림을 춤출 것이다. 이 사랑과 봄, 삶과 생명의 환희에 찬 메시지를 춤으로 보여줄 것이다"라고 자서전 『My Life』에 기록했다. 그리하여 그녀는 그리스 튜닉처럼 흘러내리는 원피스를 입고 맨발로 춤추었고, '맨

보티첼리의 「프리마베라」 중 '세 여신'.

발의 무용수'로 불리며 당대의 발레 비평가들을 경악하게 했다. 움직임으로 공중에 떠다니는 천은 그 자체로 생명을 가질 뿐 아니라 리드미컬한 선의 환영과 체화된 에너지의 암시를 더해준다. 맨발은 외부의 구속으로부터 해방된 현대적인 신체를 표명했다. 이사도라 덩컨은 현대 무용이 맨발의 춤이라는 것을 대중에게 인식시켰다. 코르셋을 하지 않은 여자는 방종하다는 인식이 있을 당시, 코르셋도 하지 않은 그녀의 맨발은 토슈즈라는 발레 규범으로부터 자유로울 뿐 아니라 사회적 구속의 신호인 옷으로부터 해방을 약속하는 논리가 되어 관객의 애를 태웠다. 치마단 아래로 드러나는 여성의 발목에 성적 흥분을 느끼던 당대의 인식 수준을 감안하면 몸을 따라 흐르는 튜닉 아래로 드러나는 그녀의 맨발과 다리는 오늘날 공연계에서의 성기 노출보다도 더 큰 충격이었다. 이사도라 덩컨은 신체로 자연을 느껴 자연의 파동과 조화로운 움직임으로부터 춤동작을 끌어오고자 했다.

  자연의 극치로서 누드가 예술에서 가장 고결한 형식이라고 생각한 이사도라 덩컨은 신체의 형태와 균형미에서만 아름다움의 정확한 개념을 발견할 수 있다고 보았다. 신체에서 아름다움을 발견할 수 없다면 그것을 무용이라고 할 수 있겠는가? 1902~1903년 시즌에 이사도라 덩컨은 베를린 크롤 극장 공연에 완전한 누드로 출연했다. 이후 이사도라 덩컨은 신체의 직설적인 자연성보다 영적인 표현에 더 열중하지만, 이런 관심은 제1차 세계대전 직전 바이마르 공화국 시절 독일에서 형성된 누드 댄싱Nackttanz과 누드 문화Nacktkultur: free body movement로 이어졌다. 제1차 세계대전 직후 독일 문화에서 '조금 더 벗은' 상태가 '더욱 현대적인' 상황으로 등식화되던 때가 있었다. 아도레 빌라니Adorée Villany, 올가 데즈몬드Olga Desmond, 1891~1964 등이 제1차 세계대전 직전에 누드 댄스로 명성을 얻었는데, 마타 하리Mata Hari, 1876~1917 역시 그 가운데 하나였다. 누드 공연자들은 대부분 여성이었고 이런 에로틱한 공연의 적법성을 두고 논란도 있었지만, 당시 관객 중에는 남성만큼 여성들도 많았기 때문에 남성의 시선으로부터 해방하고자 하는 여권의식에 대한 위협은 없었다. 오히려 1920년대에는 누드 무용수로 인해 많은 여성이 현대무용을 배우게 되었다. 여성의 움직임이 현대적인 신체와 여성해방의 이미지로 이어진 것이다.

1910년대 유럽에서 인기를 끈 '유리드믹스'eurhythmics 신체 훈련법의 창시자 자크 달크로즈도 움직임과 리듬에 대한 체계적인 연구로 유럽인의 신체를 해방시키기 위해 프로그램에 누드를 포함시켰다. 자크 달크로즈는 인체 표현에서 누드의 필연적인 중요성을 지적하고 위대한 그리스 철학자들을 활기차게 만든 신체에 대한 존경을 되살리고자 했다. 신체를 강하고 아름답게 만들고자 하는 그의 현대적인 프로그램은 누드만으로는 충분하지 못했던 듯하다. 그리하여 제1차 세계대전 이후 현대성의 신호로 누드의 가치를 강조하기 위해 무용과 같은 다른 활동을 포함시켰다.

제1차 세계대전 직전 독일에서는 나체주의자들이 나타나 대자연 속에 자유롭고 건강하게 존재하는 방법으로 누드로 사는 방식을 장려했다. 이 운동은 사설 모임들이 중심이 되어 일어났다. 이들 누드 문화는 비록 통일된 사상을 지니지는 않았지만 반反지성주의와 원형 파시즘의 경향을 지녔고 적어도 도시화와 합리화 문제에 보수적으로 반동했다. 이들은 나체가 전통적인 성도덕을 해하지 않는다고 주장하며, 인종적·우생학적 이유를 들어 자연스런 나체주의를 정당화하고자 했다. 나체주의자들은 누드 문화 운동을 광범위하게 현대적인 신호로, 그리고 모더니즘의 양상으로 제시했다. 누드 문화는 신체를 두 가지 신호로 간주했는데 우선 나체 상태를 태고의 원시성에 회귀하는 것으로 인식하는가 하면, 한편으로는 전례 없이 벌거벗은 상태를 현대의 정체로 여겼다. 이들은 건강에 해로운 산업화의 제약으로부터 신체를 해방시키고자 한 강경파와 누드 신체를 예술적으로 발전된 문명과 세계주의자의 표시로 보는 온건파로 나뉜다.

나체주의자들은 20세기 초 독일에서 벌거벗은 신체에 대해 재고하게 했지만 당시 독일 현대무용을 이끈 마리 비그만Mary Wigman, 1886~1973은 한 번도 누드를 작품에 끌어들이지 않았다. 그녀에게 누드는 모더니즘의 상징이 아니었다. 마리 비그만에게 현대적으로 신체를 드러내는 일은 맨 살이 아니라 움직임이었다. 움직임은 신체에 숨겨진 에너지를 드러내기 때문이다. 따라서 움직임에 관객의 주의를 집중시키기 위해 그녀는 가면과 후드, 망토로 몸을 가리곤 했다.

1920년대 누드는 비단 독일에만 국한되지 않고 사회적으로 저항의 수단으로 사용되었다. 전쟁으로 인한 신체적·노력적 황폐화는 모든 윤리적·예술적 가치와 규범의 몰락을 초래했다. 혁명과 함께 새롭게 경험하는 해방감으로 사회가 불안정해지자 자유의 의미와 한계에 대한 오해를 불러일으킨 것이다. 1929년 미국의 현대무용가 헬렌 타미리스Helen Tamiris, 1905~66는 무용이 가장 순수한 예술 형식이라는 생각에 무용수의 신체는 의상의 도움 없이 관객과 소통해야 한다는 실험을 했다.

무용수의 누드에서 아름다움을 발견한 것은 현대무용가들만이 아니었다. 20세기 중반 미국 현대 발레를 이끈 조지 발란신George Balanchine, 1904~83은 의상을 입지 않은 연습복 차림의 발레리나를 춤의 브랜드로 삼아 추상 발레라는 스타일을 완성하고, 발레를 미국인들에게 사랑받는 예술로 만들었다. 조지 발란신은 몸에 착 달라붙은 레오타드 차림이 누드에 가장 가까우며, 예술 대상과 밀접한 합일의 경험을 관객에게 주기 위해 가장 자연스럽고 이상적인 형태라는 점을 알았기 때문이다. 물론 조지 발란신 이전에 낭만 발레와 튀튀와 스타킹과 토슈즈의 도입이 발레에서 관객의 시선을 무용수의 다리에 집착하게 하고 육체를 강조한 것은 사실이다. 하늘거리는 망사 치마 아래로 드러나는 다리를 가리기 위해 발명된 스타킹은 다리를 가리되 더 강조했고 다리에 휘감기는 발레 치마 역시 그런 역할을 했다.

사실 발레에서 발견되는 나체 표명은 공연 예술에서 가장 잊히지 않는 심원한 방식이다. 누드에 가까운 발레리나의 몸은 일상적인 몸이 아니다. 발레 문화는 매우 어려운 기교 수준을 요구하지만 매우 한정된 신체만이 그 기준을 충족시킬 수 있다. 발레 움직임이 무용수의 몸을 아름답게 만드는 것이 아니라, 아름다운 신체가 움직일 때만 열정을 불러일으킬 수 있다. 춤추는 발레리나는 움직임이 신체를 지배하는 것이 아니라, 온갖 발레 규칙과 제한, 관습 아래 구속받을지라도 발레 동작을 하는 아름다운 신체가 세계를 지배하는 것이다. 어느 공연 예술보다도 발레는 공연자 신체의 '바람직함'desirability에 초점을 맞춘다. 어떤 상상의 캐릭터에 적합한지의 여부가 아니라 신체적 아름다움이 발레가 요구하는 동작의 매력에 들어맞을 만큼 강력해야만 적합한 것이다. 발레에서는 아름다운 신체만이 공주처럼 매력적인 존재의 설득력을 가질 수 있다.

1920년대를 매료시킨 누드는 1960년대 다시 나타나는데 이번에는 현대성의 상징이 아니라 타도해야 할 질병이었다. 후기 현대파의 대변인 격인 이본 레이너Yvonne Rainer, 1934~ 는 "무용은 위장된 성적 전시회다"라고 했다. 이후 후기 현대파는 의상을 비롯한 모든 전통적인 춤의 요소를 부정해 아무것도 걸치지 않거나 공연 의상이 아닌 일상복을 입는 전략을 썼다. 타이난Tynan이나 앤 핼프린Ann Halprin, 1920~ 등 많은 후기 현대파 무용가들이 예술적 진술로서 다양한 누드를 선보였는데, 전통적으로 신체 노출이 관객에게 야기하는 불편함을 개의치 않는 듯 즐겁고 무관심한 누드 이미지였다. 물론 이 시기에 이르러서는 뮤지컬이나 다른 예술에서 누드가 다반사로 발견되던 때였다. 스티브 팩스턴Steve Paxton, 1939~ 은 무용수 24명이 누드로 출연하는 작품이 과다한 신체 노출이라는 이유로 공연 취소되자, 이에 대한 항의로 일상복을 입은 채 팔에다 피가 역류하는 관이 달린 주사를 꽂고 강연을 했다. '누드보다 피를 보는 것이 더 윤리적인가'를 묻고자 한 제스처였다.

  1980년대 유럽의 아방가르드 무용이 극장 형태로 전개되면서 누드는 무용의 일부분이 되었다. 이 경향의 선구자로는 피나 바우시Pina Bausch, 1940~2009에서부터 장-클로드 갈로타Jean-Claude Galotta, 1950~, 안나 키어스매커Anne Keersmaeker, 1960~, 빔 반데케이부스Wim Vandekeybus, 1963~, 얀 파브르Jan Fabre, 1958~, DV8 신체극단DV8 Physical Theatre 등이 있는데, 1990년대 아방가르드 무용에서 나타나는 신체는 무용수의 신체 자체를 비워버리는 환원주의다. 극장성이나 스펙터클, 비본질적인 것, 확장적인 것의 축소로 벌거벗겨진 존재로서 신체가 출현한다. 행위예술에 가까운 이들의 누드는 무대에 '숨김없는 신체'explicit body를 제시한다. 이들 작업에서 누드는 공식적인 부분이고 이들을 묶어주는 유일한 공통점이지만 1960년대의 실험과는 단절된 것이다. 컨템퍼러리 댄스에서 무용수의 신체와 존재에 대한 끊임없는 강조는 역사적으로 농밀한 몸으로서 춤추는 몸을 창조한다.

지리 킬리안의 「Bella Figura」(1995).

앙제렝 프렐조카주의 「봄의 제전」(2001).

이들은 장애인의 몸이 할 수 있는 것과 할 수 없는 것을 보여주는가 하면 성기 노출 역시 예술적 진술을 위해 활용한다. 제롬 벨$^{Jérôme\ Bel,}$ $^{1964\sim}$의 작품에 나오는 신체는 마르거나 근육질이거나 젊지도 않은 '정상적인' 무용수들이고 무대도 조명이나 디자인, 음향도 없고 의상, 세트도 없는 벌거벗겨진 공간이다. 무대는 먼지투성이에 거칠고 어두침침한데, 이는 전혀 매력적이지 않은 안무 노동을 위한 장소다. 무대에 숨김없이 제시되는 몸은 대부분 비기교적이지만 관객에게 전달하는 일종의 텍스트다. 관객은 무용수의 몸에서 흘러내리는 땀을 보고 냄새를 맡을 만큼 밀착되면서 무용수의 존재가 관객의 존재를 위협하고 서로의 존재가 충돌하기도 한다.

그러나 유럽 컨템퍼러리 댄스에 나타나는 누드에 대한 환원주의 전략도 몸의 의미론을 축소시키기보다는 확대시키는 결과를 초래한 것 같다. 춤추는 몸의 존재는 폭로되지만 그 몸의 표면에 남은 상처 자국은 곧 우리 시대의 피부라는 미스터리를 드러낸다. 이들은 1960년대 후기 현대파 무용가들이 민주적으로 춤추는 몸을 재주장하고자 한 유토피아적인 사상이 아니라 강렬한 현재를 편집광적으로 보여준다. 이들은 단지 발가벗은 몸을 드러내는 것이 아니라 옷을 벗는 수단을 통해 '자연스러움'을 비평하며, 그 결과 역사에 의해 흔적이 남은 각인된 몸, 혹은 역사에 의해 파멸하는 몸을 폭로한다. 그런 그림은 아름답기는커녕 오히려 보기 불편하다.

동성애 취향 Homosexual Sensibility

컨템퍼러리 댄스에는 그 어느 예술에서보다도 동성애적 감성이 구체적이고 직접적인 형태로 나타난다. 무용 예술이 동성애자들을 끌어들이는 자석이 된 것은 20세기 초 '발레 루스'가 등장하면서부터였다. 발레 종사자의 사회적 지위 격변을 겪은 직후였다. 인류학자 마거릿 미드 Margaret Mead, 1901~78는 어느 사회에서나 남성들이 수행해오던 '바람직한' 직업에 여성이 참여하게 되면서 이 직업들을 덜 중요하다고 생각하는 경향이 있다고 했다. 루이 14세 1638~1715가 춤추던 시기 발레는 남성의 오락이었고, 왕과 귀족이 주로 출연한 공연은 사회적으로 존중되면서 귀족들은 동료의 춤에 환호했다. 그러다 루이 14세가 춤추기를 그만두면서 궁정의 사교춤은 전문직인 극장춤으로 발전했다. 그러나 프랑스 혁명과 산업혁명을 거친 뒤 무용은 고귀한 왕실 남성의 완벽한 공연 본보기에서 '열등한' 여성의 전형으로 인식되며 위신이 땅에 떨어졌다.

프랑스 혁명 이후 유럽과 미국에서 남성무용수는 동성애자들이나 하는 일이라고 여겨졌고 발레에는 '동성애자들의 볼게임'pansies' ball game 이라는 꼬리표가 붙을 정도였다. 따라서 종종 남성무용수들은 이런 시선을 피하기 위해 위장결혼을 하기도 했다. 19세기 이후 유럽에서는 남자들이 부드러워 보이거나 감성 표현적이면 남자로서 적절하지 못하다고 생각했으며, 이런 행동규범에 맞지 않으면서 천재임을 주장할 수도 없다면 '적절하지 못한 남자'라 여겼다. 따라서 동성애자라는 낙인을 받을까 두려워 동성간의 긴밀한 접촉이나 커뮤니케이션을 꺼리는 동성애 혐오증이 있었다. 헨리 8세$^{1491\sim1547}$ 시기에 동성애자는 사형이었고, 영국법을 계승한 식민지 시절 미국 역시 남성동성애자는 교수형을 당하거나 거세되거나 투옥되거나 대뇌백질 제거수술을 받아야 했다. 1656년 뉴 헤이븐 법에도 남성동성애는 사형이라고 적시되었지만 여성동성애는 일반적으로 범죄라는 인식조차 없었다. 당시 청교도 남성들은 오직 남성만이 성적으로 이끌리고 행동한다고 생각했고 여성동성애는 이성애 남성들에게 오히려 성적 흥분 대상이었다.

반면 프랑스에서는 나폴레옹 법전에 따라 1792년부터 1942년까지 동성애가 불법이 아니었다. 따라서 19~20세기 프랑스의 많은 문인들이 동성애자였고 프랑스에서 동성애는 영국에서보다 훨씬 너그럽게 받아들여졌다. 1890~1920년에는 남성의 정체성에 대해 논의가 일었고 그 반동으로 반여권주의 운동과 반동성애 사상과 전통적인 남성적 가치에 대한 주장이 다시 나타났다. 오스카 와일드$^{Oscar\ Wilde,\ 1854\sim1900}$가 동성애 문제로 영국에서 투옥되었다가 풀려난 뒤 프랑스로 피신하자, 이를 계기로 동성애에 대한 새로운 인식이 폭넓게 자리 잡았다. 1890~1920년 사이 입법상으로나 의학적으로 동성애를 정의하고 치료하고자 하는 시도가 있었다. 이러한 배경에서 러시아적인 동시에 오리엔탈 배경을 지닌 러시아 발레단 발레 루스$^{Ballets\ Russes}$가 이단의 남성 무용수들을 내세우며 파리에서 센세이션을 불러일으켰다. 발레 루스의 작품들은 무용수들이 완전한 유럽인이 아니라는 점과 '원시적'이고 '오리엔탈'한 색채를 강조했다.

발레 루스 이전에 발레가 동성애와 특별히 연관된 적은 없었다. 이 발레단의 기획자 세르게이 디아길레프Sergei Diaghilev, 1872~1929에 의해 처음으로 동성애 남성들이 제작자와 관객으로 참여했고, 발레의 감상과 해석에서 동성애적인 접근이 나타났다. 동성애자였던 세르게이 디아길레프는 당대 가장 뛰어난 아방가르드 예술가들을 발레 루스 제작에 끌어들였는데, 코코 샤넬Coco Chanel, 1883~1971과 파블로 피카소Pablo Picasso, 1881~1973 외 한두 명을 제외하곤 대부분 동성애자였다. 세르게이 디아길레프는 낭만 발레 이후 발레 무대에서 사라진 남성무용수를 작품의 중심으로 끌어올려 흥행시켰는데, 그 과정에서 바슬라프 니진스키Vatslav Nizhinskii, 1890~1950에 의한 '이단적인' 남성 이미지가 발전했다. 당시 영국 잡지에서는 발레 루스에 대해 '반쯤 아시아적이고 반쯤은 유럽적인 사람들······ 자유분방한 이교도 러시아인들의 이교도 정신'이 영국의 젊은이들을 타락시킬 것을 염려한다고 평가했다. 1909년부터 1913년 사이 세르게이 디아길레프는 바슬라프 니진스키와 동성애 관계에 있었다. 그는 1909년 발레 루스의 파리 데뷔 시 안무자였던 미하일 포킨Michel Fokine, 1880~1942을 밀어내고 1911년 바슬라프 니진스키를 발레단의 안무자로 삼았다. 이후 바슬라프 니진스키는 이 발레단의 주요 매력요인이 되었으며, 발레 루스는 게이를 포함해 당대의 유행을 아는 엘리트와 부와 명성을 지닌 관객을 끌어모았다.

　오스카 와일드 재판 이후 동성애 혐오증이 팽배한 서구에서 세르게이 디아길레프처럼 남성을 바라보고 이를 작품의 중심으로 제시하는 것은 어느 동성애 기획자도 상상하지 못했다. 춤추는 남성의 신체 표현을 즐기는 것은 오직 동성애자들만이 하는 것이라고 생각되었다. 바슬라프 니진스키는 발레 루스의 작품에서 관습에서 벗어나는 남성의 모습을 보여주었다. 「나르시스」「셰에라자드」「장미의 정령」「목신의

「목신의 오후」(1912)에서 안무와 주연을 맡은 바슬라프 니진스키.

오후」에서 바슬라프 니진스키가 맡은 역할은 19세기의 전통으로부터 벗어나는 것이며, 오늘날의 기준으로 보아도 '오리엔탈리즘'의 범주에서만 받아들여질 정도로 충격적인 것이었다. 바슬라프 니진스키에 대한 평을 보면 그의 양성적 특성은 남성의 강한 힘을 강조하면서 여성적 감성을 겸비한 춤에서 비롯됐다. 그는 전통적으로 남성춤의 특성으로 분류되던 힘과 역동성, 여성적 특성으로 인식되던 민감한 감수성과 관능성 표현을 모두 허용하는 역을 맡았다. 「나르시스」에서 바슬라프 니진스키는 동성애 남자로 해석될 수 있는 이미지를 만들어냈는데, 이 작품 속 바슬라프 니진스키의 인상을 그의 여동생 브로니슬라바 니진스카Bronislava Nijinska, 1891~1972는 '우아하고 순수하고 때 묻지 않은' 감각적이고 관능적인 나르시스라고 기록했다. 이는 19세기 말 동성애 화가들의 작품에 등장하는 여성적인 남자들의 특성과 비슷하다.

발레에서 게이 테마의 효시라고 생각되는 「장미의 정령」에서는 단지 시각적으로 이단적인 남성 묘사에 머무르지 않고 전통적으로 여성의 영역이던 요정 역할을 바슬라프 니진스키가 맡았다. 이 작품에서 바슬라프 니진스키는 여성에게만 허용되던 부드러운 상체와 나긋나긋한 팔 움직임으로 여성을 유혹하고, 남성의 신체로만 가능한 강력한 점프로 붕붕 떠다니며 여성보다 아름다운 남성을 예증했다. 이 작품에서 여성무용수는 몽유병자처럼 가끔 움직이고 잠든 상태이기 때문에 실질적으로 춤의 중심은 몸에 착 달라붙은 유니타드를 입은 남성무용수다. 몸의 선이 완전히 드러나 거의 누드 상태인 남성무용수가 무대에 선 것은 처음이었다. 게다가 이 남자 요정은 「라 실피드」에서 제임스를 유혹하는 요정의 포즈를 취함으로써 요부의 관능적인 이미지를 대담하게 구사했다. 남성무용수의 등장은 동성애적 주제의 무대화를 촉진하는 근원이 되었으며 세르게이 디아길레프 시대는 바슬라프 니진스키를 이은 아돌프 봄Adolph Bolm, 1884~1951, 게오르게 로사이George Rosay, 세르주 리파르Serge Lifar, 1905~86 등 러시아 남성무용수들의 탁월한 기량과 열정을 칭송했다.

이후로는 발레뿐 아니라 현대무용과 컨템퍼러리 댄스 등에서 분야를 가리지 않고 동성애자 남성무용수 혹은 안무자들을 만날 수 있다. 수많은 동성애 안무자 가운데 바슬라프 니진스키처럼 무용수로서나 안무자로서 출중한 인물로는 '제3의 성'인 마크 모리스Mark Morris, 1956~ 가 있다. 그는 헨리 퍼셀Henry Purcell, 1659~95의 오페라를 춤으로 만든 「디도와 아이네이스」Dido and Aeneas, 1989에서 디도와 여자마법사 역을 맡았는데, 이는 마크 모리스의 무용 경력에서 가장 빛나는 역할로 평가받는다. 여기서 여성 디도로 분한 마크 모리스는 배경에서 함께 춤추는 열댓 명의 여성무용수들보다 더 여성적이다. 그는 아이네이스 역을 맡은 남자나 다른 여성무용수들보다 키도 훨씬 크고 근육질이지만 여성성을 과시하는 데 손색이 없어 여성다움이란 사이즈의 문제가 아니라는 것을 보여주었다.

「호두까기 인형」의 록 버전 재해석 작품인 「하드 너트」Hard Nut, 1991에서 그는 사회적 젠더 개념에 정면으로 도전했다. 이 작품에서 출연진의 성역할을 바꿔서 맡게 하고, 유명한 '눈꽃송이들의 춤'도 남자와 여자를 구분할 수 없도록 무용수에게 동일한 의상을 입혀 무의미한 사회적 젠더 구분을 지적했다. 주인공 마리는 맨발로 춤추고 흑인 하녀만 토슈즈를 신는가 하면 두 남성의 사랑의 2인무가 소개되기도 했다. 이 작품의 절정인 왕자와 마리의 2인무 부분에서 마리 대신 커밍아웃을 하는 드로셀마이어 아저씨는 왕자와 2인무를 춘다. 이들이 춤추는

「디도와 아이네이스」에서 디도와 여자마법사 역을 춤추고 있는 마크 모리스(오른쪽).

동안 마리는 객석을 향해 두 다리를 쩍 벌린 상태로 무대 앞쪽에 누워 있다. 이는 여성의 질에 대한 마크 모리스의 질투심 표현이 아닌가 생각한다. 마크 모리스는 바슬라프 니진스키처럼 '아름다운 남성'Mr. beauty의 전형을 보여주는 데 만족하지 않고 권리를 주장하고 힘을 보여주고자 한 것이다.

발레 루스의 경우도 그러했지만 이런 아름다운 남성들을 보는 관객은 동성애자들이었다. 왜 동성애자들이 무용계에 많이 몰려들까? 레즈비언의 사랑의 2인무는 왜 없을까? 남성동성애자들은 비정상적인 성적 취향을 예술적인 특성으로 재정립해 바라보게 한 이점 때문에 예술계에서 조금 더 자유롭게 활동하는 경우가 많다. 그리고 남자가 무용을 전공하고자 하는 것은 일종의 커밍아웃이 될 수도 있다. 사실 남성동성애자가 무용계에 뛰어들 경우 이들은 잃을 게 별로 없는 셈이다. 동성애적인 감수성은 동료들의 지원에 힘입어 희석되거나 강화되기도 한다. 또 다른 가능성은 성적 파트너를 찾을 수 있는 오디션으로 춤을 활용할 수 있다는 점이다.

18세기 낭만 시대 발레리나 마리 살레Marie Sallé, 1707~56는 레즈비언이라는 소문이 있었고, 20세기 초 로이 풀러Loie Fuller, 1862~1928는 공공연하게 레즈비언임을 밝혔다. 로이 풀러는 어린 여성무용수들과 동성애 분위기를 즐겼으며 이사도라 덩컨에게도 동성애적인 사랑을 표하기도 했다. 로이 풀러는 레즈비언 취향을 밝혔기 때문에 새로운 춤의 선구자로서의 업적을 과소평가받기도 한다. 오늘날 현대춤의 선구자로 인정받는 이사도라 덩컨의 사상은 모두 로이 풀러가 먼저 실현한 것이고 로이 풀러는 이사도라 덩컨이 답습한 것 외에 창의적이고 과학적인 발명을 많이 해 춤과 결합시켰다.

여성동성애가 법적으로 남성동성애처럼 제재를 받지 않은 이유는 남성들이 성적 우월성에 대한 확신으로 참기 때문이다. 남성 집단은 여성 대부분이 이 문제에 대해 아무것도 알지 못하고, 레즈비언에 대한 법을 통과시키면 여성들이 군집성에 죄의식을 갖지 않을까 염려했다. 그들은 여성이 성적으로 독립한다는 것을 용납할 수 없었던 것이다. 따라서 여성동성애자들은 사회적으로 항의할 만한 법적 억압의 판례가 없어 캠페인을 벌일 동기도 없었다. 레즈비언들은 다른 모든 여성의 적대심에 대응하는 것만으로도 힘겹기 때문에 성적 취향으로 인한 사회적 적개심이라는 또 다른 짐을 얹을 여력이 없다. 그래서인지 레즈비언들의 사랑의 2인무는 아직 보지 못했다.

로이 풀러 Loie Fuller

　무용 예술의 장점은 아름다운 무용수와 그 움직임이다. 그러나 19세기 말에는 무용수의 신체와 동작을 뒤집어씌우거나 감춰 이들의 인간적인 모습을 지우고, 이를 어떤 시각적 형태나 추상적인 상징으로 변형시키는 새로운 경향이 일어났다. 그 변화의 주역은 바로 로이 풀러였다. 로이 풀러는 정식 무용교육을 받은 적이 없지만 1865년부터 1891년까지 배우, 대본가, 가수, 무용수, 공연 제작자 등의 경험을 통해 '치마춤'skirt dance 버전을 만들어냈다. 솔로 작품인 「서펜타인 댄스」 Serpentine Dance, 1891는 형형색색으로 변하는 긴 실크를 부풀려 추상형태를 만들어내면서 대단한 인기를 얻었다. 그러나 미국에서 얻지 못한 진지한 예술적 인정을 받기 위해 유럽으로 향했다.

　1892년 파리 데뷔 공연인 폴리즈 베르제르 음악홀 공연에서 로이 풀러는 전 유럽의 관객을 완전히 매료시켰다. 효과를 위해 극장 안내인이 객석을 밝히는 가스등을 일일이 끄고 어둠 속에서 공연이 시작되기를 기다리는 과격한 조치가 긴장감과 기대감을 한층 고조시켰다. 아무런 장치 없이 검은 커튼과 검은 벨벳으로 뒤덮은 무대에서, 무용수는 무지개 색으로 변하는 빛 덩어리로 나타나 한순간 형태를 드러냈다가는 금방 실크 구름 속으로 숨어버리곤 했다. 로이 풀러가 춤추고 회전하면서 얇고 가벼운 실크 의상을 공중으로 내던지면 그것들은 거대한 나비와 꽃의 모습으로 주위에 떠올랐다. 또 공중에서 파스텔 색조의 거대한 날개처럼 펄펄 날아다니다가 어느 순간 그녀의 주위에 백합 봉우리처럼 모여들었다.

  그녀의 공연은 세상을 떠들썩하게 하는 대사건으로 즉각 성공을 거두었으며, 로이 풀러는 '새로운 무용 예술의 창조자'로 불리며 비평계와 대중으로부터 그렇게도 바라던 환호를 받았다. 로이 풀러의 파리 입성 시기는 마치 파리가 그녀의 '빛나는 춤'luminous dance을 보기 위해 준비한 것처럼 절묘했다. 로이 풀러의 파리 도착 시점은 아르누보의 발화와 상징주의 공연 이론의 발전, 그리고 가스에서 전기 조명으로의 전환 시점과 일치했다. 그녀의 공연은 아르누보 사상을 무대화한 첫 케이스였으며 상징주의자들은 그녀의 몽환적인 이미지에서 아이디어와 상징 사이의 완벽한 상호관계를 발견했다. 로이 풀러는 아르누보의 모든 원리와 순수 은유로서 예술을 추구하는 프랑스 상징주의의 일반 미학을 요약해 보여주었다. 그녀의 불가사의하고 황홀한 무대 위 존재는 종전의 캐릭터나 이야기에 제한된 춤을 해방시켜 이미지의 우월성을 입증힘으로서 춤이 현대 추상으로의 길로 나아가게 했다.

  로이 풀러는 '빛을 내는 요정'La fée lumineuse이라 환호 받으며 유명한 시인과 비평가들의 칭송을 받고, 많은 화가와 조각가가 그녀의 모습을 작품으로 만들면서 그 시대의 우상이 되었다. 로이 풀러의 열렬한 숭배자들 중 으뜸은 프랑스에서 명망 높던 상징주의 시인 스테판 말라르메Stéphane Mallarmé, 1842~98였는데, 그는 여러 글에서 아이디어의 완벽한 상징으로, 그리고 비인간적인 지적 추상으로 그녀의 춤을 상찬했다. 나중에 이사도라 덩컨과 사랑에 빠진 조각가 오귀스트 로댕Auguste Rodin, 1840~1917은 로이 풀러를 '모든 재능을 갖춘 천재적인 여성'이라 평했고, 로이 풀러 역시 오귀스트 로댕의 예술을 평생 좋아해 미국에서 오귀스트 로댕 전시와 판매를 여러 차례 추진한 바 있다. 로이 풀러의 대중적인 이미지는 의상, 향수, 스카프, 보닛 모자, 화병, 램프, 장난감, 스토브 등에서 '로이'la Loie 스타일이라 불리며 넘쳐났다. 그녀의 인기에 편승해 모방자들이 나타났고, 그녀는 이에 대응하기 위해 의상 디자인과 조명 장치, 극장 기술에 대해 열심히 특허를 출원했다.

대부분 솔로 작품인 그녀의 작품 중 가장 인기를 얻은 「불의 춤」Fire Dance, 1895에서 로이 풀러는 무대 아래서 조명을 비추는 기술을 처음 사용했다. 무대 바닥에 두꺼운 유리판을 깔고 그 아래서 강력한 빛을 비추어 옷자락에 불이 붙은 것 같은 인상을 만들어냈다. 리하르트 바그너Richard Wagner, 1813~83의 격렬한 음악 「발키리의 기행」Ride of the Valkyries에 맞춰 춤이 전개되면서 점차 불길이 일어나 그녀를 집어삼키고, 화산 폭발의 중심처럼 타오르는 듯하다가 마지막에는 무대에 타다 남은 불씨 같은 것만 남기고 완전히 사라진다. 그리고 마침내 하늘을 날아오르는 듯한 실크 조각을 비추는 조명으로 끝난다. 이렇게 단순한 추상 안무 경향은 전성기까지 이어지는데, 구불거리는 형태와 꽃 모양에서 시작해 파도와 안개, 구름, 불, 나비, 큰 날개가 달린 창조물 등으로 이어졌다. 이런 춤에 대한 당시의 인상은 "순수 형식의 꿈을 불러일으킨다"라는 비평에서 보듯 순수와 비인간성이었던 듯하다.

1900년 아르누보 절정기, 로이 풀러의 위상은 아르누보 정신의 귀감이 되어 파리 국제박람회에서 그녀를 위해 설계한 로이 풀러 극장Le Théâtre de Loie Fuller을 가질 정도였다. 그녀는 훌륭한 극장 발명가이자 혁신가였으며 빈틈없고 대담한 여성사업가이자 흥행주였다. 당시 혁신적인 전위파 중에서도 로이 풀러는 기묘한 존재였다. 로이 풀러는 엘리트 예술인 그룹과 친분 있었고 다양한 상류층 살롱에 참가했지만 한

왼쪽 | 로이 풀러의 「불의 춤」. 발아래 유리판을 통해 빛을 비추면 그녀가 마치 불꽃에 휩싸이는 것 같은 환영이 창조된다.

오른쪽 | 긴 스커트 자락을 이용해 회오리바람 같은 형상을 만들어낸 로이 풀러의 「버터플라이」(Butterfly, 1896).

번도 핵심부의 멤버가 되는 데 관심을 두지 않았다. 그녀는 요행으로 예술의 길로 접어든 천재의 직관적 자세를 견지했다. 엄청난 에너지와 호기심을 타고난 로이 풀러는 과학적이고 예술적인 아이디어를 끊임없이 실천에 옮겼다. 모든 의상과 무대장치를 직접 디자인하고, 색칠한 젤라틴 조명과 색유리 필터를 모두 만들고 탄소봉 아크등과 환등기 프로젝터를 사용해 상상 그림 슬라이드를 겹쳐 비추기도 했다. 그녀의 무대장치 혁신은 당대 아돌프 아피아Adolphe Appia, 1862~1928나 고든 크레이그Gordon Craig, 1872~1966의 이론을 앞서고 뛰어넘는 기술이었다.

로이 풀러는 열정적인 아마추어 과학자이기도 했다. 로이 풀러의 절친한 친구였던 마리 퀴리Marie Curie, 1867~1934와 피에르 퀴리Pierre Curie, 1859~1906가 1890년대 초 라듐을 달라는 로이 풀러의 요청을 정중하게 거절하자, 로이 풀러는 의상에 쓸 '차가운 빛'을 발명하기로 작정했다. 그러고는 여러 해 동안 스트론튬 소금과 역천 우란광에서 푸른 인광을 추출해내는 고유 원천을 찾기 위해 연구했다. 그 결과 1904년부터 일련의 「라듐 댄스」Radium Dances를 공연했는데, 의상에다 인광을 발하는 페인트를 칠한 뒤 어둠 속에서 빛을 내는 춤 시리즈를 만들었다. 로이 풀러는 조명을 작동하기 위해 40명의 기술자들이 동원된 이 작품을 영감을 준 퀴리 부부에게 헌정했다.

당시 개발된 전기, 즉 조명은 무대에서 최신 유행이었다. 전기가 없었다면 로이 풀러의 예술은 존재하지 않았을 것이다. 그녀는 전기 실험을 평생 이어갔다. 결국 전문 전기기술자가 되어 파리에 실험실을 두고 연구원 6명과 함께 엄중한 보안 속에 실험을 했다. 그녀의 춤에 쓰이는 조명 효과의 경이로움과 정교함은 무대감독과 장치 디자이너들의 마음을 사로잡았다. 경이로운 전기 조명과 의상 페인트가 어둠 속에서 빛을 받아 발광하는 로이 풀러의 춤을 보고 비평가 앙드레 비두 Andre Bidou는 '푸른색 배경 위에 떠다니는 추상 디자인과 줄무늬의 자유로운 형태 놀이'라고 서술했다. 로이 풀러는 공연에서 선과 형태 그리고 색을 실험한 것이다.

1910년대에 접어들면서 로이 풀러는 현대작곡가의 음악을 많이 사용했고 그녀의 이미지도 첨단 모더니즘으로 나아갔다. 실크 의상은 무대를 덮을 정도로 늘어나고 무용수들은 조형적으로 이동하며 내뿜는 빛 속에서 춤을 추었다. 무용수들은 자유자재로 나타났다가 사라지고 예술과 기술이 융합한 환상적인 장면들을 그려냈다. 1892년 이후 로이 풀러는 약 128개의 작품을 안무하며 왕성하게 활동했지만, 오랫동안 의상을 직접 염색하는 과정에서 발암물질에 노출되어 유방암에 걸려 사망했다.

예술사에서 로이 풀러의 공헌은 압도적이다. 그녀는 현대춤이라는 새로운 양식의 창조자로 불린 첫 번째 미국 여성이고, 20세기에 현대무용과 현대무용가들이 예술적으로 인정받는 길을 닦았다. 로이 풀러는 1890년대 상징주의자들의 칭송을 받았는데, 그 이유는 대중 연회에서 자란 이 미국 여성이 상징주의의 손에 잡히지 않는 이론을 무대에서 실현했기 때문이다. 실질적으로 로이 풀러는 1890년대의 시대정신을 대변하는 예술가였다. 로이 풀러는 무대 배경을 모두 제거하고 조명과 천으로 무대장치를 대체해, 손에 잡히지 않는 빛과 색, 실크, 신체 움직임으로 추상적인 형태를 조각하며 1900년대 무대 연출의 방향을 예측했다. 예술과 기술을 융합함으로써 무서운 전기의 힘을 길들이는 로이 풀러의 능력에 미래파 예술가들은 찬양과 감탄을 금치 못했다.

'빛의 마술사' 혹은 '색채의 향연'이라 불린 로이 풀러의 작품세계는

20세기 바우하우스와 미국 현대무용가 얼윈 니콜라이에게 계승된다. 얼윈 니콜라이 역시 추상적인 주제에 색과 빛 그리고 선과 소리, 기괴한 장치와 형태를 움직임과 결합해 극장예술의 귀재 혹은 마술사라 불리며 새로운 극장무용 양식을 이어갔다. 오늘날 컨템퍼러리 댄스에서 흔히 발견되는 추상적인 작품 성향과 테크놀로지와 춤의 융합은 바로 로이 풀러의 유전자다. 로이 풀러는 20세기 초 첨단 기술인 전기 조명을 춤과 결합해 새로운 매체를 춤에 끌어들임으로써 21세기 추상 춤과 공연예술의 방향을 계시한 것이다. 오늘날 멀티미디어 아트를 포함해 혁신적인 전위무용도 컴퓨터나 홀로그램을 비롯한 첨단 영상과 미디어를 동원해 예술과 기술의 융합을 시도한다는 점에서 로이 풀러의 정신을 이어가는 셈이다.

발레 블랑 Ballet Blanc

프랑스어로 '백색 발레'를 뜻하는 '발레 블랑'은 낭만 시기부터 유래했다. 작품 「라 실피드」[1832]로부터 시작되는 낭만 발레에서는 1막에서 현실의 슬픈 사랑이 파탄이나 죽음으로 끝나고, 2막에서는 여주인공 처녀가 죽어 요정이 되거나 요정과 사랑에 빠진 청년이 요정의 숲 속으로 들어가면서 낭만적이고 공상적인 세계가 펼쳐진다. 이 2막이 바로 낭만 발레가 '발레 블랑'이란 별칭을 지니게 된 이유이자 백미다. 요정들의 세계는 주로 달빛이 비치는 밤을 배경으로 펼쳐지는데, 순결한 흰색 의상을 입은 발레리나들이 요정 여왕의 지시 하에 일사불란하게 무리 지으며 다양하고 복잡한 앙상블로 무대를 가득 채운다. 이것이 바로 낭만적인 환상을 제공하는 필수 장면이었다. 발레 블랑 중 가장 유명한 장면은 「지젤」 2막이다.

'공기의 요정'sylphs, '요정'wilis, '작은 요정'sprites, '정령'nymphs 등으로 불리는 캐릭터들이 복잡한 군무로 무대를 가득 채우는 일은 이제까지 없던 것이었다. 겹겹의 하얀 망사로 만든 종 모양 치마 '로맨틱 튀튀'는 발레리나의 종아리 근처에서 휘날리는 구름이나 솜덩이처럼 다리를 휘감으며 날아다녀 마치 공중에 떠 있는 듯한 착각을 불러일으켰다. 이 치마는 이후 낭만 발레에서 요정을 상징하게 되었다. 로맨틱 발레 치마의 순백색이 요정의 이미지에 적합했고 또 발이 보일 정도의 길이는 발끝으로 서는 신기술을 보이는 데도 적절했다.

미하일 포킨의 「쇼피니아나」에서 로맨틱 튀튀를 입은 무용수들이 무대를 가득 채우며 춤춘다. 낭만 발레의 발레 블랑 장면을 압축시켜 놓은 작품이다.

백색 발레의 장면 연출에 빠질 수 없는 것이 조명이었다. 당시 발명된 가스등은 무대에서 안개 낀 숲 속, 달빛 아래 남자들이 죽을 때까지 춤추도록 요정들이 복수하는 으스스한 분위기를 만드는 데 효과적이었다. 한편 당시에는 무대와 무대 뒤를 모두 가스등으로 밝혔기 때문에, 하늘거리는 망사치마를 입은 발레리나는 빈번한 극장 화재에서 종종 희생자가 되었다. 극장장들은 무용수에게 무용치마를 방염처리 하도록 했으나 순백색이 흐려지는 것을 꺼리는 무용수들이 지시에 따르지 않아 무용수로서의 생명을 잃는 경우도 있었다.

발레 블랑을 가능케 한 기교적 토대는 프랑스 무용학파 당스 데콜 dance d'ecole에 있다. 프랑스 궁정에서 발전한 당스 데콜은 프랑스 혁명 이후 굽 있는 구두가 샌들로, 거추장스런 치마가 튜닉으로 바뀌면서 급격하게 발전했다. 토슈즈 발명과 함께 이를 신은 발레리나들은 발끝으로 오래 춤출 수 있게 되었다. 여러 번 연속 회전이 가능하고 더 높이 넓게 뛸 수 있게 되면서 유례없는 대가의 수준까지 기교가 발전하게 되었다. 따라서 낭만 발레 정신이 구현은 발끝으로 춤추는 기법의 결과며 이 기술은 낭만 발레에서 보석과 같은 핵심요소다. 이후 발레 치마와 토슈즈는 발레리나를 상징하게 되었다.

20세기 초 발레 루스의 안무자 미하일 포킨이 낭만 발레의 가장 탁월하고 이채로운 장면을 독립적으로 떼어내 작품을 만들었다. 나중에 「레 실피드」로 이름이 바뀐 「쇼피니아나」Chopiniana, 1907는 프레데리크 쇼팽Frédéric Chopin, 1810~49이 말년에 피아노에 앉아 자기의 뮤즈였던 마리 탈리오니의 환영을 쫓는 모습을 그린 추상적인 작품인데, 로맨틱 튀튀를 입은 무용수들이 무대를 가득 채우며 춤추는 작품이다. 이후 안개 낀 달빛 아래 백색 튀튀를 입은 무용수들이 모두 함께 춤추는 것이 곧 발레로 인식되었다.

  그러나 단지 흰 의상을 입은 단막 작품이나 여러 막 중 한 막이 발레 블랑 장면을 지닌다고 해서 모두 발레 블랑이라 불리는 것은 아니다. 진정한 발레 블랑은 몇 명이 되든 여성군무 앙상블이 솔로 리더 무용수와 함께 순수 서정적인 춤의 아름다움과 즐거움을 보여주는 발레 장면을 말한다. 물론 이들이 토슈즈를 신고 발끝으로 서서 추는 것은 필수 요건이다. 오늘날 대표적인 발레 블랑으로 손꼽히는 작품은 조지 발란신의 작품 「세레나데」[1935]다.

발레광 Balletomane

발레에 열광하는 사람을 뜻하는 '발레광'은 19세기 러시아 발레의 당파심 강한 열성팬을 말한다. 이들은 특정 무용수를 극단적으로 지지해 때로 이성을 잃고 히스테리에 이를 정도였다. 1842년 3월, 러시아 공연을 끝내고 파리로 떠나는 마리 탈리오니를 위해 열린 환송 파티에서 러시아의 한 발레광이 그녀의 발레 신발을 200루블에 샀다. 이 갈라 저녁의 메인 요리는 특별한 소스와 함께 전문적으로 요리된 마리 탈리오니의 무용 신발이었다고 한다. 당시 러시아 전역에는 이런 발레광이 수없이 많았는데, 주로 남성인 이들은 힘 있고 부유한 귀족과 관료, 지식인, 학생, 젊은 장교를 비롯해 티켓을 살 수 있는 모든 계급의 사람들이었다.

무용 역사에서는 광적인 우상 숭배의 전례를 많이 찾아볼 수 있다. 중세의 무도병Dancing mania이나 제1차 세계대전 이후의 댄스 마라톤, 발작적인 로큰롤 수용은 모두 불안의 시대를 살던 절박한 사람들의 좌절이 폭발적으로 표현된 것이다.

19세기 말 러시아에서는 발레가 삶과 사회의 우상이었다. 1700년대 표트르 대제[1672~1725]에 의해 서구화가 시작되기 직전까지 러시아는 중세에 가까웠다. 그러나 춤을 사랑한 표트르 대제는 매우 화려한 발레 스펙터클을 개최했고, 예카테리나 2세[1729~96]는 취임식에 4,000명이 동원되는 댄스 스펙터클을 열었다. 러시아는 국가 부도를 코앞에

둔 재정 상태에서도 하루 저녁 파티에 50만 루블 이상 비용이 드는 호사스런 발레 공연을 연일 개최했다. 귀족과 관료와 지주들 역시 제정 러시아 황제의 취향을 따라 집에 극장을 지어 발레 공연을 개최했는데, 19세기 중반에는 이런 하우스 극장이 러시아 전역에 수천 개에 달했다.

상트페테르부르크와 모스크바의 제국 극장은 러시아 황제가 임명하는 귀족이 운영했고 이들 극장에서 공연되는 발레는 일차적으로 왕실을 위한 것이었다. 황제의 측근만 불러모아도 2,500석의 마린스키 극장을 비롯해 발레가 주로 공연되는 세 개 극장을 모두 채울 정도였다. 당시 두 도시에서 공연되는 발레는 모두 오래 전부터 전석 매진되었고, 발코니와 꼭대기의 갤러리 좌석 몇몇만 일반관객에게 판매되었다. 1등석과 칸막이 특별석을 예매한 사람들은 골수 발레광이었고, 이들은 자기들이 좋아하는 발레리나의 공연은 절대 놓치는 법이 없었다. 왕실과 관료를 위한 좌석을 제외하고 모든 오케스트라석, 박스석, 칸막이 특별석과 몇몇 발코니는 전부 예약판매되었다. 특등석에서 발레를 보는 것은 지위를 증명하는 매우 영예로운 일이라서 특정 부스가 한 가문의 것으로 여러 세대에 걸쳐 이어지기도 하고 때때로 매우 비싼 가격에 팔리기도 했다.

이렇게 지배적인 관객이 발레의 전통과 제작 구조에 대해 충분한 이해력을 지닌 일종의 '배타적인 조직'을 형성했다. 1880년경에 이르러 발레광들은 예술적으로나 정치적으로나 매우 보수적이고 치밀한 집단이 되어 마치 발레를 소유한 것처럼 행세했다. 고전 발레의 아버지로 불리는 마린스키 황실 발레의 안무자 마리우스 프티파$^{\text{Marius Petipa,}}_{\text{1818~1910}}$는 발레광들과 우호적인 관계를 유지했다. 발레광들은 위상에 영향을 미치거나 친숙한 것을 대신하는 새로운 변화, 혹은 예술적 혁신을 수용하지 않았다. 그리고 이들의 결정은 마리우스 프티파와 언론과 결탁해 누구도 반박하지 못했다. 극장 꼭대기 발코니나 갤러리에 앉은 2류 관객은 대부분 학생과 젊은 장교, 공무원, 서기 등으로, 공연 전날 밤 극장 앞에 줄지어 추운 겨울밤을 지새우며 티켓을 사는 발레광들이었다. 이들은 상대적으로 덜 보수적이었다. 마리우스 프티파의 고전 발레가 1890년대 말경 매너리즘에 빠지고 쇠락하는 이유가 여기에 있다.

백조와 춤 Swan Dance

19세기 말 유럽에서 S자로 휘어지는 백조의 곡선은 바로 아름다움의 상징이었다. 따라서 당시 정원의 아름다움은 호수 위에 떠다니는 백조의 자태와 함께 비로소 완성되는 것이었다. 호수에 갇힌 아름다운 존재, 마법의 포로가 된 공주를 주제로 한 환상적인 발레 「백조의 호수」 1895의 탄생으로 이어지고, 이 작품에서 찬탄할 만한 미인이자 환상적인 발레리나의 이미지가 생겨났다. 이로부터 「백조의 호수」나 백조의 이미지를 닮은 짧은 클래식 튀튀를 입은 발레리나의 모습은 발레의 상징이 되었고, 이후 백조는 발레에서 영원히 사랑받는 소재가 되었다. 당시 발레 공연장은 마법에 사로잡힌 아름다운 여인과 그 매혹에 빠진 관객으로 가득 찼다. 마법에 갇힌 공주는 외형적인 이미지뿐만 아니라 토슈즈와 엄격한 기술, 화려한 조명에 갇힌 발레리나와 내면적으로도 많이 닮았다.

4막 발레인 「백조의 호수」는 발레 작품 중 가장 유명하고 세계적으로 가장 자주 공연되는 레퍼토리다. 이 작품은 원래 1877년 줄리우스 라이징거 Julius Reisinger, 1828~92의 안무로 볼쇼이 극장에서 초연되었다가 실패했다. 라이징거의 무미건조한 안무 탓도 있었지만, 표트르 차이콥스키 Pyotr Tchaikovsky, 1840~93의 첫 발레 음악이 무용수와 비평가들로부터 너무 교향악적이고 춤출 수 없는 곡이라며 조롱받았기 때문이다. 당시 발레 음악은 '움빠빠' 하는 강한 비트가 전형적이었는데, 분위기 있는 선율로 시작되는 약한 음악이 흐름을 앞서 갔기 때문이다. 그러나 1894년 표트르 차이콥스키 사후 1년 뒤에 열린 추모공연에서 볼쇼이 발레의 부안무자 레프 이바노프Lev Ivanov, 1834~1901가 이 작품의 2막만 안무 공연해 대성공을 거두었다. 레프 이바노프가 음악의 신비로운 분위기를 잘 해석해냈기 때문인데, 이 성공에 힘입어 이듬해에 전막을 재공연하기로 결정해 새롭게 만들어졌다.

1895년 공연을 위해 당시 볼쇼이 안무자 마리우스 프티파가 1막과 3막의 안무를 담당하고, 이바노프가 2막과 3막의 헝가리 춤과 베네치아 춤 그리고 4막을 안무했다. 대본과 음악이 상당 부분 바뀐 프티파-이바노프 버전Petipa-Ivanov Version이 완성된 것이다. 이 새로운 버전을 위해 표트르 차이콥스키의 동생 모데스트 차이콥스키Modest Tchaikovsky, 1850~1916가 원곡을 각색하고 새 곡을 집어넣고 기존 곡을 빼는 등 편집을 했다. 지크프리트 왕자의 캐릭터가 조금 더 진지하고 공감가게 변모하는 등 세부사항이 많이 바뀌어 재창조된 것이다. 이렇게 새롭게 태어난 작품이 성공한 것은 상당 부분 이바노프의 공적이다. 이바노프는 음악에 대한 심오한 이해를 기반으로 서정성이 강렬하게 살아 있는 장면을 창조해, 동작과 안무 대형에서 '마법에 걸린 사람을 황홀하게 하는 미모'의 이미지를 반영하는 데 성공했기 때문이다.

발레 대본은 널리 전승되는 독일 설화에 기초했다. 마법사 로스발트 때문에 백조로 변한 오데트 공주의 이야기다. 오데트 공주와 그 무리가 마법에서 벗어나 인간의 모습을 되찾을 수 있는 유일한 방법은 한 남자의 진정한 사랑의 맹세를 받는 것이다. 지크프리트 왕자가 사랑에 빠지자 로스발트는 속임수를 써 딸 오딜을 흑조로 변장시켜 그녀에게 사랑을 맹세하게 한다. 마법에서 풀려날 수 없게 된 오데트와 왕자는 절망해 호수에 빠져 자살하고, 이들의 죽음이 마법을 풀게 해 하늘에서 사랑이 이루어진다는 줄거리다.

「백조의 호수」의 대본과 안무는 낭만주의의 공상적인 분위기와 클래식 발레의 깔끔한 형식으로 다듬어진 스펙터클의 요소를 모두 아우른다. 이 작품에서 유명한 춤은 2막의 백조와 왕자의 2인무, 그리고 3막에서 흑조와 왕자의 2인무다. 선과 악의 대조처럼 춤 스타일도 백조의 여린 마음과 흑조의 에나멜을 입힌 번쩍임으로 대비되면서 재미를 더한다. 전통적으로 한 발레리나가 백조와 흑조의 역을 같이하는데, 오데트의 시적인 비극성을 우아하게 표현해야 할 뿐 아니라 오딜의 빠르고 복잡한 기술과 화려한 번쩍임을 표현해야 하는 이 캐릭터는 발레리나에게 가장 도전적인 역이기도 하다.

프티파-이바노프 버전 초연에서 주역을 맡은 피에리나 레냐니Pierina Legnani, 1863~1930는 3막 2인무로 전설이 되었다. 왕자의 맹세를 이끌어내기 직전 코다에서 흑조의 32차례 외발 푸에테fouettes를 성공해냈기 때문이다. 당시 이 32번의 빠른 연속돌기는 그녀 외에 할 수 있는 무용수가 없었고, 20세기에 대가로 불린 발레리나 마고 폰테인Margot Fonteyn, 1919~91조차 할 수 없는 어려운 기술이었다. 이 32번의 푸에테턴은 「백조의 호수」를 대표하는 가장 신성한 스텝으로 인식되었다. 그러나 피에리나 레냐니는 이미 1893년 안무의 「신데렐라」에서 이 비장의 무기를 선보여 러시아인들을 놀라게 한 바 있었다.

이후 프티파-이바노프 버전에 대한 다양한 재구성과 재안무된 버전이 많지만 그 가운데서 조지 발란신이 뉴욕 시티 발레단을 위해 1951년에 「백조의 호수」 2막만 뽑아 안무한 레퍼토리가 이바노프의 오리지널에 근접하는 가장 강력한 해석으로 평가받는다. 이바노프가 안무한

2막, 호숫가에 몰려 있는 백조의 정경이 이 작품의 정수를 완벽하게 이상적으로 표현하기 때문에 많은 버전에서 2막만을 다루기도 하고, 20세기 초 서방에 이 레퍼토리가 처음 알려진 것도 이 2막만 뽑아낸 버전이었다.

20세기 초, 「백조의 호수」가 발레의 동의어가 되어갈 즈음 이 '사람을 황홀하게 하는' 백조가 눈앞에서 죽어가는 「빈사의 백조」1907가 만들어져 전 세계인의 사랑을 받았다. 「빈사의 백조」는 발레리나 안나 파블로바Anna Pavlova, 1881~1931를 대변하는 작품으로 역사상 발레리나를 위해 만들어진 솔로 작품 중 가장 유명한 작품이다. 이 작품은 발레에 문외한인 사람조차 발레의 상징이라 여기는 레퍼토리가 되었다. 19세기 미의 상징인 백조가 신마저 죽어버린 20세기에 실존적 불안에 휩싸인 현대 관객의 눈앞에서 죽어가는 과정을 구체적으로 형상화한 이 작품은 마음을 움직이는 호소력과 시적 매력을 지녔다.

「빈사의 백조」는 1907년 자선 콘서트의 일환으로 초연될 당시 「백조」The Swan라는 제목으로 공연되었다. 안무자 미히일 포킨은 기미유 생상스Camille Saint-Saëns, 1835~1921의 「동물의 사육제」에서 「백조」음악에 영감을 받아 안나 파블로바와 함께 작업해 반 시간도 안 걸려 안무를 끝냈다. 이 작품은 죽어가는 백조가 마지막 순간까지 자유를 얻기 위해 부질없이 퍼덕이며 안간힘 쓰는 모습을 표현해 불사에 대한 인간의 동경을 얘기한다. 이 작품은 안나 파블로바를 위한 솔로였기 때문에 미하일 포킨의 안무이긴 하지만 안나 파블로바의 무용수로서의 비중을 간과할 수 없었다. 이후 이 작품은 안나 파블로바를 대표하는 작품이 되었고 레온 박스트Léon Bakst, 1866~1924가 디자인한 하얀색 튀튀를 입은 그녀의 백조 이미지는 전 세계로 퍼져나갔다. 이 작품의 인기는 그녀가

프티파-이바노프의 「백조의 호수」(1895) 2막 호숫가 장면.

매튜 본의 「백조의 호수」(1995) 2막 남성백조들의 호숫가 장면.

발레단을 형성해 세계 순회공연을 이어가다가 1931년 갑작스레 죽을 때까지 그녀의 발레단 레퍼토리에서 한 번도 빠지지 않았다.

백조의 날카로운 날갯짓은 죽어가는 새의 안간힘을 시사할 뿐 아니라 매 공연 뒤에 사라지는, 즉 '죽어 없어지는' 순간 예술 공연자의 애절함을 환기시키기도 한다. 안나 파블로바는 「빈사의 백조」를 통해 사후에도 '불멸의 백조'라는 명칭을 얻었다. 하지만 오늘날까지 다양한 안무자에 의해 이어지는 새로운 백조의 춤은 '찬탄할 만한 미인이자 환상적인' 여성백조의 이미지를 정면으로 거부했다. 발레와 발레리나를 풍자하기 위해 결성된 코믹 남성 발레단 발레 트로카데로Les Ballets Trockaderos는 발레리나의 복장과 토슈즈까지 모두 여장차림으로 갖추고 털갈이하다가 총에 맞아죽는 「빈사의 백조」를 표현하는가 하면, 매튜 본Matthew Bourne, 1960~ 은 자기 무용단 '움직이는 영화 모임'Adventures in Motion Pictures을 위해 「백조의 호수」1995에서 전원 남성으로만 구성한 남성백조들의 춤을 만들어 전 세계로부터 갈채를 받았다.

매튜 본은 장식적이고 상처받기 쉬운 여성적인 백조가 아니라 강력하고 공격적이고 잠재적으로 폭력적인 남성백조를 묘사했으며, 이들의 야성적인 본능과 자유는 저항할 수 없는 힘으로 문화적 제약과 규범으로부터 왕자를 해방시킨다. 후기 현대파 이후 다시금 이야기에 대한 관심이 도입되고 이렇게 클래식 이야기 발레를 비틀어 보는 작품에서, 백조는 찬탄할 만큼 매혹적인 여인이 아니라 왕자에게 잠재된 동성애적 본능을 일깨우는 동시에 왕자가 가진 오이디푸스적 사랑, 즉 어머니인 왕비에 대한 사랑을 뺏어가는 이중성애자로 그려진다. 내면 깊숙이 자리한 두 가지 사랑을 모두 백조와 흑조에게 잃어버린 왕자는 권총자살을 한다. 백조는 왕자의 본능적인 사랑이며 동시에 그것이 가져올 상처와 위험을 상징한다.

　이렇듯 시대에 따라 변화하는 백조의 이미지는 춤의 변화를 반영한다. 호수 위를 미끄러지는 백조의 모습을 표현하는 데는 19세기 말에 발전한 토슈즈가 큰 역할을 했다. 발끝으로 서서 마치 실에 꿴 진주처럼 균등하게 옆으로 잘게 움직이는 부레스텝pas de bourrée suivi과 연속 돌기의 연결 프레이징으로 가능해진 결과였다. 그러나 토슈즈를 벗은 남성백조들은 여성백조처럼 호수 위의 잔잔한 자태 표현에 그치지 않고 수면 아래의 활달한 갈퀴질을 뒤집어 보임으로써 이들 백조가 단지 수동적인 존재가 아니라는 것을 보여주었다. 그리고 사라지는 아름다움에 대한 아쉬움과 애절함을 느끼게 하는 대상이 아니라 관객을 도발하고 위협하는 흉포함 마저 가진 존재로서 보는 이를 긴장하게 했다.

실피드 Sylphide

 낭만 발레는 1830~40년대에 절정에 이르며 열광적인 숭배를 받았고, 당대는 사회를 매료시킨 낭만 발레의 주인공 '요정'의 시대였다. 낭만 발레는 「라 실피드」La Sylphide, 1832 공연과 함께 스타일을 확립하고 인기의 정점에 도달했다. 이 작품은 낭만주의의 시적 이미지를 극장에서 구체화해 완전히 승리했다. 「라 실피드」에 대한 엄청난 호응은 당시 분위기에 매우 적절한 주제 때문이었다. 요정은 젊은이의 꿈과 환상을 의미했다. 프랑스 혁명 이후 실망한 대중에게 유령이나 요정 같은 초자연적인 존재들은 가망 없는 사랑의 참혹함에 비통해하는 베르테르의 슬픔처럼 당대 문학에서 인기를 끈 문화적 아이콘이었다.

 「라 실피드」의 인기는 문화 현상이 되어 '실피드'가 의상, 헤어스타일, 분위기를 지칭하는 용어가 되었고, 이 발레의 인기를 업고 발레와 극장가 소식을 주로 다루는 잡지 『실프』Sylph와 『실피드』Sylphide가 창간되었다. 이 작품에 대한 비평은 정치 비평으로 이어졌다. 『르 콩스티투쇼넬』Le Constitutionel이란 신문에 실린 비평에서 「라 실피드」는 "국민과 마찬가지로 요정에게 자유는 곧 생명이다. 날개를 빼앗기면 죽는 것이다"라며 정치적 자유를 의미했다.

 낭만 발레 시기의 대표 발레리나이자 「라 실피드」의 실피드 역을 맡아 국제적인 스타가 된 마리 탈리오니에 빗대 '탈리오나이저'taglionizer란 단어는 가볍게 뜨는 무용 기술을 지칭하게 되었다. 「라 실피드」에서 주인공 마리 탈리오니가 남긴 잔상은 '안개로 압축된 그림자'였다. 그녀는 "마리 탈리오니는 실제로 인간이 아닐 것이다. 하느님도 마리 탈리오니 같은 천사를 상상하지는 못했을 것이다"라는 평을 받을 정도로 완벽한 환상을 제공했다. 구체적으로 요정은 완벽한 사랑의 상징이다. 「라 실피드」는 낮잠에서 깨어난 제임스가 발치에 앉은 요정을 발견하고 그 아름다움에 사로잡혀 사랑에 빠지며 시작되는데, 이 첫 장면을 그린 그림과 석판화가 당시 유럽에서 엄청나게 인쇄되었다. 이 그림은 모든 남성에게 '그런 완벽한 여성의 유혹에 사로잡혀봤으면' 혹은 '이상적인 여성과 사랑에 빠졌으면' 하는 공상을 제공했기 때문이다.

낭만 발레에서 요정은 완벽한 여성을 대변하며 지상의 존재가 아니다. 따라서 이들은 성적 만족의 대상이 아닌 천상의 인물이기 때문에 공기와 같이 영묘한 이미지를 창출해야 했다. 넓은 의미에서 이 날아다니는 요정은 근본적으로 여성과 인간 본능의 영적인 반쪽을 상징해, 결국 날개 달린 요정이란 인간의 신체적 한계로부터 탈피시킨다는 점에서 시적 환상을 구현하는 예술 상징이었다. 낭만적 환상 표현을 위해 기법과 의상, 조명 장치의 발전이 있었고 동시에 낭만적 상징인 요정으로서 발레리나는 낭만 발레의 존재이유가 되었다. 따라서 사회 전 계층으로부터 열렬한 인기를 이끌어낼 수 있었다.

낭만적 상징인 요정이 여성을 상징하기 때문에 여성에 대한 관객의 관심은 곧 발레에 여성적 색조를 띠게 했고, 동시에 남성무용수에 대한 혐오감을 형성했다. 급기야 1840년대 중반부터 남성무용수는 무대에서 사라지고 모든 솔로는 여성들이 도맡았다. 따라서 낭만 발레는 여성 발레라는 별칭을 갖게 되었으며 이와 함께 발레리나 숭배가 시작되었다. 여성 발레는 1830~40년대에 대단히 발전했으며 발끝으로 서는 기

「라 실피드」의 주인공 요정 역 마리 탈리오니를 그린 당시 석판화.

술은 여성 기술로 자리 잡아 여성춤에서 확고한 본질로 인식되었다. 낭만 발레는 동화 같은 옛날이야기 속에서 사랑스러운 요정과 여신들이 무대를 빙글빙글 날아다니는 도피주의자들의 환영과 같은 예술이었다. 여성적 매력과 대담한 기교는 관객을 매료시키기에 충분했다.

이렇듯 귀족의 여흥으로 출발한 발레가 부르주아를 비롯한 대중의 사랑을 받게 된 것은 요정에 대한 사랑 때문이었다. 그러나 20세기 초 발레가 현대화될 때, 「장미의 정령」에서는 남성들이 요정 역에 도전함으로써 발레에서 아름다운 남성Mr. beauty의 전형을 제시하며 게이 테마가 시작되었다.

여권주의적 시각 Female Spectatorship

초기 현대무용가들은 여성의 주관과 권위를 강조함으로써 여성 신체와 춤에 대한 여성적 시각 female spectatorship을 소개했다. 현대무용의 선구자들은 모두 여성이었고 이들은 이제까지 발레를 장악해온 남성들과는 다른 관점으로 무용을 바라보았다. 발레리나의 몸은 모두 남성인 안무자, 무용 교사, 파트너에 의해 관객이 보고 싶어 하는 여성적 아름다움을 창조하기 위해 배치되고 조정되었다. 발레리나를 여왕이라 부르며 클래식 발레의 원칙은 여성이라고 칭송한 조지 발란신은 '발레리나의 기능은 남성을 매혹시키는 것'이라며 발레가 남성의 관점에서 만들어졌다는 점을 부인하지 않았다. 발레리나는 자기 욕망에 따르는 행위주체가 아니라 욕망의 대상으로 바라보는 남성적 시각을 위해 움직인다. 발레에서 여성이 남성의 관점에서 독립해 자기주장을 가진 주체로 인정받는 유일한 길은 사악한 팜므 파탈이 되는 것이다. 그러나 이것도 남성을 유혹한다는 점에서는 조지 발란신의 기교적인 동작을 빠르고 정확하게, 그리고 무표정하게 연기하는 발레리나들과 다를 것 없다.

반면에 이사도라 덩컨 같은 초기 현대무용가들은 시각적 경험보다 운동적 공감을 더 강조했다. 발레에서 테크닉은 무용수의 모습을 중시한다. 초점은 주관을 가진 무용수보다는 대상으로서의 여성에 있고 그것이 만들어내는 시각적 즐거움을 즐기는 데 있다. 반면 현대무용은 구체적인 포즈보다는 과정의 흐름을 더 중시한다. 그리하여 완벽한 포즈의 아름다움보다는 동적이고 촉각적인 운동감이나 양감을 강조함으로써 남성적 시각의 질서를 전복시키고 여성무용수를 능동적인 주체로 만들어주었다. 종종 여권주의자라고 불리던 이사도라 덩컨은 해방된 삶을 살았을 뿐 아니라 사회적으로나 신체적으로 속박되고 억압된 여성들에게 해방된 여성의 상징이었다.

초기 현대무용의 동적인 힘은 증대된 여권의 은유로 받아들여져 여성관객은 무용의 동적인 특징에 민감하게 반응하고 춤을 배우게 되었다. 현대무용이 지닌 이런 운동감각은 종래 발레리나에게 주어졌던 남성적 시각을 없앤 원인이자, 동시에 여성들에게 보여준 현대무용의 매력일 것이다. 이는 회화에서 각기 이성과 감성을 상징하는 선과 색의 대비처럼 새로운 감각으로 춤을 바라본 것이다. 시각적 촉각성을 가장 잘 느낄 수 있는 것이 현대무용이라고 마셜 맥루언Marshall Mcluhan, 1911~80이 말했듯이 현대춤은 억제된 감성을 해방시켜 정적인 문화에서 동적인 문화로, 이성 중심에서 감성 중심으로, 논리적 사고에서 감각적 판단으로의 변화를 예고한 것이다.

이어 현대무용가들은 춤을 여성해방운동의 수단으로 삼아 새로운 여성 이미지를 심어주었을 뿐 아니라, 전통적인 여성 신체와 무용에 대해 의문을 제기하고 이를 전복했다. 로이 풀러는 1925년 뉴욕 공연에서 '여성의 존엄과 기계의 힘을 찬양한다'는 평을 받았다. 이사도라 덩컨은 보스턴 공연에서 "신체는 창피한 것이 아니라 아름다운 것"이라며 의상을 찢어 한쪽 가슴을 내보이기도 했다. 마리 비그만은 아름답지 않은 이미지를 표현해 여성무용수에 대한 기대를 무산시켰다. 그녀는 터부시되던 노년과 죽음, 전쟁 파괴 등을 주제로 다루었으며 강력

「개척자」에서 춤추는 마사 그레이엄. 1930년대에 만든 이 작품은 여성의 자치와 힘을 확증하는 여권주의적 진술로 해석된다.

한 무의식을 드러내는 악마 같고 그로테스크한 춤을 보여주었다. 「마녀의 춤」에서는 남성성과 여성성이라는 사회문화적 젠더를 거부하는 이미지를 만들어냈다. 이사도라 덩컨부터 시작된 현대무용이 포스트모던 댄스로 발전하기까지 여권주의는 이들 작품에 끼친 여러 영향들 중 하나였다. 이들은 여권주의적 사고의 다양한 단계를 구체적으로 보여준다. 이들은 이제까지 무용에서 보지 못한 강한 여성을 다뤘다. 이는 여성의 관점에서 바라본 혁명적인 여성들이었다. 이들은 세계대전에 대한 코멘트나 마르크스의 사상에 동조한 사회적 저항으로 춤을 만들기도 했다.

  이들은 발레의 전형적인 여성 신체에서 벗어나 키가 작거나 통통하거나 근육질의 개성적인 몸매로 당당했으며, 인상적인 춤의 카리스마로 존중을 요구했다. 또한 이들은 남성을 소유하고 죽이는 강력하고 위험한 여성들을 다루었다. 「원시적 성찬」Primitive Mysteries, 「개척자」Frontiers 같은 마사 그레이엄Martha Graham, 1894~1991의 1930년대 작품은 여성의 지치의 힘을 확중하는 여권주의직 진술로 해석할 수 있다. 마사 그레이엄은 매우 긍정적이고 활기찬 여성의 이미지를 제공하고 그리스 신화를 여성 관점에서 다루었다. 「밤의 여행」Night Journey, 1947에서 조카스타는 왕권의 지위에서 오이디푸스를 종속적인 위치에 두고 욕정어린 시선으로 바라본다. 무대 중앙 의자에 앉아 구석에 위치한 오이디푸스를 가리키며 춤춰보라고 지시하는데, 어느 문화 형식에서도 남성의 몸이 욕망의 대상이 되어본 적이 없던 당시에 이는 큰 사건이었다. 작품 속에서 조카스타는 사회적 규범에 따르기를 거부하는 강력한 여성으로 남성을 거세시킨다.

  여권주의운동과 함께 1960~70년대에 활발하게 전개된 성 해방운동은 후기 현대파 춤에도 영향을 미쳤다. 성 해방이란 남성들에게 성적 기대를 암시하기 때문에 모든 여성이 이를 환영한 것은 아니었다. 이런 가정에 대한 적대적 반응은 초기 포스트모던 댄서들 사이에서 다양하게 일어났다. 이들은 작품에서 여성을 성적으로 전시하지 않았다. 이본 레이너는 「트리오 A」에서 남성중심적인 전통적 여성의 이미지와 성을 해방시키고자 시도했다. '대부분 춤에서 발견되는 아이디어 실종과 나르시시즘 그리고 위장된 형태의 성적 전시'에 이본 레이너는 분노했다. 이 작품은 움직임에서 표현성과 스타일을 제거하고 순수 행위를 강조했다는 점이 중요하다. 이는 프레이징과 반복, 에너지의 분산작업이었다.

  이본 레이너는 춤에서 표현은 상관없다고 생각해, 움직임이나 신체라는 사물의 객관적인 존재를 인식할 수 있는 새로운 춤을 제안했다. 즉 사물로서의 춤은 무용 동작 대신 과제를 수행하는 동작이나 놀이 구조를 취하는 전략으로, 단지 행위하는 인간의 움직임을 보게 하는 것이다. 이 시기에 스티브 팩스턴이 고안해낸 접촉즉흥contact improvisation도 무용수를 이상적 이미지가 아닌 인간 존재로 보는 가능성을 제공했다. 접촉즉흥은 두 사람이 접촉을 유지한 채 즉흥을 하는데 여성도 남성과 대등하게 작업하는 잠재력을 제공했으며, 이후 팔 근육을 키운 여성은 자기보다 큰 남성도 들어올리게 되었다. 그리하여 역할을 바꾸어 여자가 남자를 들어올리거나 집어던지는 행동으로 신체가 큰 남성에 비해 여성이 열등하다는 미신을 뒤집었다. 여성은 수동적이라는 전통적인 여성 역할을 강력하게 부정한 것이다.

여성 발레 Female Ballet

1830~40년대에 전성기에 이른 낭만 발레에서는 주인공인 요정이 근본적으로 여성이었고 모든 솔로는 여성들이 도맡아 결과적으로 여성 발레가 되었다. 당시 관객에게 발레는 낭만주의의 전성기에 유행한 모든 꿈의 화신이었고, 여성 마리 탈리오니에 대한 집중적인 관심에서 낭만 발레의 매력이 비롯되었다. 탈리오니는 발레에서 옛 스타일의 종말을 고하고 새로운 예술 흐름을 대변하는 이상적인 낭만예술가였다. 하지만 탈리오니의 「라 실피드」1832와 함께 시작된 낭만 발레를 19세기 초엽의 발레와 구분 짓는 차이는 발레리나가 무대에서 중심자리를 차지하고 남성무용수는 점차 중요하지 않은 짐꾼으로 전락한 것이다. 당시 센세이션을 일으킨 발끝으로 추는 기교도 여자들만 할 수 있었고 낭만적 상징인 요정도 여성이었기에, 여성에 대한 열중은 발레 무대를 이상화된 여성의 환영을 보는 도피처로 만들었다.

낭만 발레를 향한 여성 관심과 취향을 형성하는 데는 테오필 고티에와 같은 발레 비평가들이 앞장섰다. 시인이자 언론인, 비평가 등으로 활동한 지성인 테오필 고티에는 발레에 대단히 열정적이었다. 특히 낭만 발레기의 또 다른 대표 발레리나로 성장하게 되는 카를로타 그리지 Carlotta Grisi, 1819~99를 짝사랑해, 그녀를 위해 「지젤」Giselle 대본을 쓰고 강력한 후원자가 되었다. 테오필 고티에는 우아한 포즈로 아름다운 형태를 보여주고 보기 좋은 선을 그려내는 것 외에는 발레에 다른 목적이 없고, 단지 사랑과 욕망 같은 요염한 감정을 표현할 뿐이라고 생각했다. 그러므로 그의 비평 대상은 발레리나의 아름다움과 여성적 매력을 벗어나지 못했다. 테오필 고티에는 숭배해 마지않는 발레리나에 대한 찬사에 반비례해 남성무용수를 조롱했다. 테오필 고티에는 남성의 붉은 목과 튀어나온 장딴지와 팔뚝 근육만큼 혐오스러운 것이 없으므로 남성무용수가 없는 발레가 최고라고 공언했다. 그리하여 「라 실피드」 이후로 발레리나를 숭배하는 전통이 생겨났다.

낭만 발레는 발레리나들의 매력과 인기 그리고 무용수로서의 짧은 생명력과 함께 사라졌다고 할 정도로 유행 시기가 짧았다. 그러나 고작 20년간 유행한 낭만 발레의 중요성은 발레리나를 그린 엄청난 양의 석판화나 인쇄물, 출판물이 증명한다. 낭만 발레 공연에서는 한 쪽이나 두 쪽 정도의 짧은 작품 설명과 함께 100~200장 정도의 발레리나 그림과 초상을 묶어 팔았는데, 그 속에 기록된 발레리나의 모습은 현대 핀업걸이나 브로마이드와 같았다. 당시 발레리나의 의상, 헤어스타일, 보석, 레이스 등은 17세기 궁정 발레 시기의 전통을 이어 최신 패션을 선보이는 기회였지만, 석판화 그림 속에서 발레리나들이 바늘 끝처럼 뾰족한 신발을 신고 지상에서 솟아올라 무중력 상태로 포즈를 취한 모습은 당시 발레리나에게 발끝으로 서는 기술이 얼마나 중요했는지, 그리고 일반인들이 발레에서 무엇을 보았는지를 알게 한다. 이들 모습은 작품의 한 장면을 배경으로 한 것이 아니라, 아무 배경 없이 아름다운 옷을 차려입고 토슈즈를 신은 채 젊고 매력적인 발레리나가 혼자 포즈를 취한 것이다. 환상적인 의상을 다양하게 입은 여성은 당시 관객이 무엇을 기대하고 발레 공연장에 갔는지 짐작케 한다.

낭만 발레의 새로운 브랜드로 여성을 발레의 전선에 내세운 데는 비

파니 엘슬러의 핀업걸 이미지(1838).
낭만 발레기의 인쇄물과 출판물을 통해 당시 관객들이
발끝으로 서는 기술에 열광했다는 것을 알 수 있다.

평가뿐 아니라 극장 운영자와 언론도 가담했다. 1830년 여름, 혁명이 끝난 뒤 오페라 감독으로 임명받은 루이-데지레 베롱Louis-Désiré Véron, 1798~1867은 왕실의 후원이 끊기고 독립재정체제에서 운영을 맡은 첫 번째 감독이었다. 그는 영리 추구를 위해 오페라를 사업처럼 경영해야 했다. 오락의 사업적 측면을 너무나 잘 이해한 루이-데지레 베롱 박사는 후임자들과 달리 돈을 많이 벌어들였다. 새로운 부르주아 관객은 환상적인 스펙터클을 좋아했고, 이들의 취향은 발레 흥행에 크나큰 결정력을 지녀 극장 운영과 발레단 캐스팅에까지 영향력을 미쳤다. 정부 연금도 끊긴 상태에서 발레리나들은 열악한 무대 환경과 고통 속에서 환상을 창조해야 했고, 자기를 보러온 신흥 대중을 위해 웃어야만 했다. 부유한 부르주아는 발레리나의 아름다움에 이끌려 극장을 찾았다. 그리고 발레리나를 보러온 남자들은 진지한 은유를 원하지 않았다. 아름다운 무용수는 캐스팅과 신분 상승을 위해, 그리고 루이-데지레 베롱 박사는 오페라의 재정을 위해 강력한 후원자가 절실히 필요했다. 루이-데지레 베롱은 회고록에서 당시 관객이 시각적으로 즐겁고 '색다르게 춤추는 젊고 아름다운 무용수'를 바랐기 때문에 지능이나 마음이 아니라 특히 시각에 호소해야 한다고 성공 비결을 얘기했다.

1832년 프랑스의 첫 일간지인 『La Press』가 발간되었는데, 이들은 앞 다투어 낭만 발레리나의 평을 1면에 실으면서 아울러 무대 밖 사생활까지 다루었다. 낭만기의 대표 발레리나들은 오늘날의 할리우드 스타나 마찬가지였다. 광적인 팬들은 치열한 주역 다툼과 인기 경쟁에서 자기가 애호하는 발레리나에 지지를 표하기 위해 매일 밤 공연장을 찾았다. 공연이 진행되거나 끝난 뒤 라이벌 발레리나를 지지하는 관객은 오케스트라 피트를 망가뜨릴 정도로 격렬한 싸움을 벌이기도 했다. 따라서 이들 낭만 시대의 대표적인 발레리나들, 마리 탈리오니, 파니 엘슬러Fanny Elssler, 1810~84, 파니 체리토Fanny Cerrito, 1817~1909, 루실 그란Lucile Grahn, 1819~1907, 카를로타 그리지 등은 오늘날의 국가 당주처럼 열렬히 충성하는 팬들을 거느리기도 했다.

장미의 정령 Le Spectre de la Rose

「장미의 정령」1911은 20세기 초 러시아 발레의 우수함을 유럽에 알리기 위해 발레 제작자이자 흥행사인 세르게이 디아길레프가 설립한 러시아 발레단 발레 루스Ballets Russes, 1909~29의 주요 레퍼토리다. 발레 루스는 발레의 모습을 완전히 바꾸어놓을 만큼 최신 예술 감각과 전위적인 예술 정신으로 20세기 발레 역사에 심오하고 폭넓은 영향력을 미쳤으며, 당대 문화적 열정과 유행의 상징이었다. 이들이 창조한 레퍼토리 중에는 「레 실피드」Les Sylphides, 「불새」The Firebird, 「페트루슈카」Petrouchka, 「목신의 오후」L'Apres-midi d'un Faune, 「봄의 제전」Le Sacre du Printemps, 「퍼레이드」Parade, 「결혼」Les Noces, 「암사슴들」Les Biches, 「아폴로」Apollo, 「방탕한 아들」The Prodigal Son 등 오늘날까지 공연되는 20세기 전반의 대표 명작들이 포함되어 있다.

발레 루스의 작품 중에서 가장 흥행성 높은 작품으로 트리플 빌triple bill을 뽑는다면 「장미의 정령」「목신의 오후」「결혼」으로 구성할 수 있다. 트리플 빌이란 세 작품으로 하룻저녁 공연 프로그램을 구성하는 방식인데, 이는 세르게이 디아길레프의 공연 구성 방식에서 시작되었다. 그밖에 두 작품double bill, 한 작품single bill짜리 공연도 있지만 대체로 트리플 빌이 부담 없이 즐길 수 있는 가벼운 구성이다. 1909년부터 활동하기 시작한 발레 루스는 인원이 제한되어 여러 막으로 구성되는 스케일 큰 작품을 공연할 수가 없었다. 발레 루스 활동기간 중 전막짜리 공연을 한 것은 1921년 「잠자는 숲 속의 공주」가 유일한데, 이 경우도 참담하게 실패하고 재정적으로도 큰 피해를 입었다.

앞서 뽑은 세 작품은 모더니즘의 전당에 오를 만큼 예술성과 흥행성이 뛰어나며, 여러 발레단에서 단절되지 않고 오늘날까지 활발하게 공연되는 작품이다. 이들 작품들은 레퍼토리 성격상 '재공연'revival이라 불린다. 흔히 초연 안무 이후 그 버전이 '사라졌다'lost고 판정되는 작품은 면밀한 조사와 전문적인 추리에 의해 '재구성'reconstruction되는데, 이는 원래 음악과 스토리라인을 따르면서 거의 새로 안무되는 경우와 같다. 하지만 재공연의 경우는 사소한 부분이 더해질 수도 있지만 재구성만큼 원작의 개성이 크게 손상되지는 않는다. 따라서 초연 이후 '재공연'으로 레퍼토리가 분류되고 이어진다는 사실만으로도 작품의 우수성을 증명하는 것이다.

「장미의 정령」은 테오필 고티에의 시에 카를 베버Carl Weber, 1786~1826의 「무도에의 초대」Invitation to the Dance에 맞추어, 1911년 미하일 포킨이 안무로 테오필 고티에 탄생 100주년을 기념해 초연되었다. 빌레 무스는 1911년부터 미하일 포킨을 전속 안무자로 삼아 모나코의 몬테카를로를 근거지로 본격적인 전문 발레단 활동을 시작했다. 미하일 포킨은 이 1911년 시즌을 위해 「페트루슈카」와 「장미의 정령」「나르시스」를 비롯해 다섯 작품을 야심차게 안무했다. 「장미의 정령」은 "Je suis le spectre d'une rose/Que tu Portais hier au bal"(I am the spirit of a rose/That You wore Yesterday to the ball)로 시작되는 테오필 고티에의 같은 이름의 시에서 영감을 얻어 만들어졌다. 내용은 소녀의 가슴에 달려 첫 데뷔 무도회에 간 장미가 소녀를 사랑하게 되고, 사랑을 증명하기 위해 매일 밤 잠든 그녀 옆에서 춤추겠노라 맹세하는 낭만적인 이야기다. 그러나 이 작품이 성공한 데는 환상적인 줄거리보다 주인공 바슬라프 니진스키의 힘이 컸다.

1910년부터 발레 루스는 바슬라프 니진스키라는 스타를 중심으로 돌아가기 시작했는데, 누구와도 비교할 수 없는 엄청난 엘레바시옹 elevation 능력은 이 작품에서도 빛을 발했다. 1911년 6월 6일에 초연된 이 작품에서 바슬라프 니진스키는 장미 역을 맡았다. 꽃 역할을, 그것도 낭만 발레에서 전통적으로 여성들이 맡아오던 요정 역을 남성이 했다는 점이 획기적이었다. 당시에는 발레하면 일반적으로 요정 같은 여성을 떠올렸다. 이 장미 역은 발레 레퍼토리 중에서 가장 어렵고 긴 남성 베리에이션으로, 마지막 장면에서는 창문을 넘어가는 큰 도약으로 기교의 절정에 오르며 끝맺는다. 바슬라프 니진스키의 공연은 발레의 전설이 되었다. 그의 기묘한 양성적 분위기와 아르누보의 넝쿨 문양처럼 휘감기고 장미 향기를 표현하듯 나긋나긋한 팔 동작은 이제까지 본 적 없는 춤이었다. 무도회에서 돌아온 소녀가 장미꽃을 바라보다 의자에서 잠든 사이, 창문으로 들어온 장미의 요정이 끊임없이 도약하며 하늘로 치솟듯 날아다니는 솔로가 이 작품의 중심이다.

장미는 춤을 추다 경배하듯 소녀의 발치에 몸을 던진다. 이 모습은 낭만 발레의 정석 「라 실피드」를 대표하는 첫 장면에서 잠든 제임스의 발치에 고혹적인 포즈로 엎드린 요정 발레리나와 성 역할 전도가 일어난 것이다. 「라 실피드」에서는 요정의 유혹에 제임스가 깨어나며 사랑에 빠지는데, 「장미의 정령」에서는 날아다니던 장미가 어느 순간 의자 뒤에 서서 오로지 팔 동작만으로 정적인 춤을 춘다. 물결을 일으키고 감아올리는 듯한 팔 동작으로 마치 꽃의 향기로 잠든 그녀를 깨우려는 듯하다. 소녀도 깜짝 놀라 잠에서 깨 포인트로 장미와 2인무를 춘다.

「장미의 정령」(1911)에서 리디아 로포코바와 알렉산드르 가브릴로프.

그리고 마치 하늘로 날아오르듯 엄청난 도약으로 창문을 벗어나 눈에서 사라지는데, 이 마지막 점프에서 착지를 볼 수 없는 관계로 실체가 없는 영적인 환영을 완성하게 된다. 바슬라프 니진스키의 공연에서는 엄청난 퇴장 도약으로 그가 떨어져 죽을까봐 객석에서 비명이 일어날 정도였다. 니진스키의 장미는 마리 탈리오니의 실피드에 대응하는 남성 버전이다.

  이 작품은 발레 루스 레퍼토리 중 가장 인기 있는 작품이었다. 장미 꽃잎으로 온 몸을 장식한 채 몸의 선을 완전히 드러낸 남성의 모습은 아름답다고 할 수밖에 없다. 따라서 이 작품은 발레 역사에서 '아름다운 남성'Mr. Beauty을 소개한 첫 작품이자 게이 테마의 효시가 되는 작품이다. 당시 발레 루스는 부유하고 명망 있고 세련된 문화 리더들의 전당이 되어 유명 예술가와 지성인, 사교계 명사, 자유분방하고 유행을 아는 사람들에게 인기 있었다. 한편 동성애자였던 세르게이 디아길레프와 함께 발레는 동성애자들을 끌어당기는 자석이 되었다. 발레 루스 작업에 동참한 가장 전위적인 예술가 그룹 상당수가 게이였고 초연 당시 니진스키는 세르게이 디아길레프의 애인이었다. 낭만 발레 이후 발레리나에 밀려 남장 여성무용수가 대신 추던 남성춤은 이 작품과 발레 루스의 뛰어난 남성무용수들 덕분에 위상을 확립할 수 있었다.

토슈즈 Toe Shoes

오늘날에는 발끝으로 춤추는 것이 곧 발레라고 생각하지만 토슈즈나 발끝으로 서는 기술은 19세기에야 개발되었다. 서양춤의 경우에는 신발이 기교 발전에 큰 영향을 미쳤다. 11세기부터 13세기까지 유럽에는 풀렌poulaine이라 불리는 신발이 유행했다. 발끝이 유난히 긴 이 신발은 발가락 부분이 거의 발바닥 전체 길이보다 길어, 이 신발을 신고 추는 춤에서 유럽 사교춤의 느린 특성과 발끝이 양옆으로 벌어져야만 하는 오늘날 발레의 턴 아웃과 같은 기본자세가 자리 잡았다. 하이힐 구두는 17세기에 소개되었는데, 이는 기교적으로 바닥을 치는 스템핑 스텝을 소개했다. 15세기와 16세기에 유행한 바스 당스에서 제자리걸음하던 스텝은 17세기 춤에서 스템핑 스텝으로 강화되었다. 17~18세기의 발레리나들은 하이힐을 신고 춤추었는데, 마리 카마르고Marie Camargo, 1710~70란 무용수가 더욱 기교적인 스텝을 위해 18세기 후반에 하이힐에서 굽을 제거했다.

19세기 초 전문 발레 무용수들은 가볍고 부드러운 공단 슬리퍼를 리본으로 발목에 묶은 채 춤을 추었다. 볼룸ballroom에서 사교춤을 추던 일반인들도 같은 슬리퍼를 사용했다. 이 신발의 유연성 덕분에 1810~20년대 발레리나들은 공단 슬리퍼 발끝 부분에 솜이나 실크를 집어넣거나 꿰매 단단하게 만들었고 발끝으로 서는 기교를 선보이기 시작했다. 이런 발끝으로 서는 기술은 마리 탈리오니가 낭만 발레 시대를 여는 「라 실피드」La Sylphide, 1832란 작품에서 천상의 요정 역을 묘사하는 데 훌륭하게 성공함으로써 예술적 가치를 인정받게 되었다. 이로부터 토슈즈와 발끝으로 서는 기술은 여성의 전유물이 되고 오늘날 발레의 모습을 규정짓는 중요한 기술이 되었다.

오늘날의 토슈즈처럼 발끝이 뭉툭하게 박스 형태가 된 것은 1860년대부터. 토슈즈는 나무로 만들어진 것이 아니라 여러 겹의 천을 특수 풀과 전분 등으로 접착시켜 발끝 부분에 홈을 만들어주는 것이다. 이 박스가 발의 옆면을 지지하고 발끝이 올라설 수 있는 평평한 기저를 만들어주는 것이다. 면이나 펠트, 캔버스 천을 여러 겹 붙이는 특수한 풀은 제작사들이 일급 기밀로 다뤄 쉽게 알 수 없다. 1866년 낭만 발레 시기의 발레 비평가였던 테오필 고티에가 당시의 토슈즈에 관해 쓴 기록을 보자. "신발 바닥은 발의 끝부분까지 미치지 않는다. 발가락 끝에서 두 마디 정도 길이에서 바닥이 각지게 잘리고 신발 안쪽은 강한 캔버스 천으로 이어져 있으며 발가락 끝부분에는 가죽으로 싼 판지가 있다." 오늘날의 토슈즈와 모습이 많이 닮았음을 알 수 있다.

토슈즈 발명과 함께 발끝으로 서는 기술은 여성춤에서 확고한 본질로 자리 잡았다. 그러나 실크나 솜을 집어넣은 무용 신발은 체중을 지탱하는 데 거의 도움을 주지 못했으며 19세기 말에 이탈리아에서 끝이 뭉툭한 발전된 토슈즈가 만들어진 다음에야 진짜 기술을 보일 수 있었으리라 짐작한다. 하지만 낭만 발레 시대의 석판화나 그림에서 발레리나들이 바늘 끝처럼 뾰족한 신발을 신고 지상에서 무중력상태로 포즈를 취한 모습은 당시 발레리나의 이미지에서 토슈즈가 얼마나 중요했는지, 그리고 대중이 무용수의 발과 토슈즈에 얼마나 몰두했는지를 보여준다. 토슈즈는 낭만 발레 시대의 상징인 날아다니는 요정을 표현하

1860년대 발끝이 뭉툭한 토슈즈가 발명되었다.
이를 계기로 발끝으로 서는 기술이 여성춤의 확고한 본질로 자리 잡았다.

기 위해 개발되었지만 이후 20세기까지 발레 테크닉이 발끝으로 서는 기교를 중심으로 발전하게 했다.

 하늘을 날아다니는 이미지를 구현하기 위해 고안된 토슈즈나 발끝으로 추는 기술은 발레 기본자세에서 풀업pull up의 노력과 함께 발레가 천상으로 향하는 춤의 이상을 지녔음을 보여준다. 발끝으로 서서 추는 포인트 워크와 토슈즈는 오늘날까지 발레를 대표하는 예술 상징이다.

튀튀 Tutu

여성무용수를 위한 발레 치마 튀튀는 몸통에 꼭 들어맞는 바디스와 얇은 명주 그물, 실크, 나일론, 비치는 망사와 같이 가벼운 천을 여러 겹 겹쳐 불룩하게 만든 스커트로 이루어져 있다. '튀튀'라는 단어는 프랑스 어린이들의 엉덩이를 지칭하는 속어에서 기원한다고 하며, 때때로 스커트만 가리키기도 한다. 치마 길이에 따라 크게 '클래식classical 튀튀'와 '로맨틱romantic 튀튀'로 나뉘는데, 클래식 튀튀는 무릎이나 그보다 짧은 길이이고 로맨틱 튀튀는 종아리 중간이나 발목까지 닿는 길이다. 발레리나의 전형적인 복식 튀튀는 토슈즈와 함께 대표적인 발레 상징으로 여겨지지만, 이 발레 의상은 19세기에야 역사에 처음 등장했다. 오늘날 튀튀는 더 이상 발레 안무자나 의상 디자이너에게 강제적인 것으로 생각되지 않아, 더 가볍고 잘 흐르는 시폰이나 나일론 스커트에 자리를 내주고 있다.

발레 역사에 처음 등장한 튀튀는 낭만 발레 시대에 나타났기 때문에 이름 붙은 로맨틱 튀튀다. 1820년대부터 등장한 로맨틱 튀튀는 당시 여성복식에서 발전한 것이다. 「라 실피드」La Sylphide, 1832에서 마리 탈리오니가 주인공 실피드 즉 요정 역을 하며 입었던 의상이 튀튀의 기원으로 생각되는데, 단순하고 희다는 점에서 당시 발레리나들이 연습실에서 입었던 것과 달랐다고 한다.

발레의 낭만적 상징이 바로 요정이다. 이 초자연적인 존재를 표현하

낭만 발레의 대표작 「라 실피드」에서 여주인공 실피드의 로맨틱 튀튀.

고전 발레의 대표작 「백조의 호수」에서 여주인공 오데트 공주의 클래식 튀튀.

는 데는 튀튀가 완벽했다. 튀튀의 흰색이 천상의 순수함을 대변하고 휘날리는 치마는 날아다니는 무중력상태를 나타내는 데 적격이었기 때문이다. 물론 낭만 발레의 등장인물이 모두 요정은 아니었기 때문에 지상 인물의 경우 치마의 색과 길이를 조정하고, 여러 시대와 민속성을 나타내는 액세서리와 세부 장식을 붙여 응용했다. 1870년대에 뛰어난 기술력으로 인정받은 이탈리아 출신 발레리나들이 대가다운 기교를 과시하기 위해 무릎 위로 치마를 잘랐고, 여성적 매력을 과시하고자 튀튀의 넥 라인도 더욱 깊이 내려갔다.

19세기 중반이 되면서 튀튀는 발레리나의 유니폼이 되었다. 작품의 시대나 배경과 상관없이 주역 급 발레리나는 당연히 튀튀를 입어야 했다. 19세기 말 발레 기교가 정점에 달하면서, 클래식 발레의 인기와 더불어 클래식 튀튀의 시대가 열렸다. 클래식 발레 시기의 테크닉은 발전된 토슈즈에 힘입어 낭만 발레 시기에 90도밖에 들지 못하던 다리를 거의 180도 가까이 드는가 하면, 높은 점프와 발끝으로 빠르게 연속돌기를 하는 등 전체적으로 빠르고 힘이 있었다. 발레리나의 종아리 사이에서 휘감기는 것이 매력이던 로맨틱 튀튀는 이런 발전된 기교에 어울리지 않았다. 따라서 치마가 짧아지고 힘 있게 뻗는 형태가 되었다.

20세기에 접어들면서 클래식 튀튀는 오늘날과 같이 엉덩이 부근에서 바깥으로 딱딱하게 펼쳐지는 접시 모양으로 정착되었다. 부드럽게 하늘거리는 로맨틱 튀튀에 비해 클래식 튀튀는 고정된 형태지만, 그 아래 다리는 더욱 활달하게 움직이게 되고 다리의 전체적인 선이 온전히 드러나 주목받게 된 셈이다. 20세기 초 발레의 현대적 개혁을 주장했던 미하일 포킨도 주제와 상관없는 튀튀의 제복화에 반대했다.

오늘날 컨템퍼러리 발레에서 튀튀는 안무자가 전달하고자 하는 스타일과 분위기에 따라 결정된다. 즉 서정적인 작품은 부드럽게 흐르는 로맨틱 튀튀를 선호하고, 아카데믹 형식주의를 지향하며 클래식 기교를 강조하는 작품은 신체선이 깔끔하게 드러나는 클래식 튀튀를 사용한다.

팜므 파탈 Femme Fatale

위험한 사랑을 낭만적으로 포장한 '팜므 파탈' 개념은 17세기 파리 상류층 지식인들에게 크나큰 영향력을 지녔던 캐서린 드 람뷔레 Catherine de Rambouillet, 1588~1665의 살롱에서 시작되었다. 이런 문학 살롱은 창의적인 영혼들의 친목모임이었는데, 18세기를 거치면서 살롱을 주재한 여주인들과 함께 더욱 중요해지다가 낭만 시대에는 문화 엘리트의 중심지가 되었다. 19세기 문학 살롱을 주재한 여성들은 여성으로서의 위대함과 정신력을 갖추고, 무엇보다 여성평등정신의 소유자들이었다. 살롱은 당대 예술이나 사상 그리고 활동의 근원지로 기능했으며, 19세기 살롱을 연 여성 중 두드러진 사람은 마담 드 스탈 Madame de Staël, 1766~1817, 마리 다구 Marie d'Agoult, 1805~76, 조르주 상드 George Sand, 1804~76 등이다. 팜므 파탈이란 용어가 생겨난 것은 낭만주의의 특성 때문이다. 이들 살롱 여성에 '치명적인 매력을 지닌 여성'이라는 낭만적 자극을 더하고 그녀를 위해 죽을 수 있는 남성들의 태도를 보태, 무시무시한 후광을 씌워 찬양하고 신성시했다.

낭만적 열정에 휩싸인 남성들은 현실을 극복하고 초월하기 위해 내면을 성찰하는 고통스러운 과정에서 정신적 도피의 무아지경을 탐닉했다. 이를 위해 도피의 대상이 필요했고 그것을 이상화된 여성의 이미지에서 찾았다. 이런 여성 이미지가 19세기 낭만 시대를 지나고 20세기 초엽에 이르러 남자를 죽이는 man eater 치명적인 요부 이미지로 강화되었다. 춤에서 팜므 파탈의 이미지는 다양한 역할로 발전해나갔다. 우선 팜므 파탈의 전형으로 가장 먼저 등장한 것은 「지젤」Giselle, 1841에서의 윌리wilis다. 이 작품의 대본을 쓴 테오필 고티에는 하인리히 하이네Heinrich Heine, 1797~1856의 『독일에 관하여』 De L'Allemagne란 책에서 「지젤」 2막의 아이디어를 가져왔다. 밤의 요정 윌리들은 남성제물들을 죽을 때까지 춤추게 한다. 윌리는 사랑에 상처받고 복수를 꿈꾸는 처녀 귀신들이다. 주인공 지젤이 자기 무덤을 찾아온 옛 애인 알프레드를 죽이라는 윌리 여왕의 명령을 거역하면서까지 그를 지켜내자 「지젤」은 남성들에게 가장 사랑받는 낭만 발레의 대표작이 되었다.

낭만 발레에 빠짐없이 등장하는 요정은 19세기 낭만주의자들에게 절실하게 필요한 여신이었다. 모든 남성이 사랑에 빠지고 싶어 하는 완벽한 여성, 혹은 이상적인 여성인 이들 무용수들은 일상으로부터 충분히 거리감을 유지한 채 순수한 영혼과 손에 잡히지 않는 이상이라는 꿈을 유지할 수 있도록 날아다니는 정령으로 존재했다. 낭만 발레의 요정들은 이상적인 여성의 이미지로 남성을 유혹해 현실의 사랑을 파탄에 이르게 하고, 이루어질 수 없는 정신적인 사랑에 탐닉하게 만드는 낭만적 자극이자 모험이었다. 이들의 유혹은 현실적으로 죽음으로 귀결된다. 세기말에 이르러 아름답고 독살스러운 팜므 파탈은 치명적이고 불가항력적인 성적 매력이 되어 남자의 넋을 빼앗아 파멸시키고 죽음으로 몰고 가는 요부로 발전했다. 이렇듯 바로크적 에로티시즘은 사랑과 죽음, 죽음과 성을 한 쌍으로 묶어 표현하면서 강력한 죽음 이면의 에로티시즘을 자극하는 데 목적이 있었다.

19세기 말에서 20세기 초에 걸쳐 유럽의 문화예술계가 열광한 팜므 파탈은 바로 살로메다. 살로메는 퇴폐의 화신으로서 여성 파괴자 이미지다. 19세기 이전의 요부들은 비록 아름답고 독살스러울지라도 성적 매력을 지니진 않았다. 살로메가 지닌 가공할 만한 성적 위력은 타락이라는 각인을 찍기 위한 사회적 장치인지도 모른다. 브람 딕스트라Bram Dijkstra의 연구에 따르면 19세기 말 증대되는 여권 신장 욕구를 저지하기 위해 남성과학자와 예술가, 작가들이 의식적으로든 무의식적으로든 여성혐오적이고 여성을 억압하는 이미지를 꾸준히 확산시키고자 노력했다고 한다. 20세기 초 춤에서의 대표적인 팜므 파탈이자 남성을 거세시키는 「살로메」1907, 로이 풀러 안무와 「클레오파트라」1908, 미하일 포킨 안무도 모두 당대 대표적인 남성작가인 오스카 와일드와 테오필 고티에의 글에서 영감을 받은 스토리다.

「살로메」는 헤로드 왕의 딸이 춤의 대가로 세례자 요한의 목을 요구한 『성경』 이야기에 입각한 줄거리인데, 다양한 춤의 버전이 있고 그 가운데는 내세에서 요한과 살로메가 승천해 연인으로 만난다는 해석도 있다. 상징주의자들 사이에 평판이 자자한 로이 풀러는 1895년과 1907년에 두 번 이 작품을 안무했으나 1895년까지만 해도 아직 살로메에 대한 열기가 뜨거워지기 전이라 별다른 주목을 받지 못했다. 그러나 13년 뒤, 그녀는 45살에 4,500개의 공작 털로 만든 의상에다 650개의 조명, 320암페어 프로젝터 15개가 동원된촛불 1만 240개의 밝기 춤에서 길이가 6피트에 이르는 길이의 뱀도 두 마리 사용했다. 물론 그녀의 트레이드마크인 긴 실크가 동원되었는데 이 「살로메」는 대중을 강렬하게 사로잡았다. 영국의 에드워드 7세1841~1910가 이 작품에 탄복해 1908년 성에서 200회 공연을 하게 했는데 이는 결과적으로 많은 살로메 모방자들을 양산해냈다. 그 가운데는 캐나다 출신으로 음악 교육을 받다가 이사도라 덩컨의 아류로 활동하던 모드 앨런Maud Allan, 1873~1956

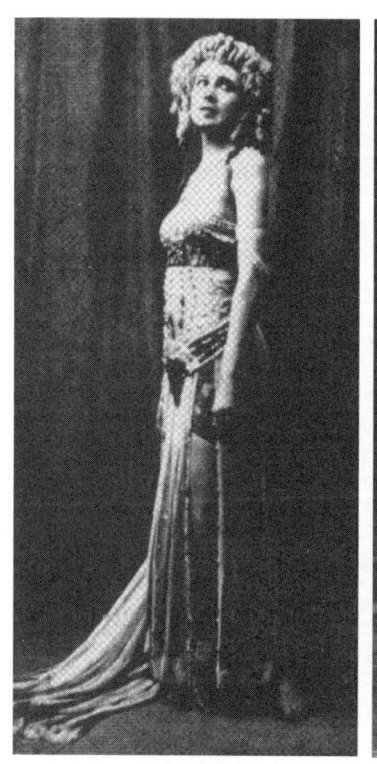 

왼쪽 | 이다 루빈스타인의 「살로메」. 살로메는 『성경』에 등장하는 인물로 세례자 요한의 목을 요구했다. 살로메는 다양한 예술작품에서 팜므 파탈로 그려진다.

오른쪽 | 모드 앨런의 「살로메의 환영」. 앨런 버전은 가장 방종한 살로메의 화신으로, 연정이 거부된 데 대한 앙갚음으로 남성을 거세하는 이미지가 더해졌다.

이 있었다. 앨런 버전1908은 가장 방종한 살로메의 화신이었다. 자기의 연정이 거부된 데 대한 앙갚음으로 죽음의 죗값을 치르게 하려고 남성을 거세하는 위험한 이미지가 더해진 것이다.

「클레오파트라」는 테오필 고티에의 이야기에 영감을 받아 미하일 포킨이 대본과 안무를 맡았는데 플롯이라고 할 만한 내용은 없다. 클레오파트라의 제물 아문Amoun은 결혼하기로 한 아름다운 소녀에 만족하지 못하고 이집트 여왕이자 안토니의 정부인 클레오파트라와의 불가능한 사랑을 꿈꾼다. 아문은 '사랑한다'라는 메시지를 담은 화살을 클레오파트라의 발치에 쏘아 보내고 이를 본 클레오파트라는 지루함을 떨쳐버리기 위해 그에게 하룻밤의 흥청거림을 허용하는 대신, 동이 트는 새벽에 죽음을 요구한다. 아문은 이에 동의하고 죽는다. 이 단순한 구조는 지그문트 프로이트Sigmund Freud, 1856~1939의 『꿈의 해석』*The Interpretation of Dream*, 1900에서 거세시키는 여성에 대한 어린 남성의 심리에 잠재한 공포를 직설적으로 보여주어 강렬한 인상을 남긴다. 춤의 스타일은 엄격하게 이집트적인 움직임도 아니고 클래식한 것도 아니었으며 토슈즈도 대부분 신지 않았다. 이를 본 무용 평론가 앙드레 레빙송Andre Levinson, 1887~1933은 관능적인 분위기의 '끊임없는 디베르티스망'unbroken divertissement이라고 했다.

이 작품에서 가장 스릴 넘치는 장면은 클레오파트라의 등장이다. 열두 겹의 베일을 미라처럼 감싸고 관 위에 누운 클레오파트라를 노예들이 사원 중앙에 세워놓는다. 노예 네 명이 미라 모습의 클레오파트라의 몸에서 다채롭고 아름다운 베일을 하나씩 벗기기 시작해, 마지막 열두 번째 어두운 푸른색 베일이 벗겨지면 조그만 푸른색 가발을 쓰고 사지가 가늘고 긴 이다 루빈스타인Ida Rubinstein, 1885~1960의 신성한 여성이 드러난다. 그녀는 곧 주위를 휘감는 나선형 제스처로 쓰러진다. 이 작품에는 하룻밤의 쾌락을 위해 약혼자도 버리고 목숨을 던지는 남자 주인공과 사랑이 없는 결혼 대신 죽음을 택하는 여자주인공, 그리고 지루함을 달래기 위해 변덕으로 한 인간을 죽이는 여성이 있다. 「클레오파트라」는 「셰에라자드」와 함께 20세기 초 유럽을 사로잡은 오리엔탈 발레로 인기를 끌었다.

19세기 말 유럽에서 살로메나 클레오파트라는 전통적인 부르주아 가정생활에 묶인 여성의 역할을 거부하고 남성적 힘과 권위를 취하고자 한 새로운 브루주아 여성을 상징했다. 이것이 점차 팜므 파탈로 발전했다면, 20~21세기 초 무용계에서는 전통적인 남성적 움직임과 젠더 이미지를 거부하는 새로운 남성상이 진화했다. 왕자나 기사, 혹은 마초의 근육질 신체는 거부되고 아름다운 남성과 유혹하는 남자, 나아가 옴므 파탈homme fatales의 모습도 빈번히 발견된다.

20세기 초 발레 루스는 발레계에 동성애자들을 끌어들이는 자석으로 기능했고 이후 점차 게이 안무가니 무용수들이 무용계에 소개한 동성애적인 감성은 남성의 몸과 움직임에 대한 전통 규범과 제한을 무력화시켰다. 여성적 아름다움과 유혹의 힘에 도전하는 남성은 여성에게만 허용된 스타일과 이미지에 정면으로 도전하면서 남성 발레단을 구성하는가 하면, 영국 안무자 매튜 본은 발레에서 전통적으로 여성을 떠올리는 이미지에 반해 남성백조들로 구성된 「백조의 호수」1995를 안무했다. 주인공 백조는 왕자의 동성애적 사랑과 여왕에 대한 오이디푸스적 사랑을 모두 차지함으로써 왕자를 자살하게 만드는 치명적인 매력을 지닌 옴므 파탈로 그려졌다.

문화 CULTURE

가면무도회 Masquerade

매스커레이드는 중세 말기에 유럽 전역에서 유행한 가장행렬과 대행렬 양식인데 르네상스 귀족들이 이를 세련되게 다듬어 스펙터클한 쇼로 발전시켰다. 르네상스의 중심인 이탈리아에서 귀족의 초기 궁정 연희 양식이 형성되는 데 매스커레이드가 토대가 되었고, 이후 16세기 프랑스에 수입되어 바로크적인 아름다움이 가미되면서 궁정 귀족의 실내 여흥으로 궁정 발레와 가면무도회로 변화했다. 매스커레이드는 글자가 지칭하는 바와 같이 가면을 쓰고 행진하는 것인데, 그 중심에 대단히 양식화된 춤이 자리한다. 매스커레이드의 원형으로 이탈리아에서 발달하고 크게 유행한 대행렬 형식은 가장행렬과 장식된 대차, 기수, 걷는 사람, 광대, 크고 작은 가면 그리고 정지 순간에 이루어진 춤으로 구성된 행진 형태다. 이에 말이 조를 이루어 대형을 만드는 말들의 발레나 기마시합을 곁들이는 형식이었다.

프랑스의 프랑수아 1세$^{1494~1547}$는 이탈리아 전쟁을 치르면서 이탈리아광이 되었는데, 이탈리아에서 본 무도회나 가장행렬의 환상적이고 찬란한 요소는 당시 프랑스인이 즐기던 바스 당스$^{basse\ danse}$를 따분한 것으로 보이게 하기 충분했다. 프랑수아 1세는 화가, 조각가, 음악가 등 수많은 이탈리아 예술가를 퐁텐블로 성에 데려다놓고 자기만을 위해 일하게 했다. 그리고 이는 프랑스에서 이탈리아식 가장 무도회가 열리는 이상적인 배경이 되어 다양한 이탈리아 스타일 매스커레이드가 열리게 되었다.

프랑수아 1세를 이어 앙리 2세 때 매스커레이드는 한층 스펙터클한 형태로 발전했다. 귀족들이 우화나 고전 신화의 장면을 묘사하는 의상을 입고서 화려한 장식을 한 대차 위에 올라타 길게 행진하는 형식으로, 이들은 행진이 끝난 뒤 왕과 귀족이 앉아 있는 단 주위에 도열했다. 이때 종종 왕이나 주빈을 칭송하는 노래나 장광설이 연설되기도 했다. 이렇게 수사적인 스펙터클과 역사적인 장면을 정지된 동작으로 연출하는 활인화 형식의 궁정 연희는 16세기 유럽 전역으로 보급되었다. 발레 매스커레이드는 야외와 실내에서 이루어질 때 대단한 차이가 있었다. 외부에서 이루어지는 것은 구경거리가 얼마나 호화로운가가 관건이었고, 성 안에서 하는 매스커레이드는 16세기 말에 시적인 텍스트가 들어오면서 훨씬 예술적으로 변모했다.

앙리 2세비로 이탈리아 메디치가에서 시집온 캐서린 드 메디치는 이탈리아의 막간극과 매스커레이드, 노래와 피겨 댄스, 연설과 팬터마임의 여러 요소를 결합해 처음이 발레라고 불리는 「왕비의 희극 발레」Ballet Comique de la Reine, 1581를 공연했다. 그러나 카트린이 기획한 연희는 엄청난 제작비로 국가 재정을 어렵게 만들었고, 앙리 4세에 이르러 프랑스의 궁정 연희는 다시 매스커레이드로 복귀했다. 이는 앙리 4세의 재상 쉴리Duc de Sully, 1560~1641가 국가 부도를 경고하며 궁정지출을 줄이라고 강력하게 권고하자 마지못해 따른 결과다. 이것은 이미 앙리 4세가 짧은 재위기간1589~1610 동안 「왕비의 희극 발레」와 같은 대 발레를 80여 개 이상, 무도회balls와 매스커레이드 같은 소 발레는 셀 수 없을 만큼 많이 개최한 뒤의 조치였다.

앙리 4세 때의 매스커레이드는 「왕비의 희극 발레」와 같은 극적 주제도 사라지고 화려하고 정교한 장식이나 대차도 없이 단지 귀족이 의상을 입고 가장해 춤추는 가면무도회로 단순해졌다. 이는 극장 여흥 형식이 없는 일련의 앙트레^{entrée}로 구성된 궁정 여흥에 불과했다. 이들 소 발레, 즉 무도회나 가장무도회를 '마스크'^{masques}라 불렀는데 그 이유는 귀족들이 무도회에서 춤을 출 때 가면을 썼기 때문이며, 궁정무도회에서 가면을 쓰는 관습은 1773년까지 계속되었다. 그러므로 가면이 중요한 부분을 차지하는 17세기 궁정 여흥, 즉 댄스 파티가 매스커레이드라고 할 수 있다. 영국의 매스커레이드는 시적인 대본이 강조되는 경향이 있었다.

누벨 당스 Nouvelle Danse

누벨 당스란 1980년대에 급진적으로 활성화된 프랑스의 현대무용을 지칭한다. 발레의 본산인 프랑스에서는 무용을 상류층을 위한 예쁘고 조화롭고 불쾌감을 주지 않는 여흥이라는 뿌리 깊은 생각 때문에 현대무용의 발전이 어느 곳보다 더뎠다. 1920년대 프랑스에서 현대무용이란 '리듬 댄스'dance rythmique와 동의어로 쓰일 정도로 현대무용에 대한 인식이 없었다. 그러나 1960년대에 모리스 베자르Maurice Bejart, 1927~2007의 스펙터클한 현대 발레를 경험한 프랑스인들은 춤의 힘을 자각하고 새로운 춤을 인식하게 되었다. 1970년대의 다양한 상황들이 1980~90년대에 무용을 급격하게 발전시켰다. 1970년대에는 많은 프랑스 무용수들이 미국으로 유학을 갔으며, 동시에 마사 그레이엄, 얼윈 니콜라이Alwin Nikolais, 1910~93, 머스 커닝엄Merce Cunningham, 1919~2009 등 미국 현대무용가들과 트리샤 브라운Trisha Brown, 1936~, 루신다 차일즈Lucinda Childs, 1940~ 등 포스트모던 무용가들이 대거 프랑스 무용 축제에서 공연을 했다. 이들이 프랑스의 무용 기관에서 가르치게 되면서 미국 현대무용의 영향과 독일 표현주의 무용 정신을 계승한 탄츠테아터Tanztheater의 영향도 미쳤다.

얼윈 니콜라이가 1978~81년에 프랑스 국립현대무용센터Centre National de Danse Contemporaine의 감독을 지낼 당시, 얼윈 니콜라이와 머스 커닝엄 그리고 미국적 포스트모던 무용 사상의 영향은 지대했다. 이로부터 프랑스 무용은 새로운 도약을 했다. 프랑스 현대무용은 비교적 어

마기 마랭의 「바벨 바벨」. 마랭은 인간의 사회적 본성에 관심을 가지고 이를 새로운 프랑스식 사실주의로 그려냈다. 그녀는 발레도 현대무용도 아닌 작품 세계로 오늘날 대표적인 누벨 당스 무용가가 되었다.

프랑스 누벨 당스의 거장 조엘 부비에의 「얼굴을 맞대고」(Face à face, 2006). 한 여인의 내면을 색채와 상징적 기호로 나타냈다.

두운 시기를 지나고 1980년대에 모든 방향에서 폭발적으로 등장했다. 미국적 모델에서 벗어나면서 프랑스 무용 형식이 성장한 것이다. 안무자를 작가로 인식하는 프랑스 정부, 문화부, 지방자치단체 등의 문화 지원 정책에 힘입어 1984년에는 100개가 넘는 현대무용단이 생겨날 정도였다. 미테랑 정부가 들어서면서 무용 안무에 대한 지원금이 두 배로 늘어난 것과 바뇰레Bagnolet 안무대회가 큰 자극이 되었다. 그리하여 프랑스 무용계에도 무용수의 춤이 아니라 작가, 즉 안무자에 초점을 두는 새로운 춤이 자리 잡게 된 것이다. 미국적 영향에서 벗어나기 시작하면서 드러나는 누벨 당스의 특징은 우선 표현의 다양성과 유동성, 스펙터클로서의 춤 이상으로 회귀한 점, 그리고 조금 더 정확한 기술 접근 방식, 전문가 의식에 대한 관심 증대 등이다.

  작가로서 안무자는 무의식의 세계, 자기가 본 사회와 인간의 모습과 심리 이야기를 포착하는데, 문학이나 영화, 영상, 회화 등 인접 예술에서 영감을 끌어와 극장무용 예술로 발전시켰다. 첨단 테크놀로지로 무장된 무대 장치와 소도구 등을 가미해 '움직임의 연극'이라고 불릴 만큼 영상문화 시대에 적합한 스타일을 만들어내고 관객의 공감을 불러일으켰다. 어떤 주제를 제시하든 의문과 공허를 내포하는 프랑스 안무 스타일은 몽타주와 콜라주, 영상예술의 기법과 구성을 차용해 시적 텍스트 위에 '느낌의 무용'을 만들어냈다. 이는 결과적으로 프랑스 현대무용을 특징짓는 과도한 연출 혹은 극장성을 창출했는데, 이는 오랫동안 스펙터클한 발레를 보아온 프랑스 관객 취향의 영향이다. 누벨 당스의 혁신적인 경향은 시각예술의 관점에서 춤에 접근한 것이다. 움직임의 취향과 구성을 시각적으로 내보이고, 이런 경향은 무대를 캔버스로 인식하는 경향으로 나타났다.

미국의 현대무용이 주로 추상적인 움직임을 주축으로 '움직임을 위한 움직임'이라는 물리적 시간예술에 치우쳤다면, 춤을 시각예술로 바라보는 누벨 당스의 관점은 무용공연의 개념과 형식 그리고 스타일상의 변화를 초래했다. 누벨 당스의 무대는 장치나 기술이 시각적이다. 큰 상징과 드라마를 지니는 캔버스로서 무대가 많은 이야기를 한다. 그리고 그런 무대 위 무용수들은 기계적인 무용수가 아니라 다시금 인간으로 나타나고 발전된 테크놀로지는 영상이나 무대 기술에 정밀성을 가미해 가상과 현실의 경계를 초월한 무대를 만들어낸다.

필립 드쿠플레Phillippe Decouflé, 1961~가 1983년 바뇰레 안무대회에서 대상을 받았을 당시, 그는 겨우 21세로 가장 유망한 프랑스 무용가였다. 장-클로드 갈로타는 머스 커닝엄, 루신다 차일즈, 이본 레이너 등 미국 추상 현대무용의 영향을 받은 첫 누벨 당스 안무자인데, 초기의 미국적 영향에서 벗어나면서 인간성에 섬세하게 반응하는 프랑스적 색채를 드러냈다. 마기 마랭Maguy Marin, 1951~은 인간의 사회적 본성에 관심을 가지고 이를 새로운 프랑스식 사실주의로 그려, 발레도 현대무용도 아닌 작품 세계로 대표적인 누벨 당스 무용가가 되었다. 다니엘 라리우Daniel Larrieu, 1957~는 일상적 움직임을 부조리한 상황과 재치있게 결합하는 안무자로, 포스트모던 안무 형식을 지닌 듯 보이지만 움직임의 디테일이 그래픽한 안무자다. 1990년대에 들어서 새롭게 등장한 앙제렝 프렐조카주Angelin Preljocaj, 1957~, 오딜 듀복Odile Duboc, 1941~2010, 마틸드 모니에Mathilde Monnier, 1959~ 등은 더욱 정교한 테크놀로지와 영상을 보여주었으며, 이보다 더 독립적인 젊은 안무가들은 사회의 폭력과 부조리를 새로운 춤 언어로 표현하고 있다.

당스 노블 ^{Danse Noble}

당스 노블은 17세기 프랑스 궁정에서 형성된 진지한 예술춤으로, 구체적으로는 순수하고 고전적인 바로크 시대의 춤 양식을 말한다. 당스 노블 발전에 큰 영향을 미쳤을 뿐 아니라 공연에서도 중심을 차지하는 인물은 바로 루이 14세다. 루이 14세의 궁정에서 귀족들은 모든 의식 절차에서 춤추듯 움직였다. 이들의 움직임은 훈련된 것이었는데, 거만한 자신감과 젠체하는 동시에 우아하고 장식적이며, 재빠르면서도 당당하고, 가벼우면서도 힘이 있고 그 위에 곧추선 자세와 복잡하고 조심스러운 발 사용이 두드러졌다. 이는 당시 귀족적인 움직임의 전형이었다. 이 독특한 발레 스타일은 루이 14세의 통치 기간에 발전했다. 전체적인 인상은 마치 프로시니엄 무대의 액자 속에 짜맞춘 것처럼 외관을 의식해 몸을 상자 속에 비치하고, 정교한 스텝에 비해 팔은 흐르는 듯한 제스처로 춤추며 우아한 플로어 패턴을 따라 움직이는 것이었다. 이런 귀족춤은 1600년대에 느린 쿠랑트^{courante}와 함께 시작되었는데, 이와 함께 등장한 새로운 유행은 느긋하게 걸으면서 팔다리를 바깥으로 돌리는 것이었다. 이런 춤이 루이 14세의 무용 교사들에 의해 당스 노블로 발전해 유럽 전역으로 퍼져나갔고 오늘날 클래식 발레의 기본 요소가 되었다.

　당시 상류사회에서 무용 레슨은 매우 어릴 적부터 시작되었다. 당스 노블 스타일을 익히는 것은 사회에서 돋보이도록 준비하는 데 필수적

1748년 오페라 발레 「자이스」에 출연한
가에타노 베스트리스의 그림. 그는 '무용의 신'이라
불리는 대표적인 귀족적 무용수 '당세르 노블'이었다.

이었다. 귀족사회에서는 명료한 풍채와 균형 잡힌 몸가짐이 이상적이었으며, 몸가짐과 머리 회전은 탁월함을 드러내는 데 결정적인 특징이었다. 춤추는 동안 팔은 상대적으로 낮게 들어야 하는데 그 이유는 지성이 깃든 머리를 가장 높은 위치에 두기 위해서다. 발을 40도 정도 바깥으로 회전한 채 춤추는 바로크 댄스는 외형적으로는 쉬워보여도 정확하게 추기 매우 힘든 춤이었다. 그러나 발레 교사들은 교습서에서 가장이나 허식을 절대 내보이지 말라고 강조했다. 그와 동시에 태생적으로 몸에 밴 고귀한 태도와 거동이 필요하고, 뛰어난 리듬감과 지적 재치, 빠르고 정확한 발 움직임과 균형감, 그리고 예리한 공간감이 요구되었다.

루이 14세는 궁정 귀족의 당스 노블 기교가 조금 더 발전할 필요가 있다고 생각해 무용 교사인 피에르 보샹Pierre Beauchamp, 1631~1705에게 발과 팔 자세와 이제까지 알려진 모든 패턴을 설명하는 발레 규칙을 확립하도록 지시했다. 피에르 보샹은 예술가 집안에서 태어나 매우 어린 나이에 궁정무용수와 음악가로 활동했는데, 20여 년 동안 루이 14세의 안무자와 발레 마스터로 봉사했다. 1671년 그가 왕의 발레 감독이 되면서 이후 모든 궁정발레의 안무를 맡았고, 그와 함께 장-바티스트 룰리Jean-Baptiste Lully, 1632~87는 음악을 제공했다. 보샹은 1687년 은퇴할 쯤 당스 노블의 토대를 세웠다고 말할 수 있는데, 그 이유는 피에르 보샹의 안무가 베르사유 궁의 춤 스타일과 느낌을 반영하기 때문이다. 그의 앙트레나 가보트 그리고 미뉴에트 춤은 위엄 있는 커브를 그리며 펼쳐졌다. 발레 마스터로서 피에르 보샹은 형태보다는 기교를 중시했고, 전통 발레의 우아한 패턴과 복잡한 제스처와 역동적인 공간감을 결합시켰다. 프랑스 무용학파가 유럽에서 가장 뛰어난 학파가 되고 프랑스 전문용어가 공식 발레어가 된 것은 모두 피에르 보샹 때문이다.

당스 노블 외에 드미 캐릭터demi-caractere와 코믹comique 스타일 춤이 있다. 19세기까지 남성무용수들은 스타일과 움직임에 따라 세 장르로 나뉘었는데, 키가 크고 사지가 길며 우아한 스타일을 지닌 가장 뛰어난 노블 댄서 '당세르 노블', 재기와 묘기를 강조하는 '드미 캐릭터', 저속하고 그로테스크한 '코믹 스타일'이다. 18세기 프랑스의 무용수 가에타노 베스트리스Gaetano Vestris, 1729~1808는 '무용의 신'이라 불리는 대표적인 귀족적 무용수 '당세르 노블'이었다. 그의 아들 오귀스트 베스트리스Auguste Vestris, 1760~1842도 '무용의 신'이라는 아버지의 별명을 물려받았지만 그는 드미 캐릭터였다.

댄스 테라피 Dance Therapy

무용은 다양한 문화권에서 주술적인 목적으로, 또는 병의 치료를 위해 사용된 역사가 있다. 의사소통으로서 춤의 성격이 치료에 적절하기 때문인데, 정신의학에서는 1940년대부터 이에 진지하게 주목을 하기 시작했다. 무용치료란 정신치료의 통찰력으로 무용의 표현적이고 창의적인 측면을 활용하는 것이다. 무용치료는 신체와 정신이 분리될 수 없다는 생각에 기초한다. 기본 전제는 신체 움직임이 사람의 내면과 감정 상태를 반영하며, 움직임의 변화는 심리 변화로 이어져 건강과 발전을 도모할 수 있다는 것이다. 무용요법이란 음악치료, 미술치료, 드라마 치료와 함께 예술요법의 하나다. 무용치료는 대부분 댄스 테라피 혹은 무용·움직임 치료로 불리지만 학파에 따라 움직임심리치료, 융 무용·움직임치료, 심리운동치료 등 다양하게 불린다.

미국무용치료협회 the American Dance Therapy Association 는 정책적으로 '무용·움직임치료' dance·movement therapy 라 부른다. 이런 명칭의 변화는 사람들이 무용에 대해 보이는 선입견 때문이었다. 사람들은 무용요법에서 대단한 스텝이나 멋진 동작을 해야 하는 줄 알고 당황하거나 두려워하거나 이상하다는 반응을 보이곤 했다. 그러나 실제 무용치료 세션은 공식적이든 비공식적이든 어떤 의미에서도 전혀 무용처럼 보이지 않는다. 무용치료협회는 무용움직임치료를 "개인의 감정적·심리적 통합을 촉진하는 과정으로, 움직임을 이용해 정신을 치료하는 것"

이라고 정의했다.

춤 움직임을 통해 카타르시스를 불러일으키고 치료 도구로 사용한 것은 무용의 역사만큼 오래되었다. 많은 원시 사회에서 무용은 밥을 먹거나 자는 것만큼 필연적인 일이다. 무용은 인간에게 자연과 친하게 지내고 자신을 타인에게 알리고 표현하는 수단이 되었다. 따라서 무용 의식은 인생의 변화에 동반해 개인과 사회의 근본적인 통합뿐 아니라 개인의 완성을 촉진하는 데 기여한다. 즉 성년식이나 결혼식 등으로 개인의 새로운 정체를 완성하고 공인받는 기회로 삼는 것이다. 그러나 현대인의 스트레스와 복잡함은 사람들을 소외시키고 자신이나 타인 그리고 자연과의 접촉을 잃게 만들었다. 20세기 전반에 자발성과 창조 성을 강조하는 자연스럽고 표현적인 현대무용이 등장하고, 인간 성격 의 비언어적이고 표현적인 측면에 관심을 가진 정신치료 분야의 이론 적 변화가 무용치료의 발전 배경이다.

1940~50년대를 걸쳐 등장한 무용치료의 선구자들은 모두 무용가로 서 명성을 확립한 현대무용가 출신들이었다. 이들은 오랜 공연 경험과 교육자 경험으로 무용과 움직임이 지니는 치유력을 알게 된 것이다. 20세기 전반의 사회적 지성은 무의식을 자기이해와 반성의 중요한 원 천으로 받아들였고, 지그문트 프로이트의 심리학은 현대무용과 무용 치료에 크게 영향을 미쳤다. 지그문트 프로이트의 이론은 인간 행동과 자기표현의 근저에 있는 동기를 언어적으로 조사하는 것이었다. 감정 을 개방적으로 표현한다는 발상은 현대무용에 새로운 주제와 구조를 제공했다. 이런 배경에서 춤을 통한 자기표현의 해석을 무용치료로 연 결하게 된 것이다. 무용치료의 선구자들은 정신치료 형식으로 움직임 의 힘을 탐색하는 과정에서 움직임이 성격에 미치는 영향과 개인의 성

격에 대한 이해로 발전하게 되었다. 그 과정에서 경험과 직관에서 발견한 지식을 지그문트 프로이트와 알프레트 아들러Alfred Adler, 1870~1937, 카를 융Carl Jung, 1875~1961, 해리 설리반Harry Sullivan, 1892~1949 등의 이론을 빌어 설명했다.

무용치료의 이론과 방법을 구축한 주요 선구자는 마리안 체이스Marian Chace, 1896 ~1970, 블랑쉬 에반Blanche Evan, 1909~82, 릴리언 에스페냑Liljan Espenak, 1905~88, 메리 화이트하우스Mary Whitehouse, 1911~79, 트루디 스쿱Trudi Schoop, 1904~99, 알마 호킨스Alma Hawkins 등이다. 루돌프 라반의 제자로 영국 무용치료의 선구자인 마리온 노스Marion North는 환자를 진단하고 평가하고 처방하는 도구로 라반의 움직임 분석 이론을 임상적으로 사용해 영국 무용치료의 기초를 쌓았다. 미국은 루돌프 라반의 이론 외에 정신분석학, 자아심리학, 인본주의, 게슈탈트 치료 등의 이론을 사용한다. 마거릿 두블러Margaret H'Doubler, 1889~1982는 1918년부터 1953년 사이 위스콘신 대학교에 재직하면서 많은 초기 무용치료사들에게 영향을 미쳤으며, 그녀의 영향력에 힘입어 위스콘신 대학교는 1950년대 초기 무용치료 선구자들을 위한 중요한 센터가 되었다.

1940년대 초 마리안 체이스가 워싱턴 D. C.의 세인트 엘리자베스 병원에서 심각한 정신질환 환자들을 대상으로 정규 무용치료 수업을 시작했다. 체이스는 치료사가 환자와 깊이 감정을 교류하고 소통하는 방법으로 움직임을 통해 관계를 맺고 상호작용을 해야 한다고 주장했는데, 이 개념은 무용치료에 혁명적으로 기여했다. 엄가드 바테니프Irmgard Bartenieff, 1890~1981는 라반 움직임 분석 이론을 미국의 무용치료에 처음 도입했다. 바테니프는 1960년대 중반부터 브롱크스 주립병원에서 일하면서 라반 움직임 분석이론을 환자의 관찰, 진단, 평가의 도구로 쓰기 시작했다. 1960년대 말 브롱크스 주립병원에 무용치료과가 확장되면서 무용치료사를 훈련하는 프로그램도 만들어졌다. 여기에 스태프로 초빙된 사람들은 마리안 체이스 계열의 무용치료 이론과 라반 움직임 분석이론을 통합했다.

무용치료는 정신질환자뿐만 아니라 자기 자신을 탐색하고 이해하는 방법으로 쓰일 수도 있다. 무용치료 대상은 주로 자폐증, 정신장애, 학습장애, 신체장애 혹은 뇌 손상환자, 행동장애, 교도소 재소자나 마약중독자, 알코올 중독자, 노인 같은 활동장애자들이다.

댄싱 마스터 Dancing Master

유럽 중세의 춤은 전쟁이나 경기, 사냥, 추수 뒤에 성의 귀족과 마을 주민들이 함께 어울리는 즐거운 놀이 정도였다. 그러므로 중세 때의 춤 기교는 그 자리에서 배울 수 있을 정도로 쉬웠고 따라서 춤을 가르치는 댄싱 마스터도 필요 없었다. 그러나 15세기 이탈리아에서 춤은 규칙과 심미안을 지닌 독립예술로 발전해, 곧 세련된 기술을 갖추고 다양한 감정과 분위기를 표현하는 풍부한 레퍼토리를 확보하게 되었다.

15세기 중엽 르네상스의 부유한 중산계급과 귀족 생활에서 춤은 스텝과 제스처, 회전 동작과 인사법 등으로 자신을 보여주는 중요한 사회적 은유가 되었다. 르네상스 귀족에게 춤은 권태로부터 벗어나기 위한 방편이었지만, 동시에 좋은 춤만 보여주는 것이 아니라 에티켓이었고 이를 위해 여러 가지 자세 연습, 멋 부리기 등이 강조되었다. 따라서 르네상스 초기에는 수많은 공작과 왕자에게 귀족 생활의 모든 지침을 가르쳐줄 댄싱 마스터 수요가 크게 늘어났다. 오늘날의 발레 마스터나 안무자와 같은 댄싱 마스터라는 직업이 탄생한 것이다.

궁정에서 댄싱 마스터는 귀족의 신체 교육과 예술 교육 그리고 정신 교육의 일부를 담당했다. 댄싱 마스터는 학생들에게 펜싱과 승마, 도약 기술과 스포츠 기술을 가르쳤으며 음악을 작곡하고 가르치기도 했다. 또한 능숙하게 악기를 다룰 줄 알았으며 궁정의 여러 의식절차의 마스터로 봉사하고 궁정의 큰 스펙타클이나 매일의 레퍼토리도 기획했다. 그러므로 이들은 시와 수학, 기하학, 미학, 철학, 수사학, 회화, 조각 등 다방면에 조예가 깊고 박식했다. 또한 댄싱 마스터는 왕자 교육에 중요한 부분을 차지하는 품위와 예절, 기품을 가르치기도 했다. 이렇듯 춤은 귀족 사회의 일원이 되기 위해 필수적인 것이었고 다수의 귀족은 적절한 스텝과 자세를 배우기 위해 집안에 상주하는 무용 교사를 고용했다.

무용 교사는 귀족에게 사교무용을 가르쳤으며 자기가 속한 왕가의 왕자나 백작을 수행해 여행했고, 그들의 신임과 존경을 받으면서 젊은 남녀 귀족과 궁정 가족에게 유행하는 춤과 예절을 가르쳤다. 때로는 왕이나 왕비의 시종이 되기도 했다. 무용 교사들은 농민들의 활기차고 거친 민속춤을 세련되고 우아하며 움직임이 적은 궁정춤으로 바꾸어 귀족에게 가르쳤다. 전문적인 댄싱 마스터의 출현으로 무용수들은 즉흥성을 잃은 대신 훈련으로 기교를 다지게 되었다. 그 결과 민속춤과 궁정춤이 분명하게 구분되고 이런 궁정춤이 이후 극장춤의 선구가 되었다.

이 시기에 발레의 본고장 이탈리아 북부에 유대인 댄싱 마스터가 유난히 많았던 것은 특이한 현상이다. 아마도 독일과 프랑스에 산재한 유대인이 집단거주지 게토ghetto에서 안식일이나 축제 때 탄츠하우스tanzhaus에 모여 종교의식으로 춤을 춘 경험이 극장춤 기획력으로 발전했는지도 모른다. 탄츠하우스 춤의 종교적 성격은 종종 여가적 성격으로 변질되었고 가장 뛰어난 바이올린 주자들이 이런 춤의 대형과 진행을 리드하는 기획자 역할을 했으리라 짐작된다. 북부 이탈리아에서 활동한 초기 유대인 댄싱 마스터들 중 굴리엘모 에브레오Guglielmo Ebreo, 1420~84는 『무용 예술 교습』*On the Practice of the Common Art of Dancing*을 출판했는데, 이 책은 당시 댄싱 마스터들 사이에 교재로 널리 사용되었다.

　1500년대 말에 이르러서는 부유한 시민들도 집안에 상주 댄싱 마스터를 둘 정도였다. 16세기에 접어들면서 유럽 전역에서 궁정 무용 교사는 더욱 중요해졌다. 이들은 궁정 발레와 무도회를 연출하고 춤을 창작하고 왕자와 가족에게 사교춤을 가르쳤다. 때때로 궁중연회와 막간극과 막간 연예, 오페라의 춤과 음악을 담당하기도 했다. 이렇듯 댄싱 마스터의 수가 증가하자 전문성과 수준을 규제해야 했고, 그러한 필요에 의해 17세기에 아카데미가 설립되었다.

디시램브 Dithyramb

그리스 시대에는 매년 봄 3월 말에 디오니소스 축제가 열렸다. 이 축제에서 추던 춤과 노래로 구성된 합창무용 형태를 디시램브라고 한다. 디시램브는 춤을 추면서 원형 대형을 그리는 특징 때문에 '원형 합창무용'circular choruses이라고도 불렸다. 디오니소스 축제의 역사는 매우 오래되고 열기 또한 대단해, 그리스인의 생활과 종교의식에서 춤이 차지한 본질적인 중요성을 이해하지 않고는 십여 세기 가까이 그리스 사회 전체가 참여했던 디시램브의 인기를 충분히 이해하기 힘들다. 그리스는 미케네 문명 시대BC 1950~1100부터 디오니소스를 위한 축제 전통을 이어왔다. 번식력과 포도주의 신이자 일상의 근심으로부터 사람을 구원한다는 디오니소스를 찬양하는 축제와 디시램브에 대한 그리스의 기록은 기원전 7세기부터 발견된다. 그때 이미 디시램브는 대단한 인기를 누렸던 듯 디시램브를 가르치고 안무한 사람을 문서에 지명했다. 기원전 6세기 초 아테네에서 디오니소스 축제는 '대 디오니시아'the Greater Dionysia 혹은 City Dionysia라고 불리면서 디시램브 경연대회가 시작되었고, 이는 그리스 도시 전체가 참여하는 열기 속에 2세기 로마 시대까지 지속되었다.

당시 아테네 시민을 구성하던 10개 부족들은 각기 50명의 성인 남자와 50명의 소년으로 구성된 두 개 팀을 부족대표로 경연에 보내 디오니소스 축제에서 디시램브를 공연하게 했다. 디시램브 공연은 장대하고 스펙터클했다. 리더가 선창하면 두 그룹의 합창무용단이 값비싼 의상을 걸친 채 디오니소스의 제단을 둥글게 돌았다. 이들은 무용수들 사이에서 함께 행진하는 플롯 반주자의 연주에 맞춰 노래하고 춤추었다. 'choragus' 혹은 'choregoi'라 불린 리더의 지시를 따라 디시램브 공연단은 디오니소스의 생애를 동작과 춤으로 재현했는데, 생생함과 사실적인 묘사 때문에 관객은 이들의 행위를 직접 체험하는 듯했다고 한다.

디시램브 춤의 리더는 훗날 노래 속의 캐릭터 중 하나인 '히포크라테스'로 불렸다. 디시램브는 다른 신을 위한 축제에서도 추었으며 디시램브 춤의 형태를 '투르바시아'turbasia라고 불렀다. 경연에서의 승리는 영예로 이어졌으며 승리한 팀은 상금과 함께 승리를 기록한 기념비를 공공장소에 설치할 정도였다. 물론 아테네 시에서 해주는 것이 아니라 자비로 설치할 수 있었다. 문학 분야에서 주장하는 것과는 달리 기념비에는 승리한 팀과 리더 코레이든의 이름만 있고 가사를 만든 시인의 이름이 없다는 점, '코레이든'이라는 용어로부터 오늘날 '안무자'choreographer라는 단어가 유래했다는 점에서 디시램브의 중요 요소가 춤이었음을 알 수 있다.

오늘날 디시램브 춤의 구체적인 형태는 알 수 없지만 디시램브의 어원에서 이 춤이 4스텝으로 이루어졌고, '투르바시아'라는 용어에서 그 리듬이나 춤의 효과가 거칠었음을 짐작할 수 있다. 디시램브의 어원인 'dithyrambos'는 그리스 어원이 아니며 너무나 오래되어 어원을 알 수 없다고 생각해왔다. 하지만 현대학자들은 이를 'iambos'와 'thriambos'와 관련지어 설명한다. 여기서 어간 'amb'는 '스텝과 '움직임'을 뜻하며 'iambos'는 원 스텝이나 투 스텝, 'thriambos'는 쓰리 스텝 그리고 'dithyrambos'는 포 스텝을 의미한다. 그러므로 디시램브가 근본적으로 오늘날에는 매력을 잃은 포 스텝으로 이루어진 것이라면 포 스텝의 구조상 형태나 리듬이 흔들리고 난폭한 느낌일 수밖에 없다.

아리스토텔레스는 디시램브로부터 비극이 유래했다고 했다. 극장공연 형태의 희극 역시 디오니소스를 기리는 디시램브 축제로부터 탄생했다. 비극에서의 합창무용 대형은 직사각형을 이루어 디시램브의 원형과 대조된다. 디시램브의 인기가 끝나는 2세기부터 비극과 희극이 독자적인 길로 접어들지만 춤은 이들 공연형태에서 없어서는 안 될 본질적인 요소였다. 디시램브 공연에서 안무자와 합창 지도자 그리고 노래가사를 담당하는 시인의 역할은 구분되지 않았으며, 기원전 7세기의 그리스 시인 아르킬로코스Archilochus, BC 680~645는 "나도 포도주의 술벼락을 맞으면 디시램브를 리드할 수 있다"고 말하기도 했다. 디시램브에서 전문적인 역할 구분은 기원전 5세기에야 이루어졌다.

오늘날 언어나 대사가 약화되고 몸과 춤, 움직임의 비중이 커진 현대 추상연극계의 동향은 이러한 비극 탄생 시의 초기 형태에 가까워지는 것이라 볼 수도 있겠다.

무도광 Dancing Mania

가장 이상한 종교춤 형태로 죽음의 춤과 함께 무도광 발발을 들 수 있다. '무도광'dancing mania, choreomania이란 용어는 그리스어로 '춤'khoreia 과 '광기'mania가 결합된 것으로, 유럽에서 7세기 이후 통제할 수 없을 만큼 광포한 움직임이 되풀이해 폭발한 사회 현상을 말한다. 연대기 기록이 전해오는 11세기부터 이런 거칠고 이상한 춤에 대한 기록이 매우 많은데 6세기에 이미 종교춤에 대한 금지령 기록이 있는 것으로 보아 기록 이전부터 지속된 것으로 짐작된다. 어느 성직자도 이런 춤의 소요를 막을 수 없었다.

보통 댄스 히스테리는 시대가 불안하고 군중의 마음이 불편할 때 나타난다. 중세 유럽에서는 전쟁과 역병, 화재 등 재해가 연속되면서 긴장감을 무도광으로 풀고자 했다. 이 발작적인 춤은 공동묘지와 교회 뜰에서 시작되어 마을이나 도시 전체로 퍼졌다. 때때로 천여 명 씩 무리를 이루어 광기에 사로잡히는데, 한 번에 며칠씩 혹은 몇 주씩 지속적으로 춤추며 빙글빙글 돌면서 거리를 돌아다니고 이 마을 저 마을로 옮겨다니다가 결국 지쳐서 고통스럽게 죽기도 했다.

남아 있는 기록 중에는 예배 도중 교회 뜰에서 갑작스레 사람들이 노래하고 춤추기 시작해 신성한 의식을 망쳤다는 기록이 있다. 남녀노소 할 것 없이 노래하고 실신한 듯 쓰러졌다가 다시 벌떡 일어나 손짓 발짓을 하는데, 이들은 사지가 경직되고 경련으로 흔들거렸다고 한다.

이들은 이성을 잃고 바닥에 쓰러질 때까지 움직이다가 깨어나면 분노에 휩싸여 거칠고 요란스런 몸짓을 했고, 심지어 춤추다가 힘이 소진해 서 있을 수 없을 때조차 몸을 비틀고 꼬았다고 한다. 무도광들은 고통 속에 신음하면서 악마에게 얘기하고 소리쳤는데, 이런 증상은 전염성을 지녔다. 이들 중에는 환영을 보거나 히스테리성 웃음을 멈추지 못하고, 우울증 같은 발작과 함께 눈물을 흘리는 사람들이 많았다. 무도광은 페스트가 한창 창궐하던 시기에 절정에 이르는데, 11~14세기에 걸쳐 유럽에서 유행했고 특히 13~14세기 독일 베네룩스 지역에서 이 현상에 대한 기록이 많이 발견된다.

무용사학자들은 이를 병리학적인 정신이상으로 설명한다. 1237년 독일 어린이들이 에르푸르트에서 아른슈타트까지 춤추며 갔는데 도중에 많은 아이들이 죽었다고 한다. 1278년에는 마르부르크에 있는 다리 위에서 춤추던 사람들이 다리가 무너져 모두 빠져 죽었다. 1347년에는 수백 명의 남녀가 엑스라샤펠에서 메스까지 춤추며 갔는데, 성직자들이 이들의 마법을 풀려고 노력했으나 소용없었다. 무도광이라 불린 사람들은 신들린 듯 예배 도중 갑작스레 노래를 부르며 춤을 추었다. 이런 무도광은 14~15세기에 절정에 달했고 17세기까지 계속되었다. 1349년 역병이 일어나 수천 명이 죽고 마을이나 도시 전체의 사람들이 죽어가던 시기에도 대규모 집단의 사람들이 마을을 돌아다니는 것이 통례가 되었다.

당시 '코레오광'choreomaniacs이라 불리기도 한 이들 무도광들이 죽음과 페스트에 대한 공포에서 적극적으로 벗어나고자 춤을 추었는지, 아니면 역병의 결과 무도광 현상이 나타나게 됐는지 정확한 이유는 알 수 없다. 그 원인에 대해 유진 백맨Eugene Backman은 썩은 밀에 생기는 맥각균이 든 곡물이나 빵을 먹고 에고트 중독이 일어났기 때문이라고 했다. 이 주장의 근거로 유럽 교회의 날씨 보고서를 제시했는데, 비가 많이 온 지방에서 이듬해에 무도광 현상이 많이 일어난 사실을 근거로 든다. 썩은 밀로 만든 빵을 상습적으로 먹을 때 행동장애를 일으킨다는 것이다.

그러나 오늘날의 의학 설명에 따르면 에고트 중독에 걸리면 환각을 일으키긴 하지만 춤을 추지는 않는다고 한다. 심각한 혈관 수축으로 신체 말단과 사지에 큰 고통을 주어 움직일 수 없게 되므로 에고트 중독을 원인이라고 하기에는 근거가 부족하고, 또한 많은 인원이 집단적으로 발병하고 수 주씩 이어졌다는 사실로 보아 집단 히스테리라는 심인성 질환으로 판단한다. 하지만 댄스 마니아 현상은 정도의 차이는 있지만 그리스 시대에도 있었고, 1920~30년대 미국의 댄스 마라톤에서도 지속적으로 발견되었다. 무도광이 중세에만 나타난 사건은 아니다.

신들려 춤추는 집단은 교회에 이단적인 태도를 취하거나 저항한 것은 아니었고 악령을 제거하려는 교회의 무익한 노력을 받아들였다. 발병 초기에는 광기를 불러일으키는 악마를 제거하기 위해 종교의식을 행했으나 소용이 없었고, 사람들은 성 비투스 St. Vitus, 290~303에게 도움을 청하며 빌었다. 무도광들이 춤 때문에 교회로부터 처벌당한 것은 아니지만, 저주로 조절할 수 없는 춤을 추게 된다는 사실만으로 무용이 근본적으로 이교도적이라는 성직자들의 확신을 굳히는 결과를 낳았다.

무도광이 번성할 당시 독일에서는 이 무도병에 걸린 자들을 수호한다는 신의 이름을 따서 무도광의 춤을 '성 비투스 춤'이라 했다. 이탈리아에서는 무도광이 타란툴라 거미에게 물린 것과 상관이 있다고 생각했다. 타란툴라 거미에게 물리면 우울증에 걸리는데 이를 일시적으로 치유해준다는 믿음으로 거친 춤을 춘다는 것이다. 이로부터 '타란텔라'Tarantella란 춤 이름이 유래했다. 이탈리아의 타란텔라 춤은 로마 시대의 살타렐로Saltarello를 계승한 춤이다.

무용금지령 Ban on Dancing

로마 멸망 이후 르네상스까지 1000여 년은 유럽에서 가톨릭교회가 성장하는 시기였다. 무용도 다른 예술과 마찬가지로 가톨릭교회의 성장과 관련이 깊다. 무용은 3세기부터 교회 의례와 의식에서 쓰였다는 기록이 있으며, 기독교 예배에서 무용은 공식적인 요소였다. 교회무용은 근본적으로 행렬 형식이었으며 종교적 믿음을 표현하는 데 초점을 두었다. 그밖에 무용 찬양은 무용극 형태를 띠기도 했으며 교회 마당에서 연회 형태로 발전하면서 12세기까지 지속되었다. 그러나 기독교 초기부터 세속적인 춤 형태는 기독교 교부들의 표적이 되었다. 그리고 점차 교회에서 이루어지는 종교적인 춤도 공격과 금지의 대상이 되었다.

그 이유는 여러 종교 축제의 춤에서 기독교와 성직자의 부패와 치부를 조롱거리로 삼았고 남녀가 함께 참여하면서 방탕해졌기 때문이다. 종교 축일을 기념하는 축제에서 추는 종교무용은 낮은 직급의 성직자들이 직접 추었을 뿐 아니라 인기가 많았다. 수도사나 성가대 소년, 젊은 사제나 부집사 등이 여러 축제나 페스티발에서 춘 춤은 원시 종교에서처럼 노래와 연기, 놀이와 함께 구성해 술을 마시면서 추기경이나 교황을 포함한 고위 성직자들을 조롱했다. 따라서 중세에는 교회 축제와 관련해 춤 활동이 활발했다. 그 가운데 할례 축제 때 벌이는 부집사들의 해학극에서 발생한 것이 바로 '바보들의 축제' Feast of Fools다. 새해 초에 열리는 바보 축제에서 성직자들의 춤은 원무 형태였다.

589년 톨레도 종교회의에서는 성인들의 축제에 쓰이는 노래와 춤, 여러 행렬들을 완전히 근절시켰다. 아우제레 종교회의는 573년부터 702년 사이에 합창무용에서 춤을 금지했고, 수녀들이 사람들과 함께 노래하는 것도 금지했다. 633년 톨레도 종교회의는 노래와 춤, 교회 내에서 벌이는 행위까지 포함해 바보들의 축제를 공격했다. 800년경 일반인의 기록에 따르면 당시 시민들은 '교회에 갔다가 조용히 돌아올 생각을 하지 않고 춤추고 노래하며 익살스럽게 춤추는 장소로 교회 마당을 택했다. 교회 지도부는 농민과 사제들이 춤추는 여성들의 합창에 맞추어 노래 부르는 것에 수없이 불만을 토로하고 그때마다 주교들이 노래와 춤을 금지시켰지만 소용이 없었다'고 한다. 이런 식의 금지령은 서기 500년경부터 1700년대까지 지속적으로 이어졌는데 이는 역설적으로 그 당시 무용이 매우 활발했다는 것을 반증한다.

12세기 파리의 오도 주교St. Odo는 교회와 행렬에서 추는 모든 춤과 특히 밤에 묘지에서 추는 장례춤을 금지시켰다. 1667년에도 파리 의회가 모든 종교적인 춤과 특히 일반인의 종교 축일 춤 가운데서도 밤에 모닥불 옆에서 이뤄지는 성 요한St. John을 위한 춤을 금지하는 법령을 선포했다. 이런 금지령에도 불구하고 그 긴 시간 동안 춤이 살아남은 이유 중 하나는 '춤 면죄부'를 팔아서 큰 수입을 올리던 성직자들이 이런 금지령에 불만을 품고 집행을 거부했기 때문이다. 이런 금지령은 1753년 스페인 바르셀로나 주교의 금지령과 1777년 마드리드에서 모든 교회와 교회 뜰에서의 휴일 춤과 성인상 앞에서 추는 춤을 금지하는 왕의 칙령으로 이어졌다. 하지만 오늘날 기독교 예배무용 중에서 유일하게 이어오는 춤이 스페인에 남아 있다. 이런 무용금지령은 궁극에는 성직자가 춤추는 것을 금지할 수는 있었지만 일반인이 참여하는 교회 춤은 근절시킬 수 없었다.

중세 전반을 통해 교회와 무용의 관계는 매우 애매한 상태에 머물러 있었다. 중세 초기부터 끊임없이 무용금지령이 내려졌는데 교회는 원칙적인 무용금지령과 현실적으로 무용이 차지하던 비중 사이에서 궁지에 몰렸다. 교회 내부에 무용이 엄연히 존재했고 사실 춤의 주제나 장소에서 교회는 중심이었다. 금지와 허용이라는 두 태도 사이에서 결론을 내리지 못한 기독교는 서민의 압력에 굴복하는 경우가 많았지만 무용이 지나치게 이교적 형태에 가까워지면 탄압하는 양상을 띠었다. 예수회 수도사들은 예배의식에서 공연을 많이 했는데 그 가운데서도 특히 춤을 종교적, 도덕적 설교 사상을 표현하는 데 사용했다. 프랑스 예수회는 학교 예배춤의 장치 효과나 무대 효과 수준이 전문적이었다. 예수회 학생들은 종교적인 주제의 발레에 출연했고 1658년 루이 14세가 리옹에 있는 예수회 대학을 방문했을 때는 리옹을 주제로 발레를 공연했다. 예수회는 너무 극장식으로 치우친다는 다른 종파의 비난에도 아랑곳하지 않고 그들의 비난을 조롱하는 듯한 「스펙터클의 도구로서 인간」이라는 발레로 대꾸했다.

교회와 교회 구역에서 춤을 금지하는 입장은 주교나 종교 회의가 같았다. 이러한 금지는 중세 말기에 현저하게 방탕해진 춤을 겨냥한 것이었으며 또한 춤에 따라오는 요술과 마법에 대한 것이기도 했다. 그러나 종교적인 춤은 탄압할 수 없는 『성경』의 보호와 몇몇 무용을 수호하는 성인들의 보호가 있었기에 서민들이 종교춤을 포기하지 않은 근거가 되었다. 무용에 대한 기독교의 적대감은 중세 때 발견되는 특이한 춤들, 즉 죽음의 춤이나 무도광과도 연관이 있을 것이다. 그러나 이런 적대감은 무용의 형태에 영향을 주었다기보다는 결과적으로 무용가를 배출하는 사회 계층을 제한했으며 무용에 대한 일반적인 인식을 부정적으로 이끄는 데 일조했다.

미뉴에트 Minuet

미뉴에트는 17~18세기 프랑스 궁정과 극장춤으로 인기 있던 절도 있고 느린 3박자 춤이다. '작은 스텝 춤'이라는 뜻의 'pas menu'를 어원으로 하는 미뉴에트는 푸아투 지방의 민속춤인 브랑르^{branle}에서 유래했다. 원래 빠르고 쾌활하던 브랑르 춤은 프랑스 궁정에서 쓰기 위해 다듬어져 17세기 지배 계급을 열정적으로 사로잡았다. 프랑스 무용 아카데미의 초대 교장이었으며 궁정 안무자 겸 작곡자 장-바티스트 룰리^{Jean-Baptiste Lully, 1632~87}는 당시 아카데미에서 가르쳤던 발레의 노블 댄스 스타일을 가미해 미뉴에트를 세련된 궁정풍으로 만들었다. 룰리가 작곡한 곡 중에 미뉴에트란 타이틀이 들어간 곡만 해도 90여 가지가 되니 1600년대에는 미뉴에트 리듬이 가히 모든 연회장을 휩쓸었다고 하겠다. 장 자크 루소는 드니 디드로의 『백과사전』^{1751~52}에서 미뉴에트를 '절제되어 위엄 있고 귀족적인 단순함을 지닌 이 춤은 무도회에서 가장 명랑하지 않은 춤'이라 정의했다.

결코 서두르지 않고 바닥에 가까이^{terre-à-terre} 추는 매우 양식화된 미뉴에트는 대칭적인 신체 모양과 정교한 인사와 의례적인 절로 구성된 사교춤이다. 이 춤은 당시 봉건사회를 특징짓는 품위를 중시하고 눈에 띄는 매력과 짐짓 가장된 절제와 정중한 태도로 점철된 의례의 상징이었다. 마루 위를 미끄러지듯 섬세하고 까다로운 스텝으로 중간에 의례적인 인사와 절을 곁들이는 춤의 구조는 파우더로 뒤덮인 가발을 쓰고

1682년 베르사유 궁으로 돌아온 루이 14세를 축하하기 위해 열린
궁정 무도회에서 스트라스부르 미뉴에트를 추는 루이 14세.
그의 포즈는 무용 교습서에 나온 것 같이 명료하고,
발은 정확한 발레 발동작 4번 자세다.

상징적인 사랑과 구애를 위한 춤놀이를 세련되고 멋지게 보이기에 안성맞춤이었다. 댄스 패턴이 제한되고 스텝의 종류도 많지 않은 이 춤은 기교적으로는 가장 쉬운 커플 춤이라 볼 수 있었지만, 제스처나 태도를 습득하기는 매우 어려운 춤이었다.

미뉴에트는 사회적으로 굉장히 중요했다. 뛰어난 미뉴에트 실력은 부유한 상류사회에 진입하는 패스포트였다. 따라서 수익을 얻고 부자 아빠가 되기를 희망하는 자들은 아들들에게 직접 미뉴에트를 가르치고 설명했다는 기록이 많이 전해온다. 그중에는 요한 괴테Johann Goethe, 1749~1832의 아버지도 포함된다. 춤을 즐기지 않는 사람에게도 미뉴에트를 실수 없이 추는 사회적 능력이 필요했다. 미뉴에트는 단순한 스텝과 색다른 감정 없이 파트너의 손을 잡는 것이 기본인데 이런 단순함이 이 춤을 잘 공연하기에 가장 힘든 이유다. 단순한 스텝이 춤추는 사람을 주목하게 하고 분위기나 태도가 춤을 장식하고 완성하는 데 필수적인 요소로 평가되었기 때문이다.

두 명이 추는 미뉴에트는 춤추는 사람의 모든 것을 드러낸다. 춤추는 동안 드러나는 분위기나 포즈, 인품의 특질이 춤추는 이의 혈통과 교육, 기질을 반영한다고 생각했다. 미뉴에트로 사람의 평판을 결정짓는 습관은 말보로 공작부인 사라 처칠Sarah Churchill, 1660~1744이 평소 가스 경Sir Samuel Garth, 1661~1719을 성실하고 열정적인 사람이라고 생각하다가 그의 미뉴에트를 본 뒤 "가끔 나쁜 짓을 할 사람으로 생각된다"고 말한 기록에서 알 수 있다. 영국의 정치가이자 예절에 관한 책을 쓰기도 한 체스터필드 경Chesterfield, 1694~1773은 아들에게 "미뉴에트를 추게 되면 아주 잘 추도록 해라. 우아한 팔 동작과 손을 내미는 매너와 모자를 점잖게 쓰고 벗는 법은 신사의 춤에서 중요한 부분임을 명심해라.

미뉴에트를 잘 추는 것은 유행을 아는 사람이 되는 것이며, 너를 잘 표현하는 법과 앉고 서고 점잖게 걷는 법 들을 가르쳐주기 때문에 중요하다"고 글로 당부했다. 그런 이유로 미뉴에트는 사교춤의 역사에서 바스 당스 이후로 가장 지적인 춤으로 생각되었다.

　루이 14세 시대에 가장 인기 있던 궁정춤 미뉴에트는 유럽 전역으로 퍼져 프랑스 혁명때까지 주요한 귀족춤이 되었고, 계몽시대 유럽에서 바로크 정신을 가장 잘 반영한 것이었다. 18세기는 미뉴에트와 당스 노블의 시대였으며 루이 14세는 미뉴에트를 아주 잘 추었다. 미뉴에트를 추는 루이 14세를 그린 그림에서 그는 가장 위엄 있어 보이는 자세를 만들어주는 발의 4번 자세를 정확하게 취하고 있다. 알렉산더 대왕과 나폴레옹도 초상화에서 발레 발 기본 4번 자세를 취하고 있다.

　이어 19세기에는 귀족 사회 이후 시대의 정신을 반영하는 왈츠가 무도장과 극장춤에서 유행했다. 미뉴에트가 한 손만 맞잡는 오픈 포지션 open position인 반면 왈츠는 파트너의 어깨와 허리를 잡는 클로즈드 포지션closed position으로 빙글빙글 회전하면서 춤춘다. 이때 밀착되는 신체 접촉으로 인해 처음 등장할 때는 천박하다는 비난을 받기도 했지만, 점차 새롭게 등장하는 부르주아 시민 정신의 상징으로 발전해 크게 유행하게 되었다.

# 바로크 댄스 Baroque Dance

바로크 댄스는 대략 1650년부터 1760년대 사이에 유행한 유럽 상류층의 사교춤과 극장춤이다. 바로크 댄스는 루이 14세의 궁정에서 확립되었는데, 그의 궁정이 또한 발레 발전의 중심이었기 때문에 바로크 댄스는 양식상 클래식 발레의 선조다. 그러므로 무용사적으로 바로크 시대는 바로 루이 14세 시대에 해당한다. 다른 사교춤이나 극장춤도 있었지만 무용사에서 바로크 댄스라고 지칭할 때는 구체적으로 17세기 후반과 18세기 전반에 춘 '프랑스 귀족 스타일 춤' 혹은 '아름다운 춤'belle danse을 말한다.

루이 14세의 베르사유 궁전에서 열린 춤 행사와 무용 교사들에 의해 배양된 프랑스 귀족 스타일은 이후 유럽 전역의 사교춤과 극장춤에 영향을 미쳤으며, 여러 언어로 번역된 무용보와 무용 교본을 통해 전 유럽으로 퍼졌다. 1661년에 설립된 프랑스 왕립 무용 아카데미는 프랑스 바로크 스타일을 체계화시켰다. 루이 14세 치하의 베르사유 궁전에서 춤은 귀족 사회의 중심축이었으며 궁정 발레나 무도회 그리고 디베르티스망을 곁들인 오페라는 궁정 생활의 특징이었다. 당시 프랑스 귀족이라면 누구나 궁정 발레나 공식적인 무도회에서 귀족적인 춤을 구사하도록 요구되었으므로 많은 시간을 할애해 기교 습득에 열중했다.

당시 궁정 발레나 공공 극장에서 선보인 극장춤과 사회적 모임에서 추던 사교춤의 기본 스텝과 스타일은 동일했다. 극장 스타일은 볼룸

스타일의 사교춤에 조금 더 복잡한 스텝 조합을 더했는데, 공중으로 뛰어올라 양 다리를 부딪치는 카브리올cabrioles, 높이 솟아 양 다리를 여러 번 교차시키는 앙트르샤entrechats, 한 다리로 연속돌기를 하는 피루엣pirouettes 등이 대가다운 기교로 꼽혔다. 모두 오늘날에도 쓰이는 발레 기교들이다. 바로크 댄스와 오늘날의 발레 스텝에 공통점이 있다고 해 바로크 댄스를 가벼운 발레쯤으로 생각하면 오해다. 스텝에서 바로크는 미학적으로 다른 면을 강조했는데, 오늘날의 발레 스텝이 발끝으로 높이 서는 것에 강조점을 둔다면 바로크 댄스의 강조점은 아주 낮아 뒤꿈치가 마루에서 겨우 떨어지는 듯이 바닥에 뿌리박은terre-à-terre 인상이다.

바로크 댄스 스텝의 몇몇 양상들은 부드러운 발레와 같다. 턴 아웃하고 서는 기본자세는 180도로 벌리는 오늘날과 달리 90도 정도로 좁고, 발끝으로 서는 경우도 발레에서의 쿼터 포인트quarter-pointe 정도로 겨우 뒤꿈치를 들고 서는 정도이며, 점프도 겨우 마루를 스치듯 잠시 떨어지는 정도다. 바로크 스텝은 전형적으로 무릎을 펴고 뒤꿈치를 든 상태에서 춘다. 바로크 댄스의 특징적인 인상은 매 음악 소절의 마지막에 무릎을 구부리고 뒤꿈치가 마루에 닿아 다음 소절의 첫 박자에서 무릎을 펼 준비를 하는 데서 나온다. 때때로 첫 박자에 단순하게 서는 자세보다 가벼운 점프나 도약하는 동작으로 새로운 음악 소절을 시작하기도 하는데, 대개는 그런 도약에서 착지하는 순간이 첫 비트에 맞게 떨어지면서 춤이 시작된다.

모든 바로크 댄스의 구성은 반주가 되는 바로크 음악의 특징에 따른다. 바로크 음악의 특징은 확고한 베이스 위에 상성부上聲部의 선율이 마치 빛과 그림자의 대비를 이루는 점이다. 즉 마루 가까이 낮게 춤추

바로크 댄스 스타일 의상. 바로크 댄스는 루이 14세의 궁정에서 확립된 상류층의 춤으로 의상이 매우 화려하다.

다가 첫 박자에 급작스레 뛰어오르며 춤을 시작하는 것이 바로 낮은 베이스 위에 교차되는 바로크 음악의 높은 선율과 대조를 이루는 것이다. 바로크 음악은 근본적으로 춤곡이었거나 아니면 궁정춤에서 영감을 받아 작곡되었다. 따라서 바로크 음악에 나오는 미뉴에트minuet, 사라반드saraband, 지그gigue, 부레bourrée, 리고동rigaudon, 가보트gavotte, 쿠랑트courante, 샤콘chaconne, 파사칼리아passacaglia 등은 모두 바로크 댄스의 이름이다. 유럽 권역별로 약간 차이가 있지만 이들이 바로크 댄스의 공통적인 예다.

그 가운데 1650년대부터 프랑스 궁정에서 춘 미뉴에트가 18세기 말까지 이어져 가장 오랫동안 유행한 바로크 사교춤이다. 극장춤은 클래식 발레로 발전하는데 극장춤의 바로크 시대도 1760년대에는 끝났다. 유명한 저서『무용과 발레에의 편지』*Lettres sur la Danse*, 1760를 통해 새로운 발레 사상을 주창한 프랑스 발레 마스터 장-조르주 노베르Jean-Georges Noverre, 1727~1810의 근대적인 무용 아이디어가 점차 영향을 미쳤기 때문이다. 노베르는 자연스런 감정 표현을 강조했고 이는 바로크 댄스가 중시하는 학습된 정중함이나 엄격한 프로토콜, 즉 의례를 제거하는 데 자극제가 되었다. 그리하여 다음 시대의 극장춤은 낭만 발레로, 그리고 사교춤은 해방된 정신과 감정 발산이 용이한 왈츠로 유행이 옮겨간다.

오늘날 전 세계적으로 바로크 댄스를 배우고 즐기는 동호인 그룹들이 많다. 여름이나 겨울 그리고 연휴기간에 세계 곳곳에서 바로크 댄스를 공연하고 즐기는 워크숍과 페스티발이 열린다. 바로크 시대는 경쟁의식, 계급적 차별의식, 과도한 스타일, 패션과 부의 과시 등 오늘날 현대사회가 지닌 기본적인 특성이 시작된 시대이기 때문에 감성 구조가 현대 문화와 매우 유사하다. 또한 바로크 시대가 바로 오늘날 듣는 서양 클래식 음악이 형성된 시기이기에 현대인들은 아무런 거부감 없이 바로크 감성에 동화되어 춤을 통해 바로크 정신을 계승하는 것이다.

발레 루스 Ballets Russes

20세기의 발레 역사에서 발레 루스$^{1909~1929}$만큼 심오하고 폭넓게 영향력을 미친 발레단은 없다. 이 발레단은 20년간 활동하면서 발레를 극히 중요한 현대예술로 변화시켰다. 1909년에 예술 비평가이자 발레 제작자 겸 흥행사인 세르게이 디아길레프가 설립해 1929년 그가 죽으면서 해산될 때까지, 디아길레프는 이 발레단의 주요 결정을 통해 20세기 발레 역사에 지속적인 영향을 미쳤다. 발레 루스가 없었다면 20세기 발레는 지금과 많이 달랐을 것이다. 맹렬한 의지와 통찰력과 해박한 지식, 그리고 열정적인 호기심을 지닌 디아길레프는 당시 예술계의 나폴레옹이자 르네상스맨이었다. 그의 보호 아래 발레 루스는 「레 실피드」Les Sylphides, 「불새」The Firebird, 「페트루슈카」Petrouchka, 「목신의 오후」L'apres-midi d'un Faune, 「봄의 제전」Le Sacre du Printemps, 「퍼레이드」Parade, 「결혼」Les Noces, 「암사슴들」Les Biches, 「아폴로」Apollo, 「방탕한 아들」The Prodigal Son처럼 오늘날까지 공연되는 20세기 전반의 대표 명작들을 만들었다.

디아길레프는 영감어린 비전으로 사람들의 창조성을 이끌어내는 추진력을 지녔다. 이 발레단을 위해 활동한 예술가들의 명단은 모더니즘을 이끈 인명록이나 다름없다. 디아길레프는 음악, 미술, 문학, 극장 등 여러 예술에 조예가 깊었으며 첫 유럽 여행에서 리하르트 바그너의 '총체예술극'Gesamtkunstwerk 사상을 접하고 이를 초기 발레 루스 활동에 반영했다. 디아길레프는 러시아의 예술적 성취를 유럽에 과시하려는 의도에서 예술 기획을 시작했다. 1906년에는 러시아 회화를, 1907년에는 러시아 음악을, 1908년에는 무소륵스키의 오페라를, 1909년에는 러시아 오페라를 파리에서 전시했다. 1909년 시즌에 발레가 오페라보다 압도적으로 성공하자 1910년부터는 온전히 무용만 전시하게 되고, 이후부터 모든 에너지를 발레에 쏟아 무용에 대한 인식을 바꾸어놓는 평생의 업적을 이루었다. 발레 루스의 활동 기간 동안 그는 발레 예술의 황제로 군림하면서 국제적인 발레 유행을 불러일으켰고, 총체적인 예술작품으로서 발레를 공연 예술의 중심으로 끌어올렸다.

디아길레프는 모리스 라벨Maurice Ravel, 1875~1937, 클로드 드뷔시Claude Debussy, 1862~1918, 리하르트 슈트라우스Richard Strauss, 1864~1949, 에릭 사티Éric Satie, 1866~1926, 프란시스 풀랑Francis Poulenc, 1899~1963, 세르게이 프로코피에프Sergei Prokofiev, 1891~1953 등에게 발레 음악을 위촉했고, 이고르 스트라빈스키에게 「불새」The Firebird 작곡을 의뢰함으로써 작곡가로서 국제적인 명성을 쌓게 했다. 또한 앙리 마티스Henri Matisse, 1869~1954, 파블로 피카소, 조르주 루오Georges Rouault, 1871~1958, 후안 그리스Juan Gris, 1887~1927, 조르주 브라크Georges Braque, 1882~1963, 모리스 위트릴로Maurice Utrillo, 1883~1955, 조르조 데 키리코Giorgio de Chirico, 1888~1978, 막스 에른스트Max Ernst, 1891~1976, 호안 미로Joan Miró, 1893~1983, 나움 가보Naum Gabo, 1890~1977, 앙투안 페프스너Antoine Pevsner, 1886~1962 그리고 발레 루스 초기의 핵심 멤버였던 알렉산드르 브누아Alexander Benois, 1870~1960와 레온 박스트 등 주요 미술가들을 극장으로 끌어들였다. 디아길레프가 선보이고자 한 러시아 발레는 초기에는 미하일 포킨의 안무였고 이후 그는 바슬라프 니진스키Vaslav Nijinsky, 1890~1950, 브로니슬라바 니진스카

Bronislava Nijinska, 1891~1972, 조지 발란신 등 애송이 안무가를 감독했다. 디아길레프는 파블로 피카소가 해온 디자인을 거부하거나 개념을 완전히 바꾸라고 주장할 만큼 거리낌이 없었으며 세르게이 포로코피에프의 「방탕한 아들」의 음악을 비평하고 바꾸게 했다. 또 이고르 스트라빈스키의 음악 「아폴로」를 자르기도 했다.

발레 루스는 20년 동안 끊임없이 실험을 지속해 발레의 표현 가능성을 확장시켰다. 이들의 실험 결과 변하지 않은 것은 하나도 없었다. 주제, 움직임 어휘, 안무 스타일, 무대 공간, 음악, 무대 디자인, 의상, 심지어 무용수의 신체에 이르기까지 새로운 형식을 향한 탐구의 흔적을 남겼다. 발레 루스의 안무자들은 고전주의의 중대한 유산을 20세기를 위해 재정의하느라 애썼다. 발레 루스 작품은 당스 데콜의 형식적인 제한에서 벗어나 표현적인 신체 언어를 끌어들여 발레에 유례없던 사실주의적 색채를 더했다. 고전 발레의 3~4막짜리 작품 대신 일관된 분위기와 통일성 있는 주제로 연결되는 1막으로 압축해, 주제와 상관없는 장관과 구경거리를 연출하기 위한 요소를 모두 제거했다. 그리고 안무, 장치, 의상, 플롯, 음악 등 구성 요소들이 일체를 이루기 위해 협력하도록 했다. 디아길레프의 '총체 예술'에 대한 믿음으로 발레 루스 작품에서는 무대 장치와 의상의 비중이 높았다. 이런 경향은 발레단 말기 재정적으로 위기에 처해 부도가 임박할 무렵까지 이어졌다.

당대의 유명 시인과 작곡가, 화가들이 기꺼이 세르게이 디아길레프의 발레를 위해 일했고 거의 모든 비평가가 레온 박스트의 장치를 '꿈과 환상의 세계로의 도피가 진짜처럼 생생하다'며 높이 평가했다. 제1차 세계대전까지 발레단의 시각 디자인은 알렉산드르 브누아와 레온 박스트가 주로 맡았다. 그 가운데 레온 박스트의 장치 디자인은 이 발

레온 박스트의 「셰에라자드」와 「나르시스」 의상 디자인.
포킨의 강력한 안무에 힘입어 박스트의 화려한 의상은 유럽과 미국의 패션에 영향을 미쳤다.

1917년 공연된 「퍼레이드」. 이 작품은 발레에 적용된 입체파 이론을 잘 보여주는 예다. 콕토의 대본에 피카소의 장치와 의상, 사티의 음악, 마신의 안무로 이루어졌다.

레단의 주요 매력 중 하나였다. 또 다른 매혹거리는 바로 바슬라프 니진스키였다. 20세기 기교의 전설 바슬라프 니진스키는 공중에서 양발을 12번 교차시키는 앙트르샤 두제entrechat-douze로 유명하다. 보통 앙트르샤 콰트르entrechat-quatre나 시스entrechat-six가 일반적이고, 아주 뛰어나다 해도 여덟 번entrechat-huit을 넘기기가 힘들다. 이제까지 발레 무대에서 발레리나에 가려 찾아볼 수 없었던 발레리노가 바슬라프 니진스키를 계기로 발레 루스의 작품에서 주요 매력으로 떠올랐다.

발레단의 존립 말기까지 무대 장치는 발레 루스의 인기를 유지하는 데 중요한 역할을 했다. 발레 루스 예술가들은 당대 최고의 재능을 지닌 전위예술가였고 따라서 발레 루스의 작품을 통해 관객은 최신 예술의 흐름을 접할 수 있었다. 이 발레단의 작업은 20세기 초기 거의 모든 모더니즘 운동이 영향을 미친 결과라 보아도 좋다. 이 단체는 발레 예술에 입체파, 미래파, 원시주의, 구성주의, 형이상학, 초현실주의를 소개했다. 당시 전위적인 예술 사상을 안무에 적용한 춤에서 무용수의 전통적인 기교나 물리적인 존재감은 약화되었다. 1920년대 관객의 일부는 발레 루스의 작업이 최신 예술 감각을 알게 해주었기 때문에 열렬히 후원했다. 당시 유럽에서 고상한 취미와 좋은 취향을 결정하는 것은 더 이상 귀족이 아니라 최신 유행에 관심을 둔 사람의 특권이었다.

1911년부터 모나코의 몬테카를로를 근거지로 전문 발레단으로 활동하기 시작해 1929년 마지막 시즌까지 왕실이나 정부의 보조가 없던 발레 루스는 티켓을 파는 것만으로는 경비를 충당할 수 없었으며, 순전히 세르게이 디아길레프의 매력과 사회적 관계에 의존했다. 1914년 이후와 세계대전 동안에 살아남기 위해 그는 관객의 취향을 형성하는 데 그치지 않고 이들을 만족시키고 당대의 문화적 열정을 결정짓는 자들에 부응하기 위해 노력했다. 그리고 발레단에 도움이 될 수 있는 모든 사람을 끌어들이기로 작정했다. 코코 샤넬의 경우 그녀는 「푸른 열차」Le Train Bleu, 1924의 의상을 디자인하고 제작하고 그 경비를 부담했고, 「결혼」1923의 오케스트라 비용을 지불했을 뿐 아니라 그전에 「봄의 제전」Le Sacre du Printemps, 1920을 레오니데 마신 안무로 재공연하는 경비를 담당했다. 하지만 발레 루스 작품에서 디아길레프가 패션을 예술적 발명과 혼동하지 않았음을 잘 보여준다. 샤넬은 발레 루스의 작품에서 그해의 테니스복이나 수영복 등을 선보이기도 했지만 다른 예술적 재능과 기발함에 가려 주목받지 못했다.

1917년 장 콕토Jean Cocteau, 1889~1963가 대본을 쓰고 파블로 피카소가 장치와 의상을, 에릭 사티가 음악을 맡고 레오니데 마신이 안무한 「퍼레이드」Parade를 기점으로 발레 루스는 혁신적인 국면으로 넘어갔다. 「퍼레이드」는 첫 번째 현대 발레다. 이 작품으로 피카소가 처음 무대 디자이너로 극장에 발을 들였고, 그의 작품이 대중에게 알려졌다. 시인 기욤 아폴리네르Guillaume Apollinaire, 1880~1918는 「퍼레이드」에서 "오늘날의 새로운 예술 정신을 표방하는 출발점으로서 초현실주의surrealism를 본다"며 초현실주의란 용어를 탄생시켰다. 입체파적인 의상과 장치가 유례없는 방식으로 안무와 결합한 이 작품에 대해 콕토는 입체파의 정신이라 말했고, 안무자 레오니데 마신은 가장 다다Dada적이라고 할 정도로 이 작품은 당시 예술 전문가들 사이에서도 충격적인 예술이었다.

세계대전으로 고국으로부터 단절된 발레 루스는 러시아적 색채와 예술성을 과시하자던 포부를 접고 이 작품과 함께 당시 예술 기준이 새롭게 형성되던 파리의 문화에 초점을 맞춘 발레단으로 거듭났다. 「퍼레이드」는 수십 년 동안 새로운 반낭만적 감성에 대한 지지를 선언하는 작품이었다. 그 결과 발레 루스는 부유하고 명망 있고 세련된 최신 문화 리더들의 전당이 되어 유명 예술가와 지성인, 사교계 명사, 자유분방하고 유행을 아는 사람들에게 부응했다. 그리고 동성애자였던 세르게이 디아길레프와 함께 발레는 동성애자들을 끌어당기는 자석이 되었다. 발레 루스는 패션과 디자인, 연예에 이르기까지 큰 흔적을 남겼다. 디아길레프가 사망할 당시 발레 루스의 마지막 안무자이자 20세기 중반 현대 발레를 완성한 조지 발란신은 1984년 회고록에서 "지금의 나를 만든 것은 세르게이 디아길레프다"라고 말했다.

발레붐 Ballet Boom

1960~70년대 미국에서는 '댄스 붐' 혹은 '발레 붐'이 일어났다. 1934년 미국으로 초빙된 조지 발란신은 뉴욕 시티 발레단New York City Ballet 감독이 되면서 유럽 발레를 미국에 이식했다. 신대륙의 템포와 활기를 가미한 현대적인 해석으로 발레를 미국인들에게 사랑받는 예술로 만들었다. 그 결과 1964년 뉴욕 링컨 센터의 주립극장이 이 발레단을 위해 설계되고 헌정되어 뉴욕이 세계 발레와 무용의 중심지가 되었다. 조지 발란신은 고국 러시아의 발레를 미국 취향에 맞게 만들어 뉴욕 시민이 발레를 미국의 새로운 예술로, 그리고 뉴욕 시티 발레단을 뉴욕의 대표 문화로 생각하게 만들었다. 뉴욕 시티 발레는 신선하고 정확하며 빛나고 비인간적인 공연 스타일을 지녔다. 가냘프고 다리가 긴 뉴욕 시티 발레의 발레리나들은 속도감으로 유명했다. 그리고 영국 로열발레단이 전설적인 파트너십으로 유명한 마고 폰테인과 루돌프 누레예프를 앞세워 미국에서 연 공연은 이런 발레 열기에 불을 붙이는 데 일조했다.

1961년 루돌프 누레예프Rudolf Nureyev, 1938~93가 키로프 발레의 파리 공연 도중 서방으로 망명하면서 발레는 컨템퍼러리 예술로 접어들었다. 그의 눈부신 기술과 사나울 정도로 무절제한 춤은 바슬라프 니진스키 이후 처음 보는 것이었고, 이후 남성춤에 혁명적 변화를 가져왔다. 누레예프는 단지 발레리나의 손을 잡아주는 데 만족하지 않고 스타가 되기를 원했다. 야성에 가까운 그의 기술은 점잖은 매너에 익숙한 서방 세계에 충격이었고 무대에서 당당한 남성무용수의 새로운 이미지는 발레 붐을 일으키는 기폭제가 되었다. 낭만 발레 이후 무대에서 사라진 남성이 다시금 자리를 차지하면서 힘 있는 기교를 선보였고, 여성의 춤과는 다른 맛과 스타일을 더해 발레 무대를 더욱 풍성하게 만들었다. 루돌프 누레예프와 마고 폰테인은 1960년대에 전 세계를 순회하며 공연했는데 이들의 공연은 특별 티켓으로 표기할 정도로 언제나 만원이었다. 이들의 인기 비결은 루돌프 누레예프의 눈부신 기술에도 있지만 그의 동물에 가까운 열정과 마고 폰테인의 청결하고도 순박한 절제 이미지가 잘 어울렸기 때문이다.

1960년대에 발레가 세계화되면서 개성 있는 발레단들이 등장했다. 루돌프 누레예프가 미국 조프리 발레단에서 바슬라프 니진스키의 작품들을 재현할 때 발레 붐은 절정기에 이르렀다. 1970년대를 거치면서 발레의 인기는 극적으로 확대되었다. 1974년 러시아의 슈퍼스타 발레리노 미하일 바리시니코프Mikhail Baryshnikov, 1948~가 서방으로 망명하면서 발레계에 다시금 생기를 불어넣었고 더욱 큰 관심을 이끌어냈다. 그 결과 1965~75년 사이 미국의 무용 관객은 연간 100만 명에서 1,500만 명 이상으로 늘었다. 무용의 인기는 뉴욕을 세계 무용의 중심지로 만들었다. 1930~40년대에서부터 시작된 현대춤의 활발한 움직임과 인기에 발레 붐의 열기가 더해져 세계 춤의 중심은 19세기 파리에서 20세기 후반 뉴욕으로 옮겨왔다.

스타 무용수의 인기에 의존하는 발레 붐은 부정적인 결과를 초래하기도 했다. 바로 춤을 스펙터클한 스포츠로 만들어버렸다는 점이다. 상쾌한 천연색 여흥을 원하는 새로운 대중의 욕구가 찰나적으로 번지

르르하고 즐겁고 가벼운 안무 성향과 맞아떨어지는 것이다. 그리하여 과거의 위대한 발레에서 볼 수 있던 미묘한 신비는 찾아볼 수 없게 됐다고 불평하는 발레 애호가들도 있다. 우리나라도 서양의 전통 극장춤인 발레가 국제화되던 1960년대쯤 다양한 발레단 활동이 시작되었고, 1973년 국립발레단이 설립되었다. 그리고 1990년대 말과 2000년대 초반에 걸쳐 발레 붐이라 불리는 인기를 누렸다.

사교춤 Social Dance

　사교춤이란 의식적인 의미가 배제된 모든 안무 활동을 뜻한다. 남녀 노소 모두가 참여하는 건강한 활동으로서 사교춤은 보는 이들을 즐겁게 하고 참여하는 사람들에게 친밀감을 제공한다. 모든 사교춤에서 빠지지 않는 특징은 '다이아몬드가 움직일 때 가장 빛을 발하듯이' 참여하는 사람들을 가장 멋져 보이게 한다는 점이다. 남자는 힘과 민첩함을, 여자는 우아함을 과시하며 함께 춤을 즐기는 것이다. 사교춤 방식은 시대별로 홀 안팎에서의 바람직한 행동의 코드를 보여주고, 스타일과 제스처는 그 시대의 매력에 대한 정보를 풍부하게 담고 있다. 시대마다 사교춤의 스타일과 언어가 바뀌더라도 변함없는 요소는 댄스홀에서 남자와 여자가 상호작용하는 것이다. 16세기 발레 교사 토니오 아르보가 말하듯 '자연적으로 남녀는 서로를 찾게 마련이고 춤추는 동안 보여주는 좋은 기질과 우아함이 애인을 얻게' 한다.

　오늘날 우리가 아는 사교춤이란 주로 남녀가 쌍을 이루어 추는 커플춤으로 르네상스 귀족들의 볼룸댄싱 Ballroom Dancing에서 유래한 것이다. 하지만 사교춤은 원래 농민의 활기차고 거친 큰 동작의 포크 댄스 folk dance를 우아하면서 움직임이 적은 궁정식으로 바꾸어 르네상스 초기 무용 교사들이 귀족들에게 가르친 것이다. 사교춤은 상류층이나 귀족만의 소유물은 아니었지만 19세기 이전까지는 주로 궁정 귀족들의 사교춤에 대한 기록들이 많다. 토니오 아르보의 책에 나오는 16세기 사교춤으로는 바스 당스basse danse, 발레티balletti, 브랑르branle, 파반pavane, 갤리어드galliarde가 있고 바로크 시대의 춤으로는 미뉴에트menuets, 알망드allemandes, 부레bourrée, 사라반드sarabandes, 지그gigues 등이 있다. 루이 14세의 궁정과 17~18세기에 유럽 귀족이 가장 사랑한 사교춤은 미뉴에트였다. 그밖에도 이 시기에 유행한 사교춤으로는 카드리유quadrille, 폴로네즈polonaise, 폴카polka, 마주르카mazurka가 있다.

　19세기 이전의 사교춤은 안무 형태상 크게 세 가지 유형으로 나누는데, 라인과 원형, 행진 형태 그리고 피겨 댄스다. 이런 유형은 시대가 변해도 계속 되풀이되며 단지 시대와 사회에 따른 예술적 기호가 반영될 뿐이다. 르네상스 귀족에게 사교춤은 사회생활의 기초였기 때문에 집안에 상주하는 무용 교사로부터 엄격하게 춤을 배웠고 다양한 사교춤이 유행했다. 르네상스 초기 프랑스 사교춤의 미미한 상냥함은 유쾌하고 가벼운 이탈리아 춤과 차이가 있었고, 이들은 점차 바로크 시대의 섬세하고 도도한 우아함으로 대체된다.

　18세기 후반에 사교춤이 난순해지면서 점차 볼룸댄스와 전문적인 극장춤의 차이가 확고해졌다. 14세기 중반 귀족들이 우아하게 스텝을 밟도록 마루가 깔린 볼룸이 만들어졌고, 이런 볼룸과 궁정의 공연을 위해 안무된 사교춤을 '발로'ballo라고 불렀다. 발로는 이탈리아어로 '무용'이란 뜻이다. 볼룸에서 추는 귀족의 사교춤에서 볼룸댄스라는 용어가 나오고 발로의 복수형 애칭인 '발레티'balletti로부터 '발레' 라는 용어가 기원했다. 17세기 귀족의 궁정 사교춤이 점차 복잡하고 정교한 춤으로 발전하면서 전문무용수들이 극장 무대에서 공연하기 시작했다. 이로부터 극장춤으로서 발레가 확립된다. 여가로서의 사교춤인 볼룸댄스와 예술 발레가 유형을 달리하며 발전하게 된 것이다.

19세기 유럽과 미국의 정치 변화와 자본주의, 산업혁명, 자유기업제 등 사회경제적 발전은 기존 계급의 붕괴와 사회 구조 변화로 이어졌고 이는 사교춤에도 변화를 가져왔다. 다양한 배경의 이방인으로 결집된 새로운 인간관계와 사회 속에서 중산 계급은 힘과 지위를 과시하는 방안으로 사교춤을 발견했고, 귀족과 궁정의 후원에 의존하던 발레 교사들은 국제적인 도시 환경에서 새로운 기회를 얻었다. 19세기 중반 사교춤은 환영받는 여가 방법이었고 유명 사립학교는 교과과정으로 사교춤을 가르쳤다. 사교춤은 공공에게 몸을 드러내는 테크닉을 체계화했고 이를 '점잖은' 행동의 근간이 된다고 생각해 18세기 동안 유행했다. 이런 몸가짐이 낭만 발레로 발전하게 되는데, 클래식 스타일은 발레의 기본자세가 되고 19세기 사교춤의 바탕이기도 했다.

클래식 자세 교습은 돈과 여유가 있는 엘리트 상류층에게만 가능했고, 이들은 올바른 사회 계급에 속할 수 있는 수단으로 고상한 발레 자세와 사교춤을 배웠다. 사회적 지위를 과시하는 목적으로 무용 교습을 받는 신흥 중산계급의 요구에 부응해, 사교춤도 복잡한 전통 스텝을 중시하는 것이 아니라 집단적인 형태를 만드는 그룹 표현에 초점을 맞춰 변모하게 되었다. 19세기 말 '사교무용'social dance이 당시 사회개혁 움직임과 신체 단련, 여가, 국가 행사, 의학 등 문화적 관심과 결합되면서 사회의 춤이라는 현대적인 개념 맥락을 지니게 된다.

20세기에 접어들어 사교춤은 급격하게 변화를 맞고 유행하는데, 일단 생겨나면 그 문화 속에 자리 잡아 전승되는 포크 댄스와 달리 사교춤은 생성되고 유행하면 쉽게 국경을 건너 전 세계로 수용된다. 전 세계적으로 인정된 첫 번째 사교춤 왈츠waltz는 18세기 말 오스트리아와 독일에서 처음 등장했다. 이 시기는 유럽의 군주들이 힘을 잃는 시기

조르주 바르비에의 「탱고의 열정」(Les Fureurs du Tango).
제1차 세계대전 후 폭발적으로 확산된 사교춤 탱고 열풍을 묘사한 삽화다.

였다. 왈츠는 유럽 시골에서 수 세기 동안 추던 렌들러landler라는 회전 춤에서 유래했다. 왈츠는 종전의 사교춤에서 귀족 남녀가 팔 길이 정도로 간격을 유지한 채 복잡하고 한정된 패턴을 따라 움직이던 제한을 없애고, 각 커플이 껴안고서 각자 맞는 방식으로 스텝을 변형시킬 수 있었다. 따라서 프랑스 혁명 이전까지 가장 사랑받던 미뉴에트를 대신해 시민사회의 대표적인 사교춤으로 올라선 것이 왈츠다. 왈츠와 함께 사교춤은 중산층의 정치·경제적 힘을 반영하며 도시 관습으로 자리 잡고, 궁정에서 유래한 형식적인 사교춤을 완전히 대체했다.

 20세기 사교춤의 중요한 특징은 유행 음악의 리듬이 춤의 감정을 결정짓는 것이다. 1910년대 매우 감각적인 탱고는 늦은 오후에 차와 함께 댄스 파티를 하는 '탱고 티' 혹은 '티 댄스' 파티로 유럽과 미국의 최신 유행 호텔에서 열풍을 일으켰다. 20세기 초 재즈 음악이 등장하자 사교춤도 가장 중요한 영향을 받았다. 제1차 세계대전 이후 젊은이들에게 재즈는 자유와 재미, 구세대 관습 포기와 동의어였다. 규모가 큰 밴드가 사라지고 녹음 음악이 전파되고 공중파 방송이 출현하면서 재즈 리듬과 재즈 태도가 유행했다. 공공 홀 'palais de danse'의 등장은 사회적 경계를 무너뜨리고 관습의 구속으로부터 무용수와 무용을 모두 해방시켜, 이후 사람들은 추고 싶은 대로 뺨에 뺨을 맞대거나 혹은 홀로 춤을 추었다.

 재즈 리듬에 맞춘 1920년대 찰스턴charleston의 인기로 시작해 1940~50년대에는 라틴 리듬의 빠른 사교춤 맘보mambo, 차차차cha-cha-cha, 삼바samba, 메랭게merengue, 보사노바bossa nova가 인기를 끌었다. 그리고 1950년대의 로큰롤rock'n'roll과 1960년대의 트위스트twist와 함께 남녀가 손잡지 않고 독자적으로 추는 시대가 열렸다. 1970년대

디스코^{disco} 열풍은 솔로이스트이자 자기 춤의 안무자로서 새로운 종류의 공연자를 등장시켰다. 이는 사교춤의 개념을 재고하게 했다. 1970년대 말 힙합^{hiphop}과 브레이크 댄스$^{break\ dance}$에 이어 1990년대는 마카레나^{Macarena} 같은 라인 댄스가 큰 인기를 끌었다. 1990년대는 라틴 리듬이 크게 영향을 미치는데 이는 사교춤이 당대의 다양한 문화요소로부터 영향받고 새롭게 발생하기 때문이다.

우리나라 무용 전통에는 남녀가 함께 추는 커플 춤이 없었다. 1920년대 러시아 유학생들이 국내에서 공연하면서 처음 사교춤이 소개되었고, 1923~24년 서울과 평양에 무도학원이 열리면서 전국에 무도대회와 무도강습회가 열려 한국의 사교춤 시대를 열었다. 대중적인 춤 열기에 힘입어 1937년 『삼천리』 1월호에는 「서울에 딴스홀을 許하라」라는 공개탄원서가 게재되기도 했다. 선진국의 댄스홀을 국내에도 열자는 주장이었다. 1950년대에 이르면 사교춤의 열기가 일반화되어 소설 『자유부인』에서는 주인공이 사교춤을 배우는 것이 사회생활의 기본이자 민주주의를 배우고 여성해방운동을 실천하는 것으로 생각되었다. 이런 춤바람은 1960년대 말까지 진정될 줄 몰랐고 곗바람, 치맛바람과 함께 한국의 3대 바람으로 자리 잡았다. 1950년대 맘보와 로큰롤 시대부터 우리나라도 세계적인 사교춤의 유행에 동참한 것이다.

오케스트라 Orchestra

　동서양 고대 문명에서 춤은 종교적·사회적 의식으로 시작되었고, 춤이 일어나는 공간은 종교적으로나 사회적으로 특별한 의미를 지녔다. 그리스 극장의 기원은 디오니소스 축제 때 춤과 노래를 공연한 디시램브Dithyramb에서 출발했다. 처음에는 거칠고 즉흥적인 방식으로 디오니소스를 찬양했지만 점차 의식적인 형식과 안무와 노래로 정형화되면서 기원전 508년부터 디시램브 경연대회가 시작되었다. 이 디시램브 단체 공연이 원형 야외극장의 오케스트라orchestra에서 공연되었다. 디시램브 경연에 참가하는 팀은 50명이 한 그룹이 되었고, 당시 아테네의 10개 부족이 각기 성인팀과 소년팀 두 팀을 대표로 보냈다. 또 모든 부족 구성원이 이 공연을 보고자 했기에 무대나 객석이 상당히 커야 했다.

　기원전 6~5세기 아테네에서 '오케스트라'는 '합창무용chorus을 위해 춤추는 공간'을 뜻했다. 배우들은 특별한 효과를 제외하면 오케스트라 공간에 함부로 들어가지 않았다. 무대와 관객 사이에 위치한 오케스트라에서 코러스는 무대의 배우와 상호작용하고 때론 관객처럼 연기하기도 했다. 당시에는 춤과 노래가 분리되지 않은 상태여서 코러스들이 춤추며 노래 부르는 합창무용choral dancing을 하며 대형을 그렸다. 고대 그리스 시대의 'orcheisthai'란 '춤추다'라는 뜻이었고 '오케시스'orchesis란 전쟁이나 전술 훈련과 관련한 춤을 지칭했다. 이에 반해 '오케스트라'는 일상적으로 쓰이지 않는 단어였다.

　1800년대 말 크레타 섬의 크노소스를 비롯해 여러 곳에서 미노스 문명 말기의 극장 형태 유적이 발굴되었다. 이는 가장 오래된 고대 그리스의 댄스 플로어 혹은 극장으로서 호머가 지칭하는 오케스트라의 가장 오래된 형태라 할 수 있다. 호머는 『일리아드』에서 대도시 크노소스의 댄스 플로어를 언급하는데, 이때 호머가 쓴 단어는 '코로스'choros다. 코로스는 당시 '춤'을 뜻하기도 하고 종교 축제 춤인 '코레이아'choreia의 어원이기도 하다. 코로스는 기원전 6세기 초 아테네의 디오니소스 축제에서 추던 비극과 희극의 합창무용을 뜻하기도 했다. 초기 오케스트라의 모습은 직사각형에 적어도 두 면 이상 객석 계단으로 둘러싸여 있었다.

　'오케스트라'라는 단어를 문헌에 처음으로 쓴 이는 플라톤이다. 그는 『변론』에서 소크라테스의 입을 빌려 오케스트라를 책이나 팸플릿을 살 수 있는 곳이라고 했는데, 이를 통해 디오니소스 축제가 열리지 않는 시즌에는 이 오케스트라가 있는 디오니소스 극장이 상업적 용도로 쓰였음을 알 수 있다. 디오니소스 극장은 디오니소스를 위해 춤과 제의를 열던 아테네의 큰 야외극장이다. 이는 세계에서 가장 오래된 극장 중 하나로, 2만 5,000명을 수용하는 객석에서 관객은 무대의 배우가 내는 소리를 분명히 알아들을 수 있었다고 한다.

　그리스는 미케네 문명부터 디오니소스 축제의 전통을 이어왔다. 기원전 6세기 초 아테네의 디오니소스 축제는 '대大 디오니시아'the Greater Dionysia 혹은 City Dionysia라고 불리면서 그리스 도시 전체가 참여하는 열기 속에 2세기 로마 시대까지 지속되었다. 기원전 534년 아테네 참주 페이시스트라투스Peisistratus가 엘류테레 농촌지방에서 열리던 디오니소

고대 그리스 에피다우로스의 극장.

피렌체 우피치 궁의 두칼레 극장에서 열린 『The Liberation of Tirreno and Arnea』(1616)의 첫 장면을 다룬 자크 칼로의 동판화. 무용수들이 무대 앞 하단의 빈 공간, 무대 위로 연결되는 경사로, 무대 위 등 다양한 위치에서 공연한다. 이는 춤추는 공간이 오케스트라에서 프로시니엄 극장 형태로 발전하는 과도적 모습을 보여준다.

스 축제를 아테네 도시 내에서 열리도록 옮겨 오면서 시티 디오니시아가 시작되었다. 기원전 500년경에 아크로폴리스 남쪽에 야외 제단이 있는 디오니소스 신전이 건립되어 이 지역이 디오니소스의 신성 구역이 되면서 디시램브와 합창무용이 공연되었다.

아테네 에피다우로스의 첫 번째 디오니소스 극장과 기원전 5세기 말 그 자리에 새로 세워진 페리클린 극장은 둘 다 밟아 다진 바닥으로 된 원형 오케스트라가 있고 오케스트라 중심부에 제단이 있었는데, 차이라면 오케스트라의 지름이 각기 24~27미터와 20미터였다는 점이다. 오케스트라를 둘러싼 55열의 계단식 돌 객석은 1만 4,000명을 수용할 수 있었다. 특권층은 아래쪽 열에서 오케스트라를 빙 둘러가며 디시램브나 합창무용을 방해 없이 볼 수 있었고, 낮은 계층이나 노예들은 먼 곳에서 보아야 했다.

춤이 중요한 위치를 차지한 고대 아테네의 극장 공연에서는 오케스트라를 중앙에 두긴 했지만 춤이 더 이상 중심이 되지 못하면서 오케스트라의 사이즈와 의미가 줄어들었다. 그리스의 비극이나 희극에서 원형 오케스트라는 기원전 4세기경 델피에서 발견되는 말편자 형태로 바뀌었다가 로마 시대의 반원형으로 변화했다. 원형 오케스트라가 반원 형태로 변하면서 계단식 관람석도 춤추는 공간을 감싸지 못하게 되었다. 그러면서 관객과 공연자가 분리되어 무대가 잘 보이는 좋은 좌석은 몇 열을 올라간 자리가 되었다. 합창무용단은 공연을 하지 않을 때는 오케스트라에서 퇴장하게 되면서 연극에서 비중이 줄어들었다.

로마 시대에는 팬터마임이 유행하면서 군무 대형보다 공연자 개인의 표현성을 강조하게 되었고 유명한 팬터마임니스트는 좁은 무대에서 뒷막에 대단한 장치를 두고 공연했다. 오케스트라 부분은 칸막이를 쳐서 관객이 볼 수 없게 만들었다. 실질적으로 정면에서만 시야가 확보되는 길고 좁은 무대로 모든 행위가 제한되기 때문에 오케스트라에서 추던 춤과는 형태가 달라지고 신체 움직임도 똑바로 선 2차원 자세로, 동작이나 힘의 범위도 제한되었다.

  이렇듯 극장에서의 강조점이 달라지고 중세에 들어 교회나 시장, 광장에서 종교적 춤과 연극이 공연되면서, 그리스나 로마 시대에 많던 극장들이 오케스트라와 함께 사라졌다. 그러다 르네상스기에 다시금 부활하는데 17세기 중반 유럽의 극장이 프로시니엄 극장으로 완전히 발전해가기 직전의 일이다. 17세기 유럽에서 춤과 공연은 대부분 프로시니엄 앞에서 관객이 3면을 둘러싼 가운데 오케스트라처럼 무대와 이어지는 공간에서 이루어졌다. 그리고 극장이 상업화되면서 티켓을 사서 보는 관객을 최대한 수용하기 위해 오케스트라가 축소되었고, 17세기 초반 음악가들이 관객과 무대 사이에 위치하게 되었다. 오케스트라 피트가 요즘과 같이 높이 올라간 무대에서 오케스트라로 이어지는 계단이 없는 모습으로 나타나기 시작한 것은 18세기 초부터다.

왈츠 Waltz

왈츠는 '돌기' '회전하기' '흘러다니기'라는 의미의 독일어 'walzen'에서 유래했다. 3박자의 커플 춤 왈츠는 19세기 유럽과 미국의 대도시에서 인기 절정을 이루었다. 왈츠는 갤리어드galliard가 15~16세기에 그랬던 것처럼 18~19세기의 새로운 시대 분위기를 반영한 춤이었다. 이 춤은 낭만적이고 흥을 돋우는 회전 운동과 함께 모든 계층을 사로잡았다. 왈츠는 직전에 유행한 미뉴에트의 엄격한 의례나 코티용cotillon, 콩트르당스contredanse: 영국 컨트리댄스의 기하학적인 패턴과 대조되었다. 처음 이 춤이 등장했을 때는 커플이 얼굴을 바로 맞대고 껴안는 신체 접촉 때문에 충격이 컸다. 이전까지는 남녀가 한 손만 잡은 채 오픈 포지션으로 추었기 때문이다.

왈츠의 기원을 두고 특정 안무가나 이벤트로 정확하게 기점을 잡을 수는 없으나, 르네상스 말기 벽화에 이미 얼굴을 마주 보고 서로 어깨와 허리를 잡고 춤추는 그림이 있다. 이것은 알프스 지방의 농민춤이다. 3박자의 충동적인 움직임과 점프, 강하게 미끄러지고 도는 커플 춤의 선례로는 16세기의 렌들러, 볼타volta, 웰러weller, 스피너spinner 등이 있다. 빠르게 미끄러지는 이 농민춤은 기운차고 간단해서 아주 제한된 움직임에도 불구하고 꼼꼼하게 배워야 하는 미뉴에트와 크게 대조되었다. 껴안은 자세는 학습된 정중함을 허용하지 않는다. 그리하여 왈츠는 춤추는 사람을 취하게 하는 4분의 3박자와 친밀함으로 해방감과 행복을 안겨주었다. 당시 유럽 전역에서 사교춤의 인기는 정점에 달해 1789년 파리에만 700여 개의 댄스홀이 있었을 정도다. 이런 배경에서 나타난 대단한 사교춤이 바로 왈츠였다.

19세기가 중산 계급의 전성기이듯이 왈츠는 본질적으로 부르주아의 출현을 보여주었다. 루이 14세의 춤이자 바로크 정신을 반영한 귀족춤 미뉴에트는 프랑스 혁명까지 가장 인기 있는 춤이었다. 따라서 미뉴에트와 왈츠는 각기 두 가지 삶의 방식, 즉 귀족적인 과거와 중산계급의 미래를 상징했다. 1780년대 비엔나에 처음 소개될 무렵 초기 왈츠는 '도이치 댄스'Deutscher tanz 혹은 '렌들러'라는 이름으로 공공 홀에 선보였고 곧 유럽 전역을 휩쓸었다. 한정된 범위에서 정확한 테크닉만 실시하던 이전 춤과 달리 왈츠에서는 무용수들이 새롭게 공간상의 자유를 발견했다. 이런 해방 정신은 급격한 패션 변화로 이어졌다. 1800년 파리 오페라에서 피에르 가르델Pierre Gardel, 1758~1840이 발레 「La Dansomanie」에서 처음 왈츠를 무대화했다. 독일에서는 느린 형태의 렌들러가 지속되었고 비엔나의 프랑스에서 조금 더 세련되고 가볍고 부드럽게 미끄러지고 회전하는 스타일이 형성되었다.

왈츠는 모차르트Wolfgang Mozart, 1756~91부터 쇼팽, 슈트라우스Richard Strauss, 1864~1949에 이르기까지 많은 작곡가들에게 영감을 주었다. 당시 왈츠의 반주 음악은 '왈처'waltzer '렌들러' '알망드'Allemande '도이체' Deutsche 등으로 불렸다. 모차르트의 오페라 「돈 조반니」Don Giovanni, 1787 에는 미뉴에트와 콘트라당스, 왈츠가 정교하게 결합되어 있다. 라너 Joseph Lanner, 1801~43와 슈트라우스Johann strauss, 1804~49는 비엔나 댄스 밴드의 일원이었다가 함께 독립 밴드를 만들고 이후 각자의 밴드로 분리 경쟁하면서 폭발적인 왈츠의 인기와 함께 비엔나를 왈츠의 중심지로

영국 댄싱 마스터 토마스 윌슨의 저서 『Correct Method of German and French Waltzing』(1816)의 표지.
좌측에 연주자들이 위치하고, 시계방향으로 1번부터 9번까지 왈츠의 9가지 포지션을 보여준다.
영국 당대의 춤이 집단무였던 것과 달리, 왈츠는 여성의 허리를 꽉 감싸 안은 채 추는 커플춤으로
구성되어 있어 도덕적 문제를 불러일으키기도 했다.

영국 에드워드 7세 시절 사교 파티. 경쾌함을 좋아하는 비엔나 사람들의 기질로 오리지널 왈츠보다 빨라진 비엔나 왈츠는 유럽과 미국의 대도시로 수출되었다.

만드는 데 기여했다. 베버의 「무도에의 초대」Invitation to the Dance, 1819를 시작으로 쇼팽과 슈베르트, 베토벤, 바그너까지 왈츠를 작곡했다. 19세기 초 원래의 8분의 3박자가 4분의 3박자로 바뀌고, 균등하던 강세도 첫 박에 크게 악센트를 주고 둘째와 셋째 박을 짧게 하는 것으로 변했다. 그리하여 1분 90박의 오리지널 왈츠에서 180박으로 빨라진 비엔나 왈츠가 유럽과 미국의 대도시로 수출되기 시작했다.

그러나 유럽의 모든 나라가 비엔나처럼 왈츠에 반한 건 아니었다. 독일에서는 1797년 왈츠가 젊은이의 몸과 마음을 허약하게 만든 원흉이라고 비난하는 책이 출판되어 왈츠를 단죄하는 근거를 끝없이 열거했다. 베를린 궁은 1794년에 왈츠를 접하고도 결코 이 춤의 초대에 응하지 않았다. 영국 사교계도 1816년 섭정왕자 조지 4세[1762~1830]가 무도회 프로그램에 왈츠를 포함시키기 전까지 저항했다. 러시아는 1798년 예카테리나 2세의 죽음 이후 왈츠의 매력에 빠져들었지만 프랑스는 가장 강력하게 이 새로운 춤을 반대했다. 과거 춤의 권위와 동일시되던 프랑스 무용 교사들이 특히 격렬하게 왈츠에 불만을 터뜨렸다. 마지못해 프랑스 언어와 에티켓과 문화를 따라가던 오스트리아와 합스부르크 왕실의 입장에서는 왈츠를 설욕의 기회로 삼았다. 1814년 비엔나 의회에서 모든 고관이 왈츠를 춘 이후 왈츠는 오스트리아의 문화 수준을 과시하는 상징이 되었다.

미뉴에트에서 왈츠로의 이동은 봉건사회에서 부르주아 사회로, 그리고 이성주의에서 낭만적 정신으로의 시대적 변화를 보여준다. 왈츠의 가장 화려한 시절은 19세기 후반 비엔나에서 슈트라우스 가문과 관련된 시기다. 대중적으로는 19세기 말 표트르 차이콥스키가 고전 발레 작품 「백조의 호수」Swan Lake, 1877, 「잠자는 숲 속의 공주」Sleeping Beauty,

1890, 「호두까기 인형」Nutcracker, 1892에서 왈츠를 중요 춤곡으로 두면서 인기가 정점에 달했다. 1879년대에 이르러 무용 교사들이 다양한 왈츠 스텝을 고안해냈다. 20세기에 들어서도 1930년대 영화와 뮤지컬에서 왈츠의 인기는 이어졌다. 20세기에 새로운 사교춤이 많이 나타났지만 왈츠는 오늘날까지도 볼룸댄싱 학교에서 가르치고 여전히 공식적인 행사에서 추고 있다.

종교의식 Ritual Dance

　모든 종교에서는 원시적이든 문명화된 종교든 춤과 예배의식이 중요한 비중을 차지한다. 서양 학자들은 역사 이전 춤을 모두 의식으로 보고 문명화된 사람들의 극장식 춤은 예술로 보는 경향이 있었다. 그러나 수 세기에 걸친 역사적 증거들은 다른 문화의 종교의식에 나타난 무용을 일반화하려는 시도가 잘못되었음을 말해준다. '원시적인' 춤은 무아경에 무질서한 것임에 반해 문명인은 예배무용 없이 종교의식을 치른다는 잘못된 생각은 문화를 원시적인 것과 문명화된 것으로 이분한 데서 비롯된다. 종교의식은 대부분 종교적이고 초자연적인 의미를 지니며, 표준화되고 조직화된 사회적 행위, 혹은 그 연속을 가리킨다. 춤은 이런 의식에 부수적으로 행해지거나 없어서는 안 될 절대 요소이고 혹은 춤이 완전한 의식 절차가 되기도 한다. 동서양을 막론하고 인류는 가장 경건한 종교의식 절차에서 춤으로 경배를 올렸다.

　서양의 경우 유대교와 기독교 그리고 이슬람의 종교 전통에서 춤과 의식은 매우 중요했다. 사람들은 성서 시대와 초기 기독교 시대부터 춤과 함께 예배를 했고 이슬람의 수피교에서도 아직 이러한 전통은 활발하게 이어진다. 일부 종파에서 몇 세기에 걸쳐 벌어진 추방 끝에 예배무용 liturgical dance은 유대교와 기독교에서 다시 부활해 전 세계적으로 활발하게 시행된다. 인도 여러 지방에서는 무용극 형식으로 종교의식을 치르며, 춤은 모든 찬양에서 빠지지 않는다. 과거 사원에서 매일 드리는 예배의식으로 춤을 추었다. 힌두교는 우주의 무용수라 불리는 무용수의 신 시바shiva를 모시며 불교보다 더 많이 춤을 종교의식에 포함시킨다. 건축, 조각, 회화 같은 다른 예술도 마찬가지다. 불교 역시 승려들이 직접 종교무용을 행했고 우리나라에서도 그 명맥이 이어지고 있다. 조상을 모시는 것을 가장 중요한 가치이자 사회적 행사로 여기는 유교에서도 제사에서 경건한 춤으로 형식을 갖춘다. 우리나라의 무속신앙에서도 무당의 주된 의식 행위가 춤이다.

'신성한 춤'sacred dance, '예배무용'liturgical dance, '종교무용'religious dance은 교차적으로 쓰인다. 하지만 예배무용은 종교의식의 일부분으로 공연되는 것임에 비해 신성한 춤이나 종교무용은 더욱 폭넓은 범주를 포함한다. 신성한 춤은 현대무용 방식이 가장 많고 그밖에 발레나 재즈, 포크 등 모든 예술 스타일을 사용하는데, 최근에는 마임과 드라마가 많이 들어오는 추세다. 일반 무용처럼 신성한 춤은 다양한 예술 형식을 결합하고 있다. 오늘날 많은 종파의 예배의식에서 예배무용이나 신성한 춤이 부활하고 있다. 기독교회에서 이런 의식무용이 급격하게 부활하고 있는데, 16세기 신교도혁명 이후 점차 예배무용이 줄어들다가 17세기 청교도와 함께 사라져버렸기 때문이다. 기록을 보면 교회의식에서 무용이 결코 제외된 적이 없다는 것을 알 수 있지만 기독교인들은 대부분 종교적 전통에 대해 잘 모른 채 예배무용이 새롭게 만들어진 것으로 안다.

기독교 종교의식은 근본적으로 극장성을 내포하는데 초기 기독교는 이를 전면적으로 다루기를 주저했다. 12세기에 이르러 종교적 주제를 다루는 행진 형태의 춤과 주인공의 춤이 들어가는 연극 형식이 이탈리아, 독일, 프랑스, 영국, 스페인 등의 예배에서 공연되었다. 13세기부터

제자리에서 빙글빙글 도는 이슬람 수피교도의 춤.
이러한 춤은 신에 대한 무한한 사랑을 증명한다.

는 유럽 본토에서도 신성한 춤이 부활절 예배의 일부로 이루어졌다. 중세에는 서민들이 매일의 노동으로부터 해방되는 일요일과 축제일이 춤과 놀이를 하기 좋은 기회였고, 교회는 자연스레 사람들이 모이는 공공장소였기 때문에 그곳에서 함께 춤을 즐겼다. 이런 춤이 점점 비종교적으로 변하자 기독교회는 이를 금지하는 포고령을 내리는데, 343년 라오디스 종교회의부터 1566년 리옹 종교회의에 이르기까지 지속적으로 금지령이 이어졌다. 그런 종교회의의 권위도 16세기 종교개혁으로 인해 교황의 권위와 함께 사라졌다. 중세 시기부터 추던 종교적인 춤은 아직도 유럽 곳곳에서 축일마다 추고 있다. 그 가운데 하나가 스페인 세르빌 성당에서 15세기 이전부터 전해오는 춤 El baile de los seizes으로, 여섯 명의 소년 합창단이 매년 높은 제단 앞에서 성체축일과 성모영보대축일과 사육제 마지막에 춤을 춘다. 하지만 행진형 춤이 수 세기 동안 기독교 예배와 종교 축제의 주요 형식이었고 중요한 요소였다.

  제자리에서 빙글빙글 도는 이슬람 수피교도 dervish의 춤은 여러 민속춤이나 컨템퍼러리에서 흔히 클라이맥스를 끌어내는 수단이다. 이슬람은 근본적으로 무용에 적대적이지만 아시아의 영향을 받은 터키의 수피교에서 춤은 주요한 의식 절차로 사용된다. 이 신비교도의 무아경의 춤은 신에 대한 무한한 사랑을 증명하는 것이라고 한다. 탁발승의 복잡한 의식 춤은 느리게 시작해 점점 빨라지는데, 이것이 종교적인 엑스터시를 얻기 위한 수단이다. 무용수들은 팔을 가슴 앞에서 교차하고 제자리에서 뒤꿈치로 매우 느리게 돌다가 속도가 빨라지면 스커트가 둥글게 벌어지고 두 팔도 펼쳐낸다. 오른팔은 손바닥을 위로 한 채 들어올리고 왼팔은 손바닥을 아래로 향한 채 내리는데, 이는 하늘의 영향이 세상에 내려온다는 것을 상징한다. 빙빙 회전하는 동작은 지구가 태양을 중심으로 자전하듯이 천체 운행을 상징한다. 탁발승은 홀을 돌면서 둥글게 원을 그린다.

아프리카나 아시아의 춤에는 '신성'과 '세속'의 구분이 없다. 오늘날 유일신을 모시지 않고 교리가 없다는 이유로 원시 신앙으로 치부되는 여러 문화권의 종교의식에서 춤은 영적인 영역과 인간이 소통하고 연결되는 유일한 수단으로 절대적인 중요성을 지닌다. 영적인 존재와의 관계는 다양한 방식으로 이루어진다. 대개 초자연적인 존재나 영이 무용수를 흘리거나 춤이 무용수에게 특별한 힘을 불어넣는다. 무용수가 신성한 이야기의 주인공이나 텍스트가 된다든지 신에 대한 공물로 춤을 추기도 하고, 무용수의 공연이 관객에게 영성을 불어넣기도 한다. 오늘날까지 전해오는 이런 의식은 아프리카, 아시아 지역에서 주로 발견되는데 우리나라의 굿도 이런 유형에 속한다.

20세기 초 테드 숀Ted Shawn, 1891~1972과 루스 세인트 데니스Ruth St. Denis, 1879~1968는 종교적인 주제를 다루어 춤에 영적인 깊이를 불러일으킴으로써 예배무용운동이 확산되는 데 크게 기여했다. 종교적인 춤은 원래 극장 공연을 위해 만들어진 것이지만 점차 교회 예배에서 추게 되었다. 그 이유는 신도들이 이에 민감하게 반응했기 때문이다. 테드 숀은 1917년 샌프란시스코 인터내셔널 교회에서 처음 예배무용을 공연한 뒤 무용이 예배와 신앙의 표현 수단이 될 수 있다는 것을 알게 되었다. 그 뒤로 인생 항로를 바꾸어 전국적으로 예배무용 순회공연을 했고 성공을 거뒀다. 그 결과 20세기 중반에 미국의 많은 교파들이 신성한 춤에 관심을 되살리게 되어 예배무용이 급격하게 퍼지게 되었다.

오늘날에는 종교적인 예술 형식으로서의 춤을 지향하는 여러 무용연합과 단체들이 많이 결성되어 활발하게 공연한다. 우리나라에는 새로운 종교가 들어올 때마다 다양한 종교무용이 생겨나고 모두 활발하게 전승되고 있다. 종교무용이 독자적인 장르를 이룰 정도로 풍부한 무용 문화유산을 가지고 있다. 불교무용단과 세계기독교예배무용연합도 우리나라에 있다.

　예배의식과 무용은 구조와 과정에서 유사점이 많다. 따라서 종교의식을 예술로 바라볼 수도 있고 예배의식을 예술의 주제로 삼을 수도 있는 것이다. 그런 공통점이 많은 문화권에서 종교의식과 무용을 분명하게 구분하지 않는 이유다. 종교의식과 무용은 일상적인 행위에서 벗어난다는 점에서 두드러지는데, 이들은 특수하게 맞춘 특별한 공연 행위다. 참여자들의 상호 이해를 전제한 특별한 맥락에서 의미를 얻는다는 점 역시 공통점이다. 그리고 관객과 참여자의 감정을 자극해서, 비록 구체적인 메시지가 없다 하더라도 설득력을 행사한다는 점 역시 같다. 인류학자들은 종교무용이 개인의 믿음을 사회적 가치와 일체화시키는 수단이 된다고 보았다. 의식을 통해 구성원들에게 사회 일원으로서의 인식을 심어주고 결국 사회 시스템을 영속시키는 방법이라고 보는 것이다.

죽음의 춤 Dance of Death

'죽음' '악마' '바보'는 중세를 특징짓는 현상이다. 중세에는 자기를 채찍질하며 순례하는 특별난 종파가 있었는데 이들은 예수의 이름으로 교권을 반대하며 페스트와 무도광 dancing mania 을 불러일으키는 전조가 되었다. 자기 몸에 채찍질하는 춤은 원시시대부터 발견되는데, 이런 행위의 목적은 살면서 짓는 죄를 신성하게 정화하고 풍요와 힘을 구하고 죽음을 방지하는 데 있었다. 기독교는 재난과 고통, 전염병으로부터 구제되기를 바라는 마음에서 벌어지는 대규모 춤 행렬에 노골적으로 반감을 표시할 수 없었다. 이런 제의적 행렬은 이교도적이고 주술적인 바람을 기독교적인 주제로 포장했기 때문이다. 따라서 기독교 교부들은 설교를 통해 인간의 모든 선은 영혼에 있고 모든 죄악을 신체에 돌려 고통과 죄로부터 벗어날 수 없다고 규정지었다. 이로써 온갖 춤에 대한 기독교의 비난의 토대가 갖추어진 것이다. 중세 기간 내내 기독교는 춤이 악마의 소행이라고 끊임없이 설파했다.

중세 사람들은 죽음의 이미지와 함께 살았다. 14세기에 페스트로 유럽 인구의 절반이 죽었으니 이 시기의 사람들이 무도광이 된 것도 이해가 된다. 200년 이상 페스트가 사라지지 않자 '죽음의 춤'이라는 개념이 지울 수 없는 이미지로 자리 잡았다. 원시 사회부터 그리스·로마 시대의 예술과 춤에서 죽음을 시각적으로 표현하는 일은 드물지 않았다. 하지만 유독 중세 사람들은 죽음을 신의 메신저로 찬미했다. 죽음

죽음의 춤을 그린 삽화. 중세 사람들은 기근과 흉작, 전쟁, 전염병 등으로 항상 공포를 느꼈다. '죽음의 춤'은 이러한 공포를 형상화한 것이다.

이 지닌 막강한 힘은 다양한 상징으로 표현되었다. 죽음은 사탄의 현신으로 모든 이에게 공평했다. 죽음의 춤은 죽음의 보편성에 대한 풍유로 현생에서 어떤 계급이든 간에 모두를 일체화시킨다. 죽음의 춤의 구성은 죽음을 의인화하는 사람이 교황부터 노동자에 이르기까지 다양한 지위의 대표자들을 무덤가로 호출하는 형식인데, 이는 목숨의 허무함과 속세의 영화가 얼마나 허망한지 일깨우기 위해 만들어졌다.

죽음의 춤에서 인간은 죽음의 형상과 같이 춤을 춘다. 그 과정에서 최하층 계급도 부유한 자들의 삶과 죽음을 흉내 낼 수 있었고, 죽음 앞에 가난한 자나 부자나 공평하다는 것을 알 수 있었다. 어느 기록에 따르면 여러 지위를 대변하는 배우들이 매번 춤을 반복한 뒤 한 명씩 서열에 따라 사라지는 형식이었다. 죽음의 춤에 참여한 배역에는 교황과 왕, 왕자부터 농부와 유랑자, 고위 성직자에서 하위 성직자까지 모두 포함되었다. 죽음의 춤 현상은 교회의 지배를 벗어난 곳에서 이루어졌고 춤을 포함한다는 점에서 더욱 심각한 종교 당국의 비난을 불러일으켰다.

죽음의 춤은 죽음에 대한 당시 유럽인의 몰두를 보여주는 것인데, 사회적, 종교적 풍자로 해석할 수도 있고 중세 동안 움트기 시작한 민주주의 의식의 발아로 생각할 수도 있다. 근본적으로 이 춤은 사회, 정치, 종교적 체계 모두에 대한 환멸을 절박하게 표현한 것으로 죽음에 대한 두려움과 아울러 죽음 앞에서는 만인이 평등하다는 것을 시사한 시위의 일종으로 해석할 수 있다. 이와 유사한 현상이 중세 동안 여러 곳에서 발견되는데, 이는 이교도적인 미신의 영향과 마술, 광신에 가까운 신앙을 반영한 것이었다. 기근과 흉작, 전쟁, 전염병 속에서 죽음에 대한 본능적인 공포를 춤으로 대변했다고 할 수 있다.

죽음의 춤은 14~16세기 사이에 의인화하는 것이 유행했다가 이후로는 창의적인 예술가들의 상상력을 사로잡았다. 14세기 후반에 프랑스와 독일의 예술가와 시인 들이 죽음의 춤에 큰 파동을 불러일으켰고 15~16세기까지 죽음의 춤의 이미지는 번성했다. 바로크 시기에 잦아드는 듯하던 죽음의 춤은 19~20세기까지도 예술작품들의 영감이 되고 있다. 교회 벽화에 처음 등장한 죽음의 춤의 모습은 죽음이 고귀한 신분의 사람과 비천한 사람을 각기 양손에 잡고 리드하는 그림이다. 이 그림에 함축된 의도는 교회가 경내에서 벌어지는 춤을 비난한 연장선상에서 춤이 궁극에는 사람을 죽음으로 인도한다는 경고다. 그리고 무도광과 마찬가지로 죽음의 춤 이미지 속에서 춤은 즐거움이 아니라 또 다른 역병으로 묘사된 것이다. 죽음의 춤은 독일에선 토텐탄츠totentanz, 프랑스에선 당스 마카브르dancse macabre라 불렸는데 마카브르makabr란 아랍어로 교회 뜰을 뜻한다. 교회의 벽과 공동묘지에 기록된 죽음의 춤 이미지는 기독교 교부들이 중세 기간 내내 끊임없이 부흥금지령을 내려도 통제할 수 없었던 춤의 열기를 억압하기 위해 공포심을 심어주고자 한 의도였을지도 모른다.

죽음의 춤의 도상은 크게 세 가지 형태다. 첫 번째는 손을 잡은 무용수들이 긴 줄을 이루는데, 해골 모양의 죽음과 인간이 번갈아가며 한 명씩 서고 인간은 당시 서열에 따라 왕자나 추기경 등 높은 지위부터 하위 성직자, 장인, 거지, 어린이, 노인, 장애인 등으로 배열했다. 두 번째 형태는 죽음이 인간을 리드하는 커플 행진 형식으로, 이들의 순서 역시 엄격한 계급 순서다. 세 번째 형태는 드라마틱한 독립 춤 형태인데 역시 죽음과 인간의 파트너 형식이다. 이들 안무 형식은 당시 유행한 라인 댄스line dance, carole, 바스 당스basse danses와 발리balli, 발레티balletti의 형식을 그대로 옮겨놓은 것이다. 이들 그림에서 특히 죽음으로 묘사되는 해골의 경우 빠른 속도의 활기찬 동작을 취하고 활달한 제스처 외에 몸통과 발의 자세를 다양하게 묘사했다. 죽음의 춤 그림은 교회 벽에 그린 벽화나 조각 아니면 공동묘지의 벽, 스테인드글라스, 책의 삽화 어디에서든 왼쪽에서 오른쪽으로, 즉 부정적인 방향으로 진행한다.

최승희 崔承喜

최승희[1911~?]는 이제까지 우리나라가 배출한 가장 세계적인 예술가이자 동양이 낳은 세계적인 무용수로 평가받는다. 1930년대 후반 유럽, 미국, 중남미 등에서 150여 회의 공연을 한 최승희는 당시 프랑스의 대표 일간지 『피가로』로부터 '선이 매우 환상적인 동양 최고의 무용수'라 격찬을 받으며 동양을 대표하는 세계적인 무용가로서 명성을 얻었다. 일본의 식민지로 나라를 잃은 상황에서 그녀는 '꼬레 댄서' 즉 한국인 무용가로 세계에 알려졌다. 1939년 파리 공연의 전단지에서 그녀는 '조선이 낳은 천사 같은 무용수'라 불렸다.

최승희는 1926년 우리나라에 서양식 무용 예술 형태를 처음 소개한 이시이 바쿠의 공연을 보고 그의 문하에 들어갔다. 일본에서 유학하면서 이시이 바쿠 무용단의 최고 스타로 성장한 뒤 1929년 한국으로 돌아와 최승희 무용연구소를 설립했고, 1930년 2월 '제1회 최승희 발표회'를 열었다. 이시이 바쿠의 춤은 유럽에서 이사도라 덩컨에게 배운 노이에탄츠, 즉 새로운 춤이라는 현대무용 계통이었다. 이시이 바쿠는 뛰어난 신체 조건과 재능을 지닌 최승희를 100년에 한두 번 나올까 말까 한 무용수로 평가했다. 최승희는 1932년 제5회 발표회를 끝으로 1933년 이시이 바쿠 무용단으로 돌아갔다. 이때부터 본격적으로 한국 춤을 소재로 창작하면서 한국무용의 표현 기법을 모색하기 시작했다. 이전에 최승희가 한국에서 공연한 5번의 발표회 레퍼토리는 거의 현대

무용이었으며, 한국무용 작품은 발표회마다 한두 작품에 그쳤고 그나마 4회와 5회 발표회에서는 전무했다.

이시이 바쿠 문하에서 독립해 동경에서 개최한 제1회 무용발표회에서 최승희는 2부 순서를 「검무」「에헤라 노하라」「승무」 등 모두 한국춤 레퍼토리로 구성해 호평을 받았다. 1935년 동경에서의 두 번째 발표회 역시 현대무용 레퍼토리에 비해 절반 정도에 불과한 조선춤이 호평을 받았고, 최승희는 한국무용의 주류로 인정받으며 일본 순회공연을 하면서 일본 제일의 무용수가 되었다. 그러나 "지금 내가 추는 춤은 모두 어렸을 적에 본 것들입니다. 기생춤도 그렇고 민족무용도 그렇고 조선무용을 이제야 발표했습니다만 벌써 오래전부터 생각해온 것들입니다"라고 자서전에 밝혔듯이 최승희는 한국춤을 정식으로 배운 적이 없었다. 기생이나 추는 춤이라고 해 조선무용을 배우지 못하고 눈으로 기억했을 뿐이다. 이는 제자 김백봉의 증언이 뒷받침한다. 하지만 최승희는 "조선무용을 말하자면 원래는 퍽 원시적인 것인데 선이 고운 것이 특색입니다. 일본무용처럼 부분적인 것이 아니고 전신을 이용하는 아름다움이 있습니다. 그러나 안타깝게도 단순하고 내용이 빈약한 것이 흠입니다"라며 조선춤의 본질을 꿰뚫었다. 이에 그녀는 조선의 전통적 주제와 소재에 서양식 기법을 가미해 풍부하고 스펙터클한 무대공연을 만들어냄으로써 세계적인 무용가로 성장했다.

이후 일본과 세계 무대에서 활동하면서 '일본 제일의 무용수' '동양 제일의 무용수' '세계적인 한국의 무용가'로 성장한 최승희의 성공 비결은 총명한 지적 능력 못지않게 신체 조건이 매우 탁월했음을 강조하지 않을 수 없다. 신장 166.9센티미터에 체중 55킬로그램, 아름다운 얼굴이 돋보인 그녀의 신체조건은 오늘날의 기준으로도 손색이 없는

동양을 대표하는 세계적인 무용가
최승희의 「보살춤」(1937).

수준이었다. 평균신장이 특히 작았던 일본무용수들 사이에서는 '머리 하나가 더 있는 것 같았다'고 한다. 1935년부터 세계 순회공연을 통해 압도적이고도 국제적인 인기를 누린 최승희는 이상적인 체형의 뛰어난 모델이었다. 그녀는 동양의 '천사 같은 무용수'라고 불릴 정도로 서구적 미인의 조건을 충족시켰다. 서양의 지극히 순수한 아름다움의 전형인 천사 이미지에 적합했던 최승희는 비타민, 콜롬비아 축음기, 화장품, 초콜릿, 학용품 등 다양한 제품의 광고 모델로 활약했으며, 그녀의 압도적인 인기는 여러 편의 영화 출연과 레코드 취입으로 이어졌다. 최승희는 일본 유학을 떠날 때부터 이미 신문화의 기수였고 일본에서의 성공은 당시 조선인들에게 '일본 사람을 이긴 쾌감과 감격을 맛보게 해준 위안'이었다. 따라서 당시 우리나라의 시민이나 신문들은 민족의식과 문화, 사회적 차원에서 최승희를 크게 부각시켰다. 당시 그녀는 조선인의 희망이자 긍지였으며 민족적 자긍심을 채워주는 민족의 꽃이고 빛이었다.

최승희의 대표작으로는 「초립동」「장구춤」「보살춤」 등 초기 작품을 꼽는다. 최승희는 1937년부터 유명한 공연기획자 솔 휴록Sol Hurok, 1888~1974의 후원으로 2년간 미국과 라틴 아메리카, 유럽으로 100회 이상 공연을 떠났는데, 가는 곳마다 비평가들의 찬사를 받았다. 또한 벨기에서 열린 제2차 국제 무용 콩쿠르에 마리 비그만과 함께 심사위원으로 위촉되기도 했다. 이후 세계 순회공연 중 1939년에 프랑스에서 「초립동」을 공연한 뒤에는 초립동 모자가 일주일 안에 파리 전체에 퍼질 정도로 유행을 불러일으켰다. 1939년 미국 공연에서는 발란신의 발레단 아메리칸 발레 카라반과 마사 그레이엄 그리고 최승희 작품으로 구성된 저녁 공연 프로그램을 구성했고, 최승희는 당대 미국의 대표적인 무용 평론가 존 마틴$^{John\ Martin,\ 1893~85}$으로부터 호평을 받았다. 최승희는 1942년 2,700석의 동경제국극장에서 독무로만 구성한 공연을 24회 연속했고, 이를 보려는 관객이 길게 늘어서 장사진을 이루었다. 1944년에는 동경제국극장에서 다시 독무로만 23회 연속공연을 했다. 그녀는 미국과 유럽, 중남미에서 국립극장과 대극장에서만 150여 회 공연을 했으며, 37년 동안 2,500~3,000회 정도 공연을 하는 세계적인 기록을 세웠다.

우리나라가 해방되자 중국에서 귀국한 최승희는 '친일파'라는 시선 속에서 활동이 자유롭지 못했고, 이미 북한으로 간 남편 안막^{安漠,} $^{1910~?}$의 요청으로 평양으로 갔다. 김일성의 환대 속에서 그녀는 무용연구소를 개설해 북한을 대표하는 무용가로 북한과 조선무용의 프로퍼갠더 역할을 했다. 한국전쟁 당시 최승희는 주은래$^{周恩來,\ 1898~1976}$의 초청으로 북경중앙희극학원에 '최승희 무용연구반'을 개설했고, 그곳에서 중국 고전무용과 조선무용 기본과 발레 수업 등을 맡으며 사라진 중국춤의 전통을 재정립하는 데 기여했다. 이후 북한에서 최승희는 조선무용의 기본을 정리해 『조선민족무용기본』^{1958}을 출판했는데, 이는 한국춤에 기초한 동양 발레를 꿈꾼 그녀의 업적이라 하겠다. 최승희의 무용연구소는 국립무용학교^{1956}, 평양예술대학^{1965}을 거쳐 평양음악무용대학^{1972}으로 통합되었는데 현재는 평양음악무용학원이라 불린다. 최승희는 1967년 숙청되기 전까지 국립예술극장 총장, 국립무용학교장과 국립무용극장장을 맡으면서 조선무용의 기본 동작과 훈련 방식을 체계화하고 사회주의 사상을 내포하는 민족무용극이나 다양한 민속무용 작품을 창작했다.

그녀는 발레 테크닉 시스템처럼 한국무용의 동작을 신체 부위별로 구분해 훈련하는 체계적인 시스템을 구축해 조선무용을 현대화했다. 그 결과 무용수의 신체 중심이 예전보다 훨씬 높아짐에 따라 동작과 회전, 춤의 속도가 곱절 빠르게 진행되어 전체적으로 춤의 구성에 절도와 박력이 생기고 역동성이 강조됐다. 이런 변화가 오늘날 남북한의 한국춤이 달라진 이유다. 김일성은 회고록 『세기와 더불어』1994에서 "최승희는 조선의 민족무용을 현대화하는 데 성공했다. 최승희의 무용은 국내는 물론 문명을 자랑하는 프랑스와 독일에서도 열렬히 환영받았다"고 평가했다. 최승희는 남편 안막이 1958년 숙청된 데 이어 1967년 숙청을 당했고 오늘날 사상적으로 복권된 최승희의 묘가 평양 애국열사릉에 안치되었다. 묘비에는 1969년 사망한 것으로 되어 있다.

캐서린 드 메디치 Catherine de' Medici

오늘날 발레라 일컫는 춤은 원래 이탈리아 도시국가 궁정에서 성주의 부와 힘을 과시하기 위해 열리던 호화 쇼로, 정치적 도구로 탄생했다. 이런 연회는 행진 형태였고 인기 있는 공공 축제보다는 조금 더 세련되고 정교한 형식이었다. 이 이탈리아식 귀족 연회 취향을 프랑스에 소개해 프랑스 궁정 발레로 발전하게 한 예술 감독이 바로 캐서린 드 메디치다. 이탈리아 로렌초Lorenzo de' Medici, 1449~92 대공의 손자인 로렌초 메디치Lorenzo di Piero de' Medici, 1492~1519 공의 딸 캐서린은 태어나자마자 고아가 되어 어린 시절을 피렌체 메디치가의 궁전과 로마에서 보냈다. 이탈리아 르네상스의 영화를 누리며 사촌이자 후견인인 교황 클레멘스 7세Pope Clement VII, 1470~1534의 손에서 자란 그녀는 14살에 동갑내기 프랑스 왕자와 정략결혼을 했고, 28살에 남편이 앙리 2세Henri II, 1519~59로 왕위에 오르면서 왕비가 되었다. 그녀는 금실로 수놓은 보라색 돛을 단 범선을 타고 배 60척의 호위를 받으며 프랑스 땅에 도착하자마자, 이제까지 프랑스 사람들이 보지 못한 호사스러운 행진으로 도시 전체를 사로잡았다. 그녀의 프랑스 땅 상륙은 경이롭고 장대했다. 그러나 프랑스 궁전에서의 삶은 평민 혈통의 외국 여인에 대한 온갖 음모로 고통과 굴욕의 나날이 되었다. 왕비인 그녀는 앙리 왕의 정부 디안 드 푸아티에Diane de Poitiers, 1499~1566의 그늘에 가려 40세가 되는 1559년에 남편이 죽을 때까지 조역에 머물러야 했다.

그러나 자기를 안중에 두지 않는 침울한 남편과 비극적인 결혼 생활을 하면서도 춤을 사랑한 캐서린은 자제력과 위엄을 잃지 않았다. 아름다움에 대한 사랑을 포기하지 않고 호사스러운 이탈리아식 궁정 연회를 개최해 프랑스에서 궁정 발레를 창조하고 발전시키는 데 기여했다. 캐서린은 이탈리아 우르비노와 피렌체로부터 아름다움과 사치, 유쾌함과 화려한 광채에 대한 사랑을 가져왔을 뿐 아니라 이탈리아 음악가와 무용가를 프랑스로 불러와 이탈리아식 궁정 연회를 조직함으로써 프랑스 궁중에 이탈리아 문화를 이식시켰다. 결혼한 지 9년이 지나도록 후손이 없어 이혼 압력을 받던 그녀는 자기가 주관한 연회에서 대차에 실은 돌고래로 마지막 장면을 장식함으로써 왕에게 '나에게도 후손을 달라'는 메시지를 전했다고 한다. 그리하여 결혼 11년만인 1544년 1월 왕세자를 낳아 왕자의 탄생을 축하하는 발레가 계획되었는데, 겨울이었기 때문에 실외에서 이루어지던 가장행렬을 실내의 대 회랑으로 옮겨 기마 행진과 기마 경기, 불꽃놀이 등과 함께 열었다.

남편이 죽은 뒤 그녀는 병약한 세 아들을 왕위에 올리면서 섭정으로, 그리고 태후로서 30여 년 동안 프랑스를 통치했다. 당시 프랑스는 신교도와 구교도 간에 증오와 잔학 행위들이 이어지며 정치적으로 분열된 공포 시대였다. 캐서린은 결코 성공하진 못했지만 이들 신·구 양당을 화해시키기 위해 연회를 개최하기도 했다. 왕족의 결혼식이나 즉위식 그리고 외국 대사의 방문에도 연회를 열었다. 연회를 통해 캐서린은 수준 높은 심미안과 예술 취향을, 그리고 메디치 가문의 취향이 얼마나 흠잡을 데 없이 훌륭한 것인지를 프랑스인들에게 지속적으로 각인시키고 싶었을 것이다. 정치적으로는 프랑스가 정치적 갈등 속에서도 피폐해지지 않고 평화롭고 건재하다는 것을 전 유럽에 과시하고

이탈리아 연희물을 프랑스 궁정 발레로 발전시킨
캐서린 드 메디치.

자 하는 노련한 계산도 깔려 있었다.

 그녀는 루브르와 퐁텐블로에서 사치스런 연회를 정기적으로 개최했는데, 이런 연회들은 당시 프랑스 경제를 뒤흔들 정도로 돈이 많이 드는 행사였다. 그러나 프랑스의 국가 위신을 드높이는 데는 훌륭한 스펙터클이었다. 캐서린은 장차 앙리 3세가 되는 셋째 아들에게 폴란드 왕위를 주기 위해 폴란드 대사가 방문하자, 초기 형태의 궁정 발레인 「폴란드인의 발레」Ballet des Polonais, 1573를 비롯해 수많은 궁정 연회를 개최했다. 그중에서 여동생의 결혼을 위해 개최한 「왕비의 희극 발레」Ballet Comique de la Reine, 1581는 무용사학자들이 최초의 발레로 지목하는 것이다. 이 발레는 캐서린의 시종 발타사르 드 보조이외가 기획하고 안무를 맡았다. 보조이외는 캐서린 드 메디치의 일행 중 주요 인물이었으며, 캐서린 드 메디치와 보조이외의 시녀들은 모두 훌륭한 무용수로 종종 발레에 출연하기도 했다.

코메디아 델라르테 Commedia dell'Arte

직역하자면 '예술가들의 코미디'라는 코메디아 델라르테는 로마의 익살광대극과 팬터마임에 기원을 둔 이탈리아의 즉흥 가면 코미디다. 여기서 '예술가'라는 용어는 오늘날의 순수 예술가라기보다는 당시 궁정의 귀족 아마추어들인 일반 공연자와 대조적인 의미에서 전문 연기자를 지칭한다. 원래 '즉흥 코미디'commedia all'improvviso라 불린 코메디아 델라르테는 가면을 쓰고 공연하기 때문에 '가면 쓴 코미디'commedia alla maschera라 불리기도 했고, '각본 없는 코미디'commedia non scritta라 불리기도 했다. 거리 극장에서 공연된 코메디아 델라르테는 거칠고 흥겨운 분위기에서 즉석 농담과 즉흥적인 춤으로 구성된 조야한 여흥으로, 16세기부터 2세기 동안 유럽에서 인기를 끌면서 극장 공연에 영향을 미쳤다.

코메디아 델라르테는 문학적 요소는 찾아볼 수 없는 무대 공연물이다. 관객이 즉각 알아볼 수 있는 로마 광대극의 상투적인 인물이 가면을 쓰고 즉흥적으로 연기를 펼치는 것이다. 등장인물은 배우가 아니라 음악가, 무용가, 마술사, 검술사 들이었고 이들은 모두 대사를 무대에서 즉흥적으로 책임지는 대본가였다. 가면은 대부분 얼굴 윗부분만 가리는 반쪽가면으로 가죽으로 만들었는데, 이는 등장인물의 성격을 강화시켰다. 물론 아름다운 여성연기자는 가면을 쓰지 않았는데 이는 당시 여자들이 무대에서 춤추거나 공연하는 것조차 금지된 풍조에 비하

오늘날 '피에로'로 불리는 캐릭터는 코메디아에서 다양한 이름과 모습으로 발전해왔다. 1665년경에 'Pierrotto'를 거쳐 'Pierro'로 불리게 되었다.
왼쪽 위부터 시계방향으로 피에로의 변천 모습.
pagliaccio(1600)—Pedrolino(1670)—peppe-nappa(1770)—Pierro(1850).

면 혁명적이었다. 코메디아 델라르테는 등장인물이 언제 무대에 등장하고 퇴장하는지 정도를 지시하는 간소한 줄거리가 있을 뿐이고, 주요 인물은 역할에 따라 전형적인 대사를 몇 구절 아는 것 외에는 모든 대사를 무대에서 생각해내야 했다.

이들 코메디아 델라르테 공연단 중에서 처음 역사에 등장하는 이름은 '안젤로 베올코'Angelo Beolco다. 그의 코메디단이 1528년에 공연한 기록이 있는데, 그의 무대명은 'Il Ruzzante'넘어지고 굴러다니는 사람였다. 이런 코미디아 델라르테는 1550년대에 들어 유명한 단체들이 등장하면서 극장 공연 장르로 인정받았다. 이 새로운 대중 공연물의 특성 중 하나는 농민혁명정신을 반향하듯 사회적 부조리를 암시했다는 점이다. 거리에서 공연하든 아니면 성에 초청받아 공연하든 이들은 잘사는 사람과 교육받은 자들을 하루하루 살아가는 힘없는 자들과 대조하는 데 주저하지 않았다. 사회적 약자를 대변하는 코메디아 델라르테의 등장인물 할리퀸, 브리겔라, 컬럼바인은 본의 아니게 항시 강자인 판탈로네, 일 도토레, 일 카피타노에게 맞서 이긴다. 이로부터 17~18세기에 여러 공연에서 발견할 수 있는 영리한 하인을 비롯한 여러 캐릭터가 시작된다. 이들 공연은 공연자들의 입에서 온전한 대사가 나오기 전에 팬터마임과 음악, 드라마, 재주넘기와 몸 재주, 완벽한 바보 연기 등 모든 방식을 동원해 몸이 먼저 말하는 것으로 성공을 거두었다.

코메디아 델라르테가 창조한 인물 전형은 이후 수많은 발레와 몰리에르의 연극, 오페라, 셰익스피어의 문학, 찰리 채플린의 팬터마임 등에서 지속적으로 환생한다. 코메디아 델라르테가 제공한 일 카피타노, 일 도토레, 아를레키노 등 다양한 캐릭터 외에 가장 유명한 것은 할리퀸과 피에로다. 이들은 당시 코메디아 델라르테가 두어 명씩 데리고 있던 광대의 전형이며 발레 작품에서 강자에 이기는 약자의 전형으로, 그리고 무성영화 시대의 코미디언과 팬터마임, 서커스에서 빠지지 않고 감초 역할을 한다. 코메디아 델라르테가 물려준 또 다른 유산으로는 가면이 있다. 코메디아의 공연자들은 가면 없이는 상상할 수 없는데 이 가면은 캐릭터의 성격을 표방할 뿐 아니라 움직임 언어까지 규정짓는다.

익명을 가장하는 가면은 위험과 도피, 흥분과 연관되며 르네상스 시기에 장난기까지 가미되어 크게 유행했다. 코메디아에 출연하는 여자 인물이 가끔 착용하는 검은 벨벳 가면 '루프'loup는 얼굴이 하얗게 보이는 효과로 여성들 사이에 크게 유행했다. 사교춤을 출 때 모두 가면을 착용했기에 당시 궁정 파티를 가면무도회masks, ballet masquerade라고 부르게 된다.

중세가 탐닉했던 죽음과 악마, 바보와 같은 상징과 그에 관련된 가면의 은유성은 오늘날의 예술춤에도 전승된다. 고전 발레에서 악마역이나 마리 비그만의 현대춤에서의 죽음과 악마, 에릭 호킨스Erick Hawkins, 1909~94의 신성한 캐릭터나 얼윈 니콜라이의 비인간적인 극장적 정체 등이 가면을 현대적으로 활용한 예다. 그러나 18세기 후반에 접어들어 무용과 음악, 연극 등 예술 분야에서 가면이 연기자의 표현성을 저해한다는 이유로 폐지되었다. 무용에서 표현성을 위해 가면의 사용을 반대한 사람은 프랑스 무용 교사 장-조르주 노베르였다.

태양왕 Sun King

프랑스의 절대군주 루이 14세는 역사상 무용 예술의 가장 강력한 후원자였다. '춤추는 태양왕'이라 불린 그는 프랑스 궁정 발레를 최정점으로 끌어올려 발레 발전에 큰 영향력을 미쳤다. 루이 14세의 치세 기간은 유럽 문화의 정수라 할 수 있다. 프랑스 궁정 발레는 태양왕의 재위 기간 동안 그의 열정적인 지시 아래 화려하게 꽃피어 예술적 수준이나 기술, 규모 면에서 최고점에 이르렀다. 루이 14세는 춤추기를 매우 좋아해 8살 때부터 궁정 연회에서 춤추었고, 1670년 살이 쪄서 춤추기를 그만두기까지 20년이 넘도록 매일 무용 교사 피에르 보샹으로부터 레슨을 받아 우아함과 귀족적인 스타일에서 표본이 되는 궁정 최고의 무용수였다.

1643년에 왕권을 물려받았을 때 루이 14세는 5살이었다. 어머니의 섭정과 재상 쥘 마자랭Jules Mazarin, 1602~61의 정치 체제 하에서 그는 1651년에 발레 「카산드르」Cassandre의 기사 역할로 궁정 발레 무용수로 공식 데뷔했다. 그리고 이듬해에는 「바커스 축제」Fêtes de Bacchus에서 술에 취한 도둑, 바커스, 얼어붙은 사람, 타이탄 그리고 뮤즈 역을 맡으면서 춤에 대한 끝없는 사랑을 보여주었다. 따라서 마자랭이 루이에게 글을 가르치기보다 춤을 더 많이 가르친 게 아니냐는 비난을 받기도 했지만, 루이의 춤에 대한 사랑은 프랑스에 점차 불어오던 오페라의 유행에 앞서 마지막으로 궁정 발레의 찬란한 불꽃을 피운 원인이 되었다.

그러나 루이 14세에게 발레는 단지 볼거리나 여흥이 아니라 통치 수단이었다. 왕위를 물려받았을 때 그의 권위는 반 왕당파로부터 여러 차례 도전을 받았다. 제2차 프롱드의 난 이후 그는 영웅적인 왕자의 위세를 전 유럽에 과시하는 수단으로 발레를 이용했다.「밤의 발레」Ballet de la Nuit, 1653에서 그는 떠오르는 태양을 위시해 무려 여섯 역할을 맡았는데, 이 작품에서 맡은 태양 역할로 '태양왕'이라 불리게 되었다. 루이 14세는「밤의 발레」의 마지막 앙트레로 떠오르는 태양의 솔로 춤을 추었는데, 이 작품이 내포한 정치적 메시지는 '왕권에 도전할 경우 태양의 자격으로 더 이상 참지 않을 것이며 뜨거운 맛을 보여줄 것'이라는 경고였다. 또한 왕실은 왕국이 돌아가는 축이자 왕은 곧 땅 위의 태양이라는 정치 철학을 밝혔으며, 이 발레에서 맡은 떠오르는 태양의 이미지를 좋아해 개인적 상징으로 삼았다. 스스로 빛을 발하는 태양이 이상적인 군주의 이미지에 적합하다고 생각했기 때문이다.

그의 재위 기간에 공연된 궁정 발레에서 지속적으로 나타나는 주제는 프랑스 군주를 칭송하고 왕권의 힘을 강조하는 것이다. 그가 주최한 궁정 발레 서막에서 노래되는 치사致詞에서 루이 14세는 '기독교 왕국에서 가장 지혜롭고 강력하며 인자한 통치자'로 칭송되기도 한다. 45개의 앙트레로 구성되어 13시간 동안 공연된「밤의 발레」는 루이 14세 치하의 스펙터클한 프랑스 궁정 발레 스타일을 잘 보여준다. 이런 발레의 방향은 루이 13세1601~43 시대에 이미 정초되었다. 발레를 정치적으로 이용해 왕권을 차지한 루이 13세는 발레의 정치적 힘을 잘 알고 있었고 이를 적극적으로 활용했다. 그리하여 앞서 앙리 4세 말기에 국가 부도 사태를 강력하게 경고한 재상의 권고로 줄어들던 프랑스 궁정 발레의 규모가 다시금 확대되고 빈번해졌다. 루이 13세의 재상 아르망 리슐리외Armand Richelieu, 1585~1642는 궁정 발레가 지닌 프로파간다 성격을 간파해 경이롭고 즐거운 구경거리로서 프랑스 궁정 발레의 토대를 만들었고, 이에 마자랭의 장대한 취미가 결합되어 환상적이며 장대하고 호사스러운 궁정 발레가 완성되었다. 루이 14세 치하에서 발레는 비할 데 없이 규모가 커졌고, 왕권에 어울리지 않는 소규모 궁정 발레는 억압되었다. 궁정 발레는 왕의 권위와 부를 칭송하는 것이었고 궁정 발레에서 루이는 빼어난 춤 솜씨로 반대파들을 승복시켰다.

루이 14세는 무용수로서 천부적 자질을 타고났을 뿐 아니라 공개적으로 춤추는 것을 즐겼다. 때로는 기교적으로 매우 어려운 역할도 맡았다. 그는 무용수로 은퇴하기 전까지 일주일에도 여러 번 공식 무대에서 춤을 추었으며, 26개의 그랑 발레, 즉 규모가 큰 발레에서 주역 무용수로 춤추었다. 그밖에도 그가 춤을 춘 작은 발레는 셀 수 없을 정도다. 당시 궁정 연회를 충실하게 기록한 잡지 『가제트』Gazette에 따르면 루이 14세가 춤출 때는 그가 어디에 있는지 모두가 당장 알 수 있을 정도로 두드러졌다고 한다. 그것은 지위 때문이 아니라 뛰어난 춤 솜씨로 귀족적인 스타일과 신성하기까지 한 아그레망agrément: 개인적 매력을 드러냈기 때문인데, 궁정의 모든 시선이 그에게 꽂힌 채 그의 일거수일투족에서 눈을 떼지 못했다고 한다. 그는 '지상에서 가장 아름다운 이'로 생각되었으며 미뉴에트를 아주 잘 추었다.

완벽한 통제로도 유명한 루이 14세는 궁정 발레를 통해 귀족들이 자기의 권위를 다시 위협하는 일이 없도록, 사회적 지위 경쟁에 관심을 쏟도록 몰아 자기 주변에서 맴돌게 했다. 대신 그는 좋은 구경거리를 선사해 귀족들로 하여금 루이 14세와 함께 춤추는 역할을 맡기 위해 열심히 춤을 연습하며 경쟁하게 했다. 왕과 함께 춤을 추는 것은 대단

「밤의 발레」에서 떠오르는 태양의 마지막 앙트레를 추는 열네 살의 루이 14세. 그는 빛을 발하는 태양이 이상적인 군주의 이미지에 적합하다고 생각해 스스로 상징으로 삼았다.

히 영광스런 일이었으므로 귀족들은 개인 무용 교사로부터 모든 스텝을 완벽하고 우아하게 할 수 있도록 오랜 시간을 할애하며 매일 연습했다. 루이 14세는 귀족 작위를 하사함으로써 전문가들을 측근으로 발탁해 귀족 계급이 확산되었고, 그는 귀족 태생의 외형적인 과시를 장려했다. 그러나 값비싼 저택을 짓고 행사를 벌이고 돈을 쓰는 것보다 더 설득력 있게 귀족 혈통을 보여주는 확실한 증거는 옷과 목소리, 자세에서 풍기는 우아한 분위기였다. 이는 귀족 혈통 증서보다 훨씬 중요한 것이었다.

따라서 외형과 스타일, 형식이 내용보다 중요한 당시 프랑스 귀족 사회에서 우아한 몸가짐과 행동 방식, 궁정 에티켓을 익히는 것은 귀족들의 생존방식이 되었다. 그리고 춤은 이들을 드러내고 과시하는 중심 수단이었다. 삶의 모든 측면에서 귀족들은 에티켓 통제를 받았다. 일상 대화나 식사, 하물며 루이의 침실에서 이루어지는 아침 접견에서도 표정과 손동작까지 엄격한 절차와 규칙에 따랐다. 이렇듯 성문화된 사회적 몸가짐은 인무 패턴에 가까웠다. 따라서 루이 14세는 거의 신과 같은 공경을 받았고, 귀족들은 태양왕을 불쾌하게 할 만한 어떤 소리도 내지 못했다. 실질적으로 당시에는 춤 솜씨에 따라 외국 대사에 임명되었기 때문에 오늘날 외국 대사의 신임장을 '아그레망'이라고 하는 것도 이로부터 기인하는 것이다. 당시 프랑스 귀족의 3대 의무는 우선 왕에게 충성하고, 전쟁 시에는 전쟁에 참여하며, 전시가 아닌 때에는 왕의 연희에 참가하는 것이었다.

루이 14세의 궁정은 눈에 띄는 소비와 낭비, 여가의 절정이었다. 대신들은 경쟁을 벌이고 명성과 지위를 위해 끊임없이 노력했다. 신임받는 몇몇은 왕과 비슷한 가죽조끼를 입어도 좋다는 보증서를 받기 위해 엄청난 값을 치렀다. 이 가죽조끼는 붉은색 단을 대고 은실로 수놓은 물결무늬의 푸른색 옷이었다. 대신들은 서로를 능가하는 것 외에는 할 일이 없었고 궁정에서는 치장과 경쟁이 극단을 치달았다. 루이 14세는 아침에 일어나 옷을 차려입는 것을 '그랑드 르베'grande levee라는 의전으로 공연 양식화했다. 아침에 깨어나 가발을 건네받은 후 대신 100명을 방에 들어오도록 허락한 뒤, 신하의 도움으로 양말을 신고 실크 스타킹이 붙은 무릎바지를 입고 다이아몬드 버클이 달린 구두를 신고 양말 대님은 손수 맸다. 그 뒤 휴식을 취하고 아침 식사를 했다. 그 다음 시종 두 명이 웃옷 입는 것을 돕고 검을 차고, 넥타이와 레이스 손수건, 코트와 모자, 장갑과 지팡이를 들었다. 이 순서와 예법은 어떤 옷으로 언제 왕을 배알하느냐에 따라 정확하게 지켜졌다. 르베는 왕이 옷을 다 입으면 끝이 났다.

발레가 귀족 생활의 중심이 되는 궁정 사회에서 기품 있고 고귀한 인품을 표명하는 필수 방편으로 무용이 인식되었다. 태양왕은 친정을 시작한 첫 해 1661년에 왕립 무용 아카데미를 설립해 학구적인 무용 규칙을 확립하고, 자신의 발레를 위한 무용수를 훈련시키도록 위임하고 이들이 프랑스 무용학파의 정통성을 유지할 수 있도록 깊은 관심을 기울였다. 그리고 1669년 제2의 아카데미를 발레 학교와 발레단과 함께 발족시켜 진정한 프랑스 발레 발전의 기틀을 만든 이듬해에 춤추기를 그만두었다. 이 아카데미는 오페라 공연의 임무를 지녔으며 나중에 '오페라 아카데미'로 불리게 되었다.

효명세자 孝明世子

효명세자1809~30는 조선 제23대 왕인 순조純祖의 첫째 아들로 태어났다. 조선 후기에 세도정치가 한창 기세를 올리기 시작한 순조 조, 왕권을 강화하려는 순조의 염원과 기대를 한 몸에 지고 효명세자는 순조 27년1827년 2월 18일부터 30년1830년 5월 6일 급서하기까지 약 3년 3개월 동안 대리청정했다. 3년 3개월에 불과한 대리청정 기간 동안 그는 왕실의 위엄을 보이기 위해 여러 차례 큰 궁중연회를 개최하며 무용정치를 펼쳤다. 조선조 역대 국왕 중 예술과 학문에 가장 조예가 깊고 뛰어났다고 평가받는 효명은 무엇보다 춤을 사랑했다.

효명이라는 이름은 사후 시호諡號로 받았는데, 시호란 왕이 세상을 떠난 뒤 일생을 평가하고 생전의 업적을 심판해 후계 왕과 재상들이 지어올리는 이름이다. 따라서 효명이라는 시호는 그가 왕으로서 어떤 인생을 살았는지를 종합적으로 보여주는 평가다. '효명'의 의미는 뜻을 이어 사업을 이루었다는 뜻에서 '효'孝, 사방에 비춘다는 뜻의 '명'明이다. 순조의 정치적 뜻을 받들어 이루고 널리 알렸음을 뜻한다. 조선시대 궁중연향은 '예악禮樂에 의한 교화정치'의 일환으로서, 군신간 대화의 장이자 사회 통합 기능을 지닌 국가행사였다. 그는 예악정치의 일환으로 정재와 궁중연향을 다루었으므로 그에게 궁중연회는 단순한 잔치가 아니라 왕의 지배질서와 위상을 높이려는 의도된 정치의식이자 기획이었다. 모든 중신과 왕실이 모인 자리에서 정치적 메시지를 전달하고 왕실의 위엄을 과시하고자 한 정치의식의 재천명이었고, 따라서 거창하고 까다로운 진연의식으로의 변화와 화려한 정재로의 변신은 정치적 방향을 설정하는 수단이었다.

효명의 생전 이름 '영'은 햇빛을 의미한다. 이는 효명보다 1세기 전 춤을 사랑한 프랑스의 왕 루이 14세의 별명 '태양왕'을 연상케 한다. 둘 다 춤을 사랑하고 잘 만들었으며 정치적 메시지와 정책을 궁정춤으로 표방하는 무용정치를 펼쳤다. 두 왕은 각기 햇빛과 태양이라는 이름에서 묘한 공통점을 지녔다. 효명은 사후 아들 헌종憲宗이 즉위한 뒤 익종翼宗으로 추존되었으며, 1899년 고종에 의해 다시 문조익황제文祖翼皇帝로 추존되었다.

효명세자는 궁중의식과 춤을 왕권 강화를 위한 고도의 정치 수단으로 다루어 안동 김씨 세력을 효율적으로 약화시키는 동시에 왕의 세력을 키우는 장치로 활용했다. 대리청정 3년차에 접어들 당시 그는 안동 김씨의 유력자들을 정계의 핵심에서 물러나게 해 세도정치의 세력을 약화시키는 등 독자적인 정치 기반을 마련했다. 왕실이 중심이 된 정치질서 개혁의 노력이 가시화되는 과정이었다. 그의 정치적 성과는 궁중의식과 예법을 다루는 무용정치와 병행해 이루어졌다. 대청 기간 중 여러 차례 궁중연향을 개최해 직접 정재呈才舞를 대거 창작했을 뿐 아니라, 의식 절차와 구조를 왕실의 위엄을 드높이고 왕권을 강화하는 방향으로 성대하고 화려하게 변화시켰다. 그리고 전통적으로 연향에 쓰이는 악장樂章과 치사致詞는 당대 문임文任들이 창작했으나 이것을 효명이 직접 써서 예제睿製했다. 뿐만 아니라 연향에서 시행될 궁중춤을 정비, 확충하고 여러 연향을 직접 관장했다. 그는 정재와 궁중연향을 예악정치의 수단으로 삼아 조선조 사상 가장 풍부하고 수준 높은 정재

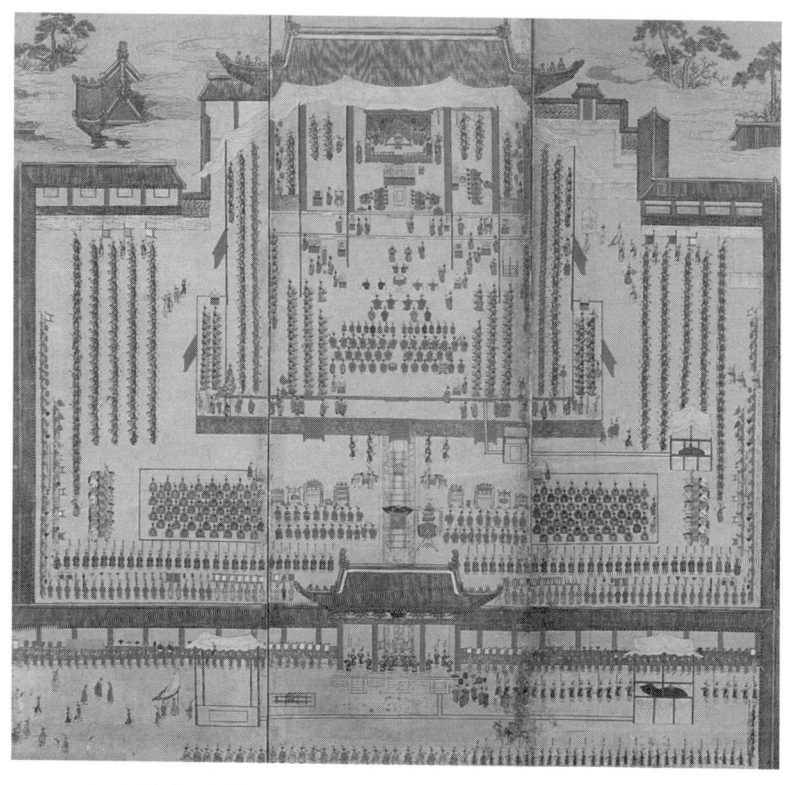

1829년 2월 순조의 사순(四旬)과 즉위 30주년을 축하하기 위해 창경궁에서 거행된 궁중잔치 기념 병풍 「기축진찬도병」(己丑進饌圖屛). 그중 왕과 대신들이 명정전에 모여 잔치하는 모습을 담은 「명정전외진찬도」(明政殿外進饌圖) 부분이다.

를 확립했으며, 한층 격조 있고 장대한 연향으로 양식화했다.

효명은 왕권이 중심이 되는 정치 질서를 확립하고 존왕 의식을 통한 왕권 회복 의지를 피력하는 의미로 큰 궁중연회를 개최했다. 짧은 대리청정기에 그의 가장 두드러진 업적이라면 바로 순조를 위해 대규모 궁중연향을 개최하고 직접 주도하면서 그에 필요한 정재를 정비해 정재의 전성기를 이루었다는 점이다. 그가 대리청정하기 전까지 조선 궁중연향의 맥은 거의 끊어져 있었다. 대청 이전 순조 조의 유일한 진찬인 순조 9년 연향에서는 정재 없이 음악만 연주되었지만, 효명이 여러 악장과 정재를 만들고 연향절차도 새롭게 양식화해 궁중연향의 수준을 끌어올렸다. 그리하여 조선 왕조가 끝날 때까지 계승되는 정재와 연향의 양식을 확립했다.

조선 전기에는 왕과 왕비의 탄신일, 설날이나 동지 조하朝賀 후에, 그리고 세자나 신하들이 임금에게 올리는 풍정이 매년 열렸다. 그러나 선조대부터 흉년 등 경제적 이유로 점차 그 수가 줄어들고 규모가 축소되었으며 영조대에 접어들면서 진연의례가 더욱 검소해지고 축소되어 규모도 국가적인 것에서 집안 규모로 변화했다. 83세까지 살아 조선 왕 중 가장 장수한 영조의 재위 기간1724~1776, 51년 7개월에도 진연은 단 11차례 이루어졌을 뿐이며, 정조 조1776~1800, 24년 3개월에는 진연 한 차례와 진찬 네 차례만 치렀을 뿐이다. 이에 비해 효명세자는 화려하게 격식을 갖춘 예연禮宴으로서의 대규모 황제식 연향을 여러 차례 베풀었다. 대청 기간 동안 정재 공연이 없이 이루어진 순수 의식 성격의 진작례를 포함해 크고 작은 연회를 총 11번 열었는데, 대부분 순조와 어머니 순원왕후를 위한 잔치였다.

효명세자가 왕실의 위엄과 위상을 공고히 하기 위해 궁중연향을 정치적으로 활용한 중요한 매체는 바로 직접 창작한 악장과 치사, 전문과 정재였다. 악장은 궁중연향의식의 시작과 끝을 알리는 기능을 하는데 연희 장소에 왕과 왕비, 그밖에 참석자들이 모두 자리에 오르자마자 부르며 연향의 처음에 부르는 것을 선창악장, 연향 마지막에 부르는 것을 후창악장이라 한다. 악장은 일반적으로 당대 문형文衡들이 창작하는 것이 일반적이었는데 화성진찬에서 처음으로 정조가 창작한 후 효명세자가 개최한 1828년 이후의 연향에서 왕세자가 직접 만들었다. 효명세자는 대청 기간 동안 6개월 간격으로 큰 연향들을 주도했는데, 그에 기울인 효명의 노력은 대단했다. 그가 연향을 단순한 잔치로 다루지 않았음을 보여주는 예는 효명이 진찬을 기념해 과거를 볼 수 있는지 여부에 관심을 두었으며, 또한 세자가 정재 연습을 관리, 감독하는 일로 충언했던 예조 참판 박기수를 유배시키면서까지 열중했다는 것이다.

춤의 내용과 형태에서도 새롭게 창작된 작품이 대거 소개되고, 반주와 무용수의 수가 늘어나 규모가 커지고, 다양한 소품과 볼거리를 제공하는 레퍼토리로 구성되어 시각적인 즐거움을 주는 형태로 변화했으며, 연향에서 추는 춤의 종류도 대폭 늘어났다. 여러 궁중의식을 주도하면서 정재무呈才舞를 창작하게 하고 규모를 더욱 화려하게 하고 전통 정재도 화려하게 채색했으며, 전통적인 악장을 버리고 직접 창작한 다수의 한문 창사로 바꾸어 올렸다. 궁중연향에 쓰일 춤을 위해 그는 26종의 정재를 직접 예제했을 뿐 아니라 이제까지 전해오던 정재들의 가사와 내용을 한층 격조 있게 다듬어 재창작했다. 그리하여 대리청정 3년여의 짧은 시기를 통해 조선 궁중정재의 수준을 정점으로 끌어올려 정재를 왕궁 문화의 꽃으로 만들었을 뿐 아니라 조선조 궁중정재의 황금기를 이루었다.

효명이 직접 창작한 정재의 숫자는 학자에 따라 의견이 다르지만, 대리청정 기간 동안 그가 창작한 정재는 30여 편에 조금 못 미친다. 조선조 말까지 전하는 53종의 정재 중 그의 재임 기간 동안 40종의 정재가 연희되었고 그중 26종을 직접 예제하거나 재창조해 이름만 전해오던 가사와 내용, 형식을 다듬어 한층 격조 있고 자주적인 조선 궁중춤의 전성기를 이루었다. 예재란 춤에 쓰이는 창사와 악장, 정재 제목 등을 왕세자가 직접 쓴 것이다. 나아가 강력한 왕권을 염원한 존주적 정치 이념은 그가 창작한 정재에서도 발견되는데, 자주적인 정재 양식을 만들고 당악정재를 향악화하고 향악정재를 활성화하는 것 등에서 조선 문화에 대한 자존의식을 엿볼 수 있다. 그의 정재 창작과 구성에서 드러나는 무용 정책도 역시 자주적이어서 공연 구성과 형식에서 당악정재와 향악정재의 차이를 없애고 향악정재의 비중을 늘리며 조선적 주제를 들여오는 등 내용과 형식에서 춤의 진경시대를 열었다.

이렇듯 춤이 지닌 정치적 영향력과 힘을 잘 이해하고 이를 사랑한 효명세자가 조선조와 우리나라 무용 문화 발전에 기여한 업적은 가히 전무후무하다. 그는 왕위에 오르지는 못했지만 시호에서 보듯이 대리청정 기간 동안 아버지 순조의 정치적 염원을 궁중연향의 무용정치를 통해 가시화하는 탁월한 정치적 역량을 증명해보였을 뿐 아니라, 그의 방대한 저술이 왕들의 저술만 기록하는 『열성어제』列聖御製로 편찬되었다는 사실을 보아서도 그가 실질적인 국왕이었다고 해도 무방할 것이다. 효명세자는 문화관광부가 주관한 '이달의 문화인물' 사업에서 2005년도 11월의 무용 분야 문화인물로 선정되었다.

희극 발레 Comédie-ballet

루이 14세가 친정을 시작한 1661년은 발레 역사에서 코미디 발레라는 장르가 시작된 해이기도 하다. 어린 시절부터 재상 마자랭과 리슐리외의 기획 아래 「밤의 발레」를 비롯해 수많은 궁정 발레에서 미래의 프랑스 왕에 적합한 이상적인 이미지를 구축해온 루이 14세는 그 자신이 왕이 된 뒤에는 오락거리를 원했다. 그리하여 몰리에르에게 "웃게나, 몰리에르. 코미디를 쓰도록"이라는 지시를 내렸고, 몰리에르는 이에 순응해 재빨리 태양왕을 웃게 하는 방법을 익혔다. 따라서 몰리에르는 루이 14세의 무용 교사 피에르 보샹과 함께 「훼방꾼들」 Les Fâcheux, 1661 이라는 작품을 만듦으로써 배우와 무용수가 함께 출연하는 코미디 발레 장르를 디자인했다. 이 작품은 몰리에르의 작품 중에서 그의 생애 동안 가장 많이 공연된 세 작품 중 하나다. 이 작품 이후 루이 14세가 몰리에르에게 주문한 작품은 모두 코미디 발레였다. '코미디 발레'는 용어가 지칭하는 것처럼 연극과 발레, 음악이 대등한 파트너가 되는 뮤지컬이다.

1664년 장-바티스트 륄리와 협력해 만든 「강제 결혼」 Le Mariage forcé 은 '왕의 발레'라고 불렸다. 이 작품에서 앙트레 춤은 극적 구조를 지녔는데, 이는 발레를 '단어를 사용하지 않는 코미디'라고 보는 몰리에르의 생각에 따른 것이다. 몰리에르는 희극 발레에서 광대역을 춤추고 연기했으며, 파리와 궁정 관객은 그가 창조한 희극적인 인물들과 코미디 발레에 환호했다. 륄리와 몰리에르의 협력은 이로부터 8년 동안 지속되었고, '위대한 바티스트들'grands Baptistes: 룰리와 몰리에르 모두 이름이 '장-바티스트'였다이라 불린 이들의 협력은 수많은 명작을 탄생시켰다. 몰리에르의 명작이라 여겨지는 「서민 귀족」Le Bourgeois gentilhomme, 1670에서 코미디 발레는 절정에 달했다. 루이 14세는 「서민 귀족」과 70명의 댄스 마스터가 출연하는 「프시케」Le Grand Ballet de Psyché, 1671를 특히 상찬했다

그러나 이듬해부터 두 사람 사이에 다툼이 시작되었다. 룰리가 파리 오페라의 공연물에 대한 저작권을 산 다음 몰리에르 극단이 공연할 때 오페라의 오케스트라와 합창단을 사용하지 못하게 했기 때문이다. 협력 중에도 몰리에르와 룰리는 경쟁 관계에 있었고 몰리에르는 룰리의 가벼운 춤곡 취향과 춤들이 자기의 대사를 가리고 스포트라이트를 받는 것에 불만이 많았다. 이 라이벌의 결과는 몰리에르가 무용수 12명과 음악가 22명으로 구성된 자기 극단을 유지할 수 있도록 왕을 설득하는 데 실패함으로써 룰리의 승리로 끝났다. 몰리에르는 마지막 희극 발레 「상상병 환자」La Malade Imaginaire, 1673에서 춤을 추다 죽음으로써 자기의 몰락을 상징적으로 보여주었다.

몰리에르는 무용 제스처에서 어느 정도의 유의미성을 요구했다. 연극에서 표현이 요구되는 것처럼 제스처에 감정을 결합하고, 그 위에 우아한 신체성과 조형적 활기를 더해 결과적으로 줄거리를 전달하는 '발레 닥시옹'ballet d'action' 개념의 전조를 보여준 것이다. 이것이 몰리에르가 무용 발전에 크게 기여한 부분이다. 몰리에르는 "춤이 없이 인간은 아무것도 할 수 없다"라고 말하며 극장적 제스처의 중요성을 강조했다.

반면 룰리의 코미디 작품에서 발레 음악은 중요한 위치를 차지한다. 그가 만든 궁정 발레와 코미디 발레, 오페라 발레에는 전통적인 춤이

자주 등장하는데, 미뉴에트, 부레, 가보트, 사라반드, 쿠랑트, 갤리어드, 샤콘, 파사갈리아, 지그 등 당시 유행하는 춤곡들은 스펙터클에서 장엄한 광채를 더하고 작곡자에게 복잡한 기악 구조를 선보일 수 있는 기회였기 때문이다. 극장 공연에서 룰리는 가수와 오케스트라가 극적으로 표현할 것을 강조하고 매 막마다 디베르티스망을 포함시켰다. 그 기능은 스펙터클을 다양하고 풍성하게 하는 데 있었다.

Ⅲ 유형 STYLE

그랑 발레 Grand Ballet

그랑 발레란 초기 궁정 발레와 발레 앙트레, 발레 매스커레이드 등에서 발레가 끝나는 마지막 부분에 귀족 참여자들이 모두 등장해 추는 클라이맥스다. 이 발레는 그곳에 모인 모든 귀족이 당시 유행하는 궁정 사교춤을 추는 것인데, 그날 저녁 공연된 발레에 직접 참여한 귀족과 구경만 했던 귀족이 그 대상이다. 하지만 발레 공연을 위해 고용된 서민 무용수들은 이 집단 무도에서 제외되었다. 궁정 발레에 등장하는 캐릭터들은 귀족적이고 신적인 것부터 괴상하고 웃기는 것까지 다양했다. 이중 하층민 캐릭터는 고용된 평민 출신 전문 무용수들이어서 그랑 발레에 참여하지 못했다. 하지만 루이 13세나 루이 14세는 종종 고상하지 않은 역을 맡기도 했다. 극적 주제를 지니지 않은 발레 앙트레나 소 발레는 음악가들이 입장한 다음 가면을 쓴 공연자들의 춤이 이어지고 그 다음 행렬식 그랑 발레 순서가 나오며 마지막으로 손님들을 위한 사교춤으로 이어지는 형태였다.

그날의 저녁 연희를 끝내는 그랑 발레가 절정이라고 해서 반드시 기교적으로 화려한 것은 아니다. 오히려 단순한 걷기 형식의 행진 춤이고 그 내용은 궁정 내에서의 계급을 가시적으로 보여주는 집단놀이다. 발레에서 춤을 추는 순서나 그랑 발레의 입장 순서가 모두 궁정 내 서열에 따르기 때문이다. 그러므로 발레의 피날레는 모든 귀족들이 참가하는 장대한 행진 춤, 즉 그랑 발레로 마무리되며 이어서 무도회가 벌

「레날도의 해방」(1617)의 마지막 부분으로 13명 기사의 그랑 발레.

어져 관객과 배우들이 어울렸다. 그랑 발레나 거기에 이어지는 무도회에서 추는 춤이 볼룸댄스, 즉 귀족들의 사교춤이었고, 당시 볼룸에서 추는 춤을 통칭해 '발레티'balletti라고 부른 데서 '발레'라는 용어가 유래했다.

오늘날 그랑 발레는 대 발레를 뜻하기도 한다. 대 발레란 특별히 거대한 이야기체 춤인데 대개 서막과 승천 장면이 포함되며, 수많은 공연자와 셀 수 없을 정도로 많은 막과 장면, 호사스러운 세트와 의상으로 구성된 극적 발레를 말한다. 규모가 큰 이야기체 발레의 선구는 캐서린 드 메디치가 기획한 「왕비의 희극 발레」1581다. 이후 기록에 따르면 1583년부터 1610년 사이에 프랑스 궁정에서 공연된 발레가 800편이 넘을 정도로 궁정 발레가 인기를 얻었고, 따라서 발레 규모도 점차 커졌다. 발레를 정치적으로 이용해 왕권을 차지한 루이 13세에 이르러 발레가 정치적 성향을 띠게 되면서 규모가 확대되었고, 루이 14세 치하에서 궁정 발레는 비할 데 없는 규모를 자랑했다. 루이 14세는 발레 주최에 있어 규모나 예술성에서 귀족들이 자신의 경쟁 상대가 되는 것을 용납하지 않았고 또한 왕권에 어울리지 않는 소규모 궁정 발레를 억압했다. 그밖에 무도회나 가장 무도회는 '소 발레'라고 불렸다.

이야기체 대 발레와 대조적으로 '발레 디베르티스망'이나 '디베르티스망 춤'이 있는데, 이들은 플롯이나 이야기체를 피하고 아름답게 차려입고 춤추는 발레를 분명하게 보여주었다. 이런 춤은 서술적인 이야기체 발레의 대안으로서 아무 내용이 없었는데, 이는 20세기에 널리 퍼지는 발레 장르 즉 추상 발레의 전조이기도 하다. 19세기에 이르러 서술적인 발레는 발레 팬터마임, 발레 판타스틱ballet fantastique, 요정 발레 Ballet-Féerie 등 다양한 형태를 띤다. 말없는 오페라라 할 수 있는 팬터마임 발레나 초자연적이고 이국적인 이야기를 다루는 판타스틱 발레, 요정 캐릭터를 중심으로 이야기가 구성되는 요정 발레fairy ballet는 모두 특별히 거대한 규모로 그랑 발레에 포함된다.

말들의 발레 Horse Ballet

말을 탄 기사들이 기하학적인 형태로 디자인된 패턴에 따라 움직이는 춤추는 말들의 공연은 스펙터클한 장관을 만들어내어 17세기 유럽에서 특별한 인기를 얻었다. 중세 시대부터 유럽인들은 기사도와 마상시합에 열광했으며, 가끔 기사가 죽기도 하는 마상시합은 보통 일주일 이상 열리곤 했다. 이런 인기에 힘입어 기사와 안무자가 마상시합과 발레를 결합한 것이 바로 말들의 발레다. 그러므로 말들의 발레를 가르치는 댄싱 마스터는 승마와 펜싱 마스터이기도 했다. 말들의 발레를 위해 말을 훈련시키는 데 보통 석 달 정도가 걸렸으며 말들은 조그만 바이올린 반주에 맞추어 스텝을 익혔다. 17세기 발레와 마상시합 역사학자인 클로드 메네스트리에 Claude Ménestrier, 1631~1705 는 춤추는 말의 기본 스텝 trot, gallop, curvet, cabriole, jump 에 대해 '멜로디와 음조에 맞아들어 진정 무용으로도 손색이 없다'라고 기록했다.

말들의 발레의 두드러진 특징은 장대함과 화려한 위세였다. 17세기 초 이탈리아의 메디치 가문에서 주로 공연되던 말들의 발레의 위풍당당한 상징성 때문에, 루이 14세와 레오폴드 1세 1790~1865 를 비롯한 바로크 시대의 절대군주들은 서로 가장 화려한 장관을 연출하기 위해 경쟁했다. 말들의 발레는 군주와 왕실의 위엄을 과시하는 것이 목적이었기 때문에 군주들이 직접 참여했으며, 궁정 최고 예술가들이 동원되는 것이 초점이었다. 독일은 군대 열병식 같은 절도가 특색이었고 프랑스는 앙리 2세 때부터 말들의 발레공연을 시작했다. 1662년에는 루이 14세가 파리 시내 공연에서 로마 황제로 분장해 값비싼 의상을 똑같이 차려입은 20개 기마 부대와 배우 500명을 이끌고 파리 시내를 가로질러 공연장으로 향했다. 몬테베르디Monteverdi도 말들의 발레를 위해 작곡을 많이 했으나 그 가운데 「Mercury and Mars」만 전해온다.

    신화와 기사도 이야기를 각기 독립된 극장적 장면으로 구성한 공연에는 사전에 플롯을 만들고 노래와 장치, 그리고 수십 개의 정교한 안무 패턴이 필요했는데, 이탈리아의 카르두치Alessandro Carducci가 안무자와 제작자로 유명했다. 마상 결투와 추적, 말들의 4인조 춤인 카드리유quadrille 사이사이에 합창과 함께 말을 타지 않은 캐릭터 배우의 시낭송, 군주들의 등장과 말들의 춤으로 구성되는 공연의 백미는 아바티멘토abbattimento라 불린 마지막 장면이다. 이는 발레에서 마지막에 출연자들이 모두 등장하는 그랑 발레grand ballet에 해당한다. 화려함의 극치를 보이는 의상으로 한껏 치장한 기사들과 그에 못지않게 치장한 말과 출연자들의 모습 자체가 장관이다. 마지막 장면은 기사들이 말을 타고 극장 밖에서부터 경기장을 대각선으로 가로지르거나 원형으로 돌진해 들어오면서 튤립같은 특정 모양을 만드는 식이었다.

    말들의 발레 공연 중 가장 훌륭한 공연으로 손꼽히는 것은 1661년 이탈리아 피렌체에서 코지모 3세1642~1723의 결혼식 때 공연된 「Il Mondo Festiggiante」다. 규모면에서 가장 장대하다고 손꼽히는 것은 1667년 오스트리아의 레오폴드 1세의 결혼식 때 공연된 「La Contessa dell'Aria e dell'Acqua」다. 이 공연은 수 세기 동안 화려함으로 유명했는데, 이 공연에 출연한 레오폴드 1세의 의상은 거의 완전히 사파이어와 에메랄드 그리고 다이아몬드로만 만들어졌으며 그의 애마 스페란

1652년 이탈리아 피렌체 대공의 성에서 열린 말들의 발레를 기록한 동판화.

자도 그에 못지않게 장식되었다. 카르두치가 안무한 이 발레에는 사치스러운 의상을 걸친 배우만 1,500명이 참여했고 음악가의 수도 200명에 달했다. 비엔나 말들의 발레의 목적은 오스트리아 황실을 찬양하는 것이었다. 따라서 유럽의 다른 왕실에서 오페라 유행 이후 말들의 발레의 열기가 사라진 것에 비해, 비엔나에서만은 프랑스 혁명과 나폴레옹의 전쟁 이후까지 가장 오랫동안 공연되었다. 마지막 공연은 1894년에 있었고 비엔나 말들의 발레의 전통과 17~18세기 말들의 발레의 자취는 오늘날 비엔나에 있는 스패니시 승마학교에 남아 있다.

모던 댄스 Modern Dance

'모던 댄스'란 20세기 초에 등장한 발레가 아닌 새로운 예술 양식의 춤을 뜻한다. 엄밀한 장르 분류에 따르면, 1960~70년대에 모던 댄스의 이념에 반해 나타난 포스트모던 댄스도 있었지만 '모던 댄스'는 일반적으로 20세기의 진지한 극장춤을 지칭하는 용어로 오늘날까지 쓰이고 있다.

20세기 초 유일한 예술춤이던 발레의 언어와 특성이 새로운 세계에 적합하지 않다고 생각하는 안무자들이 나타났다. 1900년대에 로이 풀러, 이사도라 덩컨, 루스 세인트 데니스, 마리 비그만 등 선구자들은 발레의 춤 이념과 테크닉을 폐기하고 새로운 형식을 추구해 무용 예술의 현대적 방향을 열었다. 이사도라 덩컨은 자연에서, 루스 세인트 데니스는 동양에서 새로운 춤 언어를 탐색했다. 새로운 세기의 무용수들은 자기 세계의 투쟁과 혼란을 다루기 위해서 단순한 아름다움과 조화로운 그림을 포기했다. 발레의 동작언어와 춤 형식 그리고 주제의 인위성을 거부하고 개인적인 진술을 하는 새로운 춤은 생생하게 살아 있으며 끊임없이 변화하는 현대의 삶을 진정으로 표현한다고 평가받았다.

이사도라 덩컨은 "존재의 진실을 제스처와 움직임으로 표현하기 위해" 자기의 영혼을 들여다보았고, 자기 춤의 근원이 태양신경총 solar plexus에 있음을 알아냈다. 이사도라 덩컨은 예술 충동의 중심에 태양신경총이 있다고 설명했는데 가슴에 위치한 이것이 모든 움직임을 일으킨다고 했다. 자연은 이사도라 덩컨의 실질적인 스승일 뿐 아니라 예술의 영감이자 안내자였다. 그녀는 인간성 해방을 목표로 삼았고 춤은 그 수단이었다. 이사도라 덩컨은 자신의 경험에 대한 자연스러운 반응이 자신의 움직임충동의 근원임을 발견했다. 이렇듯 개인적인 생각을 진술하고자 하는 모던 댄스의 선구자들은 각기 개인적인 언어를 발명해야 했고 클래식 언어는 폐기되었다. 모던 댄스 안무자들은 현대의 인간 상황에 대한 관심으로 고통 받고 외로운 영혼의 탈출을 가장 자연스럽고 단순한 신체 언어로 풀어냈다.

클래식 언어의 기초인 턴 아웃 자세와 신체의 수직축과 외견상의 환상적인 여유와 가벼움을 포기하는 대신, 격렬한 몸과 체중에 가해지는 지구 중력과 투쟁하는 인간의 모습을 보여주었다. 발레의 장식적이고 인위적인 감정과 기교의 과시 대신 표현하고자 하는 감정과 사상을 위해 움직임을 디자인하고 그러기 위해 자유롭고 표현적인 스텝을 사용했다. 이들의 목적은 스펙터클이 아니라 감정적 경험과 직관적인 이해나 정의하기 어려운 진실 등 현대적인 이슈와 주제, 현대적인 삶을 표현하는 것이었다. 이 새로운 춤의 핵심 정체는 바로 표현이었다. 따라서 발레가 다양하게 다듬어진 스텝에서 골라 쓰는 것이라면 모던 댄스 안무자들은 인간 심리나 인간의 조건 등에 관심을 기울이고 성sex을 포함한 현대인의 실존적 불안과 고통을 얘기했다. 따라서 이들의 모습은 거칠고 강력하고 충격적이며 때때로 원시적이기도 했다.

1920~30년대에 미국과 독일을 중심으로 새로운 춤 활동이 활발하게 전개되면서 '모던 댄스'라는 이름이 붙었다. 그리고 1927년부터 주요 일간지에서 이 새로운 춤을 설명하고 대중성을 형성하는 전문 비평가들을 고용하기 시작했다. 당시 『뉴욕 타임스』의 무용 평론가 존 마틴

은 모던 댄스라는 명칭이 이들에게 맞지 않고 '표현적인 춤'이 적절하다고 반대 의견을 내기도 했다. 1930년대에 공연된 미국 모던 댄스의 제목으로는 '스트라이크'Strike, '이단자'Heretic, '전통'Traditions, '증권거래소'Stock Exchange, '린치 마을'Lynch Town, '노동과 놀이'Work and Play, '미국 시골뜨기'American Provincials 등이 있었는데, 제목만으로도 당대 사회에 대한 이들의 관심을 보여준다.

이후 안무자마다 자기만의 언어로 관심사를 얘기하는 모던 댄스 스타일은 매우 다양하게 전개되었다. 하지만 이들을 공통적으로 묶는 정신은 바로 '자유'다. 이들의 안무 작업에는 모든 움직임이나 기법 혹은 표현 방식이나 아이디어도 허용하는 자유정신이 돋보인다. 그리고 안무 방식에서 발레의 극적인 이야기 방식을 포기하고 추상적이고 상징적인 시적 구조를 채택했다. 대본 내용을 마임 제스처에 의존하던 발레 방식 대신 시적 움직임이나 추상적인 움직임으로 변화했다. 그리고 움직임 자체에서 발견되는 정조에 주목함으로써 움직임의 순수성을 찾는 계기가 되었다.

1930~40년대의 초기 현대무용가들은 이념에 충실하기 위해 상업성을 포기했다. 초기 현대무용가들이 직접 안무한 춤 형식은 지독하게 진지하고 심각한 것이 특성이었다. 이들은 모던 댄스가 종래 발레처럼 무의미한 춤이 아니라는 것을 주장하며 새로운 춤에 대해 '고급 예술' 혹은 '진지한 예술'이라는 입장을 취했다. 그러나 1930년대 미국에서 모던 댄스의 열기는 대단해서 많은 젊은이들이 무한한 자기표현 방식을 지닌 모던 댄스에 매료되었고, "춤추는 미국이 보인다"는 이사도라 덩컨의 말을 실현하는 양 마치 전 미국이 춤추는 것 같았다. 1930년대 말에는 미국에서 무용에 대한 인식이 최고조에 달했으며, 1940년대 말

에는 모던 댄스가 미국을 대표하는 가장 미국적인 예술로 재즈와 함께 자리 잡았다. 한편 파시즘과 세계대전의 패배, 디플레이션과 표현주의 열기에 휩싸인 독일에서는 사람들이 직시하기 힘들어하는 인간성의 어두운 면과 죽음, 전쟁의 참혹함 등을 다루며 매우 다른 모던 댄스가 형성되었다. 마리 비그만은 음악이나 플롯 등 무용 외적 요소에 의존하지 않는 '절대무용' 이념을 주장하며 독립된 예술로서의 무용을 주장했다.

1960년대에 이르러 모던 댄스는 새로운 춤 이념을 내세운 '포스트모던 댄스'의 도전을 받게 되었다. 후기 현대파 무용가들이 모던 댄스를 공격하는 목표로 삼은 것은 스타일의 표현성과 그 수단으로 디자인된 개인적인 기술이었다. 따라서 모던 댄스가 표현적인 무용으로 불려야 한다는 존 마틴의 지적이 옳았던 것 같다. 그러나 현대무용의 자기표현적 특성 때문에 교육학자들은 대학 교과과정에 무용을 수용했다. '창의적 춤'이라 불린 모던 댄스 교과는 처음에는 체육 교과로 편성되었다가 나중에는 공연 예술 교과과정으로 분류되었다. 1934년 미국의 베닝턴 칼리지Bennington College에 설립된 베닝턴 여름 무용 학교에서 배운 선생들이 대학에서 모던 댄스를 가르쳤다. 모던 댄스의 표현성이 지니는 정신 치료 효과를 정신과 의사들이 주목해 1940년대부터 본격적으로 무용치료가 발전하게 되었다.

이후 전개되는 20세기의 포스트모던 댄스와 컨템퍼러리 댄스는 모두 모던 댄스의 기초 위에서 전개되었다. 오늘날의 현대무용은 1950년대의 차세대 모던 댄스 예술가들의 대중적이고 다양한 안무 스타일을 거치고, 1960~70년대의 급격한 사회적, 예술적 변화를 겪으면서 더욱 세련되고 추상적인 기교와 테크놀로지를 많이 수용하게 되었다.

오늘날의 모던 댄스에서 사회 문제와 인간 존재에 대한 관심은 여전히 지속되지만 모던 댄스가 본질적으로 미래지향적이고 과격한 시각과 속성을 지니기 때문에 이들이 어떤 방향으로 전개될지 예측하기는 힘들다.

무용 극장 Theater for Dance

오늘날은 무용을 극장예술로 생각하지만 문명 초기 무용은 야외에서 집단적으로 대형을 이루면서 추는 것이 대부분이었고, 그런 춤이 일어나는 공간은 신성한 의미를 지녔다. 이는 동서양이 크게 다르지 않다. 그리스 시대에 집단적인 종교 축제의 춤 경연이 일어나면서 많은 사람들이 이 장면을 볼 수 있는 원형 야외극장이 생겨났다. 춤추는 원형 공간을 둘러서서 보던 형태에서 계단식 객석이 만들어진 것이다. 이어 대사가 있는 비극과 희극이 유행하면서 대사 전달을 위해 반원형 무대로 변화하고 다시금 로마 시대에 솔로 팬터마임 공연이 유행하면서 좁은 무대에서 뒷막을 배경으로 개인의 표현성을 강조하는 무대가 되었다.

중세에는 무용 공연이 교회당이나 시장, 집회장이나 순례 행렬 등 다양한 곳에서 행해져서 그리스·로마 시기의 극장들이 상당수 사라졌다. 다시금 고전시대의 극장이 되살아난 것은 15세기 말 이탈리아에서였다. 최초의 발레 작품으로 평가받는 「왕비의 희극 발레」Le Ballet Comique de la Reine, 1581는 극장이 아니라 궁정 홀에서 공연되었다. 왕과 귀족들이 홀 한쪽 끝에 위치하고 반대쪽 끝에 무대 배경을 설치해, 무대를 둘러서서 구경하는 중세식 무대와 르네상스 시대의 동시적 장치로 구성된 극적인 공연이었다. 1640년경 프랑스 왕궁에 프로시니엄 무대를 가진 리슐리외 극장이 건립되고 프랑스 무용 아카데미 출신 무용수들이 그곳을 본거지로 활동하면서 발레에서는 점차 아마추어 귀족 무용수들이 사라졌다. 전문화되고 직업화되면서 발레는 극장 예술이 되고 상업화되었다.

18세기 중반 유럽 전역에 이탈리아 오페라 하우스 스타일의 극장이 넘쳐났다. 극장이 귀족의 사교장이 되면서 훌륭한 공연 여건보다는 화려한 실내 장식으로 극장의 명성이 평가됐다. 고상한 인테리어와 거대한 계단으로 치장된 극장에 가는 것은 부를 과시하고 계급 차이를 강화하는 사교의 기회이자 사회 활동으로 인식되었다. 그리하여 가장 비싼 특등석 칸막이 좌석이 생겨났는데, 이 좌석은 주로 부유층과 귀족이 지위를 과시하기 위해 이용했다. 이들은 오페라나 발레같이 긴 공연을 볼 때 특등석에 붙은 방에서 카드놀이나 잡담을 하다가 하인이 꼭 보아야 할 부분이 임박했다고 알려주면 비로소 좌석으로 돌아갔다. 18세기의 발레 공연은 궁정이 아니라 오페라 하우스에서 공연되었다.

발레 공연이 전문화된 첫 번째 극장이 프로시니엄 무대였던 관계로, 극장무용은 근본적으로 환영적인 특성을 지니게 되었다. 원근법적 효과를 자아내기 위해 옆 막들을 대칭적으로 배열해 관객이 거리나 깊이에서 3차원적 환상을 느낄 수 있도록 한 프로시니엄 무대는 관객에게 환영과 같은 세계를 보여주려는 아이디어였다. 당시 발레가 다룬 신화와 전설, 종교적 기적, 영웅 이야기는 객석과는 다른 세상의 이야기였고 따라서 무대와 극장예술은 현실과 다른 판타지를 보여주는 곳이었다. 공연 이후 아무것도 손에 남기지 않는 무용은 오늘날 대표적인 환영예술로 설명된다.

액자 무대는 무용수의 몸 역시 틀에 가두어버렸다. 발레의 포즈 역시 직사각형 상자 속에서 치밀하게 계산된 조형적 배치지만, 1650~1750

마린스키 극장은 러시아 상트페테르부르크의 역사적인 오페라·발레 극장이다. 당시 극장은 귀족의 사교장이 되면서 훌륭한 공연 여건보다는 화려한 실내 장식으로 명성이 결정됐다.

년 유럽에서 유행한 의상은 매우 뻣뻣해서 무용수의 움직임을 제한해 거의 연속적인 의상 전환 정도로 보일 정도였다. 그러나 18세기 말에 이르러 무용수들이 조금 더 표현적인 제스처를 할 수 있게 되었고 19세기 초 의상이 부드러워지면서 다리를 뻗거나 뛰고 포인트하거나 파트너링하는 테크닉이 발전했다. 이렇게 부드러워진 의상과 동작은 낭만 발레 동작과 로맨틱 튀튀에서 절정에 달했다.

낭만주의 시대에는 진리를 인간의 영성과 자연에서 찾았다. 낭만주의는 극장 디자인에서 원근법과 질서 그리고 대칭적인 장치를 몰아냈다. 1822년 파리 오페라 극장에 가스등이 설치되면서 분위기를 강조하는 낭만적 디자인의 토대가 마련되었다. 낭만 발레의 정수인 달빛의 효과를 연출할 수 있게 된 것이다. 실연당해 죽은 뒤 요정이 된 영혼들이 안개 낀 달빛 아래 하늘거리는 망사치마를 입고서 숲 속을 날아다니는 '발레 블랑'ballet blanc이 완성되었다. 낭만 시대 발레 관객은 숲 속에서 날아다니는 정령에게서 진리를 찾고자 한 듯하다.

20세기 초 현대무용의 선구자 로이 풀러는 1900년 파리 박람회에서 '빛을 발하는 춤'Danses Lumineuses을 위해 특별히 설계한 극장에서 공연했다. 조명과 의상, 무대 장치 등에 크게 의존하는 로이 풀러의 연출법은 철저하게 조작된 조건이 아니고는 효과를 볼 수 없었기 때문이다. 앙리 소바주Henri Sauvage, 1873~1932가 아르누보 스타일로 설계한 극장은 로이 풀러의 위상을 증명하는 것이지만, 공연을 위해 주문형 극장을 지닌 예술가는 그녀가 처음이었다. 요즘에는 그녀의 예술세계를 계승한 세계적 공연들이 모두 정밀한 극장 테크놀로지에 크게 의존하고 있다.

또 다른 현대무용의 선구자 이사도라 덩컨은 오페라 극장을 벗어나 그리스 야외 극장에서 춤추는 것을 선호했다. 그녀는 오페라 극장의 분위기를 차단하기 위해 청회색 천을 걸쳐 춤을 위한 중립적 배경으로 썼고, 거친 오페라 극장 마루로부터 맨발을 보호하기 위해 무대 바닥에 까는 천을 가지고 순회공연을 했다. 이사도라 덩컨의 이상은 부르주아적 분위기를 풍기는 오페라 극장에 맞지 않는 새로운 시대의 춤이었던 것이다. 로이 풀러의 무대 디자인에서 영향을 받은 아돌프 아피아나 바우하우스Bauhaus의 새로운 극장 개념은 제1차 세계대전 이후 새로운 공연을 위해 뒷막이나 원근법적 구도를 거부하는 '총체 극장'total theater의 개념에 가깝다. 이를 통해 원근법적인 시점이나 액자틀은 사라졌다.

바우하우스의 실험적인 춤은 인간과 공간의 상호작용에 대한 광범위한 연구였다. 바우하우스의 공연 워크숍을 책임졌던 오스카 슐레머Oskar Schlemmer, 1888~1943의 춤에서 무용수는 주변 공간과 조형적으로 결합해 거의 움직이는 자동인형, 혹은 움직이는 장치로 보일 정도로 인간성이 배제되었다. 인체와 움직임에 대한 접근의 근저에는 라반의 신체 공간Kinesphere에 대한 연구가 있다. 라반의 움직임 연구는 '공간 속의 인간' 개념을 낳았고 이는 바우하우스나 이후의 춤에서 비서술적이며 비장식적이고 조형적인 움직임에 접근하는 3차원적 신체 사용을 재인식하게 했다.

1930년대 미국 현대무용가들은 대학 강당이나 뉴욕의 음악 홀 등에서 아무 장치도 없이 어두운 벨로아 천을 무대의 3면에 내려뜨렸다. 텅 빈 무대에서 움직임을 탐색하는 수도승처럼 순수 예술 움직임으로 가득 찬 공간을 보여준 것이다. 1928년 도리스 험프리Doris Humphrey, 1895~1958는 박스와 단상들을 복합적으로 배치해 재현적이거나 상징적인 공간

의미를 창조해냈다. 1930~60년대의 현대무용가들은 극장을 거부하지는 않았지만 프로시니엄 무대에 가까운 정면 방식을 유지했다. 다만 현대무용가들은 조각가에게 무대 디자인을 의뢰해 움직임과 공간이 함께 조각되는 오브제로 접근했다는 점이 특이했다. 이는 화가출신 디자이너들에게 무대와 의상 디자인을 위촉해 강렬한 색채의 커다란 그림 배경을 만든 발레 루스의 극장 디자인과는 다르다. 발레 루스는 1910~20년대 유럽에서 발레의 현대적인 움직임을 선도한 무용단이었다.

무용 극장 디자인은 제2차 세계대전 이후 머스 커닝엄과 얼윈 니콜라이의 작업에서 놀라우리만큼 발전했다. 이들은 무대에서 중심 초점을 없애는 해체 작업을 선도했다. 머스 커닝엄은 공간과의 관계에서 중앙의 초점을 제거해 전통적인 무대 구성과 안무 방법을 파괴했다. 나아가 무용수들을 극장 밖 갤러리나 광장에서 춤추게 했다. 그의 작품에서 헬륨을 집어넣어 떠다니는 베개 모양 소도구는 장치라기보다는 춤추는 오브제로 무용수와 조우하거나 대치해, 무용수와 동격이 되었다. 얼윈 니콜라이는 무대의 무용수나 이미지 혹은 어느 것도 관심의 초점이 되어서는 안 된다는 분산 이론에 따라 작업했다. 얼윈 니콜라이는 상상력으로 바라본 우주를 움직임과 시간, 공간, 색과 형태, 빛과 소리로 은유적으로 표현했다.

1960년대 포스트모던 댄스의 등장과 함께 무용가들은 극장과 공간 디자인 개념에서 벗어났다. 머스 커닝엄의 '뉴 댄스' 개념에서 발아된 전통 현대춤에 대한 문제제기는 춤의 본질에 대한 물음과 함께 춤을 위한 새로운 공간과 대안적 존재방식을 질문한 결과였다. 후기 현대파 무용가들은 꼭 인간이 극장에서 중력을 받으며 춤을 추어야 하는지 등에 의문을 제기하고 거리나 다락방, 지붕 위에서 혹은 로프에 매달려 건물 외벽을 타고 내려오면서 춤을 추거나 뗏목에 떠내려가며 추는 등 새로운 공간을 찾아나섰다. 이들이 문명 초기 야외에서 집단적으로 춤추던 고대 선조들과 다른 점은 바로 예술 이념을 표현하려는 개인적 작업이었다는 사실인데, 이것이 선조와 달리 후예들의 춤이 인기를 얻지 못한 원인이라 생각한다. 후기 현대파의 이러한 시도와 20세기 현대춤은 대중적 인기를 확보하지 못해 수익을 중시하는 극장주들의 관심을 끌지 못했다. 오늘날 발레를 제외하고 현대춤을 위한 무용 전용 극장은 매우 드물다.

무용시 Dance Poetry

　무용사에서 무용시 개념이 등장한 것은 19세기 말 초기 현대무용 출현 무렵이다. 무용시라고 불리는 현대춤의 특성은 이전의 예술춤이던 발레의 극적인 안무 구조와 다른 새로운 것이었다. 발레는 르네상스 귀족들의 스펙터클 댄스 연희가 일관된 스토리를 지닌 극적 구조로 통일되면서 최초의 예술 양식이 된 것이다. 따라서 19세기 말까지 유일한 예술춤이던 발레는 근본적으로 무용극의 구성을 지니는데, 아주 미미한 스토리가 막의 시작과 끝 부분에 팬터마임과 같은 제스처로 연기되고 그 사이는 내용 전개와 상관없이 순수하게 즐기기 위한 아름다운 춤으로 이루어진다. 그런데 현대춤이 등장하면서 극 무용의 토대가 되는 대본이나 플롯의 구속에서 벗어난 안무가 나타난 것이다. 그러므로 현대춤의 출현 이후 무용시와 무용극이라는 개념이 구체화되는데, 무용시란 시가 시어의 상징성과 아름다움을 감상하는 방식이듯이 움직임 언어의 상징성과 형상화 그리고 은유에 의해 구성되는 추상적인 춤의 형태다. 무용극은 드라마가 캐릭터 간의 극적 긴장과 사건을 축으로 전개되는 것처럼 극적 긴장과 캐릭터와 플롯에 의해 진행되는 서술적 무용 형식으로, 이 둘 간의 구분이 분명해졌다.
　마임에 의존하던 춤의 이야기 방식이 현대춤에서는 무용시적이고 추상적인 움직임으로 변화했다. 그리고 전통적으로 발레에서 장기로 내세우는 화려하고 장식적인 기교에서 벗어나 움직임 자체에서 발견되는 정조에 주목함으로써 움직임의 순수성을 찾는 계기가 되었다. 현대 예술 일반에서 현대성이란 예술의 자율성과 독립성을 뜻하는데, 춤에서는 무용수의 몸동작에 내재된 감정과 의미가 춤 외적인 것으로부터 독립해 절대적인 주목 대상이 됨으로써 현대화가 이루어진 것이다. 이는 인상주의에서 출발해 형식주의, 입체파에 이르기까지 현대회화에서 화면이 외적 대상 혹은 화면 바깥의 것으로부터 벗어나 화면을 독립시킴으로써 현대화를 이룬 것과 같다. 플롯에서 탈피함으로써 '움직임의 시'poetry of motion라는 개념이 현대무용과 함께 등장했고 무용의 의미를 설명하는 데 상징이나 추상이라는 용어가 개입되었다. 그리고 개인적이고 감정적인 언어의 의미를 파악하기 위해 안무가의 영혼과 내면에 주목하게 되었다.

　무용시적인 춤의 구조는 대개 솔로 형식으로 나타났다. 전통적으로 다양한 캐릭터 간의 사건과 관계로 구성되는 무용극 춤은 인원이 많이 필요했고, 따라서 군무형식을 띠면서 대규모 발레단이 형성되었다. 그러나 20세기 초 개인차와 다양성이 인정되는 민주 시민사회의 현대춤이 솔로 형식을 띤 것은 절대군주 시대에 발전한 발레가 절대군주제의 엄격한 위계질서와 정치 이념을 집단적으로 표현했던 것처럼 20세기의 시대정신을 반영한 것이라 볼 수 있다. 현대춤의 선구자인 로이 풀러가 솔로 춤을 처음 선보였고 이후 등장하는 이사도라 덩컨과 루스 세인트 데니스 등도 주로 솔로 춤으로 개성을 선보였다. 물론 이들이 성공한 뒤에는 자기 무용단을 갖고 군무를 만들기도 했지만 현대무용 선구자들의 정수는 각기 로이 풀러와 이사도라 덩컨, 루스 세인트 데니스 등 개인 안무자의 실재에서 나온다.

　따라서 현대춤은 매우 개인적이다. 오늘날 발레는 안무자가 작고한 뒤에도 그의 안무 버전이 수많은 발레단에 의해 다양하게 해석되지만, 현대춤의 경우 안무자가 죽은 뒤 다른 사람이 재연할 경우 도저히 같은 작품이라고 볼 수 없을 정도로 오리지널리티가 손상되는 것이 바로 이런 언어적 특징에서 기인한다. 현대춤은 안무자가 직접 추는 경우가 많은데, 그의 존재가 사라질 경우 안무자의 몸에서 나오는 미묘한 개성과 시어적인 특성이 사라지거나 의미가 변질되기 때문이다.

하지만 개인 무용수의 솔로 형식이 등장한 배경에는 그 당시 유행한 시 낭송과 같은 리사이틀이 있었다. 19세기 중반 유럽에서 델사르트 엑서사이즈Delsarte Exercise가 유행하면서 시 낭송이 방법론적으로 혜택을 받아 유행한 것이다. 1890년대에 이르러 유럽의 살롱에서 사적으로, 혹은 공공 모임에서 문학작품을 읽거나 특히 시를 낭송하는 것이 예술 애호가들의 취미였다. 시 낭송 모임은 신문에 보도되거나 사람들 사이에 회자되면서 마치 새로운 경기를 찾아낸 것처럼 인기를 모았다. 이에 대해 프랑스 시인이자 무용 평론가였던 폴 발레리Paul Valéry, 1871~1945는 "시를 낭송하는 것은 언어적인 춤을 추는 것과 같다"고 비유했다. 여러 문학작품에서 묘사되는 시 낭송회는 표현적인 제스처나 의상과 마임이 언어 표현보다 훨씬 큰 비중을 차지해 리드믹 팬터마임의 수준을 넘어설 정도였다. 델사르트 엑서사이즈는 공연자의 신체 표현성을 발전시키기 위해 고안된 훈련법인데, 이 방법이 시 낭송에 이론과 철학을 제공한 것이다. 델사르트 엑서사이즈는 그의 사후 미국에 보급되어 1920년대까지 가장 대중적인 스피치 트레이닝 방법으로 유행했다.

시 낭송이 열리는 1인극의 독주 공연을 '리사이틀'이라고 불렀다. 현대춤의 선구자들인 풀러나 덩컨도 유럽에 데뷔할 당시에는 여러 살롱이나 정원에서 열리는 파티에서 리사이틀 형식으로 공연하면서 명성을 얻었다. 1880년대에 이사도라 덩컨이 개인적인 춤으로 미국에 데뷔했을 당시 미국 문화 전반에 델사르트식 체조가 대유행이었고, 덩컨 역시 움직임과 정신적 태도의 관계에 대한 프랑수아 델사르트의 메시지에서 영향을 받았다. 리사이틀 형식의 표현적인 솔로 춤은 현대춤에 국한되지 않고, 발레에서도 무용시적인 「빈사의 백조」라는 유례없는 솔로 춤이 생겨나게 했다. 이 작품은 미하일 포킨이 안나 파블로바를 위해 안무한 것인데, 당시 표현적인 솔로 춤이 대유행이던 흐름에 편승해 한 마리의 백조가 죽어가는 모습을 사실적으로 표현했다. 그녀는 이 작품으로 전 세계 순회공연을 하면서 죽을 때까지 춤을 출 정도로 인기를 누렸다. 19세기적 아름다움의 상징이자 고전 발레리나의 아이콘이기도 한 백조가 눈앞에서 스러져가는 모습은 한 세기를 마감하고 새로운 세기를 알리는 충격적이고도 현대적인 팡파르처럼 느껴졌을 것이다.

    전통 한국춤의 경우 전반적으로 극성보다는 시성이 매우 뛰어나다. 우리 춤에 미미하지만 극적인 플롯이 들어온 것은 「처용무」와 「학무」 「연화대무」라는 각기 다른 춤을 이어 추는 합설合設 형태로 조선 세종조에 처음 나타난다. 이 시기만 본다면 서양 궁정에서 추던 춤 사이에 일관된 스토리를 들여와 양식을 이루는 시기보다 150여 년 빠르다. 그러나 우리 춤의 경우 극적 플롯에 춤을 종속시켜 마임 같은 몸짓으로 표현하는 데 관심이 없었다. 시작과 끝 부분 그리고 춤 사이에 무용수가 부르는 창이나 소리로 의미를 집어넣는 것으로 충분하다고 생각했다. 그러므로 무용수의 몸짓에서 사실적인 표현성을 추구하는 방향으로 발전하지는 않았다. 해방 이후 서양의 춤이 신무용이라는 이름으로 들어온 뒤 1960년대에 발레처럼 일관된 스토리를 지닌 극무용이 시도되는데, 이를 '한국 창작무용'이라 불렀다. 서양에서 들어온 새로운 춤 즉 신무용이 극장에서 공연되고 창조성과 표현성을 중시한다는 데 착안해 전통적인 한국춤과는 다른 현대적인 한국춤이라는 의미였다.

바우하우스 Bauhaus

1920년대 가장 치열한 예술 활동이 독일에서 일어났다. 바이마르에서 시작해 데사우로 자리를 옮긴 바우하우스다. 바우하우스는 새로운 사회 질서 창조를 위해 예술과 기술, 과학과 테크놀로지를 통합시키기 위해 결집되었다. 시각 예술과 건축, 산업 디자인 그리고 무용 분야에서 혁명적인 교육과 실험을 벌이며 이 학교는 국제적 중요성을 지니게 되었다. 이 학교는 신기능주의의 집결소였다. 1919년 바이마르에서 건축가 발터 그로피우스 Walter Gropius, 1883~1969가 설립한 바우하우스는 인간성이 다양한 측면을 함축하는 것처럼 '현대구성적 예술' modern architectonic art 창조를 추구했다. 예술과 현대 기술을 결합하고자 애쓴 것이다. 교수진으로는 파울 클레 Paul Klee, 1879~1940, 바실리 칸딘스키 Wassily Kandinsky, 1866~1944, 오스카 슐레머 Oskar Schlemmer, 1888~1943, 요하네스 이텐 Johannes Itten, 1888~1967, 라슬로 모호이너지 László Moholy-Nagy, 1895~1946, 마르셀 브로이어 Marcel Breuer, 1902~81, 귄타 슈퇴즐 Gunta Stölzl, 1897~1983, 미스 반 데어 로에 Mies van der Roche, 1886~1969 등이 참가했다.

 독일어로 '건축하다' der bau라는 뜻을 지닌 예술학교에 퍼포먼스 코스가 포함된 것은 바우하우스가 처음이다. 바우하우스의 무대 워크숍은 이 학교 교과과정의 기본으로 처음부터 논의되었다. 발터 그로피우스는 형식회화, 조각, 가구, 금속, 벽화, 인쇄, 도기, 스테인드글라스 워크숍 외에 스테이지 워크숍을 만들었으며 이는 공연을 하기 시작하면서 급속하게 바우하우스 활동의 중심이 되었다. 바우하우스 활동이 전개되면서 퍼포먼스는 '총체예술작품'이라는 바우하우스의 원칙을 확대하는 수단이 되었다. 중세에 건축 중인 성당을 둘러싼 건축공방들의 관계를 모델로 삼아 바우하우스는 대등한 지위를 지닌 예술가와 장인들이 운영했다. 이런 체제 아래 학생들은 아카데미나 살롱의 전통과 결별하고 아름다운 형식의 마스터와 동시에 명장의 도제가 되었다. 또한 바우하우스는 많은 미디어 실험을 하도록 예술가들을 독려했다.

발터 그로피우스는 '구성적인 극장'을 창조하기 위해 학생들이 공간, 신체, 움직임, 형식, 빛, 색, 소리의 근본 요소를 탐구하도록 무대 워크숍을 계획했다. 이 무대 워크숍의 첫 지도자로 화가이자 대본 작가인 로타르 슈레이어Lothar Schreyer, 1886~1966가 임명되었는데, 그는 표현주의 성향인 '폭풍'sturm 그룹의 일원이었기에 매우 감정적인 멜로 드라마를 추구했다. 슈레이어의 이런 방향은 순수하고 단순한 형식 실험을 추구하는 바우하우스의 이상과 너무나 동떨어져, 1923년 바우하우스 주간 Bauhaus Week-Art and Technology: 새로운 통합에 공연 예정이었던 작품이 취소되었고 결국 슈레이어는 바우하우스를 떠나게 되었다. 발터 그로피우스는 1922년부터 무대 워크숍 지도를 화가이자 조각가, 디자이너인 오스카 슐레머에게 넘겼는데, 슐레머의 첫 작품인 「3화음 발레」Triadic Ballet, 1922는 슈투트가르트에서 갈채 속에 공연되었다. 젊은 시절 무용일에 가담했던 슐레머의 퍼포먼스는 기계장치와 예술적 디자인이 바우하우스의 예술과 테크놀로지 쌍방의 감수성을 반영했다는 점에서 대성공을 거두었다.

바우하우스에서 무대 디자인을 가르쳤던 오스카 슐레머는 공간 속 인체에 관심을 가졌다. 그의 무용수는 상상의 창조물로서 공간 속을 다

오스카 슐레머의 「3화음 발레」(The Triadic Ballet, 1924).

양한 분위기로 움직이는 무성의 인물 혹은 꼭두각시처럼 기계적으로 움직이는 초시간적인 인간 형태를 보여주었다. 그는 춤추는 인간 Tanzermensch을 명명한 '기계적 인간 형태'Kunstfigur 즉 예술적 형태로 변형시켰다. 슐레머는 화가의 눈으로 인체를 바라보았으며, 그의 극장무용은 모든 문학적이고 감정적인 측면을 배제하고 기하학적인 패턴의 조형적 이미지로 전환하려는 비전문 무용수의 시도였다. 「3화음 발레」는 매혹적으로 움직이는 형태들의 춤이었다. 슐레머가 설명한 무대 워크숍의 원칙은 '창조적인 입체예술' 즉 '건축'하는 것의 본질을 이해하기 위해 모든 자료를 근원적 입장에서 탐구하고, 그것들의 창조적인 요소들을 조사해 장인과 같이 실습하며 극장 예술에의 적용 가능성을 탐색하는 것이라 했다.

「3화음 발레」는 의상과 무용, 음악의 3화음 발레로서 수 시간에 걸쳐 세 명의 무용수가 18종의 의상을 입고 12가지 무용을 하는 '형이상학적 논평'이었다. 이 작품은 세 가지 원소들 즉 형태, 색, 공간; 높이, 깊이, 넓이; 공, 정육면체, 피라미드; 빨강, 파랑, 노랑을 사용해 실험적인 춤을 추었다. 'Yellow' 'Red' 'Black' 세 부분으로 구성된 추상 발레의 목적은 감정적이고 디오니소스적인 춤의 요소와 건축적인 공간의 이성적이고 아폴로적인 형식성 간에 조화로운 균형을 발견하는 것이었다. 그는 1916년에 이 작품을 소품 형태로 공연했는데, 이 작품을 위해 먼저 신체의 기능과 표현성을 추상화해 18개의 조각적인 작은 입상 의상을 창조했다. 이 의상이 그의 춤의 원동력이자 신체의 공간적 디자인을 과장되게 확장시키는 요소다.

이 의상은 계란 모양 머리, 항아리 형태의 몸통과 곤봉으로 된 팔다리, 공 모양 관절을 가진 무용수를 만들었다. 몸에 패드를 덧대고 철사로 보강하고 틀에 넣어 변장시킨 무용수들은 성별을 알아볼 수 없고 성적 매력이나 인간미도 느낄 수 없었다. 단지 기계적으로 움직이는 양성 입상 인형들이었다. 무용수를 변형시킨 의상은 공간 속의 기초적인 운동 법칙을 강조하거나 공연자를 주위 공간에 조형적으로 배치하기 위해 정육면체로 재구성했다. 이는 오스카 슐레머가 1922년 일기에서 "오늘날 기계와 테크놀로지로 삶이 기계화 되어버려 인간을 기계로 그리고 신체는 기계장치로 강하게 인식하고 있음을 부인할 수 없다"고 밝혔듯이 기계적이었다.

오스카 슐레머의 공연자들은 자체의 생명력을 지니지 못한 채 정적으로 움직이는 건축이었다. 이들의 공연을 본 관객은 흥미로운 스텝이 없는 것에 개탄하기도 했지만 그 대담함에 기꺼워하며 대부분 디자인의 예술적 효과에 경탄했다. 바이마르 시대의 바우하우스에는 극장이 없었기에 학생들은 아틀리에에서 공연했다. 그러다가 1925년에 바우하우스 빌딩이 데사우로 옮겨가면서 무대 워크숍을 위해 설계한 전용극장이 생기자 본격적인 실험이 이루어졌다. 「3화음 발레」에 이어 '구성적인 춤' 시리즈가 계속 만들어졌는데, 이들은 인간 형태와 건축 공간의 기하학적인 관계를 설명하는 것이었다. 1926년 이후 데사우 시절에 이르러 바우하우스 퍼포먼스는 국제적으로 명성을 얻었다. 그 배경엔 발터 그로피우스의 바우하우스 극장을 위한 강력한 지지와 학생들의 열성적인 참여가 있었기 때문이다. 극장 실험은 몹시 중시되었고 또 중점적으로 지원을 받았다. 오스카 슐레머는 1927년 강의에서 '우리 노력의 목표는 요청이 있으면 어떤 장소에서도 공연할 수 있는 순회공연단을 갖는 것'이라고 밝혔고 그의 바람은 베를린, 브레슬라우, 프랑크푸르트, 슈투트가르트, 바젤 등 유럽의 여러 도시의 순회공연으로 이어졌다.

1927년부터 구성적인 춤이 더욱 복잡하게 발전하면서 「Space Dance」「Form Dance」「Gesture Dance」「Chorus of Masks」「Hoop Dance」 등으로 이어졌다. 오스카 슐레머는 일기에서 「Space Dance」가 쿠르트 요스Kurt Jooss, 1901~79의 「녹색 테이블」에 일부분 영감을 주었다고 암시했다. 오스카 슐레머는 1928년 폴크방 무용 학교Folkwang Dance School가 있던 에센에서 열린 무용대회에서 「Space Dance」를 공연했는데, 당시 폴크방 무용 학교 교장이던 쿠르트 요스는 4년 뒤 「녹색 테이블」을 안무해 국제 안무상까지 받았다. 이 두 작품은 기본 아이디어가 일부 유사하다. 1932년 파리 국제무용회의에서 공연한 「3화음 발레」가 바우하우스의 마지막 퍼포먼스다.

오스카 슐레머는 또한 루돌프 라반Rudolf Laban, 1879~1958의 무용보에서 강한 인상을 받고 바우하우스의 많은 작품들을 고유한 방식의 무용보에다 기록하기도 했다. 라반은 슐레머와 동시대 사람으로 둘은 1927년 마그데부르크 무용대회의 조직위원으로 함께 일한 적 있다. 슐레머의 무용보에 따라 재연된 바우하우스 작품은 전위적 공연의 오리지널한 생명력을 그대로 지닌 것으로 평가받았다.

앞서 언급한 구성적 춤들 모두 바우하우스의 잘 알려진 작품들이고, 그밖에도 기지가 넘치는 수많은 작품들이 있었다. 그 가운데서도 「Musical Clown」「곡예사」「Glass Dance」「Metal Dance」와 오스카 슐레머의 광대역이 인기 있었다.

슐레머의 코스에 가담한 학생들은 전문적으로 훈련된 무용수가 아니었다. 몇 년 동안 수많은 공연에서 연출과 상연을 하며 춤추는 일에 열중하기 시작했다. 바우하우스 파티에서의 즉흥적인 춤이 공연으로 이어지기도 하고 학생들은 바우하우스 빌딩 곳곳에서 공연을 하기도 했

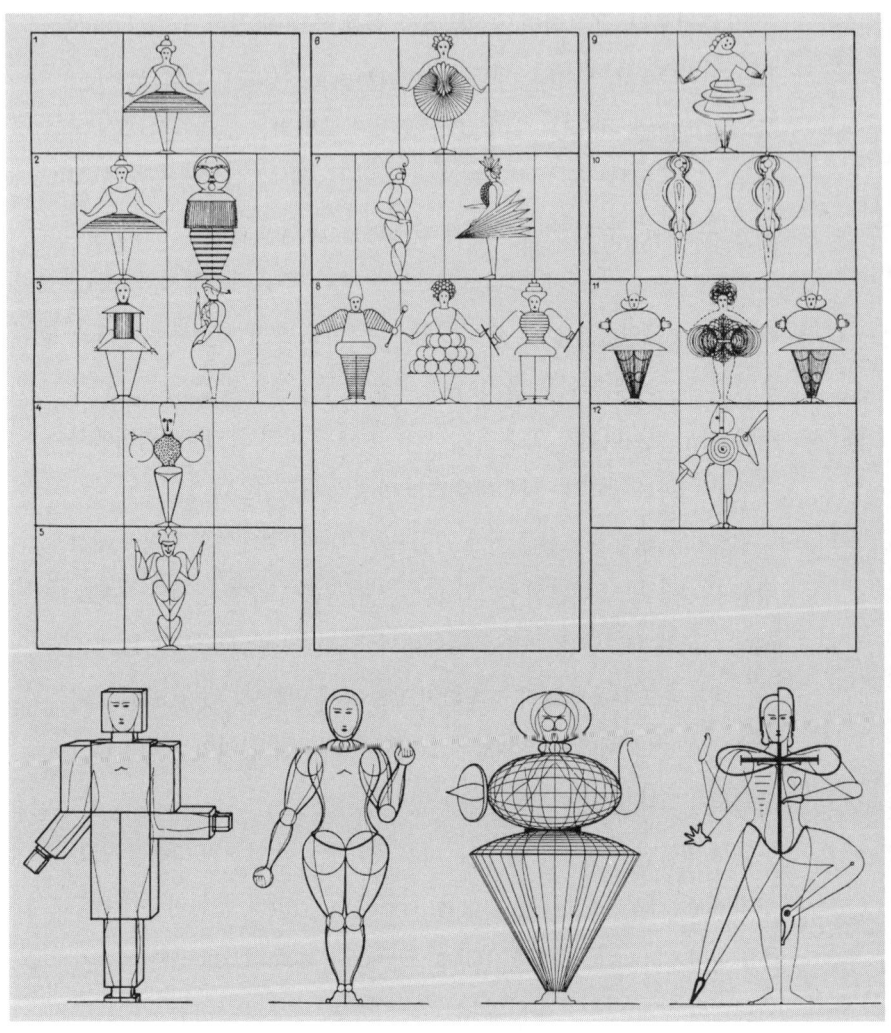

오스카 슐레머의 「3화음 발레」를 위한 의상 플랜.

다. 1929년 나치의 개입으로 슐레머가 감독직에서 물러나고 바우하우스는 1933년 베를린으로 옮겨갔다. 그리고 결국 그곳에서 나치에 의해 문을 닫게 되었다. 바우하우스의 영향은 전 세계적으로 퍼져 나갔다. 「3화음 발레」의 의상이 전 유럽과 미국에 순회 전시되었고 바우하우스의 학생이던 알렉산더 샤윈스키Alexander Schawinsky, 1904~79는 제2차 세계대전 이후 미국 노스캐롤라이나의 진보적인 예술학교 블랙마운틴 칼리지Black Mountain College에서 학생들을 가르쳤다. 그는 그곳에서 역시 교수진으로 참가한 미국 현대무용가 머스 커닝엄과 조우했다.

오스카 슐레머는 시대성을 추상적 개념과 기계화 그리고 테크놀로지의 새로운 잠재성으로 정의한 예술가였다. 그는 1943년 예술품과 극장 작품들이 나치로부터 퇴폐적이라고 심하게 비난받는 것을 보고 죽었지만, 그가 죽고 5년 뒤에 미국에서는 인간적인 형태를 변장시키는 만화경 같은 작품 세계를 지닌 얼윈 니콜라이가 등장했다. 얼윈 니콜라이는 바우하우스 댄스를 본 적이 없다고 했지만 추상적 극장무용의 관점과 예술적 형태로 비인간화된 무용수 등에 유사점이 있다. 바우하우스 작품에서 발견되는 단순성과 비서술적 구조, 일상 업무 행위와 미니멀 스타일은 오늘날 멀티미디어아트와 후기 현대파 무용 그리고 퍼포먼스 예술에서도 발견된다. 따라서 바우하우스는 이들의 선구자라 하겠다.

바우하우스 무용은 춤과 극장 그리고 시각 예술을 통합해 무대 공간을 건축하는 명장으로 인간을 중심에 위치시킨 것이다. 오늘날 다양하게 전개되는 미디어아트와 퍼포먼스에서 비유기적이든 기계적이든 간에 움직이는 신체가 빠질 수 없는 이유는 바로 이런 배경에서 기인한다.

발로 · 발레티 · 발레 Ballo · Balletti · Ballet

르네상스 시기 유럽 궁정에서 춤을 잘 추는 것은 필수 교양이었으며 귀족들의 사교춤은 귀족생활의 기초이자 중심이었다. 당시 궁정춤은 발이 마루에서 거의 떨어지지 않는 아다지오의 바스 당스와, '땅에서 높이'를 뜻하는 활달한 도약으로 구성된 빠른 오우트 당스haute danse로 나뉜다. 이 가운데 오우트 당스를 발로ballo, 복수형 balli나 발레토balletto, 복수형 balletti라 불렀다. 이탈리아어로 댄스를 뜻하는 발로와 발로의 애칭 발레토는 15세기부터 17세기까지 유행한 유럽의 사교춤이자 극장춤이었으며, 이들 용어는 당시 혼용되었다. 바스 당스와 달리 활달한 춤을 지칭하는 전문 용어가 '발레토'인데, 걷기 형태의 행진형 춤 바스 당스와 다른 발리나 발레디의 차이섬은 이들이 각기 다른 빠르기의 여러 춤을 섞어서 독립적인 내용을 지니게끔 안무한 춤이라는 점이다. 따라서 바스 당스의 기본 스텝들을 엮어서 극적이고 마임적인 뉘앙스를 집어넣는 피겨 댄스였다는 점이 특징이다.

발레티는 각 춤이 제목을 지니는데 예를 들어 '바람꾼'The Flirt, '지조 있는 여인'The Constant Woman, '사랑 사냥'The Hunt for Love과 같은 제목이 이미 춤의 주제와 플로어 패턴을 암시한다. '사랑 사냥'에서는 각기 댄스 파트너를 고르고 밀고 당기는 심리전이 안무 대형에서 나타난다. 발레 마스터들은 간단한 주제에 맞게끔 각 춤 속에 개인춤과 그룹 춤을 섞어 배열했다. 춤의 내용은 동작보다는 플로어에 그려지는 안무 대형에 의해 전달되고 평가받는 피겨 댄스였으므로 이들은 형식적이고 양식화된 초기 안무의 전형을 보여준다. 당시 귀족들은 새로운 춤이 나올 때마다 무용보와 악보를 동원해 개인 무용 교사로부터 유행하는 안무를 배우고 익혀야 했다. 바스 당스에 이어 발레티가 유행했다는 것은 르네상스 시대의 합리적 사고와 이성주의에 대한 욕구를 반영하는 것이다. 르네상스 절정기에 모든 예술은 체계화되었으며 춤도 이런 성문화 과정, 즉 바스 당스의 체계화되지 않은 혼합 형식을 거부하고 첫 스텝부터 마지막까지 합리적인 형식을 갖추게 된 것이다.

바스 당스는 각 춤에 고유한 음악이나 특정 스텝이 고정되지 않은 느슨한 형식이었다. 발리나 발레티의 경우 각 춤은 고유한 멜로디를 지녔고 스텝과 대형의 순서가 고정되었다. 제목에서도 보듯이 춤이 가벼워지고 쾌활하고 즐거워졌다. 일반적인 안무 대형에서 파트너들이 서로 가까이 다가갔다가 물러나고 원을 그렸다가 풀고, 흉내 내기와 따라 하기 등 즐거운 성향을 드러낸다. 이는 인간성을 새롭게 발견하고 인간의 내재적 가치와 삶의 기쁨을 표방했던 르네상스의 시대정신이 반영된 것이다. 춤의 분위기는 매끄럽지만 근엄하고 무거운 바스 당스의 정조와 사뭇 다르다. 1459년 피렌체를 방문한 교황을 위해 열린 연회에서 이탈리아 댄싱 마스터 도메니코 다 피아첸차의 「Rostiboli」를 비롯해 여러 개의 발리가 공연됐다. 발리의 인기는 16세기에 가속되었고 16세기 인본주의자 지안조르노 트리시노[Giangiorgio Trissino, 1478~1550]는 「Rostiboli」를 비롯한 몇몇 발리를 레오나르도 다빈치[Leonardo da Vinci, 1452~1519]의 그림, 알리기에리 단테[Alighieri Dante, 1265~1321]나 페트라르크[Petrarch, 1304~74]의 시, 클레망 잔캥[Clement Jannequin, 1485~1558]의 음악에 견줄 만한 명작이라고 기록했다.

16세기에 접어들면서 여러 춤을 엮어 추는 발레토 스위트는 댄싱 마스터들 사이에 매우 인기가 있었고 따라서 안무 역시 암기할 것이 더 많아졌다. 그리하여 장난스러운 안무 경향과 함께 그룹 춤에서는 기하학적인 대형이 드러나는 안무가 강조되었다. 클라우디오 몬테베르디 Claudio Monteverdi, 1567~1643나 가그리아노 등의 초기 오페라의 피날레에 노래하며 춤추는 대 발레티, 또는 다른 춤들을 집어넣는 관습이 시작되었고 이는 이후 오페라 말기와 20세기까지 이어지는 전통이 되었다. 16세기 중반에 이르러 프랑스 사람들은 발리와 발레티 그리고 여러 연회에서 추는 춤을 통칭해 발레라고 이름 붙였다. 그러므로 르네상스 귀족의 사교춤 발로 ballo가 오늘날 예술춤으로 아는 발레의 기초를 제공했으며, 발로의 애칭 '발레토'의 복수형 '발레티'가 '발레'라는 용어의 직접적인 어원이다. 현재 이탈리아에서는 지역 전통 춤을 발리라고 부른다.

볼룸댄스 · 댄스스포츠 Ballroom Dance · Dance Sports

볼룸댄스란 무용 홀이나 사교 모임에서 남녀가 함께 추는 사교춤을 말한다. 과거 볼룸댄스란 상류 사회나 귀족 사회의 춤이었지만 오늘날에는 대중적인 여가 활동이 되었다. 볼룸에서 춘 춤의 형태도 과거에는 코티용cotillions이나 콘트라 댄스contra dance 같은 세트나 그룹 댄스, 혹은 원형 프로그레시브 댄스circle progressive dance처럼 민속무용도 포함되었지만 오늘날에는 폭스트롯fox trot, 왈츠, 지터버그jitterbug 혹은 라틴 아메리칸 댄스 등 주로 커플이 즐기는 형식으로 자리 잡았다. 볼룸이란 14세기 중반에 유럽에서 귀족들이 우아하게 미끄러지는 스텝과 회전을 하면서 춤추도록 마루를 깐 홀이다. 이 볼룸에서 추던 춤 '발로'ballo가 귀족들의 초기 사교춤이었다. 이로부터 볼룸댄스는 귀족춤으로, 그리고 포크댄스는 서민들의 춤으로 인식되기도 했다. 15세기 이후 무도회balls에서 춘 볼룸댄스는 시대에 따라 다양한 사교춤으로 유행했다. 하지만 19세기에 귀족이 사라진 근대 도시에서 부르주아 중산층 사이에 왈츠가 유행하면서 볼룸댄스의 귀족적인 색채가 퇴색되었고, 19세기 말 '사교 춤'social dance이란 개념 역시 사회 속의 춤이라는 더욱 현대적인 개념으로 새롭게 자리 잡으면서 20세기 들어서는 사교춤이라는 용어가 더 일반적으로 쓰인다.

제1차 세계대전 직전까지 사교춤의 열기가 매우 높아 무용 스튜디오가 번성했다. 1920년대 가장 유명한 볼룸댄스 무용가 부부 버넌 캐슬

Vernon Castle, 1887~1918과 아이린 캐슬Irene Castle, 1893~1969은 광적인 무용 열기에 힘입어 유럽과 미국을 오가며 볼룸댄스를 가르쳤다. 뺨을 맞대고 춤을 추던 캐슬 부부는 개인 집이나 저택 볼룸, 클럽과 호텔에서 볼룸댄스를 가르치며 늦은 오후의 티 댄스tea dance 파티 붐을 일으켰다. 캐슬을 비롯한 선구적인 볼룸댄스 교사들은 교육을 위해 볼룸댄스의 기본을 분석하고 체계화해 이를 출판하는 등 기준을 만들어냈다.

제1차 세계대전 이후에는 영국과 미국을 중심으로 사교춤 경연이 빈번하게 열렸다. 영국에서는 1921년 일간지 『데일리 스케치』Daily Sketch가 왈츠와 폭스트롯 경연을 열어 무용 선생들이 심사를 하도록 했다. 1929년에는 스텝을 표준화하기 위해 공식 볼룸댄싱 위원회Official Board of Ballroom Dancing가 설립되었고, 1934년에 이르러 학생들은 시험을 쳐 골드, 실버, 브론즈 등급으로 숙련도를 평가받았다. 이런 조치로 영국이 이후 볼룸댄스에서 두각을 나타내면서, 매년 열리는 '오픈 브리티시 선수권 대회'Open British Championship가 가장 명성 있는 볼룸댄스 경연 대회가 되었다.

볼룸댄스가 경연 형식을 띠면서 극장 공연 형식을 포기하고, 점차 피겨스케이팅처럼 스포츠 형식과 결합하는 움직임이 일어났다. 그리하여 여느 스포츠처럼 볼룸댄싱을 올림픽 종목으로 만들려는 열망에서 '스포츠댄스'sports dance라고 부르다가, 요즘에는 '댄스스포츠'dance sports라는 용어가 등장했다. 댄스스포츠는 경연 형태의 볼룸댄스를 지칭하는데, 이는 국제 댄스스포츠 연맹International Dancesports Federation이 오랜 청원 끝에 1997년 올림픽 위원회IOC로부터 댄스스포츠 관할 기구로 인정받고 댄스스포츠를 올림픽 종목의 후보 스포츠로 인정한다는 답변을 받아낸 뒤 일반적으로 사용되었다. 이 시기에 많은 볼룸댄스나

캐슬 부부는 제1차 세계대전 이전에 전 세계에 사교춤 인기를 불러일으켰다. 이들은 우아하고 세련된 매너로 유명했다.

스포츠댄스 단체들이 이름을 '댄스스포츠'로 바꿨다. 하지만 댄스스포츠는 2008년 베이징 올림픽과 2012년 런던 올림픽에도 경기 종목에 들지 못했다. 그러나 다행히도 영원히 올림픽 종목이 되지 못하리라는 전망이 많다. 태권도가 올림픽 종목이 된 이후 전통 무예의 멋을 잃어버린 것처럼 볼룸댄스도 경기의 성격을 띠면서 예법을 중시하던 우아하고 귀족적인 분위기가 사라졌기 때문이다.

이런 곡절 끝에 서양 사교춤의 우선적인 동기, 즉 매력을 과시하던 구애의 특성이 사라지고 이기기 위한 경쟁의 목적이 볼룸댄스 움직임과 무용수의 외형을 지배하게 되었다. 기품이라곤 찾아볼 수 없는 오늘날의 경연 형식 볼룸댄스는 춤의 스타일에 따라 인터내셔널과 아메리칸이라는 두 가지 영역으로 나뉜다. 스탠더드 볼룸댄스에는 왈츠, 비엔나 왈츠, 폭스트롯, 탱고tango, 린디lidny, 찰스턴charlestone과 퀵스텝quickstep이 있고 라틴 아메리칸 무용에는 룸바rumba, 삼바samba, 파소 도브레paso doble, 차차차cha-cha-cha가 있다. 물론 댄스스포츠란 경기 형식의 볼룸댄스만을 지칭하기 때문에 오늘날 전통적인 볼룸댄스는 디스코테크나 나이트클럽, 휴양지 등에서 여가로 즐기거나 혹은 공식적인 댄스파티 등에서 추고 있다.

아르누보 Art Nouveau

무용 역사에서 전통 스타일에 대한 도전으로 새로운 춤 양식이 등장할 때는 어김없이 '새로운 춤'을 표방한 안무가들이 적지 않았다. 이런 현상은 역사적으로 되풀이된다. 새로운 예술 사조는 어느 정도 양식의 전개와 스타일의 발전을 지켜본 뒤에야 특성에 적합한 명칭이 붙는다. 일반 예술도 크게 다르지 않다. 새로운 예술 양식은 정치, 사회, 경제, 문화적 변동이 일어나는 시점, 즉 한 시대가 마감되고 새로운 시대가 교차되는 시점에 주로 나타난다. 그러나 당대에 이미 '아르누보'라 불린 이 새로운 예술은 이른바 급변하는 19세기 말 유럽에서 '근대 양식'이라 불리며 1890~1910년대에 나타났다. 오늘날 아르누보의 화신으로 알려진 미국 무용가 로이 풀러는 이 새로운 예술 스타일의 아이콘이자 선구적 예지자였다.

19세기 말 유럽의 예술가들은 급변하는 과학적·기술적 변화에 뒤지지 않으려고 노력했다. 구시대의 마감과 새로운 시대의 예고를 알리는 환경에서 예술가들은 불안감과 함께 막다른 길에 갇힌 채 방황했다. 그들은 낭만 시대의 종말을 바라보면서 이미 확립된 예술 패턴에 확신을 갖지 못했고, 상상력과 예술 정신을 담기 위해 과거의 위계질서와 결별하면서 대안을 찾았다. 그들의 시대, 즉 영화, 전화, 자동차 시대에 맞는 시대정신을 담을 수 있는 참신한 아이디어와 극단적 형식이 필요해진 것이다. 1900년 파리 만국박람회에서 화려하게 등장한 아르누보는 이후 100여 년 동안 섬세하고 자유로운 디자인으로 유행했다. 아르누보는 곧 여성적인 곡선과 식물의 덩굴무늬 그리고 선적인 형태를 일컫는 용어가 되었으며, 가구, 의자, 문 손잡이, 샹들리에, 도자기, 아파트 건축 석재, 실내장식, 벽지 등 건축과 장식미술의 여러 분야에서 고급 예술품과 일상품을 넘나들며 영향을 미쳤다.

이 운동은 1890년대에 형성되어 1900년 파리 만국박람회에서 대중에게 널리 알려졌다가 1914년 이후 거의 소멸되었다. 그러나 아르누보의 명맥은 근대적 장식미술인 아르데코로 이어지면서 20세기 디자인의 새로운 대안으로 자리 잡으며 오늘날까지 끊임없는 흥미와 논란의 대상이 되고 있다. 아르누보에서 되풀이해 나타나는 신비로운 분위기와 에로티시즘 그리고 자연의 주제는 세기말의 산업시대가 가져온 불안감의 표출이며 타락한 시대에 대한 미적 반작용이자 시대의 산물이기도 했다. 아르누보는 전 유럽에서 전개되었는데 독일에서는 '유겐트슈틸'Jugendstil; youth style로, 오스트리아와 헝가리에서는 '제체시온슈틸' Secessionstil; secession style로 불렸으나 이탈리아에서는 '라 스틸레 리베르티'La Stile Liberty, 그리고 스페인에서는 더욱 광범위한 '모데르니스타' Modernista 일파로 불렸다. 이들은 채찍을 내리칠 때 생기는 곡선과 매우 상징적이고 이국적이며 퇴폐적인 장식이 특징이다. 프랑스의 아르누보 미술가들은 1880~90년대의 상징주의자와 일부 후기 인상주의자들의 작품에 보이는 퇴폐적 감성에 공감했다. 벨기에, 프랑스, 독일 아르누보의 공통점은 자연에 대한 매료, 추상 형태와 곡선 형태에 대한 관심, 상징주의와 정신주의에 대한 비의적 관심 그리고 근대적이고자 하는 열망 등이다.

로이 풀러는 아르누보 사상이 발화되는 시점에 나타나 '치마춤'skirt

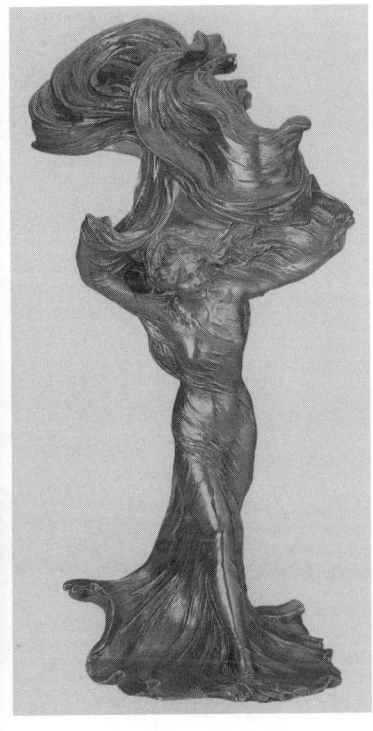

왼쪽 | 파리 만국박람회에서 공연하는 로이 풀러.
아르누보 건축가 마르셀 소바주는 그녀를 위해 로이 풀러 극장을 설계했다.

오른쪽 | 1900년 프랑수아-라울 라르슈가 만든 탁자용 전등 「로이 풀러」.
로이 풀러의 명성에 따라 의상, 향수, 스카프, 모자, 램프, 장난감, 스토브 등에
'아 라 로이' 스타일이 생겨났다.

dance 또는 '빛을 발하는 춤'Danses Lumineuses으로 아르누보 운동의 공식 원리를 집약해 보여주었을 뿐 아니라 예술이 순수 은유이기를 바라는 상징주의 미학을 예증했다. 로이 풀러의 「서펜타인 댄스」1891는 아루누보 사상을 무대화한 첫 번째 사례라 할 수 있다. 대부분 솔로인 그녀의 춤에서는 회전하면서 가벼운 실크 의상을 공중으로 내던지는데, 실크가 하늘에서 형형색색으로 변하는 빛의 덩어리가 되어 곡선을 그리는 추상적인 디자인으로 변화하며 대단한 인기를 얻었다. 공중에서 떠도는 부드러운 천은 그 자체로 생명력을 지니고, 리드미컬한 선의 환영과 움직임 속에서 구체화된 에너지를 암시했다.

로이 풀러는 여러 겹의 베일과 혁신적인 전기 조명을 결합시켜 시시각각 변화를 연출했다. 풀러가 만들어낸 인상적인 춤들은 당시에는 정의하기 힘든 스펙터클이자 문화 현상으로 인식되었으며, 풀러는 1890년대 시대정신을 대변하는 예술가로 존경받았다. 여성성과 변형이란 주제를 축으로 예술과 기술을 결합시키고자 한 그녀의 춤은 아르누보의 상징이 되었다. 벨기에의 상징주의 시인 조르주 로덴바흐Georges Rodenbach, 1855~98는 그녀의 춤을 "끊임없는 변신의 기적"이라 칭송하며 "그 무용수는 여성은 원할 때 우주가 될 수 있다는 것을 증명해보였다. 그녀는 꽃이며, 바람에 휘감기는 나무, 변화하는 구름, 커다란 나비, 주름 잡힌 오솔길이 있는 정원이다"라고 평했다.

1900년 아르누보의 절정기에 로이 풀러는 아르누보 정신의 전형이자 귀감이 되었고, 파리 만국박람회에서 아르누보 건축가 마르셀 소바주Marcel Sauvage, 1895~1985는 그녀를 위해 로이 풀러 극장Le Theatre de Loie Fuller을 설계했다. 로이 풀러는 그곳에서 일본 무용수와 함께 공연하며 관객을 매혹시켰다. 전기와 영상으로 환상적인 극장춤을 창조한 로이 풀러는 조명과 장치 디자인의 선구자 중 한 사람이 되었다. 로이 풀러의 작품 성향은 바우하우스와 얼윈 니콜라이의 극장무용으로 계승되었다. 풀러의 실험적인 아이디어는 당시에 새로운 무대 디자인 개념을 확립한 아돌프 아피아와 그의 사도 고든 크레이그보다 아이디어 면에서 더 앞서 혁신적이었다. '빛을 내는 요정'이라 환호받은 로이 풀러는 당대의 유명 시인과 비평가들로부터 칭송받고 많은 화가와 조각가들이 그녀를 그림과 청동 조각으로 만들었을 만큼 대중적이었다. 의상, 향수, 스카프, 모자, 램프, 장난감, 스토브 등에 '아 라 로이'ᵃ ˡᵃ ᴸᵒⁱᵉ 스타일이 생겨나면서 로이 풀러는 가장 두드러지는 아르누보의 우상이 되었다.

아방가르드 댄스 Avant-garde Dance

예술에서 아방가르드란 새롭게 나타나는 움직임의 최전선을 뜻한다. 군대에서 전방 선발대를 뜻하는 이 말이 예술에 적용될 경우, 기존 기준이나 규칙을 거부하는 실험적이고 발명적인 작품이나 사람을 지칭한다. 이 말이 19세기 말에 처음 등장했을 때 '예술을 위한 예술' 움직임과 관련되면서 새로운 예술 탐색과 연관되었고, 점차 20세기 추상 예술을 대변하는 일반적인 용어로 인식되었다. 그러나 아방가르드 예술 발명이 중단 없이 이어지면서 초현실주의나 후기 현대파 같은 추상적이지 않은 아방가르드 예술도 많이 등장했다.

춤에서 아방가르드 움직임은 20세기 이후의 예술 역사에서 가장 전면적이고도 급진적인 도전이었다. 춤은 여러 예술을 융합시키고 새로운 미래 예술을 탐색하기 위한 토대로, 그리고 치열한 실험의 선두이자 중심이 된 아방가르드 예술 운동의 주축이었다. 20세기 이후의 아방가르드 예술에서는 꼭 '춤'이 아니라 해도 제스처나 움직임이 빠지지 않는다는 점에서 아방가르드 댄스의 역사는 다른 예술 분야와 결합해 전개되었다. 1910~20년대의 발레 루스와 바우하우스의 작업, 또 1950년대 머스 커닝엄의 댄스 이벤트는 같이 작업했던 아방가르드 미술가, 음악가, 영화, 공연을 춤과 함께 소개하는 모태가 되었다. 이어지는 1960~70년대의 후기 현대파 실험 역시 춤을 중심으로 여러 분야의 예술가들이 모여 전위적인 미래 예술의 향방을 고민하고 공동으로 작업했다. 이렇듯 춤에서의 전위적인 작업이 선구적인 이유는 언어를 사용하지 않는 무용가들이 개념적 구속에서 자유롭기 때문이 아닌가 생각한다. 20세기 무용사에서 사조나 양식에 대한 도전은 10~20년 간격으로 일어났다. 다른 예술에 비해 상대적으로 빠르게 벌어진 변화라는 점도 이 주장을 뒷받침한다.

19세기 말 데뷔해 1910년대 활발한 활동을 전개한 현대무용의 선구자 로이 풀러는 새로운 미래 예술을 구현하는 '시적 상징'이었다. 풀러는 그때까지 유일한 예술춤이던 발레의 규칙과 이념에서 벗어나는 것에 그치지 않고, 당대 최신 테크놀로지인 전기 조명과 추상적 움직임을 결합해 완전히 다른 차원의 극장 예술을 창조함으로써 모더니스트 스타일인 아르누보, 즉 새로운 예술 이념을 이론에 앞서 춤으로 먼저 구현해보인 선구자였다. 풀러의 춤은 추상 이미지로 가득했다. 그녀는 당대의 상징주의 미학에 꼭 들어맞는 예술 효과를 구체화하는 전위적 미래 예술의 총아였다. 전통적인 댄스 스텝이 아니라 긴 의상과 천을 막대기로 휘두르는 일종의 과제task 동작을 한 셈이다. 그 위에 첨단 테크놀로지의 추상적 이미지를 사방에서 투사해 이제까지 보지 못한 극장 공연물을 창조해낸 것이다.

1910~20년대 뛰어난 아방가르드 예술가들의 노력으로 형성된 세르게이 디아길레프의 발레 루스 역시 입체파, 미래파, 원시주의 등 20세기 초기의 거의 모든 전위적인 모더니즘 운동이 영향을 미친 결과였다. 이들의 공연 「퍼레이드」Parade, 1917를 본 시인 기욤 아폴리네르는 '초현실주의'라는 신조어를 생각해냈다. 20세기 초부터 제2차 세계대전 전까지 신체 문화의 영향과 함께 생생한 움직임과 현장감과 테크놀로지에 대한 관심이 특징인 현대 예술은 다양한 실험에서 자발적으로

이본 레이너의 「룸서비스」. 이본 레이너는 우연과 즉흥,
일상 움직임 등 급진적인 요소들을 병치하는 방법을 즐겨 사용했다.

춤을 수용해 무용과 다른 예술을 자연스럽게 연결했다. 이탈리아의 미래파는 기계화와 역동성 그리고 공연에 매료되어 제스처와 음악을 텍스트보다 중시했고 인형처럼 비인간적으로 움직이는 형태를 사용했다. 미래파 화가 자코모 발라Giacomo Balla, 1958~는 발레 루스의 작품 「불꽃놀이」Fireworks, 1917의 디자인을 맡아 빛의 쇼를 보여주었다. 1920년대 초현실주의자들의 공연에도 발레 무용수와 곡예사의 춤과 노래가 포함되었다.

1920년대 바우하우스의 실험적인 춤은 공간 속을 다양한 분위기로 움직이는 무성無性 인물, 혹은 꼭두각시처럼 기계적으로 움직이는 초시간적인 인간 형태를 보여주었다. 바우하우스 댄스 워크숍의 감독 오스카 슐레머는 춤추는 인간Tanzermensch을 '기계적인 인간 형태' Kunstfigur 즉 예술적 형태art figure로 변형시켰다. 그는 화가의 눈으로 인체를 바라보았으며 극장무용theater dance의 무대 움직임에서 모든 문학적이고 감정적인 측면을 배제했다. 기하학적인 패턴의 조형 이미지로 전환하고자 한 비전문 무용수의 시도였다. 바우하우스 댄스의 추상적 관점과 예술적인 형태로 비인간화된 무용수의 이미지는 1950년대 얼윈 니콜라이의 작품에서 재발견된다. 바우하우스 작품에서 발견되는 시각적 단순성과 비서술적인 구조, 일상 업무 행위와 미니멀 스타일은 오늘날 멀티미디어아트와 후기 현대파 무용 그리고 퍼포먼스 예술에 나타난다.

1950년대 말부터 1960년대 초까지 이어진 해프닝과 이벤트, 그리고 1970년대와 1980년대의 행위예술에서 신체 행위는 예술 세계에서 통용되는 매우 시각적인 장치이자 주요 요소였다. 비언어적 신체 행위에 대한 강조는 음악계뿐 아니라 리빙 시어터Living Theater나 리차드 포먼

Richard Foreman, 1937~, 메러디스 멍크Meredith Monk, 1942~, 로버트 윌슨 Robert Wilson, 1941~ 등의 전위적인 연극에서도 흔히 나타난 양식이다. 이렇듯 무용은 아방가르드 예술의 고정적인 볼거리로 자리 잡으면서 동시에 전위적인 사상을 춤에 적용해 새로운 모습을 찾아냈다. 1960년대의 아방가르드 무용가들은 극장무용의 제도와 관례를 철저하게 조사하고 드러내 예술춤과 삶의 경계를 허물어뜨리고 무용 작품을 구성하는 모든 형식에 이의를 제기했다. 초기 포스트모던 무용가들은 새로운 표현 형식과 스타일을 찾고자 한 것이 아니라 기존 예술춤 형식의 제작 자체를 문제 삼고 타파하고자 했다. 이는 예술로서의 춤 그 자체에 대한 이론적 기본 전제 모두를 거부한 것이다. 즉 훈련된 신체가 기술적인 동작을 특별한 장소에서 행한다는 요소 모두를 제거한 것이다. 이런 공격적인 거부는 미래파와 다다의 아방가르드와 닮았다.

후기 현대파 무용가들은 아방가르드 정신의 후예라는 자의식이 강했다. 그 이유는 이들이 모두 존 케이지John Cage, 1912~92와 머스 커닝엄 그룹의 영향 아래 당대의 아방가르드 정신들, 에릭 사티Erik Satie, 1866~1925, 마르셀 뒤샹Marcel Duchamp, 1887~1968, 아토냉 아르토Antonin Artaud, 1896~1948의 이론들을 학습했기 때문이다. 따라서 이들은 제도권 무용계로부터 한 발짝 물러나 객관적인 시선으로 무용계 내부의 문제나 다른 예술과의 관계, 예술과 일상과의 관계 등을 바라볼 수 있었던 것이다. 여기서 중요한 점은 이들 아방가르드 예술가 집단의 사상적 진원지에 섰던 존 케이지가 우연성이나 미확정성 같은 사상을 동양 철학과 종교 사상에서 끌어왔다는 점이다.

20세기 초 현대무용가들이 새로운 창조성의 영향을 동양 문화에서 끌어왔듯이 서양 후기 현대파 예술가들은 아방가르드 실험의 막다른

노아의 방주를 주제로 한 메러디스 멍크의 댄스 오페라 「Vessel」 촬영 장면.
그녀가 맨 앞에 등지고 섰다.

종착지에서 동양 문화에서 차용한 발상으로 비로소 예술과 삶의 경계를 허물 수 있었던 것이다. 동양 문화에서 예술이란 본디 삶을 위한 것이었고, 애초에 인생과 예술 사이에는 경계가 없다. 머스 커닝엄이 춤에서 중심을 해체한 것도 누구나 부처가 될 수 있다는 불교 사상으로부터 영향을 받은 것이고, 따라서 무대 어느 공간에서나 춤이 일어나고 모든 무용수가 평등하게 주인공이 될 수 있다고 생각한 것이다. 1960년대 후기 현대파 무용가는 모두 머스 커닝엄의 사상적 후예다.

  1980년대의 아방가르드 댄스로는 고급 예술로서의 무용을 거절하고 대중문화에 관심을 보인 트와일라 타프Twyla Tharp, 1941~를 들 수 있다. 타프는 재즈, 탭 댄스 등 사교춤과 대중춤부터 클래식 발레와 현대무용, 후기 현대파의 언어를 무대에서 동등하게 혼용하고 절충했다. 젠체하지 않는 태도, 관객과의 작위적인 거리감을 부정하는 일상적인 무대 매너도 타프의 춤이 급진적이되 대중적 인기를 누리는 원인이다. 피나 바우시의 탄츠테아터는 클래식과 대중음악 등 다양한 음악을 콜라주처럼 녹음해 이것으로 반주하는 가운데, 하이힐과 정장과 드레스를 입은 무용수들이 말하는 텍스트와 반복적인 동작을 포함한다. 탄츠테아터는 무용과 대사가 있는 연극, 음악극의 장르를 무너뜨리는 전위적인 공연이었다. 관습적인 무용 개념과 극명하게 대조되는 탄츠테아터는 전통적인 플롯이나 연속 개념이 없고 구체적인 캐릭터 제시나 특정 장소에 대한 개념도 없었다. 내용에서 고정된 입장을 취하지 않는 것이다. 피나 바우시의 작품은 구경꾼에게 현실로 돌아갈 것을 직접적으로 지시하며, 이야기는 사회적 경험에서 유추되는 몸의 논리로 풀어낸다. 이들 1980년대의 아방가르드 댄스가 1960~70년대 아방가르드와 다른 점은 대중적으로 인기를 누렸다는 점이다.

1990년대에는 인종과 젠더, 동성애, 민족성, 노년, 에이즈 등과 같은 사회·정치적 주제를 다루는 아방가르드 후예들도 나타났다. 하지만 오늘날 가장 급진적인 아방가르드 댄스 작업은 첨단 영상과 컴퓨터 테크놀로지와 결합시키는 멀티미디어 작업에 있다. 20세기에 접어들어 아방가르드 예술가들은 현대 사회의 시대성을 테크놀로지와 기계로 진단했고, 무용가들도 예외 없이 첨단 테크놀로지에 주목하며 그 기술을 춤에 결합시키는 데 지속적인 관심을 가졌다. 이는 로이 풀러에서 바우하우스와 머스 커닝엄, 얼윈 니콜라이 그리고 멀티미디어아트까지 관통하는 성격이다.

오페라 발레 Opera Ballet

오페라 발레란 춤과 노래가 대등하게 파트너를 이루는 화려하고 스펙터클한 무대다. 일종의 서정극 발레인데 대부분 내용은 빈약하며, 프랑스에서 17세기 말부터 18세기 초 사이에 유행한 발레 양식이다. 이는 앞선 서정 비극 발레 형식에 별 내용이 없는 디베르티스망이 조금 더 들어오고, 당시 유럽 전역에서 유행하던 오페라 서창부가 발레에 곁들여지면서 형성되었다.

16세기 말 이탈리아 피렌체에서 그리스 비극의 극적 표현성을 되살리기 위해 발달된 오페라의 스타일은 르네상스 말기의 궁정 여흥과 구경거리에 기초한 것이었다. 오페라의 시작부터 발레는 이 새로운 예술 형식에 스펙터클한 성격을 강화시킨다는 점에서 중요하게 생각되었고, 특히 오페라 마지막에 즐겁게 막을 내리는 데 빠질 수 없는 수단이 되었다. 발레를 오페라에서 스펙터클과 동일시하는 경향은 17세기 후반에 접어들어 프랑스를 제외한 전 유럽에서 이탈리아 궁정 오페라가 융성하면서 강화되었다. 그 결과 발레는 오페라에서 중요한 동반자 역할을 맡게 되었다.

이탈리아 아퀼라 출신인 프랑스의 재상 마자랭은 이탈리아 오페라 「La Finta Pazza」[1645]의 루브르 공연을 시작으로 루이 14세의 궁정에 오페라를 도입하고자 노력했다. 하지만 프랑스 귀족들은 냉담했고 발레 열기에 가려 주목조차 받지 못했다. 1661년 마자랭이 죽을 때까지

1686년 룰리의 오페라 발레 「아미드와 르노드」. 룰리가 1672년에 무용·음악 아카데미의 원장이 되면서 비로소 오페라가 '오페라 발레'를 통해 도입됐다.

이루지 못한 오페라 도입의 꿈은 루이 14세의 궁정 음악가이자 무용수 그리고 발레 제작자인 장-바티스트 룰리가 1672년에 무용·음악 아카데미의 원장이 되면서 오페라 발레와 함께 가능해졌다. 장-바티스트 룰리는 왕실 아카데미 초기부터 춤과 노래가 어울리는 새로운 극장 공연 형식의 서정적 드라마를 시작했다. 그러나 그는 과도한 이탈리아 사람들의 음악 취향과 프랑스 사람들의 열렬한 춤 취향을 간파해, 소품의 경우 막과 막 사이에 발레를 집어넣는 이탈리아 오페라와 달리 느린 춤곡풍으로 시작해서 점점 빨라지다가 미뉴에트로 끝나는 서막과 함께 발레를 오페라 서창보다 더 중요한 볼거리로 만들었다. 이는 춤에 중독된 프랑스 왕의 기호에 따라 연기의 일부로 춤을 보지 않고서는 오페라를 보기 힘들어 하는 관객의 분위기를 반영한 결과다. 그로부터 파리에서 오페라를 보러가는 관객은 당연히 발레를 보고자 했고 이들의 욕구는 발레가 주로 포진된 2막에서 충족되었다. 이는 유럽 오페라의 유행을 발레와 결합시킨 것이며 따라서 '오페라 발레'라 불린다.

훌륭한 기획자 룰리는 오페라를 제작하면서 음악과 대본, 디자인, 발레 간에 일관성이 중요하다는 것을 깨닫고 공동 제작 시스템을 만들었다. 루이 14세의 무용 교사이자 발레 학교 교장인 피에르 보샹이 오페라 발레의 안무를 맡았고, 음악은 룰리가, 장치 디자인은 장 배랭Jean Bérain, 1637~1711이 맡아 이탈리아 색조를 걷어내면서 프랑스 오페라가 생겨났다. 오페라 발레에서 춤은 극적인 행위를 느리게도 했지만 플롯의 진행을 돕기도 했다. 그리하여 고전이나 신화적 주제의 음악 사이 사이에 가벼운 춤 앙트레로 구성된 형식이 18세기 중반까지의 극장에서 공연된 여흥의 패턴이었다. 이런 스펙터클에서 춤의 인기가 증대되면서 1713년에 파리 오페라에 부속 무용 학교가 설립되었다. 따라서 프랑스 오페라는 근본적으로 장-바티스트 룰리의 창조물이라고 할 수 있다. 룰리는 1673년부터 1687년 죽기 전까지 왕실 아카데미를 위해 17개의 발레 오페라를 작곡했다. 장-바티스트 룰리는 비극 작품에서 모든 막마다 노래와 춤으로 구성된 디베르티스망이 꼭 들어가도록 고집했다. 룰리가 이 작품들을 통해 춤에 기여한 것은 춤을 극적 요소로 보아 주제 전달을 위한 표현성에 주목했다는 점이다. 룰리는 팬터마임에 각별한 관심을 보였고 따라서 이런 춤에 대한 그의 관점은 프랑스 혁명[1789]까지 프랑스 오페라 발전에 영향을 미쳤다.

그러나 룰리의 죽음과 함께 피에르 보샹도 은퇴했고, 프랑스 오페라 극장 공연에서 춤의 비중은 다시 늘어났다. 행위나 분위기상 극적 통일성도 재빨리 사라졌다. 이 결과 저녁 내내 공연될 정도의 디베르티스망으로 다양한 막이 느슨하게 연결된 오페라 발레가 탄생했다. 오페라 발레 장르는 장-필리프 라모[Jean-Phillipe Rameau, 1683~1764]의 「Les Indes Galante」[1735]에 이르러 절정에 달한다. 장-바티스트 룰리 사후 오페라 발레는 3막이나 4막 구성에서 매 막마다 다른 플롯과 캐릭터들이 등장해 극적 연속성을 상실하게 되었다. 각 막은 내용과 상관없이 단순히 춤만 추는 디베르티스망으로 전개되었고, 이런 오페라 발레에서 디베르티스망은 인기를 끌던 사교춤으로 구성되었다.

1850년대 후반에 이르러서야 프랑스 대중은 오페라에 관심을 보였다. 1830~40년대에 절정을 이룬 낭만 발레의 인기가 사그라지기 시작한 뒤에야 관심이 옮겨간 것이다. 이는 마자랭이 이탈리아 오페라를 처음 프랑스 궁정에 소개하고자 노력을 기울인 때로부터 2세기나 지난 뒤다.

왕비의 희극 발레 Ballet Comique de la Reine

「왕비의 희극 발레」1581는 앙리 3세1551~89의 처제 마르그리트 보몽 Marguerite de Vaudémont과 총애하는 신하 주아이외 공작Duke of Joyeuse, 1560~87의 정략결혼을 위해 2주일이 넘도록 벌어진 궁정 축제 중에 공연되었다. 이 발레는 무용사학자들이 최초의 발레라 지목하는 프랑스 궁정 발레다. 캐서린 드 메디치Catherine de' Medici, 1519~89의 지시로 그녀의 시종 발타사르 드 보조이외Balthasar de Beaujoyeulx, 1535~87가 안무자 겸 총지휘자가 되어 개최한 이 발레가 최초의 발레로 지목되는 이유는, 이것이 이전의 어느 궁정 연회보다 예술적 수준이 높고 장대했을 뿐 아니라 무엇보다 일관된 극적 테마를 시도했기 때문이다. 춤과 음악과 시를 결합한 이 작품은 이탈리아 막간극과 노래와 팬터마임, 그리고 플로어 패턴에 따라 춤추는 피겨 댄싱의 여러 요소를 결합한 진정한 궁정 발레였다. 작품명에서 'comique'는 코미디란 뜻보다 이 연희가 극적인 것이라는 뜻이다.

이 발레의 주제는 키르케의 마법으로부터 인간을 해방시키는 것인데, 이것이 정치적·종교적으로 함축한 의미는 왕실의 힘으로 국가를 실책에서 해방시킨다는 것이다. 이 작품의 중요성은 스펙터클의 여러 부분, 즉 음악, 춤, 노래, 가사 등이 일관된 주제로 관련성을 지니며 연속적으로 발전, 전개된다는 점이며 그것이 바로 이 작품의 참신한 독창성이다. 발타사르 드 보조이외도 이 작품을 위한 글 「독자들에게 부

「왕비의 희극 발레」의 시작 장면. 역사상 최초의 발레라 지목되는 작품으로, 캐서린 드 메디치의 지시에 따라 보조이외가 안무했다.

「왕비의 희극 발레」에 등장하는 분수는 진짜 금과 은으로 만들었고 향수물이 흘렀다. 이 대차에 왕비와 시종들, 음악가들이 타고 등장했다.

쳐」에서 "나는 발레와 희극을 결합하고 시적 음악을 다양하게 구사하며 음악과 시를 엮고 혼합하는 것이 비상식이 아니라는 것을 발견했다"라며 이 작품에서 발레와 희극의 종합을 꾀했음을 밝혔다. 따라서 춤과 음악, 장치 그리고 단막극으로 이루어지던 연희가 통일된 스토리를 전개하면서 발레라 불리게 된 것이다. 그리하여 발레란 춤을 통한 이야기극 형식이 되었고 이러한 경향은 20세기까지 발레의 기본 성격이 된다.

남자들을 황홀한 상태에 가두는 마녀 키르케의 포로가 탈출해 앙리 왕 앞에 조아리며, 키르케에게 잡힌 군주 일행을 구하고 보호해줄 것을 호소하면서 이야기가 시작된다. 당시 프랑스의 정치 상황을 비유한 장광설이 잔뜩 곁들여졌음은 물론이다. 극 속에서 마녀는 주피터의 번개로 제압되고 마지막 장면에서 주피터는 이를 진짜 프랑스 왕 앙리 3세에게 넘긴다. 발레에서 주피터는 앙리 왕으로 상징되고 작품의 두 번째 장면서부터 프랑스 왕에 대한 찬사가 이어진다. 세 명의 인어와 바다의 신이 나타나 회랑을 돌면서 정교한 부조와 함께 진짜 금과 은으로 만들어진 3단 향수 분수대 앞에서 앙리 왕에게 주피터보다 고귀한 왕이라고 칭송한다. 이 작품에는 캐서린 드 메디치를 비롯해 앙리 3세의 왕비 루이즈 여왕Louise de Lorraine, 1553~1601, 로레인 공주Duchess of Lorraine, 1547~75 등 궁정의 귀족 부인이 대거 출연했다. 그 가운데 캐서린 드 메디치는 이들을 총괄하는 천재적인 무용수였다. 작품의 마지막 그랑 발레 부분에서 캐서린 드 메디치와 귀족 부인들은 물의 요정으로 분해 왕자를 인도하며 춤grand ball을 추게 하고, 왕자의 춤이 끝난 뒤 모두 브랑르를 추면서 발레가 끝난다. 이 작품의 피날레와 그랑 발레는 각기 15장과 40장이며, 여기서 직사각형, 원, 삼각형 등 매우 기하학적인 대형을 만든다. 이 부분에서 발타사르 드 보조이외의 안무는 연금술에 비유되었다.

호사의 극치인 이 발레 제작에는 엄청난 경비가 소용되어 국가 재정이 큰 타격을 입을 정도였다. 이 발레는 시각적으로 만족스러운 이벤트일 뿐 아니라 즐거운 춤으로 끝나는 구성이었다. 따라서 극장 공연 이후 춤으로 이어지는 구성은 이후 100년 동안 모든 발레 공연의 패턴이 되었다. 이 시기부터 프랑스가 발레 발전의 중심지가 된 반면 이탈리아는 오페라 발전의 본고장이 되었다.

이 발레는 저녁 10시에 시작해 새벽 3시 30분에 끝났고, 그 뒤를 이어 무도회와 식사가 제공되었다. 왕과 왕비는 자리를 뜨고 축제는 날이 밝아서야 끝났다. 출연한 배역은 모두 귀족이 맡았고 이들은 금실과 은실로 짠 옷에다 진주와 다이아몬드 등 보석으로 한껏 치장했다. 발타사르 드 보조이외는 이 공연에 흡족해하며 팸플릿에 "작품의 여러 요소가 조화롭게 비례를 갖춘 창작을 통해 나는 사람들의 눈과 귀 그리고 지성을 만족시켰다"라고 썼다. 1555년부터 캐서린 드 메디치의 시종이 된 발타사르 드 보조이외는 이후 매리 스튜어트[Mary Stuart, 1542~87]와 샤를 9세[1550~74] 그리고 앙리 3세의 시종이 되어 궁정 발레 안무와 기획을 담당했다.

재즈 댄스 Jazz Dance

재즈 댄스는 미국이 다양한 인종과 문화의 도가니가 되면서 여러 종류의 기술과 무용 스타일이 도회적 분위기를 내세우며 축적된 결과다. 재즈 댄스는 20세기 초 미국의 독특한 대중음악인 재즈 반주로 자연스럽게 생겨났다. 재즈는 원래 미국 남부 뉴올리언스에서 장례 행진이나 퍼레이드, 선술집, 매음굴에서 연주하던 작은 흑인 밴드 음악으로 시작되었는데, 1913년 뉴욕에서 '오리지널 딕시랜드 밴드'가 결성되자마자 재즈가 미국의 대중음악 분야를 장악했다. 세계대전 이후 축음기의 대중화로 녹음 음악이 보급되었고, 공중파 방송이 재즈 리듬과 애티튜드를 전파하는 데 기여했다. 그 결과 '재즈'는 '자유'와 '좋은 시간'의 동의어가 되고 기성세대의 금기나 사회적 태도를 포기한다는 의미가 되어 전후 젊은 세대의 열기 넘치고 근심 없는 재즈 시대가 열렸다.

이후 사람들은 추고 싶은 대로 춤을 추었으며 전쟁은 사회적 장벽을 무너뜨렸다. 이전의 폐쇄적인 댄스파티나 클럽과는 매우 다른 공공 무용 홀이 생겨나면서 무용수와 춤은 모두 자유로워졌다. 재즈 댄스는 즉각적인 전달력과 유머, 그리고 일종의 긴장감, 경이로움을 지닌 도발적인 춤이다. 특히 프리 스타일 재즈 댄스는 감정에 기초한 개인적 표현에 중점을 둔다. 따라서 재즈 댄스는 '도시의 민속춤' 혹은 '도시의 트레이드마크'라 불리기도 했다.

재즈 시대라 명명된 1920년대에 블랙 보텀 black bottom, 버니 허그

bunny hug, 찰스턴charleston 같은 춤이 매우 유행했다. 재즈가 미국 북부로 전파되면서 1930년대 스윙swing 시대가 열렸다. 스윙은 초기 재즈에서 영향을 받은 '물 탄' watered down 재즈 또는 대중화된 재즈인데, 흑인과 백인으로 구성된 규모가 큰 밴드들이 연주했다. 1920년대의 새로운 춤과 원시 아프리카 춤과 뮤지컬 댄스의 스텝과 움직임이 결합되어 다양하고 절충적인 극장무용이 탄생했다.

재즈 댄스에서 리듬은 매우 중요하다. 동시적인 여러 가지 리듬과 오프 비트에 강세를 두는 당김음과 잠깐 멈춤이 강렬함을 안겨준다. 무용수들은 몸과 어깨, 골반을 좌우로 회전시키거나 몸통을 관통하는 연속적인 움직임을 선보이며, 신체를 분리시켜 독립적으로 움직이고 온몸이 하나로 움직이는 법이 거의 없다. 그리고 매우 낮은 지점에서 움직이기 때문에 독특한 공간감과 세속적인 분위기를 풍긴다. 20세기 초의 대중적인 무용 형식으로부터 생겨난 재즈 댄스는 나이트클럽이나 브로드웨이 뮤지컬, 영화, TV의 다양한 분야로 퍼져나갔다.

재즈 댄스는 20세기 초 사교무용에 가장 큰 충격이었지만, 극장식 재즈 무용은 조지 발란신이 1936년 브로드웨이 뮤지컬 「On Your Toe」의 "Slaughter on 10th Avenue"를 안무하면서 시작되었다. 발란신은 탭 댄서인 허비 하퍼Herbie Harper, 1920~의 도움으로 흑인 리듬 댄싱을 발레와 결합시켰다. 1940년대 뮤지컬과 영화에서는 재즈 안무자이자 공연자 잭 콜Jack cole, 1911~74의 활약이 두드러졌다. 그는 데니숀 무용 학교 출신으로 도리스 험프리와 찰스 와이드먼Charles Weidman, 1901~75 테크닉에 기초해 인도, 스페인, 힌두, 라틴 아메리칸 스타일의 움직임을 스윙 음악과 결합시켰다. 20세기 전반까지 주요 재즈 댄스 선생과 유명한 무용수들이 모두 그의 영향을 받았다.

「웨스트사이드 스토리」(1957)의 재즈 댄스.

제롬 로빈스Jerome Robbins, 1918~98도 1940년대 극장 재즈 댄스의 주요 인물이다. 그는 뮤지컬 「웨스트사이드 스토리」1957 안무로 유명하다. 동시대에 현대무용가 캐서린 던햄Katherine Dunham, 1909~2006은 정통 아프리카, 캐리비언, 아프로아메리칸의 무용의식과 스텝을 연구해 이를 재즈 무용에 결합했으며, 브로드웨이와 영화에서 재즈 무용수와 안무자로 활약했다. 1950년대에 뉴욕의 재즈 무용 학교에서 아프리카, 쿠바, 아이티 등 다양한 종족 무용이 재즈 무용에서 결합되기 시작했다. 1950년대에 브로드웨이와 영화, 뮤지컬에서 활약한 존 그레고리Jon Gregory 역시 영향력이 큰 재즈 무용가였다.

1950년대 전반기에 들어 점차 재즈라는 용어가 무용 수업에서 '프리 스타일'이라는 말로 바뀌기 시작했고, 곧 뮤지컬 코미디, 아프로큐반Afro-Cuban 혹은 프리미티브primitive라 불리기도 했다. 그러나 1960년대 들어 제롬 로빈스의 「웨스트사이드 스토리」의 성공에 힘입어 미국 전역의 무용 학원과 문화 센터, 체육관에 재즈 수업이 보급되었고, 1970년대 들어서는 대학 무용과에서도 재즈 무용을 교과과정에 포함시키기 시작했다. 재즈 댄스는 자극적이고 활기 넘치며 역동적인 특성 덕분에 대중적인 무대 공연에 적합하다. 따라서 재즈 댄스는 흑인 문화에서 출발했지만 인종을 불문하고 전문적인 무대 무용수 또는 TV 무용수가 되고자 하는 사람들을 위한 중요한 훈련 방식이 되었다.

재즈 댄스는 어느 배경에서 추든지 도회적인 재즈 음악에 맞추어 감정에 기초한 즉흥적인 움직임 방식의 스타일이라는 본질을 공유한다. 우리나라에는 1920년대에 재즈 음악과 무용이 모더니즘의 선봉장으로 들어왔고, 당대 모던걸과 모던보이들에게 서구화된 삶의 전형으로 인식되었다.

저드슨 그룹 Judson Dance Theater

1962년 여름 어느 젊은 안무가 그룹이 뉴욕 그리니치빌리지의 저드슨 교회에서 전위적 안무를 위한 협동작업의 결과를 발표했다. 이 공연은 머스 커닝엄의 반주자이자 자칭 '잘못된 철학자'인 로버트 던 Robert Dunn, 1928~1996이 머스 커닝엄 스튜디오에서 가르친 안무 수업의 마무리 공연이었다. 던은 존 케이지의 실험적 음악 이론 수업을 듣고 존 케이지의 초청으로 안무 수업을 가르치게 되었는데, 그의 학생들이 모두 무용 경험자는 아니었다. 몇 명은 커닝엄 무용단원이었고 또 일부는 커닝엄 스튜디오에서 무용 수업을 듣는 정도였다. 이중에는 시각예술가들과 작곡가, 영화 제작자들도 포함되었다. 따라서 다양한 예술과 철학, 종교 사상 등에서 아이디어와 구조를 끌어오는 통합적 분위기가 저드슨 그룹의 두드러진 특색이었다.

매우 전위적인 의도로 만든 작품들을 공연하기 위해 장소를 물색하던 중, 뉴욕의 예술인과 지성인들의 중심지인 그리니치빌리지의 개방적인 저드슨 메모리얼 교회를 발견한 것이다. 저드슨 교회의 목회자와 교구민들은 개혁 정치나 인권 운동과 예술 활동에 관심을 가지고 이미 해프닝이나 팝 아트 그리고 정치적 예술 전시를 한 전력을 갖고 있었다. 이 교회는 저드슨 무용단 때문에 곧 뉴욕 아방가르드 무용의 중심이 되었다. 1962년 7월 6일, 안무가 14명이 23개의 작품을 여러 시간에 걸쳐 한 첫 공연Dance#1은 무료로 진행됐다. 이는 무용을 변화시킨 역사적 과정이었다. 저드슨 무용단의 활동은 1930~40년대 현대무용의 발화 이후 처음으로 등장한 아방가르드 무용으로, 후기 현대파 무용의 근원이 되었다.

1962년 가을, 던이 안무 수업을 그만둔 뒤 이들은 매주 독자적으로 비평과 콘서트를 위한 워크숍을 열었다. 처음에 이본 레이너의 스튜디오에서 열리던 워크숍은 저드슨 교회로 옮겨갔다. 이후 2년에 걸쳐 거의 200여 작품을 발표한 이 그룹은 1963년 4월부터 스스로 '저드슨 무용단'Judson Dance Theater이라 부르기 시작했다. 저드슨 무용단의 결성에 영향을 미친 이들은 1950년대의 아방가르드 안무가인 머스 커닝엄, 폴 테일러Paul Taylor, 1930~와 존 케이지, 안나 할프린Anna Halprin, 1920~, 제임스 워링James Warring, 시몬느 포르티Simone Forti, 1935~, 그밖에 플럭서스와 해프닝 같은 예술움직임이었다. 이들은 저드슨 그룹이 현대의 '아카데미'를 파괴하는 데 있어 선례가 되었다. 저드슨 무용단은 초기 현대무용가들이 이전의 전통을 모두 내다버린 것과 달리 그들의 여건을 완전히 거부하지는 않았나. 대신 이들을 자유롭게 차용하고 모방하고 풍자하고 비평하면서 전복시켰다.

1950년대 말과 1960년대 초에 걸쳐 미국 예술계에 일어난 선종Zen Buddhism과 실존주의와 현상학에 대한 철학적 흥미는 예술 작업에도 영향을 미쳤다. 철학적 존재의 구체성과 일상 행위에 대한 관심, 개인과 집단적 정체에 대한 논의도 20세기 후반 현대예술가들에게 적절한 주제가 되었다. 현상학자들이 외치던 "현상으로 돌아가라!"는 경고가 당시 모든 예술가들의 작업에 반영되고 있었다. 저드슨 무용단의 안무자들은 작품과 매주 열린 워크숍 토론에서 확립된 무용 미학을 문제 삼았다. 이들은 발레와 현대무용의 체계를 거부하고 전통적인 무용 공연의 형식과 프로시니엄 무대마저 부정하며 무용 공연의 존재론적 지위를 탐색했다. 이들은 새로운 무용 이론을 요청하는 구체적이고도 추상적인 실험을 했고 처음으로 무용 세계의 정치적 변동을 불러일으켰다. 이들은 음악가와 디자이너 등과 함께 협동 작업하는 방법을 발견했다. 1962~64년 사이 저드슨 무용단의 정식 콘서트는 16회 모두 집단적으로 제작되었다.

저드슨 무용단의 미학 사상은 결코 획일적이지 않았으며 이들은 의도적으로 정의를 내리거나 제한을 두지 않았다. 안무 스타일은 연습실에서 행한 밑그림에서 발전한 것이며, 저드슨 무용단이 창조한 작품은 놀라울 정도로 다양했다. 하지만 특정 관심과 스타일이 드러나기 시작했다. 우선 이들이 집단적으로 작업하면서 생긴 민주적인 약속이다. 복잡하고 집단적인 과정을 거치면서 은유적으로는 자유를 표방하는 안무 형식을 낳은 것이다. 즉흥적이고 자연발생적인 결정과 우연적인 기술 사용 등은 규정이 아니라는 점에서 정치성을 띠게 되었다. 이들은 한마디로 현대무용계의 계급적인 위계질서와 권위적인 구조를 거부한 것이다.

저드슨 무용단의 안무자와 무용수들은 무용 경험자와 무경험자가 섞여 있었기 때문에 결과는 기교 수준과 상관없었다. 대신 워크숍 참가자 모두의 참여를 끌어냄으로써 세련되지는 않지만 자발적이고 자연스러운 모습을 보여주었고, 그리하여 공연자와 관객의 거리감을 좁혀주었다. 이들은 잘 훈련받은 무용수를 확보할 수 없었기 때문에 일상적 신체와 움직임을 민주적으로 수용할 수밖에 없었고, 이로써 결과적으로 무용 그 자체에 대한 물음을 제기하게 된 것이다. 저드슨 무용단이 후기 현대파 무용에 남긴 가장 중요한 유산은 무용수의 움직임뿐 아

1963년 저드슨 교회에서 공동 이벤트가 열렸다. 저드슨 교회는 이전에도 해프닝이나 팝 아트 그리고 정치적 예술 전시를 한 전력을 갖고 있었다.

니라 시각 예술가나 음악가 그리고 일반인의 행위들을 포함한 어떠한 것도 안무로 볼 수 있다는 태도다. 제작자가 춤으로 제시하기만 한다면, 즉 춤의 틀에 넣어서 보여준다면 그것만으로 무엇이라도 안무의 관점에서 바라보고 재검토할 수 있다는 제도론적 무용 이론을 형성한 것이다. 이러한 제도론적 무용 이론은 저드슨 무용가들과 이들을 열성적으로 설명하고 옹호한『빌리지 보이스』Village Voice의 무용 비평가 질 존스턴이 전개하고 보급시켰다.

 1964년 여름 이들의 협동 작업이 해체된 이후, 저드슨 워크숍의 오리지널 멤버인 이본 레이너, 스티브 팩스턴, 데이비드 고든David Gordon, 1936~, 데버러 헤이Deborah Hay, 1941~, 알렌 로트라인Arlene Rothlein, 1939~76, 캐롤리 슈니만Carolee Schneemann, 1939~, 트리샤 브라운, 일레인 서머스Elaine Summers, 샐리 그로스Sally Gross와 제2세대 저드슨 안무가인 메러디스 멍크, 케네스 킹Kenneth King, 1948~, 푀브 네비Phoebe Neville는 저드슨 무용단의 포괄적인 무대에서 갈라져나온 세 갈래의 후기 현대파 무용을 1980년대까지 이끌었다. 첫 번째 경향은 현대무용의 이론을 검토하는 분석적이고 환원주의적인 작품으로, 이본 레이너와 스티브 팩스턴, 로버트 모리스Robert Morris, 1931~와 루신다 차일즈 등이 주도했다. 두 번째 흐름은 유머러스하고 극장적인 바로크 스타일의 데이비드 고든, 로슬레임, 프레드 헤코Fred Herko, 1936~64다. 그리고 세 번째 경향은 일레인 서머스와 주디스 던Judith Dunn, 필립 코너Philip Corner, 1933~의 멀티미디어 경향이었다.

 저드슨 안무자들은 현대무용의 과도한 심리주의와 정조적 드라마 그리고 사회적 진술의 경향에 비판적이었다. 이들은 심지어 인간성마저 고갈시켜 버리는 듯한 머스 커닝엄의 과도한 형식 탐구를 비난하기도 했다. 그리고 무용 공간에 대한 탐색을 시도하기도 했는데, 전통적으로 춤추던 장소가 아닌 공간을 어떻게 채울 것인지 실제적이고도 예술적인 고민을 했다.

정재 呈才

정재란 궁중에서 연행된 가무를 지칭한다. '군왕에게 헌기한다' '예재로 헌정한다' '왕실을 위해 봉공한다' '재조才操를 드린다'는 뜻으로 예술적 재능과 기교를 고귀한 사람에게 보인다는 의미. 이러한 정재는 비단 춤뿐만 아니라 '땅재주, 줄타기 등 모든 재예才藝를 드린다'는 뜻을 비롯해 궁중의례 때 연희된 노래와 무용을 지칭하는 궁중무악의 대명사로 총칭되는 개념이기도 하다.

정재라는 용어가 통용되고 정착된 것은 조선시대부터다. 우리나라의 궁중무용은 이미 삼국시대 이전부터 발생한 것이고 고려를 지나면서 유형에 따른 양식과 명칭이 분화될 정도로 궁중정재의 성격이 분명해졌으나, 『고려사』高麗史 「악지」樂志에는 '정재'라는 용어가 보이지 않는다. 정재라는 용어가 처음 발견되는 것은 『태종실록』太宗實錄, 1402이고 그 이후 조선조의 사료에서 모두 일관되게 '정재'라고 궁중무악을 기록했다.

정재는 나라의 경사나 궁중의 향연 혹은 국빈을 위한 연회와 왕후장상의 완상용이었기 때문에 대부분 왕실의 존엄을 찬양하고 왕의 만수무강과 복록, 나라의 평안을 기원하는 내용이다. 정재는 궁중연향에서 추기 때문에 우선 조종의 공덕을 추앙하고 왕업의 선정, 선치한 과업을 과시하고 선양하는 동시에 왕실의 번영을 경축하는 것이 목적이었다. 궁중연향은 주로 왕실의 경사라든지 정치적 목적을 지닌 때 열렸는데, 임금이 외국 사신을 위해 베푸는 것부터 왕실의 종친과 형제를 위한 것, 군신을 위한 것, 중국에 사신을 보내기 전과 돌아올 때, 그리고 장신將臣을 보낼 때와 위로하기 위한 것으로 종류를 대별한다. 조선조 궁중연향에서 추는 정재의 단자는 창사와 내용이 연향의 목적에 맞게끔 왕이 사전에 결정했다.

오늘날의 기준으로 보면 정재는 춤이라기보다는 국가적인 의례에 해당한다. 정재가 기록된 『고려사』의 「악지」와 『악학궤범』樂學軌範에는 춤의 순서를 포함해 정재를 진행하는 절차, 즉 의물 등장과 배열, 무용수의 등장 시기와 위치, 춤을 출 때 사용하는 무구의 등장과 퇴장 그리고 음악의 진행과 창사 내용 등이 상세하게 기록되어 있는 반면, 동작에 대한 기술은 미약하다. 궁중정재는 조선조 궁중예악의 뿌리이자 꽃이었다.

고구려와 백제의 악무에 대한 자료는 오늘날 남아 있지 않은 반면, 역성혁명으로 정권을 획득한 조선조는 왕조의 정통성을 획득하기 위해 예악 질서를 확립히려는 노력의 일환으로 궁중악을 크게 정비하면서 조선의 창건을 칭송하고 왕조의 정당성을 표명하는 정재를 상당수 창작했다. 따라서 조선 왕실의 권위를 높이려는 정치적 의도 하에 정도전이 정재 연습을 관장하는 악학 기관 관습도감의 관장을 맡았는데, 그는 이성계를 도와 정권을 찬탈한 개국공신이었다. 이들 개국공신들이 신진사대부로 성장하면서 조선 전기 정재 창작의 주역이 되었다. 이들은 정재를 춤출 때 함께 부르거나 말하는 창사, 즉 노래나 구호, 치어 등을 직접 지어 조선 왕조의 정통성과 왕권 강화를 위한 정치적 메시지를 전하는 도구로 삼았다. 정도전은 정재 「문덕곡」「몽금척」「수보록」을 태조에게 지어올렸다.

1795년 화성 봉수당에서 열린 혜경궁홍씨의 회갑연 '봉수당진찬'(奉壽堂進饌) 중 자궁의 불로장생을 염원하는 정재「헌선도」(獻仙桃) 장면. 국립국악원 무용단의 재연이다.

당시 정재를 추는 기녀나 무동, 악공을 관리하고 새로운 정재 창작과 정리를 관장하던 악학 기관은 과거에 급제한 당대 최고의 사대부 출신 유학자들이 담당했으므로 이들이 춤과 음악을 제정해 정권 수호의 발판으로 삼고 정재를 유교 문화의 꽃으로 피워낸 것이다. 정재는 근정전처럼 궁의 정전 뜰에서 왕과 중신들이 주안상을 받고 빙 둘러앉은 가운데 행해졌다. 연향의 크기에 따라 악대가 세 팀까지 연회장을 에워싸고 음악을 연주를 했는데, 아름다운 단청 처마 아래 공연장 주변에 도열한 병졸과 깃발, 장막 그리고 기마를 탄 병사가 겹겹으로 둘러싸고 술이나 음식이 한 가지 나온 다음 특정 레퍼토리를 추는 순서로 진행되었다.

정재는 여기들이 추었는데 세종 조 박연朴堧, 1378~1458의 상소로 외연의 경우 무동들이 추게 되었다. 세종 19년1437의 연향에 동원된 무동, 여기, 악공이 무려 530명에 이르렀다는 실록 기록이 있고, 세종 조에 창작된 정재가 36종에 달해 세종 조는 한국 궁중무용의 전성기였다. 그러므로 조선 초기의 정재는 유가 예술의 표본이라 할 수 있다. 이런 궁중무용은 우선 창사를 창작하고 곡조를 붙이는 일 그리고 안무에 이르기까지 여러 사람의 손을 거치는 집단 창작 과정을 거친다는 점과 춤의 내용을 노래로 설명한다는 것이 특징이다. 정재는 시작과 끝에 노래로 춤을 설명하고 절을 하기 때문에 움직임 자체로 표현을 시도하는 경우는 없지만 그 동작을 어떻게 추는지, 즉 춤추는 예법은 매우 중요하다.

고려 시대 중국 송나라의 궁중무용이 우리나라에 들어오면서 본래 우리나라에서 추던 궁중춤 '향악정재'와 중국에서 들어온 '당악정재'로 명칭이 나뉘었다. 이는 통일신라 이후 중국에서 들어온 중국 곡조와 악기, 춤을 '당악'이라고 하고 우리의 고유한 곡조와 악기, 춤을 '향악'이라고 한 선례에 따른 것이다. 신라 시대부터 이어지는 정재로는 「검무」「처용무」「무애무」「선유락」 등 4종의 향악정재가 있고 고려 시대부터 전해오는 정재는 4종의 향악정재와 5종의 당악정재가 있다.

조선조 말 효명세자 대리청정기에 자주적인 춤의 진경시대가 열렸다. 황혼에 접어든 왕조를 일으켜 세우고자 강력한 왕권 중심의 정치사상을 화려한 황제식 연향으로 피력한 효명세자는 연향 도입부에 만신이 꿇어앉은 순간 낭독하는 치사를 손수 지었고, 이를 직접 낭독하고 격식을 갖춘 정재를 만들었다. 효명세자는 3년여 대리청정 기간에 무용정치를 펼쳐 40여 종의 정재를 공연했는데 그중 26개는 직접 창작하거나 새롭게 재현한 것이었다. 순조 29년 기축년 진찬의 외연에 참석한 신하는 221명이었으며, 이들의 접대를 맡은 관리만도 70인이 동원되었으니 그 장대함을 미루어 짐작할 수 있다. 순조 28~29년[1828~29] 동안 외연에서 거행된 모든 정재는 40여 개에 달해 가히 조선 정재 역사상 양적으로나 질적으로 부흥기였다고 하겠다. 조선조 말까지 전하는 정재 수가 총 53종임을 볼 때, 효명세자는 조선조 말 정재 양식을 재정립한 춤을 사랑한 왕이었다.

추상 발레 Abstract Ballet

추상 발레란 플롯이나 캐릭터가 없는 발레를 뜻하는데, 이는 20세기에 접어들어 발레가 현대화되면서 나타난 스타일이다. 발레에서 첫 번째 추상 발레로 지목되는 것은 미하일 포킨의 「쇼피니아나」Chopiniana, 1907다. 포킨은 새로운 발레 이념에 따라 발레에 꼭 캐릭터가 있어야 하는 것은 아니라고 생각했다. 처음 「쇼피니아나」가 안무될 당시에는 비록 모든 서술 구조를 포기하기 했지만 단순히 쇼팽 음악에 맞춘 디베르티스망만은 아니었다. 몇 번의 개작 뒤에 「레 실피드」Les Sylphides, 1909로 제목을 바꿀 무렵에는 이야기 없이 음악에서 비롯된 춤의 성격이 분명해졌다. 이렇게 음악과 일치하는 자족성을 지닌 작품은 종전의 단순한 디베르티스망과 차이가 있었다. 포킨은 이런 발레를 앞선 세대의 '옛' 발레와 차별 짓기 위해 '새로운' 발레라고 했고, 역사학자들은 '분위기 발레'ballet of mood라고 불렀다.

「레 실피드」란 예술적으로 낭만 발레의 발레 블랑을 스토리 없이 독립적으로 공연한 것이다. 이 작품은 낭만 발레리나 마리 탈리오니를 뮤즈로 삼았던 쇼팽의 말년의 환상을 그린 것으로, 작품 속에서 '젊음'이란 청년이 여러 명의 낭만 발레리나에게 둘러싸여 왈츠, 프렐류드, 마주르카 등을 추는 것이다. 20세기 중반 뉴욕에서 현대 발레를 완성한 이로 평가받는 조지 발란신이 미국에 도착해 안무한 첫 번째 작품이 이 실피드 스타일의 몽상적 작품 「세레나데」다. 하얀 낭만 발레 치마를

「아곤」에서 수잔 파렐과 피터 마틴스의 2인무.
이 작품은 발란신 발레의 정수를 보여준다. 발란신은 무용에서
내용을 제거해 동작의 아름다움에 주목하게 했다.

발란신의 「아폴로」(1928)에서 무용수 신체 중첩에 의한 기하학적 디자인.

입은 발레리나들이 수준 높은 기교를 선보이며 발레 블랑의 몽상적인 분위기를 자아내는 이 작품은 스토리가 없으며, 단막짜리 반주 음악인 차이콥스키의 현악곡 이름에서 제목을 따왔다. 발란신은 이런 스타일로 미국에서 추상 발레를 완성시켰다.

발란신은 20세기 초에 유행한 표현주의적 흐름에 흥미를 느끼지 못했다. 그는 스토리를 따라가는 것이 아니라 움직임 자체로 충족하는 발레를 창작했고 이러한 발레가 충격적이었던 만큼 '차갑고'cold '극적이지 않고'undramatic '냉담하다'coolness는 비난의 대상이 되었다. 그의 작품은 근본적으로 음악을 시각적으로 편성하는 것으로, 그가 선택한 음악의 구조적 변화와 분위기를 안무에 반영한다. 보통 조지 발란신은 '순수'pure하고 '차갑다'heartless고 하는 음악을 고르고, 우아하고 세련된 동작으로 '공간 기하학의 추구'라 불리는 순수하고 차가운 안무를 형상화했다.

뉴욕 시티 발레단의 공연에서 이야기가 없는 발레를 아무 장치도 없는 텅 빈 무대에서 연습복 차림으로 추게 함으로써 그는 관객이 움직임 자체를 보도록 꾸준히 강요했고, 그 결과 추상 발레라는 이름을 얻었다. 추상abstract이란 '빼낸다' 혹은 '제거한다'는 뜻이다. 추상은 무용에서 비본질적인 것을 제거해 본질을 드러내는 방법이다. 그러므로 무용에서 추상 기법이란 가장 본질적 요소인 움직임만으로 무용 예술이 충족되고 완전하게 하기 위해 오로지 움직임만 드러내는 시도다. 추상이란 특정 유파를 설명하는 것이 아니라 예술 기법을 지칭한다. 추상 기법은 무용에서 움직임 자체를 탐색하고 드러내는 방식으로 쓰인 것이다. 그러므로 추상 발레는 플롯이나 내용이 없어 아이디어의 제한을 받지 않는 순수하고 절대적인 움직임으로만 구성된 발레를 뜻한다.

조지 발란신의 무용수들이 연습복인 레오타드leotard와 타이츠 차림이었기 때문에 이들 추상 발레는 초보 관객에게는 '레오타드 발레'라 불리기도 했다. 검정 레오타드와 흰 타이츠의 조화가 흑백 효과를 자아냈기 때문에 'black-and-white ballet'라 불리기도 하는데, 이 흑백 발레가 결국 19세기 발레 블랑의 20세기 복사본이 되는 셈이다. 물론 모든 추상 발레가 연습복 차림은 아니고 클래식 튀튀나 다른 의상을 사용하기도 한다. 무용수가 불러일으키는 인간적인 감정을 전적으로 배제할 수 없기 때문에 춤이 완전하게 추상적일 수는 없다는 주장도 있다. 하지만 표면적으로 스토리 라인이 드러나지 않는 춤 중에도 감상자들에게 강력한 이미지를 던져주는 작품도 많다.

조지 발란신의 혁신성은 바로 무용수의 몸을 중첩시켜 복합 형식을 만들어낸 것이다. 전통적으로 발레에서는 2인무에서조차 무용수가 각자 자기만의 액자틀 공간 속에서 춤추었는데, 조지 발란신은 이들 무용수들이 서로 손을 잡거나 몸을 연결시켜 연속적인 형태 변형이 가능하게 했다. 그 결과 관객은 나양에 디자인에 주목하게 되는 것이다. 내용을 빼버린 것도 무용수와 동작 형식과 아름다움에 주목하게 하기 위해서다. "발레는 여성이다"라고 한 말처럼 그는 연습복 차림으로 몸의 선이 잘 드러나도록 다듬어진 무용수와 춤 형식을 'Mr. B의 발레리나'라는 브랜드로 팔았다.

추상 발레는 온전히 춤이 제시하는 동작 형식과 몸의 모양을 시각적으로 즐기고자 하는 것이고, 그런 점에서 이는 춤에서 발견되는 형식주의라 볼 수 있다. 20세기 초에 예술은 심미 경험이고 그런 경험은 대상의 형식에 의존한다는 발상이 등장했다. 즉 작품 형식을 감각적, 감성적으로 응시하고 명상하는 것이 예술이라는 생각에서 형식론이 출발한 것이다. 무용 전공생은 대부분 몸의 형식 향상에 몰두한다. 기교를 연마하고 다이어트를 하는 것은 몸의 선이 만들어내는 형태를 아름답게 만들기 위해서다. 추상 발레는 몸과 동작의 형식에 내재된 심미성을 주목하고 이를 예술성의 근거로 삼는다. 무용사에 나오는 많은 춤이 무용수의 몸과 춤의 형식을 강조하는 것이다. 고전 발레의 꽃이라 할 수 있는 대2인무$^{grand\ pas\ de\ deux}$도 춤과 몸의 형식을 감상하는 것이고, 클래식 발레의 디베르티스망이나 앙트레도 전형적으로 몸과 동작이 만들어내는 아름다운 형식들을 즐기는 춤이다. 현대적인 추상 형식으로서 몸을 대표하는 것이 추상 발레라고 할 수 있다.

캐릭터 댄스 Character Dance

발레 춤 중에서 클래식하고 아카데믹하다고 할 수 없는 춤을 모두 '캐릭터 댄스'라고 부른다. 한 국가를 대표하는 춤이나 민속춤 또는 민족 고유의 춤이 대부분이지만 때론 거친 춤이나 왈츠, 재즈, 탭 등 장르가 다른 춤도 포함해 발레를 위해 각색한 모든 춤을 캐릭터라 부른다. 또한 어느 캐릭터의 직분이나 직업을 묘사하거나 늙은 사람을 묘사하는 안무도 캐릭터 댄스로 지칭하기도 한다.

'캐릭터'라는 단어에 내포된 역할 연기라는 아이디어는 자신들이 훈련받은 발레 스타일이 아닌 춤을 추는 무용수와 그 역할, 그들이 추는 춤 모두에 적용된다. 역할 연기는 캐릭터 무용수들이 입는 민속의상이나 머리 장식, 신발 등으로 강조한다. '캐릭터 슈즈'라 불리는 신발은 보통 부츠나 굽이 있는 구두 등이고 캐릭터 댄스는 포인트 슈즈를 신지 않는다. 춤도 정확하게 민속춤이나 민족춤을 재현하는 것이 아니라 발레 작품 맥락 속에서 특정 역할을 연기하기 위해 재단된 것이다.

캐릭터 댄스는 발레 속에서 여러 목적을 갖는데, 우선 작품에 지방색을 불어넣고 무대를 장식하는 효과가 있다. 형식적으로는 전통적인 당스 데콜 스타일과 대비되고 성격 묘사의 일환으로서 스타일 대조를 통해 춤의 풍부한 맛을 자아내는 효과도 있다. 예를 들어 「라 실피드」에서 스코틀랜드 민속춤은 실피드들의 초자연적인 성격과 대조를 이루며 죽을 수밖에 없는 인간의 숙명을 입증한다. 그리고 캐릭터 댄스는 디베르티스망 속에서 서로 대비되면서 다양성을 불어넣기도 한다. 「백조의 호수」의 궁정 연회 장면에서 스페인, 폴란드, 헝가리 등 다른 민속춤이 화려한 연회 분위기를 한층 돋우는 예가 그런 효과다.

캐릭터 무용수나 캐릭터 역이라고 할 때는 민족성이나 민속적 특성보다는 개인의 성격을 지칭하는 경우가 많다. 예를 들어 「페트루슈카」 Petrouchka, 1911에서 주인공 광대 페트루슈카는 러시아 국민성보다는 개인의 성격을 강조한다. 18~19세기의 캐릭터 역은 역할의 직위나 나이, 직업 등에 따라 결정되어 주로 공증인, 농부, 세탁부 여인, 노인 등이 많았고 오늘날에는 늙은이나 못생긴 사람, 악마와 같이 강한 인물을 묘사하는 데 쓰인다. 예를 들자면 「라 실피드」에서 마법사 맷지나 「코펠리아」Coppélia에서 늙은 코펠리아 박사, 「호두까기 인형」Nutcracker에서 드로셀마이어 아저씨, 「백조의 호수」의 악마 로스발트 등이 유명한 캐릭터들이다. 캐릭터 무용수는 여러 민속춤에 능통하거나 역할 연기에 뛰어난 무용수들이다.

'캐릭터'란 용어는 18~19세기 초 파리 오페라 극장에서 무용수를 세 그룹으로 나눈 데서 기원했다. 당시 무용수들을 진지하고 영웅적인 '노블'noble과 얼마간 진지한 '드미 캐릭터'demi-caractere 그리고 '코미크' comique로 분류한 데서 시작되었다. 당세르 노블danseur noble은 키가 크고 완벽한 비례를 갖추어 초절정의 고전 기교를 선보여야 하고 움직임에도 위엄이 있어야 한다. 그와 반대의 당세르 코미크는 작고 땅딸막한 체형에 민속춤이나 민족춤 외에 괴상하고 별난 역할을 연기한다. 드미 캐릭터는 이들의 중간쯤으로, 중간 키지만 날씬하고 우아한 체형에 춤 스타일은 다른 두 분류를 합쳐놓은 것과 같다. 하지만 이런 엄격한 분류는 1830년대에 사라졌다.

낭만기의 대표적 무용수 파니 엘슬러.
「카추차」에서 캐스터네츠를 들고 스페인풍 춤을 추었다.

낭만 발레 시기에는 당시 유행인 백색 발레와 대조되는 캐릭터 댄스의 인기가 절정에 달했다. 19세기 발레의 궁정 연회 장면에서 스페인, 폴란드, 헝가리, 이탈리아, 러시아의 춤이 자주 공연되었고, 이들은 클래식 발레와 달리 활달하고 이국적인 대비를 이루었다. 특히 스페인 춤의 인기는 1830년대 런던과 파리에서 시작되었는데, 당시 스페인 무용단의 공연과 함께 낭만기의 대표적 무용수 파니 엘슬러의 「카추차」 Cachucha, 1836로부터 비롯되었다. 자석과 같이 사람의 마음을 끌어당기는 파니 엘슬러의 힘이 당대 마주르카와 타란텔라, 크라코비엔cracovienne: 폴란드 춤 krakowiak에서 비롯됨 같은 캐릭터 춤을 대중화하고 인기의 견인차 역할을 했다.

캐릭터 댄스는 주로 유럽 민속춤과 연관이 있고 아시아 춤과 관련되는 경우는 희박하다. 다른 문화의 춤을 발레화하는 경우에 민족성을 지시하는 것은 의상과 세트에 국한되고, 움직임은 거의 당스 데콜의 클래식 전통을 따르는 경우가 많다. 발레에서 중국춤을 표현할 때 단지 엄지손가락만 위로 세우는 것처럼 제스처 정도로만 캐릭터를 설정하는 데 그치는 경우도 있다. 오늘날 캐릭터 댄스는 고전 발레 레퍼토리 속에 전해오고, 컨템퍼러리 안무에서는 발레의 기교적 어휘를 확장하고 다양한 배경을 지닌 관객으로부터 즉각적인 호응을 이끌어내기 위해 쓰인다.

컨템퍼러리 댄스 Contemporary Dance

컨템퍼러리 댄스란 '같은 시대의' '당대의'라는 뜻대로 오늘날 추는 최근의 춤이다. 그러나 '같은 시대'라는 것이 '모던'modern이나 '포스트모던'post-modern처럼 특정 시기에 국한된 것이 아니라 진행형 개념이기에 여러 문헌에서 쓰이는 컨템퍼러리의 대상이 다르다. 세계 무용계에서는 오늘날 예술춤을 발레와 컨템퍼러리 댄스로 나눈다. 이때 컨템퍼러리 댄스의 범주에는 스타일상 클래식 발레가 아닌 현대무용과 후기 현대파 무용 그리고 브로드웨이 스타일 재즈나 대중적인 춤까지 포함된다. 이런 분류는 발레가 서양의 전통 춤이고 그밖에 현대적인 최신 춤이라는 개념으로 정의하는 것이다. 이렇게 스타일을 나누는 기준점은 모던 댄스 사상의 등장 이전과 이후로 볼 수 있다. 그러나 현실적으로 컨템퍼러리 댄스라는 용어는 다의적으로 쓰인다.

일반적으로 컨템퍼러리 예술을 지칭할 때는 제2차 세계대전 이후 1950년대부터 오늘날까지의 작가나 작품들을 대상으로 하지만 엄격한 정의를 시도하는 비평가 중에는 현 시점에서 최근 20년 동안의 예술 동향을 컨템퍼러리 예술로 지칭하는 경우도 있다. 필자 역시 '최근 20년'이 동시대성을 지칭하는 데 정확한 범주라고 생각하지만, 최신 예술계의 동향을 동시대적 삶의 변화와 함께 지각하고 포착할 만큼 예리한 비평가는 많지 않다. 그러므로 각자 생각하는 개념만큼 컨템퍼러리의 모습은 다양하다. 여러 예술 분야에서 스스로 '컨템퍼러리'라고 생각하는 예술가들 중에서 진정 자기 시대에 대한 반응으로 작업을 하는 예술가인지, 아니면 단지 유행에 동조하는 것인지는 시간이 지난 뒤에야 판단할 수 있다. 진정한 컨템퍼러리 예술가는 아직 골라낼 수 없는 것이다.

  중요한 것은 컨템퍼러리가 특정 예술 사상을 지칭하는 예술 사조로 쓰일 수는 없다는 것이다. 컨템퍼러리 댄스를 예술 사조로 쓰는 경우가 있다면 문법적으로나 논리적으로 오류일 뿐 아니라 세계 문화의 흐름을 이해하지 못해서 생긴 일이다. 예술사에서 새로운 사조의 움직임은 특정 시기에 동일한 예술 사상을 공유하면서 스승과 제자지간, 그룹 간에 특정 지역을 중심으로 시작되어 발전해왔다. 역사적으로 특정 예술 시도나 새로운 흐름의 공통적 특성은 주로 평론가가 그 스타일을 설명하면서 사조의 이름을 붙이는 경우가 대부분이다. 모던 댄스가 처음 나왔을 때 이는 발레가 아닌 새로운 춤이라는 점에서 '뉴 댄스'new dance, '표현적인 춤'expressive dance라고 불리다가 이 새로운 사조의 옹호자인 『뉴욕 타임스』의 평론가 존 마틴이 '모던 댄스'modern dance라 표현하면서 명칭이 정착되었다. 하지만 존 마틴도 모던 댄스라는 용어가 부적절한 용어라고 책에서 밝혔다. 그 이유는 모던 댄스가 동시대성을 포함하는 것이 아니기 때문에 컨템퍼러리 댄스의 동의어로 쓰일 수 없고, 내일이라도 조금 더 발전적인 예술가가 나올 경우 오늘날의 춤을 모던하다고 부를 수는 없기 때문이라는 것이다. 현대의 존 마틴이 모던 댄스라 부른 춤이 진정으로 동시대성을 반영하는지에 대해 스스로 회의적이었던 것이다. 컨템퍼러리는 모던보다 더 손에 잡히지 않는 유동적인 개념이다. 오늘날 무용계에서 모던 댄스란 1930~40년대 미국과 독일에서 일어난 춤으로 감정 표현을 중시하는 양식을 지칭한다.

위 | 실비 길렘과 아크람 칸의 「신성한 괴물들」.
실비 길렘은 최고의 발레리나이고 아크람 칸은 인도 전통춤 카탁 전문가였다.
장르, 문화, 신체 등 서로 다른 두 사람이 현대무용에서 만나 화합하는 작품이다.

아래 | 마리 쉬나르의 작품 「바디 리믹스: 골드베르크 베리에이션」.
무용수들이 금속성 신체 보조 장치를 착용하고 등장해 글렌 굴드의 음악에 맞춰 움직인다.

최근의 무용 현상은 너무나 다양해서 이들을 하나의 유파나 스타일로 묶는 것이 불가능하다. 지구촌화가 지역 문화의 특성을 무의미하게 만들었다. 세계 문화가 하나의 권역으로 가까워지고 복제가 쉬워지다 보니 영향을 급속하게 받아들일 수밖에 없고, 어느 지역에 국한된 예술 스타일 혹은 개인의 순수한 예술 특성이 고유한 것으로 자리매김하기 어려울 정도다. 전 지구적 교류와 소통 확대로 세계화가 일어나고 지역성이 소멸되어 문화예술도 혼종성과 잡종성을 보인다. 예술 하위 장르의 크로스오버는 물론이며 예술 개념도 융합되고 있다. 전통 형식이 붕괴되어 말을 하는 무용이 있는가 하면 극적인 텍스트, 즉 대사가 없는 피지컬 시어터 혹은 음악극과 연극, 무용의 융합적 공연 형식도 출현했다. 문화 혼종과 예술상호주의로 문화와 예술의 중심이 해체된 것이다.

춤만 보더라도 파리가, 상트페테르부르크가, 뉴욕이 춤의 중심이던 시대가 지나갔다. 예술 사조의 주기를 대략 20~30년으로 잡는다면 무용계는 1960~70년대의 후기 현대파 시기를 거쳐 1980년대에 이미 '후기 현대파 이후 무용'after post modern dance이라고 불리는 단계를 지났으므로 지금쯤 새로운 사조가 등장할 만하다. 하지만 최근 컨템퍼러리는 어느 양상으로 규정짓기 힘들 만큼 다양한데, 이를 여러 동향으로 나누어 설명하는 확정적인 정의나 개념적 분류가 무의미하다고 느끼는 경향도 있다.

컨템퍼러리 댄스는 클래식 발레와 확연히 다르다. 외형적인 차이를 초래하는 두 가지 근원은 바로 모던 댄스가 주창한 '개인의 표현 사상'과 머스 커닝엄의 '우연성의 안무 개념'이다. 개인의 내면을 드러낸다는 생각과 의도를 강요하지 않는 미확정성을 춤에서 보여주고자 한 모던 예술가들의 작업은 궁극에는 그들이 살았던 시대의 컨템퍼러리 세계의 복잡성과 예측 불가능함을 보여준다. 그러나 무엇보다도 20세기 후반 컨템퍼러리 댄스 제작에 가장 광범위하게 직간접적인 영향을 준 인물은 머스 커닝엄이다. 최근 20년의 컨템퍼러리 댄스의 특성을 꼽으라면 사회적, 정치적, 역사적 관심과 절충주의, 텍스트와 이야기, 탁월한 기량에 대한 관심, 장르 컨버전스 즉 집중과 동질화 경향인데, 테크닉, 장르, 문화의 융합, 혼종이 일어나고 있으며 나아가 영상과 컴퓨터 테크놀로지의 집중 현상이 두드러진다.

클래식 발레 Classic Ballet

발레에서 '클래식'이란 용어는 다의적이다. 먼저 발레에서 '고전적'이란 말은 무용의 스타일을 뜻하는 것이지 시대를 지칭하는 것이 아니다. 넓은 의미에서 클래식 발레란 수백 년의 고전에 기초한 발레라는 뜻으로 이는 오늘날 클래식 전통에 도전한 현대 발레modern ballet와 대립되는 장르 개념이다. 이때 클래식이란 서양인의 전통 춤이란 뜻이고 그 전통은 프랑스 왕립 무용 아카데미1661년 설립에서 기원한 300년이 넘는 테크닉 기초에 입각한 것이다. 그러므로 이때의 클래식은 '아카데믹'이 더 정확한 의미지만 일반적으로 이 용어를 사용하지는 않는다. 아카데믹 발레로서 클래식 발레는 프랑스 아카데미에서 확립한 원칙을 충실히 준수해 매우 기교적이고 정확한 턴 아웃과 포인트 워크가 특징이다. 또 고전 시기의 레퍼토리 작품들을 클래식 발레라고 하기도 한다.

일반적으로 고전주의에 대한 도전으로 나타나는 낭만주의와 달리 발레에서는 1830~40년대의 낭만 발레 시대가 지나간 뒤 고전 발레 시기가 나타난다. 특정 예술 경향을 유파로 지칭하는 데는 시대와 양식, 사상과 기법 등이 기준이 되는데 발레에 적용되는 고전주의는 그 시기의 발레 기법과 안무 구조, 춤 스타일 측면에서 고전 발레 즉 '클래식'이라고 불린다. 발생 시기는 고전기가 아니었지만, 안무 스타일과 기법에서 아카데미의 발레 테크닉을 최고의 권위로 존중하며 고전 형식 완

조화, 질서, 대칭 등 클래식 발레의 정수를 보여주는 「백조의 호수」의 군무 장면.

성을 추구하는 신고전주의 정신에 충실하다는 점에서 고전 발레라 불리는 것이다.

프랑스 출신 발레 마스터 마리우스 프티파는 1847년 수석 무용수로 러시아 황실 발레에 합류한 뒤 50여 년 동안 실질적으로 러시아 발레를 이끌었다. 오랜 쇄국정책에서 벗어나 서구화를 시작한 러시아는 프랑스, 이탈리아의 발레 발전과 같은 경로를 걷는다. 궁정무용 도입과 함께 발레에 대한 관심이 높아지고 왕실의 후원 속에 아카데미가 설립되었다. 예카테리나 2세 시절에는 궁정의 후원을 받으며 발레가 크게 발전했다. 프티파는 프랑스의 발레를 러시아에 이식하면서 러시아를 세계 발레의 중심으로 만들었으며, 프랑스 아카데미에서 시작된 발레 테크닉을 최고의 수준으로 끌어올리면서 발레 역사상 가장 정교하고 화려한 고전 발레의 스타일을 확립했다. 고전 발레는 1880~90년대에 절정을 맞았고 프티파는 '고전 발레의 아버지'라 불리게 되었다.

고전 발레는 아카데미의 규칙을 준수하면서 프랑스 궁정 발레나 오페라 발레보다 춤을 더 중심에 두었으며, 낭만 발레가 누렸던 자유와는 달리 마리우스 프티파가 확립한 고전적 규칙에 따라 형식상의 완벽함을 추구했다. 고전 발레에서 정서적 내용이 전적으로 배제된 것은 아니지만 상대적으로 부차적인 요소가 되었으며, 형식이 관객을 사로잡는 적극적인 특징이 되었다. 움직임 프레이징과 안무에서 아름다운 조화와 형식성을 향상시키는 여러 규칙을 고안해낸 프티파의 고전 발레는 명료성과 조화, 대칭, 질서감 같은 형식적 가치에 주안점을 두었다.

고전 발레의 백미는 고전적 2인무에서 초점이 되는 발레리나의 포인트 워크다. 이 시기에 토슈즈가 발전하면서 발레리나가 발끝으로 더 오래 밸런스를 유지하게 되었고, 다리가 더 높이 올라가고 회전은 더

빨리 더 많이 할 수 있게 되었다. 점프 역시 더 멀어지는 등 포인트 기교의 발전으로 발레 기교가 더욱 화려하고 스펙터클해졌다. 그 결과 여성의 포인트 기교가 관심의 초점이 되었다. 이런 동작들은 발레리나의 치마를 짧아지게 해 클래식 튀튀$^{classic\ tutu}$를 탄생시켰다. 이 클래식 발레 치마는 토슈즈와 함께 클래식 발레를 상징하는 아이콘이다.

탄츠테아터 Tanztheater

독일어로 극무용을 뜻하는 '탄츠테아터'는 1920년대에 유행한 독일 표현주의 무용Ausdruckstanz에 뿌리를 두고 발전했다. 1910년대부터 시작된 독일 표현주의 무용의 선구자는 루돌프 라반, 쿠르트 요스와 마리 비그만이다. 독일 표현주의 무용은 20세기 초부터 제2차 세계대전까지 새로운 무용 예술의 기초로 세계적인 영향을 미칠 즈음 나치 시대를 거치면서 급작스레 맥이 끊기고 말았다. 1927년경 독일 표현주의 무용의 특성을 지칭하는 용어로 무용사에 처음 등장한 '탄츠테아터'는 독일 패전 이후 1980년대 독일 안무자들의 작품을 다루는 비평문에 다시 나타났다. 1980년대의 탄츠테아터는 주로 쿠르트 요스의 제자인 피나 바우시와 라인힐트 호프만Reinhild Hoffman, 1943~ 그리고 마리 비그만의 제자인 수잔 링케Susanne Linke, 1944~의 작품을 설명하는 데 쓰였다. 1970년대부터 활발하게 활동한 이들 독일 탄츠테아터 안무자들의 특성은 패전 이후 독일의 독특한 역사적 예술 배경과 문화 감성에서 기인했다.

이들 중 가장 명성을 크게 얻은 탄츠테아터 안무자는 피나 바우시다. 바우시는 14살 때부터 쿠르트 요스 문하에서 춤을 시작했고 1969년 쿠르트 요스의 폴크방 발레단 감독직을 이어받았다. 매우 극적인 작품 세계를 보여준 스승 쿠르트 요스의 예술 방향을 이어받은 셈이다. 그러나 '탄츠테아터'가 독립된 장르로 분명하게 인식된 것은 바우시가

1973년 탄츠테아터 부퍼탈Tanztheater Wuppertal을 맡으면서다. 바우시와 부퍼탈 무용단 이전에도 클래식 발레와 현대무용의 제한적인 틀에서 벗어나 새로운 춤 형식을 찾는 안무자들이 있었고, 그런 의미에서 '탄츠테아터'라는 이름을 붙인 무용단도 있었다. 하지만 피나 바우시의 탄츠테아터 부퍼탈과 함께 탄츠테아터가 새로운 독립 장르의 춤을 뜻하는 용어로 정립되었다.

탄츠테아터는 무용과 극장 양식의 혼합으로, 이 두 예술에 새로운 차원을 열었다. 근본적으로 탄츠테아터는 형식과 내용에서 완전히 새로운 것을 추구하는 극 예술을 뜻했다. 피나 바우시는 표현에 초점을 둔 조화롭고 아름다운 춤을 거부한 대신, 극장은 무엇이고 극장이 할 수 있는 것과 원하는 것이 무엇인지 질문하며 완전히 새로운 현대무용과 연극의 방법을 발견했다. 제2차 세계대전 이후 단절되었던 독일 표현주의 무용의 전통을 그녀는 간접적으로 되살려낸 셈이다. 20세기 초 독일 사회의 특징적인 파토스와 불안감 그리고 보편적인 체념을 약화시킨 채 거의 잊힌 혁명적인 예술정신을 완전히 새로운 방식으로 만들었다. 독일 표현주의 무용이 항상 열망하면서도 실패했던 문학적 구속으로부터 춤을 해방시키고, 동화적인 환영에서 구제해 현실로 인도하는 길을 탄츠테아터 부퍼탈과 함께 개척하게 된 것이다.

폴크방 무용 학교에서 피나 바우시는 독일 표현주의 무용의 움직임 개념을 배웠고 1959년부터 1961년 사이 뉴욕에서 유학하는 동안 미국 현대무용에 익숙해졌다. 그리하여 1975년에 안무한 「봄의 제전」Rite of Spring에서 독일 전통과 미국의 모더니즘을 독창적으로 혼합해 독특한 탄츠테아터를 창조했다. 보통 현대무용가들이 음악을 움직임으로 해석하고자 애쓰는 것과 달리, 탄츠테아터는 신체 에너지를 직접적으로 다룬다. 피나 바우시는 대본 해석을 초월해 극장적인 장면들을 자유연상으로 이어 극적인 몽타주를 만들어냈는데, 이 몽타주 원칙은 탄츠테아터의 스타일을 특징짓는 요소가 되었다. 이 몽타주들은 항시 인간관계, 그 가운데서도 여자와 남자의 관계를 다루었다. 피나 바우시의 몽타주 방식은 다음 세대의 안무자와 감독 그리고 영화 제작자들이 답습하는 모델과 신조가 되었다.

즉흥과 경험에 대한 기억은 피나 바우시의 작품을 특징짓는 또 다른 요소다. 바우시는 무용수에게 움직임을 주되 즉흥적으로 발전시키게 하거나, 아니면 무용수에게 질문을 하고 그에 대한 언어적, 신체적 반응들을 엮어나갔다. 그런 질문들은 부모, 어린 시절, 어떤 상황에서 느끼는 감정, 싫어하는 것, 부상, 열망하는 것 등이었고 이 질문에 대한 답변으로부터 제스처와 문장, 대화 그리고 장면들이 발전되도록 구성한 것이다. 이런 과정에서 바우시는 움직임의 아이디어와 기억의 조각들을 찾고 새롭게 구성했다. 움직임을 위한 아이디어와 기억을 담은 장면들이 대사와 함께 이어지다가 짧은 댄스 시퀀스의 반복으로 중단되곤 한다.

주로 고전적인 스텝을 연결하거나 짧은 팔 동작 같은 것으로 구성된 모던 솔로는 그녀의 이름을 따 '바우시 리겐'Bausch-Reigen: 바우시 윤무으로 불린다. 바우시 리겐은 전체 무용수들이 무용수 한 명의 동작을 따라하거나 같은 동작을 반복하며 무대를 가로지르는 것인데, 이런 독창성은 1970~80년대에는 매우 혁명적이었다. 오늘날에는 이 안무 방식이 전 세계에서 흔히 쓰는 전략이 되었다.

탄츠테아터는 '경험의 극장'이라 얘기할 수 있다. 자유연상으로 이어지는 장면들의 몽타주는 플롯의 연속성이 결여된 채 캐릭터의 심리

피나 바우시가 맡은 부퍼탈 무용단의 「순결의 전설」(Keuschheitslegende, 1979)과 「카네이션」(Nelken, 1982).

나 아무 인과관계도 없었다. 따라서 이는 정상적인 방법으로 의미를 판독할 수 없다. 무대의 이벤트들은 해석을 불허하는 것이었다. 장면 순서대로 설명하는 것도 피나 바우시의 작품을 읽는 데 도움이 되지 않으며, 무대에서 벌어지는 일들은 아예 단어로 재구성할 수도 없다.

피나 바우시 작품의 출발점은 일상에서 겪는 경험이며, 이를 번역하고 극장 무대로 전환시켜 이미지와 움직임을 객관화시키는 것이다. 이렇게 객관화된 주관적 경험은 다시금 관객에게 일상 경험에 대해 질문하게 한다. 수동적인 청취가 불가능한 것이다. 나아가 피나 바우시는 관객을 공연에 적극적으로 끌어들이고자 한다. 그 결과 탄츠테아터는 환영으로 관객을 유혹하지 않으며 관객이 바로 현실감을 느끼게 한다. 피나 바우시 작품을 읽는 데 참조가 되는 전거는 보편적인 감정 구조다. 탄츠테아터는 춤으로 추는 문학이 아니라 몸의 역사로 말한다.

탄츠테아터는 클래식과 대중음악 등 다양한 음악이 콜라주처럼 반주하는 가운데 하이힐과 정장과 드레스를 입은 무용수들이 말을 하거나 동작을 반복한다. 관습적인 무용의 개념과 극명하게 대조되는 것이다. 따라서 탄츠테아터에 대한 반응은 경악, 당황스런 인정, 저항에 이르기까지 다양했다. 바우시의 부인할 수 없는 독창성은 무용에 대한 새로운 이해를 요구했다. 장르의 경계를 넘어선 바우시 작품은 전통적으로 무용과 연극과 음악극을 분리시키던 경계를 무너뜨렸으며 어떤 표준적인 분류도 거부했다. 외관상 공통점이 없는 무작위적 요소로 구성되었지만 바우시의 탄츠테아터는 분명한 완전성과 명료함, 그리고 내면적인 균형을 갖추었다. 바우시의 춤 구성은 기술적으로 빈약하기 때문에 많은 안무자와 감독들이 모방했다. 하지만 피나 바우시와 같은 효과를 창조해내는 데는 실패했다.

'오스드럭 탄츠'라고 불린 독일 표현주의 무용의 전통에 이어지는 피나 바우시의 작품은 실존의 불안, 무질서, 분열을 구체적으로 표현한다. 그녀의 모든 작품은 본질적으로 유사한데, 플롯이나 전통적인 연속 개념이 없고 구체적인 캐릭터 제시나 특정한 장소에 대한 개념이 없다. 대신 다양한 분위기와 악의적인 위트, 낭만적인 아쉬움과 굴욕의 패턴이 넘쳐난다. 과거에 무용이 매력적인 환영과 자기만족적인 테크닉, 혹은 존재에 관한 추상적 표현을 위한 피난처로 생각된 데 반해 피나 바우시의 작품은 구경꾼에게 현실로 돌아갈 것을 직접적으로 지시한다.

모티프를 자유롭게 다루면서도 동시에 치밀하게 계산해 안무 순서대로 전개되는 그녀의 작품에서는 종전의 감성적인 몸이 말하는 것이 아니라, 그물처럼 복잡한 인상 속에서 몸의 논리로 말을 한다. 한 남자가 여성무용수를 스카프처럼 목에 두르고 나오는 장면은 더 이상 해석을 허용하지 않는다. 그 남자에게 여자는 액세서리 이상이 아님을 뜻하는 것이지 더 이상의 의미는 없다.

탄츠테아터에서 몸은 상처받기 쉬운 상태다. 몸이 자기 이야기를 직접 보여주며, 만약 논리가 있다면 그것은 의식의 논리가 아니라 몸의 논리일 것이다. 신체와 무용에 집중하기 위해 정교한 장치나 의상을 제거한 독일 표현주의 무용처럼 탄츠테아터의 장치 디자인과 소품들은 작품의 진술을 위한 부수적 요소일 뿐이다. 단순한 드레스와 정장, 구두, 하이힐, 이브닝드레스 등은 모두 현실로부터 빌려온 것이다. 이들은 전형적인 남자와 여자의 옷으로 종종 몸을 고문하는 사회적 외피다. 작품에서 고정된 입장을 취하지 않는 탄츠테아터는 새로운 경험에 목말라하는 사람들에게 어필했다. 탄츠테아터의 흥행가치는 관객의 호기심에서 나온다.

1980년대에 접어들어 피나 바우시는 세계적으로 가장 영향력 있는 무대 예술가로 명성을 얻었고, 로버트 윌슨, 윌리엄 포사이드William Forsythe, 1949~, 마기 마랭 같은 다양한 예술가들의 작품에 영향을 미쳤다. 하지만 클래식 취향의 비평가들, 특히 북미 비평가들로부터 엄청난 혹평을 받기도 했다. 미국 『댄스 매거진』*Dance Magazine*의 수석 비평가 클라이브 반스Clive Barnes, 1927~2008는 "누더기를 걸친…… 어리석고, 지루하고, 텅 빈 자기만족과 방종"이라 표현했고 또 다른 클래식 취향의 비평가 알린 크로체Arlene Croce, 1934~는 피나 바우시를 가리켜 "자기연민의 투사로 극장을 가득 채우는 흥행사…… 무표정한 연기를 하는 어린 소녀"라고 했다. 상처받는 세계를 반영하는 그녀의 작품 세계는 관객을 무의식적으로 위협하며 그녀의 작품을 처음 보는 관객은 혼란을 겪는다. 그러나 탄츠테아터는 그녀의 탄츠테아터 부퍼탈부터 매우 인기를 끌었으며 그녀가 죽을 때까지 전 세계적으로 흥행력을 발휘했다.

탭 댄스 Tap Dance

탭 댄스란 발바닥으로 빠르게 바닥을 때리며 리듬을 만들어내는 춤이다. 이런 계통으로는 아일랜드와 랭커스터의 전통 나막신 춤clog dancing과 스페인의 고전적 플라멩코flamenco estampe, 인도의 카탁kathak 등이 있다. 이들은 리듬과 스타일이 매우 다르지만 정교한 발 테크닉이 공통점이다. 오늘날 탭 댄스라는 용어는 일반적으로 미국적 혼종 탭 스타일을 지칭한다. 미국의 탭 댄스는 영국 춤jig, reel, clog dance과 아프리카 춤juba, ringshout의 영향 아래 생겨났다. 미국 탭 댄스는 17세기 중엽 유럽의 발동작 테크닉과 아프리카의 리듬과 스타일을 결합한 혼종 탭인 것이다.

바닥을 두드리는 발동작에 기초한 다른 춤과 차별되는 특징은 독특한 재즈 리듬과 당김음이다. 플라멩코나 카탁 혹은 나막신 춤은 악센트나 리듬 패턴의 차이에서 스타일 차이가 나온다. 그러나 미국 탭이 지닌 폴리 리듬과 복합 운율적 성격이 20세기 초 탭 댄스를 발전시킨 가장 큰 원인이다. 미국의 흑인 노예들이 폭동을 일으키자 백인 농장주들은 울려퍼지는 북소리가 반란을 불러일으킨다고 생각했다. 1739년에 캐롤라이나 주에서는 노예들이 북을 연주하거나 회합하는 것을 법으로 금지했고, 이 금지령은 곧 미국 전역에서 입법화되었다. 그러자 흑인 노예들은 북 대신 탬버린이나 밴조, 본즈, 바이올린에 의존하거나 몸을 드럼처럼 두드리는 춤을 추었다. 그러면서 점차 발이 가장 중요한 타악기가 되었다. 18세기가 끝날 때까지 발로 마루를 두드리며 '마치 지붕에 떨어지는 우박' 같은 소리를 내는 탭 댄스patting juba의 인기가 이어졌다.

1820년대에 백인들이 얼굴에 검은 칠을 하고 흑인 노래와 춤을 추는 민스트럴 쇼minstrel shows 같은 버라이어티 쇼가 미국의 대중 여흥으로 인기를 끌면서, 탭 댄스는 이 쇼의 주요 레퍼토리가 되어 무대 여흥으로 자리 잡았다. 1890~1915년 사이에 탭 댄스는 당시 사교춤의 영향을 받아들였다. 나막신 춤을 출 때 곧추선 등을 부드럽게 풀고 무릎은 조금 구부렸으며, 어깨와 팔도 기발한 제스처를 하는 데 사용했다. '탭'이란 용어는 이 스타일의 인기와 유행에 비해 매우 늦게 광고에 처음 등장했다. 1902년경에 탭 댄스라 불리기 전에는 벅 댄싱buck dancing 혹은 벅 앤 윙buck and wing, 서툰 춤flat-footed dancing 또는 옛날식으로 스텝, 지그, 나막신춤으로 불리기도 했다.

1910년경에야 탭 슈즈의 발가락과 뒤꿈치 바닥에 쇳조각을 붙였는데, 그 전까지는 발바닥 전체에 앞쪽에서 구부러지도록 나무를 붙이거나 아니면 나뭇조각을 앞과 뒷부분에만 붙였다. 1920년대에 접어들어 탭 댄스는 새로운 재즈 리듬을 흡수하면서 브로드웨이 뮤지컬에서 주요 레퍼토리가 되었다. 줄지어 노래하며 탭 댄싱을 하는 탭 댄싱 코러스 라인이 탄생한 것이다. 1920~35년 무렵에는 나이트클럽과 브로드웨이, 그리고 보드빌 쇼에서 탭 댄싱이 가장 인기 있었다. 이 시기에 활동한 유명 탭 댄서 빌 로빈슨Bill Robinson, 1878~1949은 깔끔한 발동작과 뒤꿈치를 거의 사용하지 않는 것으로 존경받았으며, 탭 음색에 분위기를 입히고 분명하고 경제적인 리듬 라인과 경쾌한 프레이징 스타일로 탭 댄싱의 발전에 새로운 기준을 세웠다.

왼쪽 | 볼룸댄싱을 탭 댄싱에 가미한 프레드 애스테어.
그는 영화에서 우아하고 품위 있는 신분으로 사근사근하고 매력적인 캐릭터를 주로 연기했다.

오른쪽 | 빌 로빈슨은 1920~35년 무렵에 활동한 유명 탭 댄서다.
뒤꿈치를 거의 사용하지 않는 깔끔한 발동작으로 존경받았다.

1930년대 초 할리우드에서 브로드웨이 탭 댄스 감독들을 불러 브로드웨이의 댄싱 코러스 라인을 영화화하면서 프레드 애스테어Fred Astaire, 1899~1987, 진 켈리Gene Kelly, 1912~96 같은 백인 탭 댄서가 등장했다. 프레드 애스테어와 진 켈리는 미국 탭 수준의 전형이다. 프레드 애스테어는 볼룸댄싱을 탭 댄싱에 가미했고, 진 켈리는 발레 요소를 결합시켰다. 켈리는 발랄하고 매끄러우며 영화에서처럼 젠체하지 않는 노동자 분위기였다. 반면 프레드 애스테어는 우아하고 품위 있는 신분으로 사근사근하고 매력적인 캐릭터를 연기했다. 프레드 애스테어는 미국에서 가장 유명한 탭 댄서로 평가받는다. 이들의 춤이 오늘날 브로드웨이 탭 댄싱 스타일이 되어 영화와 TV로 진출하면서 미국 문화의 주류가 되었다.

  1950년대 브로드웨이 뮤지컬의 춤이 발레와 현대무용 그리고 재즈에서 끌어온 새로운 춤으로 바뀌고 보드빌의 인기가 사라지면서, 탭 댄싱은 1970년대 중반까지 대중의 눈앞에서 사라졌다. 그러다가 1970년대 초 리바이벌 움직임이 일면서 극장 관객의 관심을 받아 여흥 춤에서 예술로 여겨지기도 했고, 새로운 세대의 무용가들이 탭 댄싱을 배워 현대무용 극장에서 공연하기도 했다. 1970년대 중반부터 1980년대까지 탭 댄싱 안무는 주로 현대무용을 배운 백인 여성안무자들이 맡게 되었다. 이들은 탭 댄싱의 대가로부터 스텝을 배워 현대무용의 미학과 결합시켰고, 곧 1980년대 탭 댄싱 공연을 이끌었다. 1980~90년대에는 탭 페스티발과 브로드웨이 뮤지컬 「Black and Blue」1989가 성공을 거두고 그레고리 하인즈Gregory Hines, 1946~2003의 춤이 큰 인기를 모으면서 탭 댄싱은 젊은 흑인 남성들을 이끌었다.

  1990년대 거친 힙합 리듬에 정치적 내용을 결합시킨 아방가르드 탭의 리더는 새비언 글로버 Savion Glover, 1973~다. 새비언 글로버의 힙합 펑크 탭 hip-hop-funk tap 은 거친 힙합의 진동과 무거운 베이스 비트의 영향을 받아, 대도시 빈민가의 치열한 감성을 담아 탭 스타일에 중대한 변혁을 일으켰다. 탭에다 최신 대중음악을 반영한 점이 중요하다. '파워 태핑'power tapping이라 불리기도 하는 신세대의 힙합 펑크 탭은 마치 마룻바닥을 공격하듯이 거칠게 타격하는 빡빡한 리듬이 특징이다. 이들은 관객을 즐겁게 하기 위해 웃는다든지 눈을 맞추는 일은 없고 오로지 내면을 향해 쾌조의 리듬을 탐색하는 듯하다. 21세기 초에 탭 댄싱은 뮤지컬 무대나 무용 극장 그리고 영화와 TV 등에서 흔히 볼 수 있다.

  빠르고 강한 베이스 비트를 강조하는 최근 대중음악의 성향과 탭 댄싱은 공통점이 있다. '리버 댄스'river dance 그룹은 아일랜드의 나막신 춤에 흑백 의상과 안무를 가미하고 사소한 스토리 라인을 넣었으며, 타격을 강화하기 위해 개량 나막신을 신고 군무 형식으로 예술화했다. 또한 모던 플라멩코는 스페인 플라멩코에서 민속적 색채를 빼고 예술 춤 동작을 가미해 군무 형식으로 공연했는데, 여러 무용단이 세계적으로 순회공연을 하면서 인기를 얻었다. 이들 군무진이 동시에 두드리는 타격 소리는 바닥에 설치된 확성기로 울려퍼져 관객을 흥분시켰다. 탭 공연의 성공의 비결인 셈이다. 인도 카탁 댄스 역시 현대무용가의 안무를 거쳐 예술화하는 등 탭 댄스는 다양한 전통들과 융합하면서 새로운 안무로 이어지고 있다.

현대 발레 Modern Ballet

　20세기 초 러시아 발레단 발레 루스의 작업은 초대 안무자 미하일 포킨의 새로운 사상에 따라 전통적 스텝과 동작, 즉 클래식 언어와는 다른 새로운 발레를 보여주었고 이는 발레 역사에서 미래의 방향을 제시하는 이정표와 같은 역할을 했다. 20세기 초의 발레는 음악, 회화, 문학과 같은 다른 예술의 대변화처럼 새롭게 만들어야 한다는 압박감을 느꼈고, 발레 안무자들도 현대무용가처럼 개인의 목소리 찾기에 열중했다. 최신 예술 감각과 아방가르드 예술 정신을 소개하면서 당대 문화의 열정과 유행의 상징이던 발레 루스가 세르게이 디아길레프의 죽음으로 해산될 때 이 무용단의 마지막 안무자 조지 발란신이 1933년 미국으로 초청되어 유럽의 발레를 미국에 이식했고 이는 미국에서 발레 예술이 급격하게 발전하는 원동력이 되었다. 조지 발란신은 조국 러시아에서 가져온 발레 전통과 신대륙의 미국적인 감각을 결합해, 20세기 중반 '미국적 신고전주의'American Neoclassicism라 불리는 발레 스타일을 확립하며 현대 발레를 완성시켰다.

　발레 루스의 작업에 힘입어 차세대 안무가들은 앞선 개혁파처럼 전통 기법이나 규칙을 버리는 방식으로 개성을 찾고자 했다. 그러나 조지 발란신은 클래식 발레의 고전적 어휘를 시대에 맞게 표현하면서도 고전주의의 교양, 즉 클래식 테크닉을 포기하지 않았다는 점에서 신고전주의라 불린다. 고전 발레의 아버지라 불리는 마리우스 프티파의 아카데믹한 전통을 이어받아 엄격하고 절도 있으며 화려한 스텝을 이용하는 것이 고전이라면, 전통 자료를 새롭게 해석해 조각 같은 선과 스피드와 공격성을 갖춘 절제된 스텝, 절분 리듬, 압축된 움직임 프레이즈 등이 현대적 해석에 해당한다. 발란신이 미국에서 만든 세 번째 발레단인 발레 소사이어티Ballet Society가 1948년 '뉴욕 시티 발레'로 개칭하면서 발레는 새로운 예술로 미국인의 사랑을 받았다.

조지 발란신은 20세기 전반 무용의 시대가 형성될 때 나타나 천재성으로 무용의 위대함을 설명해보인 예술가다. 발란신은 무려 425개 작품을 안무했는데, 이런 생산성이 그의 천재성을 증명한다. 그는 동료와 무용수들로부터 만능천재라 불렸고, 미국의 시인 위스턴 오든Wystan Auden, 1907~73은 그를 가리켜 "단순한 지식인이 아니라 더 심오한 모든 것을 아는 자다"라고 했다. 죽음을 앞두고 발란신은 이고르 스트라빈스키Igor Stravinsky, 1882~1971와 파블로 피카소처럼 표현의 새로운 기준을 세웠을 뿐 아니라, 전통적 가치를 새롭게 해석해낸 위대한 현대예술가 중 한 명으로 평가받았다. 그가 죽을 때까지 감독을 맡았던 뉴욕 시티 발레는 1963년 포드 재단으로부터 8백만 달러라는 유례없는 지원금을 받았고, 1964년 링컨 센터의 뉴욕 주립 극장이 뉴욕 시티 발레단을 위해 설계되고 헌정되면서 이곳을 본거지로 활동하게 되었다. 조지 발란신이 죽을 즈음 뉴욕 시티 발레는 당대 지성인들이 뉴욕을 대변하는 대표 문화로 자랑할 정도로 뉴욕의 정신에서 중요한 위치를 차지했다. 이렇게 막대한 영향력을 지닌 예술 단체는 세계적으로 찾아보기 힘들다.

1904년 이사도라 덩컨의 러시아 공연에 감명받은 미하일 포킨이 새로운 발레 사상을 갖게 되면서 세계대전과 함께 발레가 지배하던 시대

발란신의 「샤콘」에서 춤추는 뉴욕 시티 발레단의 수잔 파렐과 피터 마틴스.

는 끝이 났다. 이렇듯 발레의 현대화가 생각과 감정을 표현한다는 현대춤의 사상에 크게 영향을 받아, 20세기 전반 유럽의 발레 안무자들은 현대무용처럼 인간 심리를 탐구하는 감정적 경향을 보이기도 했다. 하지만 가장 두드러진 특징은 작품의 표현성을 강화하기 위해 전통 발레 드라마의 구조를 포기했다는 점이다. 전통적인 발레극은 미약한 스토리 전달보다 내용과 상관없는 장식과 스펙터클한 춤을 중시했다. 발레의 현대화 과정에서 표현성을 강화하기 위해 군더더기가 제거되고 사실적인 표현도 들어오게 된 것이다.

발레에서 표현성을 강화하자는 주장은 오랫동안 있었지만, 20세기 미국 발레를 이끈 조지 발란신의 추상 발레를 거치면서 비로소 현대 발레의 새로운 면모가 완성되었다. 최근 현대 발레는 테크닉이나 표현 기법에서 현대무용의 요소를 많이 수용했다. 우선 두드러지는 특성은 움직임 언어나 기술에서 현대무용과 재즈, 민속춤 등 다양한 기법을 도입하고 혼용해 다양한 언어를 지니게 되었다는 점이다. 표현성이 확대되고 자유로워진 것이나. 1960년대에 발레가 세계화되면서 각 나라에 국립발레단이 생겨나고, 여기에 민족적 기질과 어우러진 다양한 스타일이 탄생했으며, 이런 발레단들이 현대무용가나 후기 현대파 무용가들에게 작품을 의뢰하면서 일어난 결과다.

또한 레퍼토리의 성격이 명확하게 발레로 구별될 뿐 아니라, 현대무용이나 포스트모던 댄스라고 불리는 것까지 근본적으로 절충주의적 성격을 띤다는 것도 특징이다. 매우 세련되고 기술적으로도 발전하는 극장 기술을 적극적으로 활용한다는 점도 포함된다. 발레는 다른 장르보다 상대적으로 기술 체계가 발전되어 첨단 테크놀로지로 무장한 극장 기술을 동원해 인상적인 장면을 만들어내는 여유가 있다. 이는 전통적으로 발레가 화려한 무대를 지향하고 볼거리가 풍부한 장관을 연출하는 데 중점을 두었던 역사적 배경에서 기인한다고 볼 수도 있지만, 현대무용가나 타 장르 무용가들이 신체와 움직임과 씨름하느라 극장 기술에 상대적으로 관심을 적게 둔 것도 원인이라 볼 수 있다.

그 결과 현대 발레의 표현성과 움직임 영역은 오늘날 현대무용과 구분이 되지 않을 정도로 확대되었다. 그러나 무용수들의 테크닉 배경에 따라 그들의 몸과 움직임이 드러내는 아름다움은 크게 차이가 난다. 발레단들조차 내용상 고전 발레의 전통적인 레퍼토리만을 고집하지 않을 경우 스스로 발레단이라 하지 않고 '무용단'dance theater이라고 칭한다. 그러므로 오늘날의 '현대 발레'ballet는 '춤'dance이라는 폭넓은 개념 아래 수렴된 것으로 본다. 오늘날 세계적으로 작품 성향과 표현에서 순수하게 춤의 즐거움과 아름다움에 초점을 두는 디베르티스망 경향과 추상적인 스타일이 인기가 있다.

IV 기법

TECHNIQUE

대2인무 Grand Pas de Deux

프랑스어 '파드되'pas de deux는 두 개의 스텝이란 의미다. 하지만 발레 용어로는 두 사람을 위한 춤을 말한다. 보통 남자 한 명과 여자 한 명이 함께 추는 춤을 뜻하고, 동성 두 사람이 추는 춤은 듀엣duet이라고 한다. 듀엣에서는 남녀 2인무처럼 남자가 여자를 지지해주는 춤은 빠진다. 2인무로부터 '대2인무'란 용어가 나왔는데, 이것이 발레를 가장 잘 표현하는 형식이다. 그랑 파드되는 발레리나와 파트너 기사의 양식화된 확정적 구조를 지닌 춤으로 보통 19세기 발레를 대표하는 춤의 절정이다.

무용보에 기록된 18세기의 2인무는 주로 남녀가 동시에 같은 동작을 하거나 때로는 손을 잡고 추기도 하지만, 대개 같은 스텝을 대칭으로 추는 경우가 많았다. 무용수 커플이 무대 양쪽에 서서 같은 스텝을 동시에 하거나, 파트너가 동작을 끝내면 여성무용수가 에코처럼 반복하는 형식이 18세기 말까지 이어졌다. 그러나 19세기 발레 시나리오에서 점차 발레리나의 중요성이 증대되고 그와 함께 발끝으로 서는 온 포인트on point 기술이 발전하면서 2인무의 개념은 여성무용수를 전시하기 위해 형식화된 수단으로 바뀌었다.

19세기 말 러시아 상트페테르부르크의 제국극장에서 밤새 이어지는 3, 4막짜리 발레를 창작하면서, 러시아 마린스키 발레의 안무자 마리우스 프티파는 대2인무의 구조와 중요성을 확립했다. 주로 마지막 막

「백조의 호수」에서 울라냐 로파트키나와 이고르 젤렌스키의 백조 2인무.

의 절정에 해당하는 결혼 장면과 궁정 파티 장면에서 남녀 주인공의 2인무가 백미가 되도록 다듬어 일정한 질서를 갖춘 것이다. 2인무의 절차는 엄격하게 정해져 오늘날에도 유지된다.

  2인무의 구조는 먼저 입장하는 커플의 앙트레entrée가 있고 아다제adage나 아다지오adagio라 불리는 개시부의 춤이 따른다. 느린 아다지오 속도에 맞추어 발레리나와 파트너를 우아하게 선보이는 개시 아다지오는 파드뒤 프로퍼pas de deux proper라 불리기도 하는데, 이 별칭처럼 품위 있게 무용수의 개성을 선보인다. 아다지오에서는 기교적으로 남녀의 파트너링이 긴밀하게 일어나는데, 남성무용수는 정적인 포즈의 여성무용수를 뒷받침해주는 역할에 그친다. 이어서 남녀 주인공의 솔로 베리에이션solo variation이 있다. 먼저 남자가 솟아오르며 점프하고 빠른 회전을 과시한 다음, 발레리나는 정교한 밸런스와 속도감이 요구되는 눈부신 포인트 워크를 선보이며 무대를 가로지르거나 크게 원을 그리며 회전하면서 솔로를 마무리한다. 마지막으로 대2인무를 완결하는 종지부 코다coda에서는 남녀 무용수가 함께 눈부신 스텝을 과시한다. 먼저 리듬이 강하고 빠른 선율에 남자가 먼저 등장하면서 시작되고, 이 코다에서 남녀 모두 빠른 기교를 보여준다. 대개 발레리나는 제자리에서 한 발로 연속 32회전을 하는 고난도 기교를 펼치고 인상적인 종결 포즈로 화려하게 마지막을 장식한다.

  러시아 황실 발레에서 마리우스 프티파는 거의 60년 동안 네 명의 러시아 황제를 위해 봉사하면서 발레 테크닉의 수준을 최고로 끌어올렸다. 그 과정에서 안무에 명료성과 조화, 대칭, 질서를 갖추기 위해 노력했다. 마리우스 프티파가 완성한 이 시기의 2인무는 '클래식 파드뒤'classic pas de deux라고도 불리는데, 마리우스 프티파는 순수한 춤 그 자체와 탁월한 기량이 자아내는 스펙터클한 효과에 대한 믿음으로 2인무를 고전 발레의 결정으로 완성한 것이다. 마리우스 프티파는 남성무용수를 완전히 간과하고 발레리나에 초점을 맞췄다. 남성 파트너의 기능은 발레리나를 지탱하고 그녀의 아름다움이 잘 드러나도록 도와주는 것이었다. 19세기의 2인무는 남녀 주인공의 관계를 발전시킬지언정 발레 플롯의 전개에는 아무 기여를 하지 않기 때문에 종종 전체에서 떼어내 디베르티스망divertissements으로 단독 공연하기도 한다.

델사르트 엑서사이즈 Delsarte Exercise

델사르트 엑서사이즈란 프랑스 음악 선생인 프랑수아 델사르트 François Delasrte, 1811~71가 공연자의 표현성을 발전시키기 위해 고안한 신체 훈련방법이다. '델사르트 방법'Delsarte method 혹은 '델사르트 표현체제'Delsarte system of expression로도 불리는 이 훈련법은 19세기 말과 20세기 초에 중요한 교육 방법이었을 뿐 아니라, 그의 사후에도 현대무용의 선구자들에게 영향을 미쳤다. 델사르트주의Delsartism는 호흡의 흐름을 용이하게 하고 이완과 컨트롤의 균형을 도모하고 편안한 포즈를 발전시키기 위해 디자인된 제스처에 기초한다. 델사르트는 프랑스에서는 노래와 낭송, 미학을 가르치는 명교사로 알려졌지만 사후에 미국에서는 델사르트 엑서사이즈가 표현과 신체 교육의 방편으로, 그리고 공연과 트레이닝 방식, 여러 개혁 방법으로 전개되면서 델사르트의 원래 의도와는 다른 방향으로 전개되었다.

프랑수아 델사르트는 1826~29년에 프랑스 국립음악·연극원에서 공부했지만 가수로서 성공하지 못하고 1830년대 중반부터 성악 교사로 학생들을 지도하기 시작했다. 그는 음악원의 잘못된 성악 교육방식 때문에 목소리를 망쳤다는 확신과 함께 당시 성악과 연기 스타일이 진실하지 못하고 과장된 형식일 뿐이라는 생각에서 1830년대부터 표현과 미학 연구를 시작했다. 경험적인 데이터와 과학적 원칙에 입각한 신체 표현 트레이닝 방식을 개발하고자 한 것이다. 그는 다양한 상황에서의 음성 형태를 체계적으로 관찰하고 발성과 관련한 해부학을 연구했다. 델사르트는 평생 신체 표현을 관장하는 법칙을 연구하는 데 몰두해 제스처와 팬터마임의 철학자가 되었다. 델사르트는 신체를 세 영역머리, 몸통, 사지으로, 움직임을 세 범주중심에서 멀어지고, 정상, 중심을 향하는로 나누어 학생들의 신체 조정력을 발전시키는 방법을 연구했다. 그리고 신체적인 것과 정신적인 것, 즉 움직임과 의미의 일치를 강조했다.

델사르트 시스템은 제스처와 자세의 9개의 규칙 위에 구축된 엑서사이즈인데, 이 엑서사이즈의 목적은 신체 각 부분을 자유롭게 하고 이완을 통해 감정과 사상을 지적으로 표현하도록 교육하는 데 있다. 델사르트 메소드는 유럽에서 1853~60년에 인기 절정에 달했고 많은 가수와 교사, 웅변가, 유명 배우들이 델사르트의 제자가 되었다. 그중에서 애제자였던 미국인 배우 스틸 맥케이Steel Mackaye, 1842~94가 그의 전수자로 지명되었다. 1871년에 델사르트가 죽자마자 맥케이는 미국에서 델사르트 메소드를 열정적으로 보급하기 시작했다. 맥케이는 델사르트의 이론 위에 조화료운 체조 이론을 더해 배우와 연설자들을 위한 훈련방법을 고안해냈다. 그리하여 1880년대에 미국에 델사르티즘의 열기가 번졌다. 사교계 여인들은 우아하게 미끄러지는 듯한 스텝을 배우기 위해, 학생들은 시낭송에 적절한 제스처를 습득하기 위해 델사르트 엑서사이즈를 배웠다. 델사르트 웅변 시스템은 1920년대까지 미국에서 가장 인기 있는 스피치 트레이닝 방법이었다. 결과적으로는 표현적인 움직임에 대한 접근 방식이 연기뿐 아니라 춤에도 새로운 방식을 제안해준 것이다.

델사르트 시스템을 춤에 적용하는 데 중요한 계기가 된 사람은 스틸 맥케이의 제자 제네비에브 스테빈스Genevieve Stebbins, 1857~1914다. 스테빈스는 델사르트 엑서사이즈와 체조 이론 그리고 요가의 호흡법을 결합해 다양한 엑서사이즈 방법을 만들어냈다. 이 엑서사이즈들은 오늘날까지도 영향을 미치고 연기와 무용 트레이닝에 사용된다. 스테빈스는 자기의 엑서사이즈를 발레 전통과 구별하면서 아시아나 고대 그리스에 있었을 법한 표현적인 움직임으로 생각했다. 따라서 그녀는 이후에 나타나는 이사도라 덩컨과 루스 세인트 데니스에게 아시아나 그리스의 표현적 움직임에 대한 관심을 불어넣어주었다고 볼 수 있다. 스테빈스는 제자들과 함께 뉴욕에서 공연을 했는데 덩컨의 춤 개념과 유사한 상징적이고 직관적인 춤을 창조했다고 한다. 루스 세인트 데니스는 1892년 스테빈스의 공연을 보고 큰 영향을 받았으며, 역시 델사르트 메소드에 크게 매료된 남편 테드 숀과 함께 자기의 무용 학교에서 델사르트식 훈련과 이를 활용한 달크로즈식 무용을 가르쳤다. 델사르트의 방법은 자크 달크로즈와 테드 숀 같은 추종자에 의해 현대무용 테크닉을 이끌어내는 데 사용되었다. 덩컨의 무용 학교에서도 한때 제네비에브 스테빈스의 엑서사이즈를 가르치기도 했다.

    제네비에브 스테빈스가 움직임을 보급하면서 자연스레 의복 개혁이 일어났다. 스테빈스는 특히 여성이 전통적으로 입어오던 코르셋이 자연스런 호흡을 방해하기 때문에 신체를 덜 억압하는 옷을 권장했다. 또 다른 델사르트주의자 헨리에타 러셀Henrietta Russell, 1849~1918은 미적으로나 건강상의 이유로 남녀 모두의 의복 개혁을 강조했다. 그러나 일반 여성이 코르셋을 입지 않는 것에는 거부감을 가졌기 때문에 델사르트식 코르셋이 권장되었다. 델사르트 엑서사이즈는 개인 레슨뿐 아니라 미국 전역의 연설과 연극, 공연예술학교로 퍼져나갔고 일반 학교에서도 체육시간에 가르쳤다. 델사르트 엑서사이즈 교사와 학생, 저자들이 거의 모두 여성일 만큼 델사르트주의는 여성에게 특히 인기가 있었고, 중산층과 상류층 여성을 빅토리아 시대의 구속에서 해방시켜주었다.

디베르티스망^{Divertissement}

디베르티스망이란 '기분 전환'diverting이란 뜻으로 이야기가 없는 화려한 기교 과시용 춤을 말한다. 발레를 이야기를 전달하는 서술적인 것과 순수하게 춤을 즐기기 위한 것으로 나누자면 디베르티스망은 후자에 해당한다. 무용 역사가들에게 최초의 발레라 인정받는 「왕비의 희극 발레」1581는 초기 궁정 발레 중에서 예술적 수준이 높고 장대했던 것 외에도 일관된 주제로 이야기를 시도했다는 점에서 예술 양식으로 인정받았다. 그러나 이야기가 없는 춤에 대한 수요와 사랑은 다양한 이름과 스타일로 변화해오다가 디베르티스망으로 정착되었다. 오늘날 발레뿐 아니라 여러 장르의 춤에서 인기 있는 춤은 대부분 이런 디베르티스망 류다.

디베르티스망은 17세기 앙트레entrée에서 유래했다. 17세기에 접어들어 초기 궁정 발레를 특징짓던 통일된 주제가 사라지고, 발레의 여러 막이 각기 다른 주제를 다루는 발레가 나타났다. 물론 이런 발레의 각 막들은 전체 작품의 타이틀과 연관되지만 그 정도가 매우 미미했다. 예를 들어 '신의 여러 가지 사랑' '신의 여러 가지 모습'이라는 제목 아래 서로 완전히 다른 이야기가 전개되어, 표현상의 구속력이나 일관성이 전혀 없는 상태였다. 이런 타입의 스펙터클이 '발레 앙트레'라 불리는 궁정 연회 형식인데, 이 발레 앙트레는 다시금 17세기 후반에 오페라 발레로 발전했다. 노래와 춤을 혼합해 만든 스펙터클 오페라 발레에서 각 막은 앙트레라고 불렸다. 오페라 발레가 유행할 당시 앙트레라는 용어는 구체적으로는 오페라 내용과 상관없는 디베르티스망이 시작될 때 연주되는 서막을 지칭하기도 했다. 그리고 궁정 발레와 오페라 발레의 일부분이었던 앙트레로부터 디베르티스망 개념이 발전하게 되었다. 그러므로 디베르티스망은 잠시 여흥으로 관객의 주의를 돌리는 춤을 지칭한다. 줄거리를 서술하거나 극적 효과를 위해서가 아니라 단지 춤의 전시를 위한 디베르티스망은 무용수의 화려한 기교와 스펙터클한 분위기로 무대에 활기를 불어넣는다.

그러므로 디베르티스망 춤은 팬터마임이나, 행위와 동기를 일치시켜 표현성 강화를 주장하는 극적 발레 ballet d'action와는 개념적으로 상반된다 하겠다. 마리 앙투아네트 Marie Antoinette, 1755~93의 어릴 적 무용 교사이자 18세기의 유명한 프랑스 발레 마스터 장-조르주 노베르가 주창한 극적 발레 개념이 19세기 말 고전 발레의 아버지라 불리는 마리우스 프티파에 의해 여러 막에 걸친 서술적 구조의 고전 발레 양식으로 발전할 때, 디베르티스망 역시 발레 기획의 중심 부분이 되었다. 고전 발레의 구조란 막의 시작과 끝 부분에서 팬터마임으로 발레의 이야기 줄거리를 얘기하고 중간부는 거의 내용과는 상관없는 디베르티스망으로 이어진다. 그리고 발레극의 절정부에 해당하는 3막 혹은 마지막 막은 거의 화려한 디베르티스망으로 가득 채운다. 프티파가 구축한 고전 발레 전통에서 디베르티스망은 발레극의 클라이맥스에 해당하거나 동시에 종종 축제 분위기의 마지막 막에 집중적으로 배치된다.

각기 독립적인 디베르티스망이 그룹으로 조를 형성하기도 하는데, 「백조의 호수」 3막에서 왕자와 공주의 결혼을 축하하기 위해 여러 나라의 민속춤 디베르티스망이 연속적으로 이어지며 댄스 모음을 만들거나, 「잠자는 숲 속의 공주」 마지막 막에서 결혼을 축하하는 여러 요정의 춤이 연속되는 디베르티스망 스위트가 그러한 경우다. 고전 발레 작품 중에는 디베르티스망으로 넘쳐나서 줄거리를 찾지 못할 정도인 작품도 있다. 하지만 플롯을 잊게 하는 현란한 기교의 아름다움 때문에 그런 작품들은 인기가 많다.

매혹적인 춤과 스펙터클의 결합인 고전 발레에서 디베르티스망을 통해 고난이도의 기교와 이국적인 퍼레이드로 마지막 막을 화려하게 끝내는 것은 고전 발레의 인기의 비결이다. 그러나 디베르티스망 춤에 잠재한 위험은 화려함 뒤에 가려진 가벼움과 주제에서 동떨어진 고립이다. 그러나 스펙터클한 성격을 강조하고 즐겁게 막을 내리는 데 안성맞춤인 성격으로 발레는 지금까지 오페라에서 매우 중요한 비중을 차지한다. 16세기 말 이탈리아에서 오페라 형식이 탄생할 때 공연 형식은 근본적으로 르네상스 말기의 궁정 연회 형식에 기초했고, 연회에서 춤의 중요성을 생각한다면 오페라에서 발레가 차지하는 비중은 태생적인 것이다. 17세기 말 오페라에서 발레는 스펙터클과 거의 동일시되었고, 오페라에 쓰이는 발레는 근본적으로 디베르티스망 종류다. 19세기 중반에 이르러 세계적인 오페라단들은 예외 없이 전속 발레단을 가지고 있었다. 이들 춤은 오페라에서 주제를 전달하는 경우도 있었지만 유기적이라기보다는 장식적인 것이 대부분이었다.

디지털 댄스 Digital Dance

컴퓨터 테크놀로지를 비롯한 뉴미디어가 무용 예술에 미친 영향은 디지털 댄스 또는 가상의 춤 virtual dance을 탄생시켰다는 점에서 지대하다. 필름과 비디오, TV를 무용과 결합한 필름 댄스나 비디오 댄스, TV 춤과 디지털 댄스는 프레임에 넣어서 본다는 점에서 동일한 미디어적 속성을 지니고 있지만 이들은 디지털 댄스와 같은 '실시간' 혹은 '쌍방향' 공연을 할 수는 없다. 스크린 미디어는 극장 좌석에 앉아 정면으로 고정된 초점에서만 보는 것과 달리 다양한 카메라 앵글 조작으로 복수 관점을 허용한다. 24분의 1초라는 찰나에 광대한 파노라마에서 거대한 클로즈 업 장면으로 변화하며, 보는 이의 원근감과 공간감을 변형시킨다. 필름과 비디오는 편집을 통해 시간과 공간을 분열시켜 순간적인 시각적·청각적 파편으로 만들어낸다. 필름이나 비디오 그리고 컴퓨터 기술은 극장 공연에서는 불가능한 다양한 시공간적 이미지를 동시에 쏟아내는 충격을 가능하게 한다.

무용계에서 새로운 미디어에 가장 먼저 관심을 기울이고 실험한 이가 머스 커닝엄이다. 1961년부터 TV를 위해 춤을 만들었고 1974년부터 TV 감독 메릴 브로크웨이 Merrill Brockway와 공동 작업으로 「비디오 이벤트」1974, 「TV 이벤트」1976를 만들었다. 또한 자기 무용단의 기술 감독으로 있던 찰스 아틀라스 Charles Atlas, 1892~1972와는 1974년부터 다양한 비디오와 필름 작업을 했고, 찰스 아틀라스의 뒤를 이어 엘리엇 카플란

Elliot Caplan을 무용단의 상주 영화 제작자로 두고 많은 작업을 했다. 「Points in Space」1986도 그와 함께 만든 작품이다. 1990년부터는 컴퓨터 실험을 시작해 인간 모형 프로그램인 'Lifeforms'를 응용해 작업했다. 그는 춤을 스크린에 표현하기 위해 미디어 작업을 시작했는데, 그의 춤은 정면의 시선을 중시하지 않아 어느 각도에서나 카메라 접근이 용이했다. 이렇게 열린 동작 자세는 이런 공동 작업에 적절했다.

1980년대 비디오 댄스와 필름 댄스가 유행하고 안무가나 무용단이 춤을 기록하고 연구하는 데 비디오를 사용하면서 새로운 미디어에 대한 관심이 늘어났다. 인간 모형과 움직임을 기록하고 재생하는 소프트웨어Labanwriter, Lifeforms가 만들어졌고, 무용을 기록하는 사람들과 머스 커닝엄처럼 새로운 움직임의 가능성을 위해 컴퓨터 기술을 활용하려는 안무자들의 관심을 받았다. 그리하여 무용수와 디지털 영상이 한 무대에서 함께 춤추고, 창작 과정에 참여하는 인간과 테크놀로지의 융합이 일어나게 되었다. 새로운 춤은 이런 진화에 적합한 환경 변화를 요구하며 그를 위해 무용의 본질과 전통적인 공간과의 관계를 재고하게 한다. 무용가들이 어느 공연 예술가들보다 테크놀로지를 수용하는 데 앞장서 예술 창작 과정을 변화시켰다는 점이 중요하다.

무용은 사진과 영화 발명 이후 근본적으로 시각적 형태와 리듬을 다룬다는 점에서 멀티미디어아트가 되었다. 비디오 댄스 출현 이후로 안무자와 필름 제작자들은 두 예술이 프레임을 편집한다는 점에서 공통점을 지니는 혼성물로 인식했다. 새로운 미디어 기술을 수용한 뉴 댄스에서는 공간도 비물질화되어 보이지 않게 되고, 실시간의 흐름도 조작할 수 있는 스튜디오에서 제작함으로써 변화가 크게 일어났다. 오늘날에는 동작을 탐지하는 여러 장비가 발명되어 무용수가 특수 공간에

빌 존스 안무와 OpenEnded Group의 디지털 기술로 탄생한 「Ghostcatching」(1999).

서 직접 센서가 되어 운동을 감지하는 특정 피드백을 통해 보이지 않는 파트너를 작동시키기도 한다.

　동작 정보를 디지털화 하는 것이 컴퓨터 작업의 첫 번째 과정인데, 컴퓨터를 작동시키는 최소 정보 단위 '비트'로 움직임 정보를 기록한다. 이렇게 디지털로 포착되고 정보 처리된 데이터는 무한한 변형이 가능해져 새로운 춤으로 재생산될 수 있다. 이런 디지털 정보를 가지고 음악 DJ처럼 그 자리에서 라이브로 안무를 혼합할 수도 있다. 비디오카메라와 컴퓨터, 합성기, 특수 감지장치가 결합된 시스템으로 움직임을 소리와 음악, 비디오로 전환하는 소프트웨어도 있다.

　미래에는 실시간과 실제 공간과 무용수가 사라진 '인텔리전트 스테이지'intelligent stage의 시대가 도래할 것이다. 폴 카이저Paul Kaiser, 1956~와 셸리 에쉬카Shelley Eshkar의 리버베드Riverbed 디자인 회사는 머스 커닝엄과 빌 존스Bill Jones, 1952~와 실험을 해 가상공간에서 컴퓨터로 작동되는 춤을 만들었다. 머스 커닝엄의 「Hand-drawn Spaces」와 「Biped」, 빌 존스의 「Ghostcatching」에서 광학 모션캡처를 이용해 움직이는 신체를 3-D 디지털로 재현해냈다. 애니메이터 겸 안무자는 저장된 데이터의 춤을 뽑아내 시행하는데, 실제 무용수인 빌 존스나 머스 커닝엄의 몸은 현장에 없다. 조작된 춤 정보가 유령이 되어 춤춘다. 「Biped」에서 머스 커닝엄은 실제 무용수와 정보 처리된 그래픽 무용수가 함께 춤추게 했고, 「Ghostcatching」에서 빌 존스의 사라진 몸 대신 투명한 형체가 궤적을 남기며 움직이는 라인 댄스를 보여주었다. 몸이 없는 무용수가 춤을 추는 가상의 춤은 자동력이 없는 무상한 '움직이는 형태'라고 할 수밖에 없다.

　컴퓨터 테크놀로지로 계획된 몸은 전통적인 안무 개념도 바꿀 것이다. 디지털로 작업하는 창작 과정에서는 종전의 동작 구성과 실행과 리허설이나 무대와 관련된 것들은 사라지고, 미디어의 속성에 내재한 비선형적 과정과 전환과 상호작용과 출현 같은 원칙에 따라 작업해야 할 것이다. 디지털 댄싱은 정보를 기록한 방법과 매체에 의해 맥락화된 비물체가 가상공간에서 춤추는 것이고, 이러한 예술 대상 해체의 전조는 1960년대의 해프닝과 이벤트 같은 작업에서 관객 참여를 유도하며 상호작용 개념을 낳은 20세기의 아방가르드 예술가들로부터 시작되었다. 전화와 컴퓨터 정보를 조합한 텔레마티크 공연은 호주와 서울의 무용수가 한 작품에서 춤추게 하며, 한 자리에서 함께 춤춘다는 개념도 사라지게 한다. 실제 공간이 아니라 웹상에서 그 사이트에 접속한 사람이 댄스 이미지를 포인트하고 클릭함으로써 다양한 조합을 만들어내는 것이다.

   21세기의 텔레마티크 환경에서 우리는 멀리 있는 사람의 무게를 느낄 수 있고 감정적 반향의 영향을 받을 수도 있다. 안무자도 연습실이 아니라 텔레마티크에 연결된 스튜디오에서 움직임과 센서, 카메라를 조작하는 가상 테크닉을 사용하고, 안무자도 전공자가 아니라 다양한 출신 배경의 엔지니어로 구성될 것이다. 그렇게 된다면 오늘날과 같이 무용 학교나 무용단이 아니라 다양한 장소에서 다양한 직업의 사람들이 공동으로 무용 작품을 창작하는 것도 가능해질 것이다. 21세기의 기술 환경은 춤을 통해 말하고자 하는 이야기에 영향을 미칠 것이고 인간다움 혹은 인간의 몸과 마음을 가상공간에서 어떻게 다룰 것인가 하는 문제에 봉착하게 될 것이다.

무용보 Dance Notation

무용보란 무용을 종이 위에 묘사하는 기록법이다. 움직임을 기호로 문서에 기록한 것은 15세기 후반부터 발견되며, 이후 수 세기에 걸쳐 다양한 방식으로 시도되었다. 가장 오래된 무용보 문서는 스페인 세르베라 시청 고문서 보관소에서 발견된 것이다. 이때 유행한 춤은 귀족들의 바스 당스 basse danse 였는데, 세르베라 문서에 사용된 무용보는 이 춤의 기본 스텝을 순서에 맞춰 약어로 적어놓은 단어 약어법 letter code 이었다. 예를 들어 원 스텝은 's' single step, 투 스텝은 'd' double step와 같은 방식이다. 이 바스 당스의 기본 5스텝은 당시 모든 사교계 인물과 귀족들이 상식적으로 알아야 하는 교양이었기에 이런 표기 방식이 충분했다. 춤에 대한 책 중에서 가장 오래된 『훌륭한 무용수 교본』 *L'Art et Instruction de Bien Dancer* 에서 이 기록법으로 바스 당스를 기록하고 실시하는 방법을 설명했다.

15세기 말 우리나라에서도 조선 전기 궁중에서 추던 정재를 기록한 『악학궤범』1493, 성종 24이 출판되었는데 그 속에 춤을 기록한 자료가 포함되어 있다. 서양 최초의 무용보가 스텝 순서를 기록한 것에 반해 우리 무용 기록은 춤의 제목과 전체 대형 그림, 인원수, 사용된 음악, 소품의 종류와 그림, 의상의 색깔과 치수 등이 상세하게 열거되어 있는 반면 동작에 대한 사실적인 기록은 없다. 궁중에서의 연회 절차나 예법의 완성을 위해 기록해놓은 책의 성격 때문이기도 하지만 이로부터

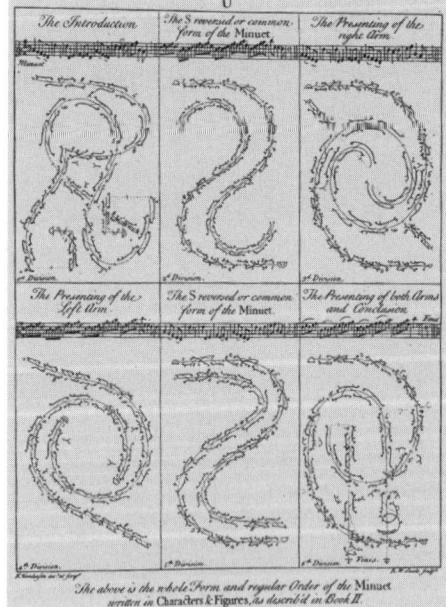

1735년 켈롬 톰린슨의 『The Art of Dancing』에서 '퓨이에 법'으로 기록된 미뉴에트. 퓨이에는 춤의 궤적 위에 스텝을 표기하는 방식으로 무용보를 작성했다.

우리는 무용을 기록하는 데 있어서 중요 대상이 문화마다 다르다는 것을 알 수 있다. 그리고 그 기록으로 춤이 재현될 때 중요하게 생각하는 가치의 우선순위를 알 수 있다. 이런 비교에서 우리는 서양의 구체적이고 개별적인 시각과 동양의 전체적이고도 관계적인 사고방식의 차이를 알게 된다.

무용보는 20세기에 들어와서야 체계가 발전하고 실제로 사용되었다. 그 이전까지 춤은 주로 몸에서 몸으로, 재연과 구두 설명으로 보완되었을 뿐이다. 무용보의 역사에서 가장 성공적이고 실용적이었던 무용보는 퓨이에feuillet 법이다. 16세기와 17세기 귀족 사교춤이 유행하면서 많은 무용 교사들이 춤의 매너와 방법을 설명하는 책을 출판했는데, 그중 가장 유명한 것이 라울 퓨이에Raoul Feuillet, 1653~1709의 『무용교본』 Chorégraphie, ou l'Art de Décrire la Danse, 1700이다. 이 무용보는 루이 14세의 무용 교사였던 피에르 보샹의 아이디어에 기초한 것이라서 보샹-퓨이에 무용보라 불리기도 한다. 당시 춤은 정교한 스텝과 정확한 패턴이 중요했는데, 퓨이에의 방식이 춤의 궤적 위에 스텝을 표기하는 방식이어서 간편함과 실용성 때문에 대단한 인기를 얻었다. 퓨이에의 책은 유럽 각국에서 번역되었고 악보처럼 일반인들이 쉽게 읽고 재연할 수 있었다는 점에서 역사상 가장 성공적인 방법이었다. 교육받은 지식인층이 무용보 사용에 주축을 이룬 18세기가 무용보의 전성기였다.

그러나 춤의 유행이 바뀌고 귀족의 뻣뻣하던 의상이 몸매가 드러나는 스타일로 바뀌면서, 19세기 중반 무용수의 몸을 시각적으로 표시하는 생 레옹Saint-Léon 무용보가 등장했다. 그리고 19세기 말에는 마린스키 발레의 무용수 블라디미르 스테파노프Vladimir Stepanov, 1866~96가 음악의 악보 위에 무용수의 동작을 함께 표기하는 음표법을 발명했다. 스테파노프 법은 러시아 황실 발레 학교에서 교과과정에 포함시켜 공식적으로 사용되다가 폐기된 방식이다.

오늘날 세계적으로 널리 알려진 무용보는 라바노테이션Labanotaion과 베네쉬 법Benesh Notation이다. 20세기 초 독일 현대무용의 선구자 루돌프 라반은 주로 발레 움직임을 기록하던 시각에서 벗어나 모든 움직임을 기록하고자 하는 열린 시각에서 추상 기호로 방향과 스텝을 기록했다. 라바노테이션은 하나의 기호에 여러 가지 정보를 함축해 경제적일 뿐 아니라, 루돌프 라반 사후에도 여러 학자들이 지속적으로 연구해 더욱 체계적으로 발전시켰다. 그의 무용보는 인류학이나 무용치료 등 다양한 분야에서 움직임을 기록하는 방식으로 응용되었다. 그러나 인류학자들은 라바노테이션이 인류학적인 움직임을 기록하기에 너무나 복잡하기 때문에 대부분 고유 방식을 응용해서 썼고, 휴대용 비디오가 보급된 1980년대 초부터 비디오 촬영이 대신 사용되었다.

20세기 중반에 등장한 베네쉬 법은 로열 발레 단원이던 조안 베네쉬Joan Benesh, 1920~와 남편 루돌프 베네쉬Rudolf Benesh, 1916~75가 개발했다. 이는 발레 동작을 기록하기에 매우 효율적인 방식으로, 사지의 말단 지점만 표기하는 방법이 쉽고 간단해 영국 로열 발레단에서 채용한 방식이다. 로열 발레단에서 발레 작품을 기록하는 공식 기록자를 채용함으로써 이후 많은 발레단이 이를 따랐다. 역시 20세기 중반에 등장한 것으로, 특이하게도 움직임을 수학적으로 분석한 에쉬콜-와크만Eshkol-Wachman 무용보가 있다. 이스라엘 현대무용가 노아 에쉬콜Noa Eshkol이 만들어 이스라엘에서 적극 후원받는 이 무용보는 움직임을 관절의 회전 운동으로 파악하고 회전의 정도를 숫자로 표기하는 방식이다. 따라서 에쉬콜은 종이 위에 숫자만 기록함으로써 동작을 연결했다. 그녀는 움직임을 객관적으로 보았으며 주관적인 설명에는 관심이 없었다. 공연자를 표현적인 인간으로 보지 않았기에 결과는 인간성이 완전히 제거된 기계처럼 보이기도 하고, 숫자가 동작과 움직임을 지시하는 주요 수단이라서 컴퓨터 사용자들의 흥미를 끌었다.

오늘날의 악보처럼 세계적으로 누구나가 읽고 쓸 수 있는 무용보가 있다면 안무 방식이나 무용 발전에 어마어마한 기여를 할 것이다. 17~18세기에 음악보가 오늘날과 같은 모습을 갖춘 이후 음악 발전과 보급에 기여한 점을 생각해보면 프랑스 혁명 이후 무용보의 급격한 퇴보는 안타까울 뿐이다. 그러나 근본적으로는 움직임은 인생만큼 복잡하고 3차원 움직임을 2차원 종이에 기록한다는 것이 거의 불가능할 만큼 어렵다는 것이 문제다. 무용학계에서도 무용의 본질이 현재의 무용보에 담길 수 있는지 논란이 많다. 무용보는 움직임의 구조를 지시한다. 대개 오른발이 첫 박에 앞으로 나가느냐, 뒤로 나가느냐, 혹은 다리를 어느 방향으로 어느 정도로 올리는가 하는 식으로 지적하는 수준에 머문다고 봐야 하고, 그런 스텝의 특질이나 효과를 포착할 만큼 발전되고 쉬운 방식이 없다는 데 문제가 있다. 철학자나 비평가들은 일반적으로 무용을 볼 때 '가상적인 힘'이나 '움직임의 특질' 혹은 '잔상'을 보는 것이라고 한다. 현행 무용보 자료를 토대로 재연된 것이 동일한 정체를 지닌 동작이라고 볼 수 있느냐가 문제인 것이다.

무용보는 1980년대 대학 무용과의 교과과정에 포함되어 주로 라바노테이션을 교육했지만, 경제성과 실용성에 대한 의문 때문에 오늘날 대부분 교과과정에서 제외되는 상황이다. 오늘날에는 손쉽고 값싼 비디오 장치가 무용을 기록하는 또 다른 수단이 된다. 작품의 저작권을 주장하는 안무자들은 라바노테이션으로 작품을 기록하지만, 판권을 팔 때는 무용보와 함께 비디오 영상과 그 작품에 대해 잘 아는 감독의 최종 감수 역할이 실질적으로 크다. 무용수가 직접 무용보를 읽을 수 있는 상황이 아니기 때문이다. 무용보가 처음 역사에 등장한 이후 약 5세기 동안, 앞에서 언급된 주요 무용보들 외에 수많은 무용보가 개발되었고 일부는 자기 방법이 완전하다고 주장하기도 하지만, 현재로선 어느 무용보도 완벽하지 않다.

 움직임을 종이에 기호로 적고자 할 때 먼저 기록자가 움직임에서 무엇을 '보고' 그것을 어떻게 기록할 것인지 하는 방법은 그 사람의 움직임 교육 경험의 배경과 깊이에 의해 결정된다. 기록자의 움직임에 대한 태도와 디테일에 대한 인식과 이해의 정도 그리고 기록의 목적에 따라 다양한 방법이 무용보 방법이 될 수 있다. 현재는 라바노테이션의 기호를 입력해 컴퓨터로 신체 부분의 동작을 조합하는 방식 LabanWriter, DanceForms이 개발되었고, 다양한 컴퓨터 인체 모형을 이용한 새로운 무용 기록 방법의 가능성도 열렸다.

바스 당스 ^{Basse Danse}

바스 당스는 14~16세기에 걸쳐 유럽 귀족들 사이에서 유행한 춤으로 느리고 우아하며 귀족적이다. 이 춤은 바닥에서 거의 발을 떼지 않고 걷는 행진형 춤이므로 'low dance'의 뜻을 지닌다. 르네상스 귀족 사회에서 바스 당스를 비롯해 사교춤의 유행을 불러일으킨 첫 번째 영향력은 이탈리아 무용 교사들의 활약과 이탈리아 궁정 귀족들의 생활상, 그리고 그들의 사회 활동이다. 르네상스 귀족들에게 춤은 권태로부터 탈피하는 수단이었다. 따라서 새로 등장한 무용 교사 dancing master 들은 이런 욕구를 포착해 활기차고 동작이 큰 중세 민속춤을 세련되고 우아하면서 움직임이 적은 궁정춤으로 바꾸어 가르쳤다. 무겁게 끌리는 가운이나 치마, 대단한 머리 장식과 보석들 때문에 보폭이 넓거나 큰 동작을 할 수 없었기 때문이다. 그 대신 귀족들은 마루가 깔린 댄스홀에서 춤을 추었는데, 이런 무도장이 처음 만들어진 것은 1350년 독일 프랑크푸르트에서다. 매끄러운 마루에서 춤추게 되면서 귀족들은 바닥에서 거의 발을 떼지 않으면서 우아하게 미끄러지는 스텝과 회전을 할 수 있게 되었다.

바스 당스라는 용어는 1340년대부터 발견되는데, 1400년부터 '춤의 여왕'이라 불릴 만큼 인기를 끌었다. 르네상스기에 유행한 여러 사교춤 중에 가장 주요한 춤이 바스 당스다. 그 이유는 바스 당스가 르네상스 사상에 따라 인간의 존엄성을 강조하기 때문이다. 르네상스 귀족들은

가스코뉴 욘 왕의 딸의 결혼식. 행진 형태의 바스 당스를 추었는데,
당시 남자들은 끝이 뾰족한 구두 '풀렌' 때문에 자연스레 턴 아웃 자세를 취할 수밖에 없었다.

바스 당스를 통해 위풍당당하고 품위 있는 인간의 새로운 모습을 조형했고, 이를 위엄 있는 귀족상으로 구현하고자 노력했다. 여러 궁정 무도회에서 춤출 때는 항상 형식과 거만함이 강조되었고, 이런 바스 당스는 마임이나 표현적인 의도 없이 이루어졌다. 귀족적이고 위엄 있는 자태와 우아하게 미끄러지는 기술을 보여주는 것만으로 충족된 것이다. 이런 특질은 오늘날의 발레 무용수들에게까지 이어진다.

바스 당스는 남녀가 나란히 서서 한 손을 잡고 걷는 행진형 커플댄스다. 궁정 서열에 맞추어 리드 커플에 이어 다음 커플들이 차례대로 열을 맞추고, 댄스 파티에 참석한 모든 커플이 줄지어 추는 형식이다. 조금 더 기교적인 이탈리아풍에서는 이따금 대형을 만들기도 했다. 이 춤에서 강조하는 것은 스테핑이다. 반주 음악의 박자에 정확하게 들어맞는 스텝을 중시하면서 춤 스타일은 가볍고 우아하며 정숙하고 간결해야 한다. 그리고 좁은 보폭의 스텝이 강조되었다. 허나 스텝의 종류는 제한적이었고 점프나 활달한 동작 없이 구성되었으며 대부분 2박자 음악에 맞추어 추었다.

바스 당스에는 프랑스풍과 이탈리아풍이 있었는데, 르네상스의 중심 이탈리아에서 먼저 발생한 바스 당스가 조금 더 복잡하다. 이탈리아풍은 끝 부분에 빠른 템포의 작은 점프로 구성된 살타렐로saltarello를 이어추고, 프랑스풍보다 쾌활하다. 조용한 주요 춤에 이어 빠른 춤으로 마무리하는 전통은 중세부터 이어졌는데, 따라서 바스 당스는 중세의 영향을 보여주는 마지막 춤이라 할 수 있다. 바스 당스는 중세의 에스탐피estampie 춤에서 비롯되었다. 16세기 초 유럽에 새로운 춤이 등장했지만 '바사'bassa라는 애칭으로 불리던 바스 당스의 인기는 16세기 말까지 이어졌다. 그 즈음 바사는 조금 더 빠르고 도약적인 발레토

balletto에 흡수된다. 하지만 르네상스 귀족들의 휴머니즘 정신이 가시적으로 드러나는 바스 당스의 권위 있는 자태는 서양 최초의 예술춤인 발레의 토대가 되었다.

발레 테크닉 Ballet Technique

오늘날 발레라고 알려진 춤은 16세기 초 유럽의 사교춤 발레티^{balletti} 에서 유래했다. 최초의 발레의 기획자 발타사르 드 보조이외는 발레란 "여러 사람이 함께 춤추며 눈과 귀 그리고 지성을 만족시키는 기하학적 대형을 만드는 것"이라 말했다. 초기 발레 무용수들은 전문인이 아니었다. 그러나 힘들이지 않고 춤추는 듯 보이는 기교는 매우 매력적으로 보였고 따라서 무용수들은 기술을 발전시키고자 했다. 무용수들은 엉덩이부터 다리를 바깥으로 돌리면 움직임이 자유로워진다는 것을 경험으로 알게 되어 앙 데올$^{en\ dehors;\ turn\ out}$ 자세가 발레의 보증서와 같은 특징이 되었다. 기교가 점차 중요해지면서 발견한 다음 단계는 몸의 수직축이 유지되어야 움직임이 쉬워보인다는 것이었다. 그 두 가지 기초 위에 발과 팔과 몸의 기본자세, 그리고 스텝과 점프, 회전, 연결 움직임의 기본 동작과 용어들이 개발되었다.

프랑스 왕립 무용 아카데미와 발레 학교가 설립되어 프랑스 발레학파인 아카데미파, 즉 당스 데콜이 확립되던 시기에는 바로크 댄스가 유행했다. 따라서 테크닉 역시 우아하고 귀족적인 당스 노블이 원칙이었다. 그러나 18세기 말부터 19세기 초 사이는 바로크 댄스에서 낭만 발레로 넘어가는 과도기였고, 이때 전통 테크닉에 새로운 변화가 일었다. 바로크 댄스 테크닉의 진지하고 노블한 스타일 위에 드미 캐릭터나 가벼운 테크닉이 가미됐다. 바닥에서 거의 떨어지지 않고 춤추는 바로크 댄스 스타일에 공중에 떠 있는 듯 가벼운 발롱 테크닉이 가미된 것이다. 당시 이탈리아 발레 마스터 카를로 블라시스는 『*Traité Élémentaire Théorique et Pratique de l'Art de la Danse*』[1820]에서 무용수들에게 "가능한 최대한 가볍게 춤추라. 발이 땅에 닿기 전에 유연하고 부드럽게 솟아오르고 또 어느 순간 날아가 버릴지 모르는 인상을 주라"고 요구했다. 당시 블라시스는 밀라노의 스칼라 무용 아카데미에서 8년 단위의 훈련과정을 만들어 아카데미 학생들에게 매일 발레 3시간과 팬터마임 1시간을 강습하고, 공휴일을 제외하고는 1년 내내 하루도 빠짐없이 연습시켜 현란한 기교를 자랑하는 이탈리아 무용수들을 유럽 전역에 보급했다.

19세기 낭만주의의 도래와 함께 낭만 발레에서 요정이 주인공이 되면서 천상의 캐릭터를 묘사하기 위해 발끝으로 추는 테크닉 'sur les pointes'[on points]가 개발되었다. 토슈즈와 함께 발레의 또 다른 상징이 탄생한 것이다. 19세기 후반의 발레는 탁월한 기량을 추구하며 특히 발끝으로 추는 기술에 몰두했다. 1830~40년대의 낭만 발레리나들은 솜이나 실크를 집어넣은 공단 슬리퍼를 신은 채 잠시 지나가듯 발끝으로 설 뿐이었다. 그러나 1860년대 초부터 토슈즈 발끝 부분의 지지력이 강화되자 발레리나들은 더 오래 발끝으로 서게 되었고, 이에 따라 더욱 화려한 기교들이 개발되었다. 그리하여 발레리나가 발끝으로 연속돌기를 하는 피루엣 동작이 가능해졌고, 이러한 회전동작 묘기의 극치는 한 지점에서 푸에테[fouette] 턴을 32번 하는 것이었다. 기록에 의하면 외발로 32번 연속돌기를 하는 푸에테 턴을 처음 한 무용수는 1883년 이탈리아 볼로냐에서 공연한 마리아 귀리[Maria Giuri]였다. 클래식 발레 「백조의 호수」[1895]에서 이 유명한 푸에테 턴을 처음 한 무용수는 피에리나 레냐니다. 그녀는 이 동작을 이미 2년 전에 런던에서 선보인 바 있다. 이런 새로운 기교를 잘 드러내도록 발레 스커트도 짧아졌다.

발끝으로 서는 기교가 중요해지면서 더욱 탄력 있고 잘 휘는 발과 한 지점에서 중심을 잡는 집중력이 중요해졌다. 이와 동시에 발끝으로 중심을 잡은 지점에서 마무리되는 몸 전체를 흐르는 유선형의 깨끗하고 조화로운 선에 대한 탐미가 눈에 띄게 드러나, 이는 클래식 발레의 특징이 되었고, 20세기 후반까지 모든 발레리나들의 미학이 되었다. 발레리나가 더 오래 발끝으로 서서 아다지오 동작을 하게 되자, 이전까진 단지 발레리나가 중심을 잡도록 지지하는 데 그쳤던 에스코트 발레리노의 비중도 커졌고 그 결과 클래식 발레의 2인무 pas de deux 형식이 발전했다. 발레리나의 짐꾼 신세였던 발레리노가 토슈즈 덕분에 발레리나와 함께 춤을 출 수 있게 된 것이다. 고전적 2인무는 클래식 발레의 또 다른 백미다.

20세기 전반 표현성을 추구하기 위해 전통적인 고전 발레 원칙에 대한 도전이 일어나고 20세기 후반에 들어 몸통이 유연하면서도 표현적으로 사용되었다. 이는 20세기 전반 발레 스커트의 몸통 부위의 코르셋이 점차 제거되어 여성무용수의 상체를 자유롭게 하면서 일어난 발전이었다. 20세기 중반에 접어들어 발레 테크닉의 양상은 다리를 더 높이 들어올리는 것이었다. 1930년대만 해도 아라베스크 동작에서 다리는 엉덩이 높이 정도로 들어올렸는데, 1950년대에는 '적어도 엉덩이 높이'에서 오늘날은 가장 높이 올릴 수 있는 데까지로 늘어났다. 이런 경향은 종래 발레 교습에서 당스 데콜의 특징이던 복잡한 발동작과 에폴망 epaulement: 상체를 약간 틀어 어깨 너머로 시선을 보내는 고혹적인 동작 대신 더욱 대담하고 운동에 가까운 스타일로 훈련의 초점이 옮겨가게 했다.

20세기 후반, 성별과 계급, 인종을 초월하는 사회상을 반영하듯 남녀

무용수 모두 스커트 대신 몸 전체를 감싸는 바디 타이츠를 입게 되자, 발레 테크닉의 기술과 강조점에 변화를 불러왔다. 성별에 따른 의상 구분이 없어지자 외형에서도 성별의 구분이 희미해지고 동작에서도 '남성적인 동작'이나 '여성적인 기교'의 제한이나 구분이 없어졌다. 그리하여 남녀 모두 새로 찾은 신체의 자유를 만끽하며 한계에 도전하고, 잠재력을 탐구하는 양성적 모습을 띤다. 타이츠는 무용수의 몸을 현미경으로 보듯 두드러지게 해 정확한 동작 형태가 더욱 중요해졌다. 신체를 극단적으로 드러내는 이런 경향은 19세기 말 클래식 발레의 묘기에 가까운 곡예 같은 기교와 마찬가지로 방종으로 흐를 위험이 있다.

발레 테크닉 훈련은 밸런스를 지지하는 바barre를 잡고 하는 것과 발레 수업의 중심을 이루는 센터center로 나뉘는데, 센터란 연습실 가운데서 이루어지기 때문에 붙은 이름이다. 센터 수업은 주로 '아다지오'라 불리는 엑서사이즈와 움직임으로 구성되는데, '편하게'란 뜻의 아다지오 동작들은 섬세하게 신체를 펴고 늘리는 통제된 포즈들이다. 가장 편온한 상태의 무용수를 보여주는 것이다. 센터 수업에서 가장 중점을 두는 것은 무용수의 라인이다. 발레에서 추구하는 진정한 선은 단지 무용수 사지나 긴 선에 있는 것이 아니라 신체의 여러 부분이 조화롭게 조정되어 이루어내는 전체적인 선의 아름다움에 있다. 발레 테크닉 교육법에는 특징에 따라 프랑스학파, 러시아학파, 이탈리아학파, 덴마크학파, 영국학파, 미국학파가 있다. 여러 발레의 개성은 매우 다르지만 시간이 흐름에 따라 서로 영향을 주고받으며 변해왔기 때문에 오늘날에는 각각의 기술을 구체적으로 골라내기 힘들다. 오늘날에는 아그리피나 바가노바Agrippina Vaganova, 1879~1951가 기존 교수법들을 체계화한 러시아 발레 교습 시스템이 세계 여러 학파에 영향을 미친다.

아라베스크 Arabesque

아라베스크는 클래식 발레의 기본자세 가운데 하나로 발레리나를 대표하는 아이콘이다. 이 자세는 18세기부터 사용되었고 19세기 초 이탈리아 발레 마스터 카를로 블라시스가 체계적으로 정리해 널리 알려졌다. 문자상으로는 '아랍풍'을 뜻하고 처음 이 용어가 쓰일 때는 '이상한'이라는 의미로 쓰였다. 아라베스크 동작은 무용수가 두 무릎을 편 채 한쪽 다리로 서서 다른 다리를 뒤쪽으로 뻗은 자세다. 팔은 아라베스크 라인과 조화를 이루는 다양한 방식으로 취하며, 몸통은 대개 수직으로 곧게 세우거나 마루와 수평을 이룰 정도까지 뻗어내린다. 하지만 중요한 것은 아라베스크 라인과 연속적인 선을 유지해야 한다. 중심을 잡는 다리는 발끝으로, 혹은 중간 높이로, 아니면 발바닥 전체로 중심을 잡을 수도 있다.

아라베스크 자세는 발레 동작의 기본 원리를 집약적으로 보여준다. 중심을 잡는 수직축의 바디 라인을 최대한 멀리 늘이듯 펼친 팔과 다리로 장식해, 강력한 수직축을 중심으로 하늘을 향해 날아오르는 듯한 직선적인 모습을 만들어낸다. 그 자세에서 들어올린 팔과 다리의 조합이 전체적으로 위를 향하게 해 대지를 부정하고 열린 공간과 천상에 대한 열망을 보여준다. 따라서 수직축을 중심으로 직선으로 장식되는 원칙과 중력을 부정하고 천상을 지향하는 동작이 조화롭게 배열되어 있는 발레 동작 디자인의 원리를 발견할 수 있는 것이다. 아라베스크 동작이 등장하기 전까지 초기 발레 테크닉에서는 팔다리가 최대한 몸통에 붙어 있었다. 무용수가 팔다리를 움직일 때 겨드랑이나 다리가 크게 벌어지는 법이 없었기 때문에 이 동작이 '이상하게' 새롭게 보였던 이유가 된다.

아라베스크 동작은 발레의 정수인 「백조의 호수」Swan Lake, 프티파-이바노프 버전, 1895의 '서명하는 자세'signature pose로 인식되며 가장 아름다운 발레 동작으로 여겨진다. 아라베스크 자세에서 뒤쪽 다리의 무릎을 꺾어들어 변형시키면 '애티튜드'attitude 자세가 되는데, 이는 마리우스 프티파의 「잠자는 숲 속의 공주」Sleeping Beauty, 1890와 동일시되는 동작이다. 애티튜드 자세 역시 카를로 블라시스가 정리했는데, 이 동작은 그가 16세기 조각가 잠볼로냐Giambologna, 1529~1608의 유명한 머큐리Mercury 조각상에 이 자세를 비유한 설명으로 유명하다. 「잠자는 숲 속의 공주」에서 가장 유명한 '로즈 아다지오'rose adagio에서 오로라 공주의 시그니처 포즈가 바로 애티튜드다. 아라베스크 자세에서 팔다리의 다양한 조합방식과 실시법은 무용학파의 미학적 취향과 교수법에 따라 다르다. 아라베스크 방식은 대개 숫자로 표기되어 '1번 아라베스크', '2번 아라베스크' 등으로 불린다. 아라베스크 포즈는 가장 널리 알려진 발레 동작이다.

17세기 이래 서양 귀족들의 아름다운 자세의 정수만 모아놓은 것이 발레 동작이라 할 수 있다. 그 가운데서도 가장 아름답다는 동작이 '아랍풍'이라는 이름을 지니는 것은 아이러니다. 일반적으로 아라베스크는 이슬람 사원의 벽을 장식하는 문양이다. 기하학적인 형식이 반복되면서 환상적인 패턴을 만들어내는 예술적 모티프다. 아라베스크 양식의 기하학적인 예술작품은 이슬람 문명의 황금기8~13세기 중반에 번성했

「지젤」에서 카를로타 그리지의 낭만적 아라베스크 장면을 담은 그림.

「라 바야데르」의 니키아 역 디아나 비시네바의 아라베스크.

다. 그 시기 이슬람 문명에 그리스와 인도의 지식이 전해지면서 유클리드 기하학과 삼각법, 구면 기하학 지식이 기하학적인 아라베스크 예술을 탄생시켰다. 아라베스크의 기하학적 형식은 이슬람의 세계관을 반영한다. 아라베스크 문양은 이슬람 세계에서 눈에 보이는 물질세계를 넘어 무한한 시공간을 상징하며, 아라베스크 예술가들은 기독교 예술처럼 구체적인 성상 없이 기하학적인 형식을 통해 명확한 영성과 신의 무한한 창조력을 표현하고자 한 것이다.

무한한 세계의 속성과 영성을 표현하고자 한 이슬람의 모티프가 발레 동작을 지칭하는 용어로 차용되어, 유한하고 숙명적인 신체적 구속에서 탈피하려는 인간의 열망을 상징하는 동작을 지칭하게 된 것이다. 19세기 지식인들은 발레를 물리적인 신체적 존재를 초월하는 자유의 상징으로 받아들였다. 19세기에 유행한 낭만 발레에서 요정 역을 맡은 발레리나들은 아라베스크 포즈로 숲과 하늘을 날아다니는 모습으로 그림에 묘사되었다. 이 요정들은 작품에서 인간의 영적인 반쪽을 상징했다. 전통적으로 발레 테크닉은 중력에 제한받지 않고 무중력의 환상을 만들어내기 위한 기술로 발전했다. 아라베스크 동작에서 중력에 저항하며 한껏 뻗은 팔과 다리는 천상으로 더 멀리 더 높이 초월하고자 하는 인간의 의지를 보여준 것이다. 따라서 유한한 세계에서 무한한 세계적 속성을 읽어내고 이를 기하학적 디자인으로 표현해낸 이슬람 예술가들과, 인간 존재의 유한성에서 탈피하고 싶은 인간의 열망을 시각적으로 구현해낸 서양 안무가들 사이에서 인간 존재에 대한 공통 인식을 발견하게 된다.

앙트레 Entrée

1489년 이탈리아 토르토나에서 열린 밀라노 대공의 결혼식 연회에서 각 코스는 음식과 관련한 인물의 앙트레 춤으로 시작되었다. 예를 들어 생선요리는 바다의 신 넵튠과 물의 요정들이 춤을 추며 수행하는 가운데 연회장으로 들어오는 식이었다. 춤의 역사에서 '앙트레'라는 단어는 15세기부터 이탈리아 발레 마스터들의 책에 등장한다. 'intrada' 혹은 'intrata'라 쓰인 이 단어는 당시 사교춤인 발로 ballo의 시작부를 지칭한다. 즉 공연장 가운데로 무용수들이 입장하면서 앙트레를 추고, 이들이 발로의 중심 부분을 다 춘 다음 퇴장할 때에도 앙트레를 추었다. 프랑스 궁정 발레에서 앙트레는 특정 주제의 다양한 측면을 보여주는 춤 모음을 뜻한다.

무용사학자들이 최초의 발레라 일컫는 「왕비의 희극 발레」1581 이후 프랑스 궁정에서 연회는 한동안 발레 매스커레이드 ballet masquerade라는 가장무도회 형태로 후퇴했다. 「왕비의 희극 발레」가 통일된 주제를 도입해 스펙터클한 극적 공연물로서 예술적 완성도를 이룬 것에 반해, 발레 매스커레이드는 가면을 쓰고 춤을 추며 일관된 줄거리나 주제 연관성이 없었다. 낭독과 노래와 춤으로 이루어진 발레 매스커레이드는 다양한 변형을 만들어내는데, 이 다양한 매스커레이드 형식이 종합되어 17세기에 발레 앙트레 ballet entrée로 발전했다. 발레 앙트레는 여러 춤이 느슨하게 결합된 구조로 순수하게 춤을 추기 위한 목적으로 구성된 것이다.

 더욱 단순한 희극 발레ballet comique의 앙트레는 세트나 연기는 거의 스케치 정도로 미미하지만 의상과 장치는 복잡하고 장대했다. 주제나 내용은 빈약하고 근본적으로 시각적인 아름다움을 추구하는 발레였다. 당시 귀족과 시민들은 이렇게 내용이 없고 순수하게 춤의 즐거움을 추구하는 앙트레가 사전지식이나 암기를 요구하지 않기 때문에 좋아했다. 내용 없이 시각적인 아름다움과 현란한 기교에 환호하는 경향은 오늘날의 발레 애호가들 사이에서도 발견된다. 발레 앙트레는 이후 디베르티스망으로 발전했다.

 발레 매스커레이드에서 낭송이 각 막을 구분한다면 앙트레는 막을 장면으로 나누는 역할을 했다. 각 앙트레는 의상을 차려입은 고유의 음악가들의 반주에 맞춰 춤추었다. 그러므로 서술적이거나 극적인 효과를 위해서가 아니라 춤추기 위한 앙트레는 17세기 궁정 발레와 오페라 발레의 빠질 수 없는 요소였다. 당시 '대'great 발레나 '황실'royal 발레라 불리는 발레는 앙트레를 30개 정도 갖춘 규모여야 했으며, 중간 정도의 '훌륭한' 발레는 적어도 20개 정도, 소규모 발레도 10~12개의 앙트레로 구성되었다.

 이런 앙트레는 각기 주제와 스타일이 달랐지만 발레 작품 전체의 제목과는 연관이 있었다. 무용수의 수는 1명에서 8명 정도까지 확대되는데, 3~8명 구성이 가장 많이 쓰이고 1~2명이 추는 앙트레는 각 작품에서 하나나 둘 정도로 극히 적었다. 스타일상으로는 진지한 것과 그로테스크한 것 등이 있었다. 1624년부터 전권을 지닌 프랑스 루이 13세의 재상 리슐리외는 반역을 꾀하는 정적을 제압하는 억제력으로 발레 앙트레를 사용하기도 했다. 그런 발레 중 하나인 「Les Triomphe」

는 바로 정적 롱사르를 선두에 세운 대형으로 시작되는데, 이 작품에서 루이 13세는 여인 역을 맡았다. 이런 발레 앙트레는 오페라 발레의 선구가 되었고 오페라 발레 시대에 앙트레는 서막을 지칭하거나 디베르티스망의 도입부에 가수와 무용수들이 무대에 입장할 때 추는 춤 용어로 쓰였다. 18세기에 널리 사용된 퓨이에^{Feuillet} 무용보로 기록된 책에서는 당시의 모든 극장춤을 앙트레라 불렀다. 18세기 이후 발레 역사에서 앙트레는 무용수나 군무 무용수들이 무대에 입장하는 것을 지칭하거나 그들이 춘 작품 부분을 지칭하는 데 쓰였다.

우연성 기법 Chance Method

1950년대 미국 아방가르드 예술을 이끈 존 케이지와 머스 커닝엄은 모두 작품 창작 과정에 우연성을 끌어들였다. 케이지의 경우 음악을 자신의 취향에 의한 간섭으로부터 보호하기 위한 것이었고, 커닝엄의 경우 무용에서 자기표현을 최대한 배제하고 무용의 가능성을 무한히 확장하기 위한 의도였다. 두 사람은 1938년 시애틀의 코니시 대학 무용과에서 보니 버드Bonnie Bird, 1914~95 무용 수업의 반주자와 학생으로 처음 만났으며, 이후 반세기 이상 공동 작업을 하며 혁신적인 전위예술 활동을 했다. 이들은 우연성 기법을 끌어들임으로써 작품이 사전에 제작되어 극장 무대에서 재창조되는 것이 아니라, 매 공연마다 새로운 예술 경험을 만들어내는 '과정'으로서의 방식을 고안한 것이다.

1940년대 말 존 케이지와 머스 커닝엄은 콜롬비아 대학교에서 선종 Zen Buddhism 강의를 들은 뒤 동양 음악과 철학에 심취했다. 마음을 평온하게 하는 것을 음악의 이상이라 여기는 동양 사상에서 영감을 받아, 작품 제작에서 신성한 간섭을 수용하고 자신의 예술적 취향으로 음악을 산란하게 하는 일이 없도록 정화시킨다는 의미에서 『주역』에 기초한 우연적인 결정을 끌어들이게 된 것이다. 케이지는 『주역』에서처럼 세 개의 동전을 여섯 번 던져서 나오는 1에서 64까지의 숫자 조합으로 모든 소리의 고저, 음색, 길이, 크기, 정지 등을 결정했다. 우연성 기법을 사용한 첫 번째 중요 작곡으로는 「Music of Changes」[1951~52]

가 있다. 자기표현 대신 우연성에 결정을 맡겨버림으로써 그는 현대음악계에서 이단자가 되었고, 이미 오랫동안 공동 작업을 해오던 머스 커닝엄 역시 우연성의 기법을 안무에 사용하게 되었다.

머스 커닝엄과 존 케이지는 1942년부터 공동 작업을 하다가 1944년 뉴욕의 험프리 와이드먼 스튜디오 극장에서 첫 번째 무용과 음악 합동 솔로 공연을 열었다. 1953년 머스 커닝엄이 독자적인 무용단을 창단하자 존 케이지가 음악 감독을 맡아 1970년대 중반까지 지원금 유치, 매니저 등 다방면에서 커닝엄 무용단의 활동에 큰 역할을 했다. 이들의 공동 작업은 마리우스 프티파와 표트르 차이콥스키, 조지 발란신과 이고르 스트라빈스키의 긴밀한 공동 작업과는 비교가 안 될 정도로 철학적 뿌리를 깊이 공유했다. 이들은 소울메이트이자 룸메이트였다. 이미 1944년 공연부터 이들은 무용과 음악이 리듬에서 공통 구조를 공유하지만 서로를 구속하지 않고 독립적으로 존재하는 방식을 채택했다.

1951년은 존 케이지에게 전환점이 된 해였다. 이때부터 존 케이지는 작곡할 때 바둑판 같은 『주역』의 숫자표를 펼쳐놓고 매 음표를 결정했다. 템포와 길이, 역동성의 요소들을 적은 차트에 동전을 던져서 작곡을 했는데, 머스 커닝엄 역시 이런 방식이 안무에도 적용될 수 있다고 생각했다. 머스 커닝엄은 우연성 안무 방식을 큰 규모의 작품 「Sixteen Dances for Soloist and Company of Three」[1951]에서 처음 실험했다. 물론 존 케이지가 우연성 방법으로 작곡한 음악과 함께였다. 머스 커닝엄의 우연성 안무는 템포와 방향, 움직임의 종류^{달리기, 뛰기, 돌기 등}와 실시 방식^{군무, 독무, 인원}, 배역 등의 도표를 만들어 그 위에 동전을 던져 이에 따라 움직임을 구성했다. 신체 부위에 번호를 매긴 뒤 일련의 카

위 | 안무가 머스 커닝엄이 1987년 작품 「Fabrications」에서 활기찬 무용수들을 등지고 무대를 활보한다.

아래 | 1972년 공연된 머스 커닝엄의 「Boarst Park」.

드에 각 부위를 지정하고, 또 다른 세트의 카드에는 각기 동작 설명 또는 위치를 적어넣은 뒤 그것들을 뽑아 동작구를 조합하기도 했다. 이렇게 무작위로 프레이즈를 구성하고 동작 순서와 동작구들의 연결 순서, 무용수의 위치, 동작을 시행하는 신체 부위 등을 결정했다.

머스 커닝엄은 우연성 과정을 무용 배열뿐 아니라 작품의 순서를 결정하는 데 쓰기도 했다. 각 무용수가 실시할 동작을 열거한 도표 위에 동전을 던져 연결 순서와 지속 길이와 방향을 결정하기도 했다. 이런 방식은 직관과 습관의 한계에서 벗어나 상상력이 제공하지 못하는 가능성을 제공한다는 믿음에서 나온 것이었다. 이런 접근으로 머스 커닝엄은 조작하는 움직임이 아니라 '발견된 동작'을 활용했다. 이런 결정은 관습을 없애고 새로운 콤비네이션을 가능하게 했으며, 특정 부위와 순서의 조합이 내포하는 의미를 허무는 효과를 냈다. 머스 커닝엄은 '우연성'을 적극 활용함으로써 예측할 수 없는 움직임과 공간을 만들어냈다.

이런 우연성 방식은 예술적 책임을 회피하는 것으로 생각될 수 있지만, 머스 커닝엄은 전통적인 조합에서는 불가능한 새로운 영역을 열어준다는 점에 흥미를 보였다. 그러나 존 케이지와 머스 커닝엄의 우연성 기법의 활용에는 차이점이 있다. 존 케이지는 작곡한 음악의 마지막 결과물을 조정하려 하지 않고 공연자가 선택할 여지를 남겨 미확정 상태로 두었다. 이에 반해 머스 커닝엄은 움직임 구성 과정에서 보조 장치로 우연성 과정을 사용한 뒤, 일단 안무가 결정되면 무용수들은 권한 없이 엄격하게 그 안무에 따라야 했다.

1952년 머스 커닝엄은 브랜다이스 대학교에서 열린 컨템퍼러리 음악 축제에서 지휘자 레너드 번스타인Leonard Bernstein, 1918~90으로부터 안무를 의뢰받았는데, 이 작품은 머스 커닝엄과 존 케이지의 예술 논리에 획기적인 발전을 이루게 했다. 이 축제에서 공연된 두 작품 중 「Symphonie Pour un Homme Seul」의 경우 우연성 기법으로 안무되었는데, 이 음악은 무용수들이 정상적인 방식으로 비트를 셀 수 없는 음악이었다. 따라서 머스 커닝엄은 모두 똑같은 길이의 동작으로 춤을 구성했다. 그 결과 소리와 움직임이 독립적으로 진행되었다. 이 작품은 음악이 두 번 반복되는데 첫 번째는 머스 커닝엄의 솔로로, 두 번째 음악은 군무로 구성되었다.

음악과 무용이 같은 시공간에서 각기 독립적인 리듬과 역동성을 지닌 채 공존하는 동시성은 이후 이들의 공동 작업에서 준수하는 논리적 토대가 되었고, 머스 커닝엄 작업의 근본 원칙이 되었다. 그러나 이런 우연적인 작업의 결과가 항시 훌륭하지는 않았다. 결과가 만족스럽지 못할 경우 머스 커닝엄은 곧 레퍼토리에서 제외시켰다. 하지만 이런 작업의 결과는 엄청난 변화를 몰고 왔는데 그중 하나가 무대 공간의 중심이 해체되기 시작한 것이다. 전통적으로 고전 발레는 프로시니엄 아치 아래서 정면으로 보게 되고 무대의 중심이 가장 중요한 구성 초점이자 관심의 중심이었다. 그러나 머스 커닝엄은 어느 날 알베르트 아인슈타인(Albert Einstein, 1879~1955)의 "공간상 고정점이란 없다"라는 문장을 접한 뒤 공간에 대한 관습적 인식을 폐지하기로 작정했다고 한다. 만약 공간에 고정점이 없다면 모든 지점은 공평하게 흥미롭고 변화하는 지점이 될 수 있다고 생각한 것이다. 무대의 모든 공간을 평등하게 생각한 머스 커닝엄은 움직임이 일어나는 곳이든 아무것도 없는 곳이든 모든 공간을 동등하게 중요하게 다루었다.

이것은 무용수를 바라보는 방식에도 영향을 미쳐 무용수를 정면에서 바라보는 것만큼이나 다른 방향에서 바라보는 것도 중요하다는 생각으로 이어졌다. 바라보는 방식의 변화만으로도 무한한 가능성의 여지가 열린 것이고, 머스 커닝엄은 이런 방식으로 무대 공간과 무용수의 신체를 재발견한 것이다. 어느 인터뷰에서 머스 커닝엄은 클래식 발레나 현대무용의 다른 안무자들과 차별 짓는 요소 중 하나로 바로 이런 가능성의 확장을 꼽았다. 커닝엄은 64칸으로 이루어진 무용수 차트와 공간 차트에 동전을 던져 '계속적인 변화'를 기하고자 했다고 고백했다. 머스 커닝엄과 존 케이지는 공동 작업으로 이런 우연성 기법뿐만 아니라 해프닝과 이벤트, 영상과 컴퓨터 테크놀로지와의 공동 작업 등 당대 아방가르드 예술의 선구적 활동을 이어갔다.

유리드믹스 Eurhythmics

유리드믹스란 '좋은 리듬' 혹은 '바른 리듬'이란 뜻이며, 스위스 음악 교사이자 작곡자인 자크 달크로즈Émile Jacques-Dalcroze, 1865~1950가 개발한 신체 훈련 시스템을 지칭한다. 달크로즈의 이론과 시스템의 원래 목적은 음악의 리듬에 일치하는 동작과 음의 높낮이와 음색에 맞는 움직임으로 정확한 리듬감을 훈련시키는 것이었다. 달크로즈는 19세기 말부터 20세기 초까지 유럽과 미국에서 인기 있었던 델사르트의 신체 이론과 엑서사이즈에서 영향을 받았다. 전임자 델사르트처럼 달크로즈도 학생들의 리듬감에 불만을 가졌고, 이에 음악을 동작으로 바꾸는 훈련을 통해 리듬감을 향상시키는 이론과 방법을 개발한 것이다.

자크 달크로즈는 1886~87년 알제리에서 부지휘자로 일한 경험이 있는데, 그곳에서 북아프리카의 음악을 들으며 움직임과 리듬의 관계에 흥미를 갖게 되었다. 1890년대부터 움직임을 활용하고자 한 그의 음악 교육 방식은 먼저 어린이를 위한 제스처 노래와 조각상 만들기, 혹은 기차놀이처럼 놀이와 팬터마임을 포함했다. 이러한 교육법은 리사이틀과 콘서트로 공연될 정도로 인기가 있었다. 움직임에 입각한 그의 음악 교육 접근법은 20세기 초 널리 보급되었다. 근원적 악기인 신체를 움직이며 음악을 만드는 다양한 방식을 탐색하면서, 달크로즈는 처음 이것을 '리드믹 체조'rhythic gymnastics라고 불렀다. 달크로즈는 리듬이 운동 감각에 달려 있고 좋은 리듬의 자각 역시 표현적인 운동에

달크로즈 메소드 중 '당기기 엑서사이즈'의 시범 모습.
달크로즈 메소드는 20세기 초 움직임 교육 방법으로 널리 전파되었다.

의존한다는 것을 깨달았다. 그는 리듬과 함께 "두뇌와 신체 간의 빠르고 일정한 커뮤니케이션"을 창조하고자 노력했다.

자크 달크로즈의 등장은 운동motion이 최고로 주목받는 시기와 맞아떨어졌다. 오래된 규칙에서 벗어나 자유롭게 흐르는 동작 스타일로 깊은 내면의 경험을 표현하고자 하는 새로운 무용가들이 나타나고 다양한 스포츠가 유행하면서, 파세Pathe가 파리에서 첫 번째 영화motion pictures를 만든 배경에 달크로즈가 나타난 것이다. 체육 교육의 물결을 타고 달크로즈 학교가 유럽 전역에 수없이 들어섰고 이때부터 달크로즈 시스템은 간단하게 '유리드믹스'라고 불렸다. 유리드믹스는 오늘날까지 달크로즈 시스템을 지칭한다. 유드리믹스는 각 무용수가 특정 악기의 음조를 일일이 쫓아가는 교향악 형식으로 발전했으며, 음악에 따라 정확하게 율동으로 표현하는 개념은 춤의 역사에서 달크로즈 이전과 이후에도 계속 되풀이된다. 그러나 달크로즈의 음악의 시각화에는 미묘한 리듬과 조화로운 구조가 특히 넘쳐났다.

1900~10년에 자기 방법을 발전시키는 단계에서 달크로즈는 동시대 무용가 로이 풀러와 이사도라 덩컨, 그레테 뷔젠탈Grete Wiesenthal, 1885~1970의 작품에서 영감을 얻었고 자기의 방향에 확신을 얻었다. 덩컨처럼 달크로즈도 걷기, 달리기, 찌르기, 껑충 뛰기 등 기초적인 움직임을 탐색했다. 달크로즈는 유럽 전역에서 강연하고 시범을 보이며 이 방법을 보급했고, 『자크 달크로즈 메소드』Methode Jaques-Dalcroze, 1906를 발간한 이듬해에는 여름강좌에 많은 교사와 전문인들이 몰려들었다. 여기에는 음악과 교육에만 관심 있는 이들이 아니라 신체 훈련, 무용, 극장 관련자들도 포함되었다. 1910~14년 독일 헤레로에 달크로즈 대학을 세우고 발성 연습, 리드믹 체조, 건반 즉흥, 조형 연습, 고급 음

악-움직임 연구를 핵심 교과목으로 삼았다. 실험적인 환경에서 달크로즈와 교수진은 시간, 공간, 에너지에 기초한 움직임의 정의를 가르쳤다. 달크로즈와 함께 음악과 리드믹 움직임이 전인적 인간을 교육하는 데 중심을 차지하게 되었다. 달크로즈는 새로운 유파를 표방하거나 춤을 만든다는 생각이 없었다. 단지 플라톤이 얘기한 것처럼 '음악에 맞추어 춤을 추는 영혼이 가장 완벽하고 조화로운 음악가(무용가)'라는 그리스적 이상을 따랐던 것이다.

20세기 초 유리드믹스는 리듬 인식, 호흡의 흐름, 그룹 협동을 중시하면서 움직임 교육에 폭넓은 접근법이 되었다. 헤레로 스튜디오 극장에서 매년 열리는 페스티발에는 전 세계에서 관객이 모여들었고, 1912년 페스티발에서 달크로즈는 무용극 「에코와 나르시스」를 선보였다. 이 작품의 무대 디자인은 혁신적인 무대장치가 아돌프 아피아가 맡았는데, 아피아는 무대를 둘러싼 배경막을 음악에 맞추어 조명을 변화시키면서 음악과 움직임, 디자인의 새로운 통합을 이뤄냈다는 찬사를 받았다. 달크로즈 안무의 특징은 단순한 제스처와 소화로운 공간 배치에 있었다. 당시 발레계의 대스타 세르게이 디아길레프, 바슬라프 니진스키, 안나 파블로바 등이 이 학교에 방문했고, 헤레로 학교의 교수진이나 학생 중 무용계에서 유명해진 사람으로는 마리 램버트Marie Rambert, 1888~1982, 마리 비그만, 미치오 이토Michio Ito, 1892~1961 등이 있다. 헤레로 학교에서 교육받은 졸업생들은 음악, 공연, 체육, 치료 분야 등에서 활동했다. 달크로즈의 주요 저서로는 『리듬 · 음악 · 교육』Rhythm · Music · Education, 1921, 『유리드믹스, 예술과 교육』Eurhythmics, Art and Education, 1930이 있다.

무용사에서 '음악에 맞추어 정확하게 율동한다'는 발상으로 대표적인 것은 살바토레 비가노Salvatore Viganò, 1769~1821의 작업이 있다. 비가노는 음악의 조형적 형상화를 시도한 극적 발레를 추구했는데, 이것은 거의 리드믹 팬터마임에 가까운 발레였다. 비가노 역시 달크로즈처럼 종종 자기의 발레 음악을 작곡하기도 했다. 그보다 더 올라가면 르네상스 초기 음악 리듬과 신체적 구체화 간의 이상적인 균형을 시도한 장-앙투안 드 바이프Jean-Antoine de Baïf, 1532~89의 예술 아카데미가 또 다른 선례다. 이 아카데미는 음악과 대사, 움직임 간의 통일된 표현성을 추구했다. 무용가 루스 세인트 데니스는 더욱 직접적으로 음악의 시각화 방식으로「미완성 교향곡」을 안무했는데, 이 작품 속에서 각 무용수는 각각의 악기를 대변하고 반영한다. 그녀는 이 작품을 '융합무용 오케스트라'synchoric orchestra라 불렀으며, 달크로즈의 영향이 분명해 보인다. 그녀는 학교에 달크로즈 학교 출신 선생을 초빙하기도 했다.

달크로즈의 방법은 발레에는 큰 영향을 주지 못했지만 20세기 초 움직임에 대한 의식을 일깨우는 데 크게 기여했다. 물론 이사도라 덩컨이 새로운 움직임을 개발하는 혁신적인 창조적 시각에서 몇 년 앞섰지만, 덩컨의 뒤를 이어 유럽에서 현대무용을 이끈 마리 비그만, 하냐 홀름Hanya Holm, 1893~1992 등 많은 무용인이 달크로즈 학교 출신이었다. 그밖에 달크로즈 방법에 노출된 20세기 무용인으로는 도리스 험프리Doris Humphrey, 1895~1958, 베시 쇤베르크Bessie Schonberg, 1906~97, 마사 힐Martha Hill, 1900~95, 니넷 디 밸루아Ninette de Valois, 1898~2001, 메러디스 멍크Meredith Monk, 1942~ 등이 있다.

즉흥 Improvisation

무용 즉흥이란 사전에 계획한 안무가 아니라 새로운 움직임의 가능성을 탐색하며 자발적이고 즉흥적으로 실행하는 춤을 말한다. 즉흥은 극장춤이나 종교의식 춤, 민속춤, 사교춤과 교육무용 등 세계 여러 나라의 무용 문화에서 빠지지 않는 중요한 요소다. 하지만 엄격한 예법과 함께 잘 짜인 대로 춤추는 것을 중요시하는 극장춤이 제일 먼저 형성되었고, 전문화의 길로 접어든 유럽 무용에서는 즉흥에 대한 오해로 높이 평가되지 못한 경향이 있다. 미리 안무된 것이 아니라 춤추는 사람의 순간적인 판단에 의지한다는 점에서 아마추어적이라고 판단한 것이다. 하지만 즉흥이란 초보자가 할 수 있는 것이 아니다. 오히려 창의력을 지니지 않고는 할 수 없는 것으로, 춤추는 사람의 창조성이 높이 평가되는 아시아와 인도, 아프리카, 중동, 스페인 등에서는 공연시 이런 즉흥적인 요소가 높은 예술적 가치를 지닌 것으로 평가된다.

서양에서는 즉흥에 내포된 창조성을 간과한 면이 있는데, 일반적으로 서양에는 공연 능력과 창작 능력을 분리해서 생각하는 전통이 있었기 때문이다. 그 원인은 1661년 프랑스가 세계 최초로 무용 학교를 설립하면서, 동작을 실시하는 능력에 주안점을 두고 공연자를 배출하는 데 치중했기 때문일 것이다. 르네상스기의 음악이나 춤은 당시 유행한 '코메디아 델라르테' comedia dell'Arte 처럼 즉흥이 매우 중요했다. 그러나 미리 짜인 안무가 훌륭한 발레 마스터를 평가하는 요소로 중요해지면서 즉흥에 대한 관심이 사라지게 되었다. 이후 몇 세기 동안 유럽에서 즉흥은 돌발 상황에 대처하는 무용수의 해석적인 기술로 생각되었다.

19세기에 지그문트 프로이트와 찰스 다윈Charles Darwin, 1809~82, 존 듀이John Dewey, 1859~1952의 사상을 배경으로 진화론에 관심이 일면서 즉흥이 교육 수단으로 주목받기 시작했고, 20세기에 접어들어서는 무용치료의 수단이 되기도 했다. 어린이 창작무용을 가르친 버드 라슨Bird Larson이나 대학에 무용과를 처음으로 개설한 마거릿 두블러가 무용 교육 프로그램의 일환으로 즉흥을 집어넣기 시작했다. 두블러는 무용을 창조적 예술 경험으로 설명하면서 이미지와 음악 그리고 주제에 따라 춤을 통한 자기표현을 권장하면서 그 수단으로 즉흥을 사용했던 것이다. 따라서 즉흥을 교육 목적으로 사용한 창작무용이 생겨났다. 창작무용은 즉흥이 아마추어적이라는 생각을 낳기도 했지만 1960년대 공연즉흥을 탄생시키는 토대가 되었다.

20세기 초의 유명 무용가 중에는 즉흥을 애용한 무용가가 많다. 안나 파블로바나 루스 세인트 데니스는 같은 공연을 두 번 하지 않은 것으로 유명하고, 이사도라 덩컨이나 루돌프 라반과 마리 비그만도 작품 창작 과정과 수업 그리고 공연에서 즉흥을 애용했다. 즉흥춤을 보급하는 데 크게 기여한 사람으로는 안나 할프린과 로버트 던을 들 수 있다. 할프린은 그룹 작업과 환경과의 상호관계, 의례적인 행위, 과제 수행 동작에 관심을 가지고 즉흥적인 워크숍을 전개했고, 이후 해프닝 형식으로 발전시켰다. 로버트 던은 1960~62년에 뉴욕에서 창작 워크숍을 열었는데, 그 수업에 참가한 학생 중 시몬느 포르티, 트리샤 브라운, 이본 레이너가 이미 할프린의 창작 수업에서 배운 즉흥법을 던의 수업에 소개했다. 던의 창작 수업을 수강한 이들이 이후 후기 현대파 운동의 선구자가 되어 즉흥적인 형식을 활용하게 된다.

가장 중요한 전환점은 1960년대 다양한 실험과 춤의 상대적인 존재 방식을 탐구하던 후기 현대파 무용가들에게서 일어났다. 이들은 동양적 즉흥 사상의 영향으로 완결된 형태가 아닌 과정으로서의 춤을 공연의 일부로 수용했다. 해프닝이나 이벤트를 벌이던 대표적인 후기 현대파 무용단 저드슨 댄스시어터Judson Dance Theater나 그랜드 유니온Grand Union은 근본적으로 즉흥 그룹이었다. 선zen이나 동양 철학에서 영향을 받은 초기 현대파들이 즉흥과 우연성 기법, 콜라주 등의 방법을 차용한 것은, 춤의 구성 요소를 새롭게 바라보고 이를 통해 안무라는 강박 관념에서 자아를 해방시키며 일상과 의식적인 의지의 장벽을 초월해 새로운 신적 혹은 무의식적 세계를 발견하기 위해서였다.

이본 레이너의「즉흥에 관한 몇 가지 생각들」Some Thoughts on Improvisation은 춤에서 '자연스러운 결정'이 무엇인지를 문제 삼았다. 이는 관념적인 인식의 주관성을 거부하고 사물 자체에 충실할 것을 요구한 당대의 현상학적 주문에 따른 것일지도 모른다. 즉 이들은 전통적인 '아름다운, 자연스러운, 훌륭한' 동작 연결방식에 문제를 제기하고 전통적 사물인 공간과 시간, 에너지, 중력의 관계에 다른 시각을 구현하고자 한 것이다. 나아가 안무 자체의 개념에 도전하기 위해 즉흥이라는 비결정성을 끌어들인 것이다. 이본 레이너를 비롯해 여러 포스트모던 무용가의 즉흥 작품은 결과적으로 격식을 차리지 않는 행동과 리허설 같이 거침없는 태도를 공연에 허용했다.

1970년대에는 무용 즉흥의 새로운 방식인 '접촉즉흥'contact improvisation이 생겨나 후기 현대파 무용가들의 특징적인 양상이 되었다. 저드슨 그룹과 그랜드 유니온의 창단 멤버이자 커닝엄 무용단 단원이기도 했던 스티브 팩스턴은 1972년 뉴욕 존 웨버 갤러리에서 접촉즉흥 공연을 처음 열었는데, 이는 신체 접촉이 즉흥을 통한 탐색의 출발점이 되는 구조다. 주로 듀엣 형태로 이루어지는 접촉즉흥은 두 신체가 끊임없이 접촉하는 가운데 관계를 맺고 충돌하고 중력과 힘과 관성이 움직임에서 만들어내는 효과에 기초한다. 서로의 체중과 역할을 주고받으며 접촉과 균형을 이어가는 두 신체의 신뢰와 의존을 강조하는 것이 접촉즉흥의 핵심 요소다. 접촉즉흥의 유일한 규칙은 손으로 파트너를 만지지 않는 것이다. 접촉즉흥의 움직임은 긴장 없이 지속되고 운동 같은 모습에 비경쟁적이다. 애초 비극장성을 전제로 출발했지만 접촉즉흥이 세계적으로 소개되고 인기를 얻으면서 경이롭고 극적인 행위의 나열처럼 보여 결국에는 관객이 지켜보는 방식이 되어버렸다. 그리하여 접촉즉흥만 공연하는 그룹도 생겨나는 등 컨템퍼러리 무용가에게 큰 영향을 미쳤다.

  오늘날 대중적인 춤 중에서 아프리카 계열인 재즈와 탭 댄스, 그리고 브레이크 댄스와 사교춤에서 즉흥은 근본적으로 춤추는 이의 기량과 개성을 뽐내는 주요 요소다. 이를 빼고는 감상할 맛이 안 난다고 해도 과언이 아니다. 인도춤에서도 무용수의 즉흥 능력에 높은 예술성을 부여하는데, 이런 즉흥 공연과 해석은 대가적인 솔로 공연자에게만 허용되는 것이다. 한국춤에서도 무용수의 즉흥 능력은 동작과 음악을 해석하고 개성적으로 표현하는 명인의 춤에서나 볼 수 있다. 한국음악과 춤은 본디 즉흥적인 연주 방식으로 상호 밀접하게 교감을 이루며, 현장에서 이루어지기 때문에 즉흥연주를 하는 음악가와 이에 화답하는 무용수의 복잡한 상호작용을 보는 것이 곧 대가의 춤을 보는 즐거움이다. 이런 즐거움은 비단 한국춤뿐만 아니라 플라멩코나 인도의 전통

춤, 재즈나 탭 댄스를 볼 때도 공히 느낄 수 있는 환상적인 경지다.

구성면에서 볼 때 구체적인 형식으로 짜인 것보다는 즉흥 요소가 많은 춤이 역사적으로 생명력이 강하다. 세계적으로 무용 문화가 풍부해 사회문화적으로 춤의 영향력이 편재한 나라에는 특히 즉흥적인 춤이 많다. 5000년 가무민족인 우리나라를 비롯해 인도나 아프리카, 스페인 반도 등이 그러한데, 그런 나라는 오랜 식민지 역사에서도 춤을 중심으로 고유 문화의 정통성을 잃지 않는 강한 문화 정체성을 보여주었다.

팬터마임 · 마임 Pantomime · Mime

팬터마임이란 '전부' 혹은 '모든'이라는 뜻의 그리스어 'pantos'와 '모방자' 혹은 '배우'를 뜻하는 'mimos'가 어원이다. 의미상으로는 공연자와 공연을 모두 지칭한다. 오늘날 마임과 팬터마임은 배우의 움직임과 제스처에 크게 의존하는 극장 공연물을 지칭하며 교차적으로 쓰인다. 마임과 팬터마임의 정확한 정의와 역사를 간단히 말할 수는 없지만 마임과 팬터마임은 각기 다른 역사 속에서 특정 요소를 공유한다. 과장된 제스처와 가면, 혹은 가면 같은 분장, 곡예, 요술쟁이, 어릿광대, 풍자와 즉흥, 꼭두각시와 마리오네트 등을 포함하는 것이다. 흔히 마임과 팬터마임이 완전히 무언無言으로 공연된다고 생각하지만 오랜 역사를 볼 때 그것은 몇몇 시기에만 두드러질 뿐이다. 그리스 시대부터 이들의 공연은 가면과 의상을 갖춘 무용수가 줄거리를 연기하고 배우가 이를 보조하는 방식이었다. 무용수의 대사는 다른 사람이 말하고 동시에 다양한 타악 연주와 플루트, 피리 반주에 맞춰 합창이 함께 이루어졌다. 팬터마임이라 불린 무용수와 마임 연기자의 공연이 이야기하는 사람 혹은 코러스 단원의 대사나 음악으로 반주되었다.

고대 로마에 설명조의 춤 형식이 오랫동안 있어왔지만, 기원전 22년 아우구스투스Augustus, BC 63~AD 14 공국 때나 기원전 23년 마르셀루스Marcellus의 경기가 열릴 무렵에야 로마에 무용 학교가 열렸다. 그즈음 실리시아의 필라데스와 알렉산드리아의 바실루스가 로마에 와 무용

학교를 열고 체계화된 공연으로 발전된 팬터마임을 선보였다. 당시에는 팬터마임이 춤과 무용수를 공히 지칭했다. 바실루스가 희극적인 주제로 단순한 공연을 주로 한 반면, 필라데스는 복잡한 각색의 비극적인 팬터마임에 초점을 맞추었다. 시간이 지나면서 바실루스보다는 필라데스 스타일이 오랫동안 이어지면서 곧 로마 극장에서 팬터마임의 인기가 비등해져 비극공연을 대체했다. 춤을 상찬한 그리스 풍자가이자 사상가 루키아노스가 팬터마임 춤추기를 다룬 글에서는 주로 비극적인 것만 다룬다. 루키아노스에 따르면 '팬터마임'이란 용어는 이탈리아에서 생겨났으며, 처음에는 춤이 아니라 무용수를 뜻하는 용어였지만 루키아노스나 아티카학파들은 이 말보다 단순히 '무용수들'이라 부르는 것을 선호했다고 한다.

당시 팬터마임은 전통적인 설명조 춤이 고도로 양식화된 것으로, 말을 하지 않는 무용수가 다문 입 모양을 그린 마스크를 쓰고 표현적이고 율동적인 제스처로 이야기를 실연한다. 필라데스는 성악가 한 명과 플루트 주자로 반주하던 팬터마임을 처음으로 풀 오케스트라와 합창단 반주로 공연하기 시작했다. 팬터마임니스트가 공연하는 동안 오케스트라 반주의 합창단은 대사를 노래하거나 영창했다. 솔로 무용수(당시 팬터마임니스트는 흔히 '무용수'를 뜻하는 '살타토레'saltatores라 불렸다)가 가면과 의상을 바꾸면서 이야기 속의 모든 캐릭터를 재현하며 춤추었다.

이런 팬터마임은 당시 이민자와 외국 방문객이 많았던 로마에서 관객이 쉽게 이해할 수 있었기 때문에 인기리에 공연되었다. 공연은 시장에서나 그리스와 로마의 성에서 모두 인기를 끌었고 모든 계층으로부터 사랑받았다. 특히 로마 제국 시대에는 로마 극장에서 무용과 연극 같은 다른 공연의 인기를 압도해, 의원이나 기사, 황제와 여왕의 후원을 받았다. 칼리굴라 황제Caligula, 12~41는 팬터마임에서 춤을 즐겨 추었고, 춤추는 동안 조그만 소리라도 내는 자는 좌석에서 끌어내 직접 때리기도 했다. 또 공공 축전에서 유명한 팬터마임니스트인 애인 므네스트Mnester에게 공공연하게 키스를 하기도 했다고 한다.

팬터마임은 신화와 그리스 비극으로부터 스토리를 가져왔기에 루키아노스는 무용수가 알아야 할 지식으로 그리스, 아테네, 스파르타의 신화부터 이집트와 이탈리아, 나아가 동양의 신화와 역사를 꼽았다. 루키아노스는 무용수의 움직임에 의미가 있고 모든 제스처가 고유한 뜻을 지니기 때문에 팬터마임은 신체와 정신 중 한 가지만 쓰는 다른 예술과 다르다고 여겼다. 신체적이면서 동시에 지적인 능력을 결합한 훈련이라는 것이었다. 음악은 팬터마임 연기자의 움직임을 인도하고 춤은 이런 공연에서 가장 중요했다. 팬터마임은 원래 이집트와 메소포타미아의 종교의식과 대중 연희에서 유래했고, 이는 중세 유럽의 기적극mystery plays과 유랑극단의 작품, 궁정 무도회와 코메디아 델라르테commedia dell'Arte의 연기자들에게 계승되었다.

16세기 프랑스 귀족의 저녁 연회에서 최초의 무용 예술 양식인 발레가 형성될 당시, 귀족들의 춤은 근본적으로 그리스 신화나 종교적 우화를 묘사하는 설명조의 무언극 춤이었다. 궁중 서열에 따라 추던 독립적인 춤이 일관된 극적 통일성을 갖추면서 발레라는 독자적인 예술 양식이 된 것이다. 따라서 팬터마임 방식의 스토리텔링 전통에 따라 발레는 근본적으로 마임과 같은 제스처로 막의 시작과 끝부분에 미미하게 스토리를 제시하고, 그 사이를 주로 볼거리용 춤으로 구성한다. 그러므로 발레 이후 무용에서 우위를 경쟁하는 요소가 있는데, 바로 움직임과 스토리, 추상 형식과 순수 표현 그리고 기교와 팬터마임이다.

　1661년 프랑스 왕립 무용 아카데미가 설립된 이래 강력하게 기교를 중시하는 아카데미파인 '당스 데콜'dance d'ecole 전통이 형성되었다. 이에 18세기 프랑스 발레 마스터 장-조르주 노베르는 발레를 주제에 합치된 동작과 말없는 드라마로 보는 팬터마임 발레를 주창했다. 그는 발레의 극적 표현성을 강화시켜 무언 형식으로 만들고자 했다. 복잡한 스텝과 다리 기교에 몰두하던 당시 스타일에 반해, 상체의 마임적인 표현성을 강화시키고자 한 그의 급진적인 발상을 따라 제자들은 한때 발레 리드믹 팬터마임이라 할 정도로 스텝을 찾아보기 힘든 춤을 만들어내기도 했다. 그의 영향을 받은 제자 살바토레 비가노는 '코레오드라마'choreodrama의 창조자로 알려졌는데, 그의 작품 「타이탄」The Titans과 「프로메테우스」The Prometheus를 보고 스탕달Stendhal, 1783~1842은 "셰익스피어의 연극보다 낫다"고 칭송했다.

　20세기 초, 영혼 표현을 위해 지적이고 정신적인 제스처를 강조한 현대춤 사상에서 크게 영향을 받은 미하일 포킨은 새로운 발레를 표방하면서, 의미를 전달할 수 있는 기호와 그 기호가 발전된 움직임으로 팬터마임을 대체해야 한다고 주장했다. 이후 현대춤과 현대 발레에서는 설명조의 팬터마임보다는 감정적이고 추상적인 표현이 압도적이다. 그러나 스펙터클한 공연을 추구한다는 점에서는 팬터마임과 여전히 공통점을 지닌다.

　마임과 팬터마임이 말을 하지 않는 것은 오랜 역사에서 아주 짧은 기간뿐이다. 전하는 바로는 기원전 240년경 마임 연기자 리비우스 안드로니쿠스Livius Andronicus, BC 280~200가 목소리를 잃어 대신 말할 배우를 고용한 데서 무언의 전통이 시작되었고, 로마의 국가검열 시기에 이것이 법제화되었다. 그러나 이는 잘 지켜지지 않았다. 18세기 프랑스에서는 말하는 극장 공연물을 금하는 법령을 만들었다가 프랑스 혁명 이후 해제되었고, 다시금 1807년에 나폴레옹이 금지시켰다. 이후 1819년부터 금지가 완화되면서 유럽 팬터마임의 시대가 시작되었는데, 그 초기에 장 드뷔로Jean Deburau, 1796~1846가 말없는 세례요한을 연기해 갈채를 받으면서 오늘날의 '피에로'Pierrot 캐릭터가 탄생했다. 하얀 얼굴에 긴 천이 흘러내리는 의상이 이후 마임 추종자들을 만들어냈으며, 이는 일반적으로 마임이나 팬터마임을 대표하는 이미지가 되었다.

20세기 초반 유럽의 팬터마임 개혁자들은 동양의 전통극에서 연기자가 대사와 음악, 무용, 노래, 마임 등을 모두 결합하는 일체감에 크게 감명을 받았다. 배우의 신체를 새롭게 발견하고 기계체조와 발레, 즉흥으로 신체를 더욱 유연하게 만들어 중성적이고 표현적인 가면을 통해 신체에 새로운 자유와 표현성을 부여했다. 그러므로 오늘날의 팬터마임은 동양적 스타일에서 크게 영감을 받은 것이라 할 수 있다. 오늘날 특A급이라 할 수 있는 프랑스의 안무자 필립 드쿠플레나 캐나다의 태양의 서커스단의 세계적으로 갈채를 받는 작품들은 모두 이런 팬터마임 요소들을 수용한 구조라 볼 수 있다. 오늘날 지구촌화 되어가는 세계사회의 구조가 옛 로마시대의 사회구조와 닮아 있어 이런 팬터마임적 바탕의 작품이 인기 있다고 볼 수 있다.

포인트 워크 Pointe Work

프랑스어로 '포인트'pointe란 사물의 뾰족한 끝부분을 뜻하는데, 춤에서는 발가락의 끝부분을 지칭하는 용어로 자리 잡았다. 무용 역사에서 누가 최초로 발끝으로 춤을 추었는지는 명확하지 않다. 19세기 초부터 몇몇 무용수들이 오늘날의 토슈즈와 같은 보조적 장치의 도움 없이 발끝으로 서는 모험을 시도했으며, 발끝으로 추는 춤이 유행한 것은 이탈리아 출신 아말리아 브루뇰리Amalia Brugnoli, 1802~92의 업적이었다. 19세기 초에 포인트 워크를 한 무용수로는 아말리아 브루뇰리 이외에 마리아 드 카로Maria de Caro, 마리아 다닐로바Maria Danilova, 1793~1810, 아브도티아 이스토미나Avdotia Istomina, 1799~1848, 파니 바이어스Fanny Bias, 1792~1825, 주느비에브 고슬린Geneviève Gosselin, 1791~1818 등이 기록에 남아 있다. 그 가운데 주느비에브 고슬린과 아브도티아 이스토미나가 1818년과 1820년 이전에 온전히 1분 동안 발끝으로 섰다는 기록이 있고, 1821년의 동판화에 파니 바이어스가 발끝으로 선 그림이 있다. 아말리아 브루뇰리는 1820년대에 뛰어난 포인트 워크 테크닉으로 밀라노와 비엔나에서 명성이 자자했다. 그러나 아슬아슬한 곡예 묘기였던 포인트 워크를 예술성과 시적 감흥을 겸비한 기술로 전환시킨 것은 마리 탈리오니였다.

마리 탈리오니가 출연한 「라 실피드」에서 포인트 워크는 낭만적 움직임이 목표하는 바를 표현하기 위한 놀라운 수단이었다. 낭만 발레

「라 바야데르」(La Bayadère)에서 여주인공 니키아의 온 포인트 기법.

시대를 연 첫 작품 「라 실피드」에서 낭만적 상징이자 완벽하고 이상적인 여성을 뜻하는 요정을 향한 갈망이 인간으로 하여금 조금 더 하늘 가까이 다가가 춤추게 했다. 즉 공중으로 솟아오르기 위해 발끝으로 추는 기술이 개발되었는데, 이는 낭만 발레에서 이루어질 수 없는 사랑에 대한 갈망과 잡을 수 없는 것에 대한 허망한 욕구, 그리고 숙명적인 현실로부터 도피하고자 하는 인간의 환상을 표현하는 데 적절하게 쓰인 것이다.

마리 탈리오니의 「라 실피드」 공연과 함께 포인트 워크는 분명하게 여성춤으로 규정되었고, 이어서 낭만 발레 시대에는 여성무용수의 신체 어휘가 과도하게 포인트 워크를 강조하는 방향으로 발전했다. 그리고 발끝으로 서서 연속돌기를 하는 피루엣^{pirouette} 기술이 완성되었다. 탁월한 포인트 워크는 19세기 말 러시아에서 고전 발레를 규정짓는 대표적 특징이 되었다. 고전 발레의 아버지라 불리는 마리우스 프티파$^{Marius\ Petipa}$는 포인트 테크닉을 세련되게 다듬고 발전시켰으며 '포인트는 여성춤을 마무리하는 것'이라 생각했다. 그리하여 고난이도의 포인트 테크닉이 고전 발레 시대 발레리나의 실력을 측정하는 기준이 되면서, 발레리나들은 뒤꿈치를 마루에 한 번도 내리지 않고 온전히 발끝으로만 무대를 사선으로 가로지르거나 포인트한 외발로 연속 32회전을 하는 등 현란한 포인트 기교를 경쟁적으로 과시했다. 고전 발레의 대표작인 「백조의 호수」에서 얼음으로 뒤덮인 호수 위를 미끄러지듯 움직이는 백조의 동작은 토슈즈 발달 덕분에 발전한 고난이도 포인트 워크의 결과다.

1820년대 초에 단지 수 초 정도 발끝으로 서던 상태에서 1860년대 이후 오늘날과 같이 발끝이 뭉툭한 슈즈$^{blocked\ shoes}$가 발명되자, 온 포인트로 더 빨리 속도감 있게 회전하고 회전수가 늘어나는 등 표현성과 기교의 영역이 더욱 확장되었다. 이와 함께 완성된 포인트 테크닉은 발레 기술을 최고의 수준으로 끌어올려 역사상 가장 정교하고 화려한 고전 발레를 탄생시켰다. 19세기 말 고전 발레의 포인트 워크의 기초 위에 20세기 발레의 발전이 이어진다. 현대 발레를 완성한 조지 발란신 역시 포인트 테크닉에 탐닉했기에, 포인트 워크는 발레 기술의 정수를 이루고 현재와 같은 기교 발전을 가능케 했다. 기초적인 포인트 테크닉은 나라별 교수법에 따라 차이가 있는데, 크게 보면 완전히 발끝으로 서는 포인트full pointe, sur la pointe와 중간쯤 서는 드미 포인트 demi-pointe로 나뉜다.

프로시니엄 무대 Proscenium Stage

르네상스기 발레 관객은 기적적이고 환상적인 것을 좋아했다. 이를 충족시키기 위해 급변하는 장면 전환은 무대 장치의 필수 요건이었다. 변화하는 장치는 관객을 마법처럼 다양한 장면으로 데려가 경이롭고 스펙터클한 것에 대한 르네상스적 흥미를 충족시켰고, 스펙터클한 효과를 내는 기계장치들은 경탄을 이끌어내는 데 기여했다. 기계장치들은 줄을 손잡이에 연결시켜 도르레로 감아서 작동시켰는데, 신이 하늘에서 나타난다든지 메르쿠리우스가 구름을 타고 내려오는 장면을 연출하거나, 괴물이나 산이 갑자기 나타났다 사라지고 혹은 사람을 줄에 묶어 날아다니게 하는 등 인상적인 연출을 가능하게 했다. 17세기 초에는 무대 배경을 빠르게 전환시키기 위해 무대 뒷바닥에 홈을 파고 편평한 막을 밀어서 작동시키기도 했다. 17세기 중반에 나는 기계 flying machine 는 환상적인 장면 효과를 위해 인기 있는 연출법이었다.

극장 기계장치의 발전과 변화하는 장면 연출을 위해 무대 옆 공간을 가릴 필요성도 생겼다. 원근법적 무대 디자인이 극장에 도입된 것도 16세기 초다. 1435년 피렌체 화가 레온 알베르티 Leon Alberti, 1404~72 가 원근법의 규칙을 정식화한 뒤, 이는 20세기까지 미술과 무대의 공간을 지배했다. 원근법 도입으로 무대상의 위치나 대상의 크기가 눈에 보이는 위치 관계에 따라 표현되었다. 이런 변화는 당시 발레가 그리스·로마 신화나 고전문학, 종교적 주제, 기사나 십자군에 대한 전설 이야기를 다루었기 때문이다. 경이로운 느낌을 자아내는 스케일 큰 장치 기술이 필요해진 것이다. 16~17세기에 걸쳐 신이나 영웅적 주인공을 위해 현실감과 거리를 두는 환영적인 장치 기술이 필요했다.

원근법은 한 시점에서 본 공간이다. 원근법적 디자인은 무대의 깊이를 강화하고 입체감을 느끼게 하는 고안인데 그 초점은 객석 가운데, 즉 가장 중요한 인물이 앉은 자리에서 봤을 때의 시점을 염두에 둔 배열이다. 뒷막을 중심으로 무대 양 옆으로 대칭적으로 거리감을 주는 그림막을 배치함으로 꿈 같은 환영 세계를 만들어내는 아이디어다. 허공을 나는 장치를 위해 무대 윗부분도 가리게 되어 객석에서 봤을 때 무대가 액자의 틀처럼 된 것이다.

프로시니엄 무대는 관객으로부터 공연을 분리시키는 효과를 내고 이후 무대는 객석과 다른 세상의 이야기를 하는 공간이 되었다. 원근법 효과는 객석 한가운데 앉은 왕이나 귀빈만 효과를 정확히 인지할 수 있는데, 이는 당시 발레가 귀족 관객에게 정치적 메시지를 전달했다는 점을 환기시킨다. '프로시니엄'proscenium이란 라틴어로 '무대장치 앞쪽'이란 뜻이다. 프로시니엄 아치는 무대장치와 공연자들을 보여주는 틀을 만들어준다. 그리고 객석에 보이고 싶지 않은 것은 모두 틀 밖으로 내보내 숨기는 것이다. 프로시니엄 아치의 장점은 눈이 헤매지 않게끔 일정하게 한 방향만 바라보아도 잘 보이는 경제성이다. 첫 프로시니엄 극장은 1618년에 지어진 파르마의 파네즈 극장Teatro Farnese이다.

프랑스 재상 리슐리외 재임 기간1640년경에 건축된 왕궁 극장에는 높이 올린 무대와 편평한 옆막들과 프로시니엄 아치가 있고 오케스트라 피트로 이어지는 계단이 있었다. 리슐리외 극장이라고 불리는 이 극장

1654년 파리 부르봉 궁전에서 공연된
「펠레우스와 테티스의 결혼식」(Les Noces de Pélée et de Thétis) 장면.

을 왕립 무용 아카데미가 사용하게 되면서 이곳은 오늘날 파리 오페라 발레의 첫 번째 상설본부가 되었다. 그림 「Le Soir」를 보면 리슐리외와 루이 13세가 이 극장에서 공연을 보는 모습이 있다. 이어 루이 14세 궁정에서 발레와 극장 장치는 급격하게 발전했다. 리슐리외 극장 무대가 높이 돌출된 프로시니엄 무대였기 때문에 무용 공연과 스타일에 많은 변화를 가져왔다. 이전에는 무도 홀 끝 단상 위에 왕과 왕족이 자리하고 나머지 홀 가장자리를 관객이 둘러서서 공연을 관람했다. 관객이 공연자를 밀접한 거리에서 보던 방식에서 이제 정면에서 올려다보게 된 것이다.

프로시니엄 무대는 우선 정면에서 바라봤을 때 최적의 디자인이 나오는 발레 스텝과 연결 동작을 만들게 했다. 1661년 설립된 왕실 무용 아카데미의 원장이자 루이 14세의 무용 교사였던 피에르 보샹은 무용수들이 항시 무대 앞만 보고 관객을 향하는 선이 가장 조화로워야 한다는 관행을 정착시켰다. 이를 위해 발과 팔의 기본 자세와 스텝 연결 양식을 확립하면서, 이 모든 정면 자세의 기본이 되는 턴 아웃 자세를 강조했다. 무릎과 다리를 바깥쪽으로 돌림으로써 무용수가 몸통은 정면을 향한 채 여러 방향으로 움직이는 것이 가능하게 했다. 피에르 보샹은 생각이나 감정 표현보다는 우수한 기교를 강조했다. 보샹이 확립한 기본 자세에서 무용수의 신체를 액자 속에 안정되고 조화롭게 배치한 프레임을 느낄 수가 있다. 이렇게 해서 숙련된 기교와 균형 잡힌 기하학적 디자인을 강조하는 아카데미파 danse d'ecole가 확립되었다.

공연적인 측면에서도 발레는 아마추어 유형에서 극장 무대로 올라가면서 완전히 전문화되었다. 무용수들은 프로시니엄 아치에 의해 그리고 더 이상 궁정 홀이 아닌 전문 극장에서 춤추게 되면서 관객과 분리되었다. 이는 귀족 공연자의 수가 줄어들고 직업 무용수를 등장하게 했다. 1681년 「사랑의 승리」La Triomphe de L'Amour에 역사상 첫 전문 여성무용수인 마드무아젤 라퐁텐Mademoiselle De Lafontaine, 1655~1738이 출연했다. 발레가 무대로 올라간 뒤 점차 아카데미에서 훈련받은 직업 무용수들이 출연하면서 고도의 기술을 개발했다. 뒷막이나 옆 막에 원근화법으로 그림을 그려 관객이 3차원 환상을 느끼도록 한 무대에서 직업 무용수들은 발레단에서의 주역을 맡기 위해 기교 경쟁에 돌입했다. 원근법적 환영을 강화하고자 한 장-조르주 노베르 같은 발레 마스터나 무대 디자이너는 키에 따라 무용수를 무대에 배치했다. 키가 큰 무용수를 무대 전면에, 키 작은 어린이에게 어른 옷을 입혀 뒤쪽에 세우기도 했다.

왕이나 귀족이 주인공이 아닌 발레를 전문 극장에서 공연해 더 이상 왕실이나 국가의 지원을 기대할 수 없게 되고, 표를 팔아서 운영하는 독립재정체제를 맞게 되었다. 별도의 극장 건물은 입장료를 받는 관행을 낳았고 발레 공연이 더 이상 초청에 의해 이루어지는 귀족들의 여흥이 아니게 됐음을 뜻했다. 그리하여 관객에는 귀족뿐 아니라 표를 구매한 일반인도 포함되었다. 예술 지식이 있는 귀족층과 전문 직업인, 중류층이 극장 관객이 되었고 노동자들은 제외되었다. 예외적으로 엘리자베스 1세 때 영국에서는 모든 계층이 극장 공연을 관람할 수 있었다. 따라서 새로운 관객이 이해할 수 있는 이야기와 취향이 발레 주제에 반영되었다.

그리하여 발레가 완전히 극장 예술이 되어가는 17세기 말~18세기 말까지 리슐리외 극장의 발레 공연은 거의 가발과 가면을 쓰고 코르셋 갑옷과 패니어pannier로 펼친 치마, 그리고 하이힐을 신고 뻣뻣한 의상

「사랑의 승리」의 한 장면. 이 공연에서 기존의 귀족 공연자가 아닌 전문 여성무용수가 처음 출연했다.

을 입은 채 복잡하고 정교한 스텝을 과시하는 것이었다. 이런 의상과 동작은 피에르 보샹이 확립한 정면 프로필을 강조하는 틀의 원칙에서 벗어날 수 없었다. 18세기 말 의상이 가벼워지고 몸의 선이 드러나면서 액자 속 무용수들의 신체 사용이 조금 더 자유로워졌다. 기교를 과시하는 형식적인 경향을 비난하는 장-조르주 노베르 같은 발레 마스터에 힘입어 발레에서 감정을 표현하는 시도가 일어났고, 가발과 가면 그리고 과도한 코르셋 등을 벗게 되었다. 이런 배경에서 1830년대 낭만 발레에서는 장치에 매달린 발레리나가 요정처럼 숲 속을 날아다니고 승천하는 환영을 만들어낼 수 있었다.

원근법의 세계는 인상파와 폴 세잔Paul Cézanne, 1839~1906, 입체파의 영향으로 붕괴되었는데, 세잔은 동일 대상에 복수 시점을 취함으로써 화폭에 이질적인 공간을 끌어들인 최초의 인물이다. 춤에서는 현대무용의 선구자 이사도라 덩컨과 1950년대 아방가르드 머스 커닝엄이 원근법적 시점을 부정했다. 정원이나 살롱, 야외극장 등 극장 공간을 나와 야외 공연을 선호한 이사도라 덩컨은 프로시니엄 아치 아래 정면 시점을 위해 정적으로 배치된 무대 구조를 거부한 것이고, 머스 커닝엄은 무용수의 신체가 항상 정면을 향할 필요가 없고 어느 시점에서 바라보아도 동등하게 중요하다고 생각해 무대의 다양한 지점에서 다양한 방향을 향하는 무용수들을 선보였다. 그리하여 무용수를 다양한 각도에서 바라보게 하고 그 결과 무용수는 누구나 주인공이 되어 어느 지점에서든 춤추게 함으로써 무대 공간에서 중심과 주변의 경계를 해체시켰다.

필름과 비디오 Film and Video

1894년 뤼미에르 형제가 카메라와 프로젝터를 결합한 영화촬영기 cinematograph 특허를 내자마자 초기 영화 선구자들은 이 새로운 마법을 보여주는 데 무용이 가장 이상적인 주제라고 인식했다. 그해에 토머스 에디슨Thomas Edison, 1847~1931이 루스 세인트 데니스가 야외에서 스커트 댄스를 하는 것을 촬영한 것이 역사상 최초의 댄스 필름이었고, 뤼미에르는 1906년 로이 풀러의 유명한 「불의 춤」을 촬영했다. 1905년 미국 피츠버그에 영화관이 처음 생긴 이래 1912년에는 런던에만 400개의 영화관이 들어섰고 미국에서는 매일 500만 명이 영화관을 찾았다. 1910년대부터 수많은 영화에서 현대무용, 발레, 볼룸댄싱 등 여러 무용이 영화의 한 부분이 되었다. 일반적으로 실험 영화의 무용 역사는 1896~1913년에 500여 개의 작품을 만든 전위적인 영화제작자 조르주 멜리에스Georges Méliès, 1861~1938로부터 출발점을 잡는다.

초기 무용가들은 영화가 무용의 근본적 가치인 인간과 인간의 직접적인 만남을 위협한다고 생각했다. 이사도라 덩컨은 아무도 자기의 춤을 필름으로 찍지 못하게 했기 때문에 나무 뒤에서 몰래 찍은 것이 유일한 춤 기록으로 남아 있다. 영상을 포함한 최초의 다다dada 발레 작품은 수에도 발레단Ballets suédois의 「Relâche」1924다. 이 2막짜리 작품에서 막과 막 사이에 영상이 들어가는데, 이 아이디어를 처음 생각해낸 사람은 화가 프랑시스 피카비아Francis Picabia, 1879~1953다. 그는 먼저 발레 루스에게 이를 제안했으나 발레 루스의 제작자 세르게이 디아길레프가 거절했다. 그러나 발레 루스에서도 1928년 레오니데 마신의 「송시」Ode에서 장치를 담당한 파벨 첼리체프Pavel Tchelitchev, 1898~1957가 피에르 샤르보뉴Pierre Charbonneau의 영상을 처음 포함시켰다.

  1940년대가 되어서야 필름 무용이라고 불릴 만한 작업들이 시작되었고, 1960년대에 이르러서는 카메라 조작을 책임지고 비디오 기록물을 직접 디자인하고 제작하는 안무자 세대가 나타났다. 저드슨 무용단과 관련된 후기 현대파였는데, 이들은 필름 무용 제작에 참여하거나 라이브 공연에 영상을 포함시켰다. 작품 「A String」1966에서 트리샤 브라운은 영사기를 등에 짊어지고 춤을 추었다. 브라운이 움직이면 영사기가 그녀의 춤추는 이미지를 아무렇게나 주위 공간에 비춰서 마치 안무자의 몸과 영상 속 자아가 재밌는 듀엣을 추는 효과를 만들었다. 머스 커닝엄의 「Variation V」1965에서 실험적인 영화제작자 스탠 밴더빅Stan VanderBeek, 1927~84은 세 개의 스크린에 영상을 투사했다. 찌그러진 TV 이미지는 백남준白南準, 1932~2006이 이 작품을 위해 창조한 것이었다. 1960년대 중반 비디오 장치가 발전해 영상 합성과 채색이 가능해지면서, 백남준을 비롯해 실험적인 영상 예술가와 안무자 들이 저렴한 비디오와 작업하기 시작했고, 루신다 차일즈, 알렉스 헤이, 스티브 팩스턴, 이본 레이너, 로버트 라우션버그Robert Rauschenberg, 1925~2008 등 후기 현대파 무용가들이 엔지니어들과 진지한 협동 작업을 시작했다.

  1960년대 이전에는 주로 영상 제작자들이 주도하던 영상 비디오 댄스를 1960년대 접어들어 안무자들이 주도하고, 1970~80년대는 무용수이자 안무자가 바로 댄스 필름의 작가가 되었다. 프랑스에서 1960년대 뉴 웨이브New Wave 운동으로 영화가 배우의 영화에서 감독의 영화

2008년 공연된 몽탈보의 「안녕하세요, 거슈윈 씨」(Good Morning, Mr. Gershwin).

로이드 뉴슨이 안무한 DV8 신체극단의 「삶의 대가」(The Cost of Living, 2004)

로 발전해 작가의 영화가 된 것과 같다. 프랑스에서는 1980년대 미테랑 대통령의 영화 육성 정책으로 많은 지원금을 받은 영화감독들이 초기 영상 선구자들처럼 무용과 공동 작업을 했고, 무용은 표현 매체 확장을 찾아 영화감독과 함께 작업함으로써 비디오 댄스라는 새로운 영역을 확고히 했다. 1980년대 작가의 안무가 자리 잡은 뒤 안무자들은 단순한 영상 기록보다는 더 발전적이고 세련된 제작을 원해 실제로 영화 제작에 관여함으로써 무대를 확장하고자 했다.

1980년대 중반에는 주류 문화와 아방가드 예술에서 모두 비디오와 영화에 관련된 무용 프로젝트 붐이 일어났다. MTV가 등장하면서 마이클 잭슨Michael Jackson, 1958~2009, 마돈나Madonna Ciccone, 1958~, 폴라 압둘Paula Abdul, 1962~ 같은 팝 스타들이 춤을 추는 뮤직 비디오를 만들었다. 대중적인 인기를 배경으로 미국에서는 연례 댄스 필름 페스티발 경연과 댄스 필름과 비디오 댄스를 보여주는 TV 쇼 프로그램이 생겼고, 프랑스와 유럽에서도 1990년대 들어 많은 댄스 필름 페스티발과 상금을 내건 시합이 생겼다. 1995년 프랑스 현대 박물관 퐁피두센터에서는 처음으로 '비디오 댄스'라는 용어를 사용해 공모전을 열었다.

유럽의 여러 댄스 필름 경연대회에서 필립 드쿠플레, 안나 키어스매커, 프레조카주, 빔 반데케이부스, 장-클로드 갈로타, 로이드 뉴슨 등 유럽의 컨템퍼러리 댄스 안무자들이 대상을 탔다. 이들은 영화감독과 공동으로 작업하기도 하지만 필립 드쿠플레나 장-클로드 갈로타처럼 대부분 자기 안무에 영상 촬영으로 또 다른 프레임을 입히고 라이브 공연과 믹싱하는 작업을 한다. 라라라 휴먼 스텝La La La Human Steps의 에두아르 로크Édouard Lock, 1954~는 직접 안무하고 제작한 댄스 필름으로 영화제에 출품해 대상을 받기도 했다. 따라서 요즘은 안무자가 영화감독을 겸하거나, 영화감독으로 옮겨가는 안무자도 있다. 장르를 불문하고 멀티 플레이어가 많아진 셈이다. 주로 프랑스 안무자들은 무대 전체를 뒤덮거나 시적 이미지가 풍부해 극장성이 강한 영화적 접근을 보이는 데 비해, 영국의 댄스 필름은 규모가 작은 스크린에 더욱 직접적으로 이야기체 구조를 지니는 경향이 있다.

오늘날 컨템퍼러리 댄스에서 영상은 빠질 수 없는 부분인데, 이런 배경에는 이들이 프랑스나 미국 정부로부터 받는 엄청난 예술 지원금도 있지만, 20세기 말부터 지속되는 영상문화 시대의 감각을 지닌 현대 관객이 있다. 무용의 추상적이고 순간적으로 움직이는 신체와 이야기체 성향을 지닌 2차원 스크린은 서로 1세기가 넘게 만나오면서, 무용은 영화로부터 영속성과 초점을 얻은 반면 영화에 인간성과 에너지를 주었다. 그러나 작품 구성 방식에서 음악이나 움직임 시퀀스의 구성에 영화 편집과 같은 몽타주 기법이 들어오고 무대 디자인이나 조명 콘셉트에서도 2차원적 경향이 강하게 들어오고 있다. 안무자들이 영상을 작품에 포함시키고 카메라를 위해 계속 안무하는 것은 댄스 필름이 오늘날 라이브 무용 공연의 영상적인 대안이 되었기 때문이기도 하고, 안무자에게 극장 무용의 미학을 다시 생각해보게끔 자극했기 때문이다. 이런 영향은 오늘날 컨템퍼러리 댄스에서 영화적인 특성으로 나타난다.

비디오의 영향은 두 가지 방향으로 나타났다. 우선 굳이 극장을 가지 않아도 MTV 같은 음악 채널에서 춤을 흔히 볼 수 있게 된 것, 그리고 무용 구성에서 비선형적인nonlinear 편집과 쌍방향interactive 디자인을 하게 된 것이다. 영상 테크놀로지의 혜택을 받은 새로운 세대의 댄스 미디어 예술가들이 무용의 영역을 확장시키고 있다. 프랑크푸르트 발레단 감독이었던 윌리엄 포사이드는 쌍방향 무용 CD-ROM을 만들었다.

최근에는 길 가는 사람의 모습을 영상 캡처해서 빌딩 외벽에 실시간으로 쏘아 관객과 상호작용하는 거리춤 형태로까지 무용의 영역을 확장해나가고 있다. 포사이드를 비롯한 안무자들이 춤 동작 정보를 디지털화해 디지털 댄스의 영역을 개척해나가며 인터넷은 또 다른 비디오 댄스와 무용 애니메이션을 위한 공간이 되고 있다. 비단 비디오 댄스뿐 아니라 라이브 공연도 인터넷상에서 이루어지는데, 여러 도시에서 열리는 실시간 공연의 비디오 시그널을 연결하는 인터넷 조직도 있다.

최근의 무용 영상 작업에서 발견되는 현상은 춤추는 신체의 단일성이 무너지고 파편화되고 변형, 융합, 복제된다는 점이다. 재생되는 기계적 생태 속에서 무용수는 신체적 단일성이나 인간적 중심을 잃게 되었고, 더 이상 현실과 가상의 경계도 무의미해지고 있다. 필립 드쿠플레는 무대에서 춤추는 무용수를 촬영해서 여러 명의 영상을 실시간 스크린에 투사하는데, 아래위가 바뀌고 문양처럼 배치되는 무용수의 복제 이미지는 어느 것이 실제고 이미지인지 구분이 가지 않는다. 호세 몽탈보Jose Montalvo, 1946~94는 미리 촬영한 무용수 이미지와 이들을 그래픽으로 일부 변형시킨 영상을 실제 무대의 무용수들과 2차원적인 무대에 매끄럽게 디자인해 함께 추도록 배치하고 혼합한다. 디지털 영상 기술로 우리가 상상할 수 있는 어떤 이미지도 스크린 위에 창조해낼 수 있다. 영상 편집을 통한 선형적 서사의 파괴는 감각적인 신체 형태의 진화와 변형을 가능하게 했고, 나아가 기계와 신체의 접합을 시도하는 사이보그 작가도 등장했다. 다양한 미디어 컨버전스 현상은 미래의 비디오 댄스에서 인간과 테크놀로지의 혼성적인 존재가 추는 춤을 상상하게 하고, 조만간 아바타가 인터넷상에서 무용 콩쿠르에 참가하게 할 수도 있으리라는 예상을 가능케 한다.

해프닝 · 이벤트 Happening · Event

1952년 미국 노스캐롤라이나의 진보적인 대학 블랙마운틴 칼리지에서 역사적인 최초의 해프닝이 벌어졌다. 그 주역은 존 케이지와 머스 커닝엄이었다. 존 케이지는 컨템퍼러리 예술 역사에서 유명한 독창적인 공연을 기획했다. 이 작품은 제목 없이 45분간 진행되었는데, 블랙마운틴 칼리지의 여름학기에 참여한 교수진이 대거 출연해 아무 구성도 없이 정해진 시간 동안 하고 싶은 활동을 하는 것이었다. 존 케이지는 강연을 했고 머스 커닝엄은 춤을 추었으며 데이비드 튜더David Tudor, 1926~96는 피아노를 연주하고 로버트 라우션버그는 벽과 천장에 그림 슬라이드를 비추며 오래된 축음기를 틀었다. 니콜라스 세르노비치Nicholas Cernovich는 자기 영화를 보여주었고 메리 리처즈Mary Richards, 1916~99와 찰스 올슨Charles Olson, 1910~70은 자기 시를 읽었다. 이런 이벤트를 고안해낸 존 케이지는 선Zen 사상과 프랑스 초현실주의 시인이자 배우인 아토냉 아르토의 사상에서 영향을 받았다.

머스 커닝엄과 존 케이지는 1948년에 이어 두 번째로 블랙마운틴 칼리지를 방문한 것이었다. 1948년 첫 번째 미국 순회공연에서 들른 블랙마운틴 칼리지에서 이들은 여름 내내 머물러달라는 요청을 받았다. 따라서 그곳에서 존 케이지의 요청으로 윌리엄 쿠닝Willem de Kooning, 1904~97과 일레인 쿠닝Elaine de Kooning, 1918~89 부부, 엔지니어이자 사회철학자 벅민스터 풀러Buckminster Fuller, 1895~1983, 조각가 리처드 리폴드

Richard Lippold, 1915~2002와 그의 무용가 부인 루이즈 리폴트Louise Lippold, 그리고 시인 메리 리처즈가 여름학기 교수진으로 학생들을 가르쳤다. 그해 여름 이들 진보적 예술가들이 합동으로 에릭 사티의 극「The Ruse of Medusa」를 공연했는데, 이때 머스 커닝엄은 기계 원숭이로 등장했고 로이 풀러와 쿠닝 부부도 출연했다. 이 작품이 바로 1952년의 진보적인 실험의 선례인 셈이다.

해프닝이란 20세기 중반 전위예술가들의 공연 방식으로, 반쯤은 계획되고 반쯤은 자발적인 즉흥 상황에서 상황을 관찰하거나 지각 가능한 요소를 제시하며 벌이는 예술놀이다. 1952년 존 케이지와 머스 커닝엄의 블랙마운틴 해프닝은 「극장 작품 제1번」Theater Piece #1으로 불리게 되었는데, 이는 춤, 시, 영화, 슬라이드 그리고 즉흥적인 행위의 혼합이었고 그것은 1960년대의 멀티미디어 작품과 해프닝의 선구가 되어 이후 20년 동안 모든 전위예술의 모델이 되었다. 20세기 중반의 전위예술은 해프닝, 이벤트, 퍼포먼스 등으로 불리는 행위예술인데 준비 단계에서 미완성의 계획으로 즉흥과 우발성의 여지를 남겨두어 관객의 적극적인 참여를 유도해 이들을 공연의 일부로 만든다. 그 결과 작품과 관객의 경계를 허물어뜨린다는 것, 그리고 극장이 아닌 생활 속 장소에서 사건이 일어나는 비선형적 이야기로 복합매체적이라는 것을 가장 큰 특징으로 하는 예술가들의 계획된 활동이다.

근본적으로 행위예술인 해프닝은 생활과 예술이 일체가 되는 것이 특징이고, 미리 정해진 줄거리나 대본 없이 음악, 미술, 육체적 표현 등 기법이 다양하며, 방관자인 관객까지도 창작 과정에 참여시키는 의도가 포함된다. 이들 해프닝이나 이벤트는 각기 모습이 매우 다르기 때문에 일반화하긴 힘들다. 하지만 플롯이나 철학을 가지지 않고 모호한

가이드라인 아래 즉흥적인 방식으로 구체화한다는 점, 그리고 사건이 일어나는 동안은 새롭지만 재연될 수 없다는 점이 주요 공통점이라 하겠다.

해프닝은 1950~60년대 초 뉴욕에서 빈번하게 일어났다. 1960년대 초에 삶과 예술의 조화를 모토로 내걸고 플럭서스Fluxus 전위예술운동을 일으킨 예술가들은 작업을 '이벤트'라 불렀고, 레드 그룸스Red Grooms, 1937~, 클래스 올덴버그Claes Oldenburg, 1929~, 짐 다인Jim Dine, 1935~, 로버트 휘트먼Robert Whitman, 1935~ 등은 사람의 행위와 소리, 빛, 시간의 요소를 포함시키는 아상블라주assemblage 이상의 작업을 '해프닝'이라고 불렀다.

이런 작업에서 무용수는 상호 관련 없는 이벤트들의 연속인 큰 그림의 일부였기 때문에, 1960년대의 팝 아트, 폐물 아상블라주, 미니멀리즘의 예술 세계를 장악했던 스타일과 기술이 새로운 춤에 들어오는 것은 당연했다. 따라서 행위예술 무용수는 일상의 몸에 예술의 테두리를 쳐 전시하는 오브제와 다름없었고, 1960년대 후기 현대파 무용단 저드슨 댄스 시어터에서 안무를 한 미술가 로버트 모리스는 갤러리에서 상자에 넣어 전시하는 몸으로 표현했다. 저드슨 그룹의 활동을 의식한 머스 커닝엄은 1963년 공연된 「필드 댄스」Field Dances와 「이야기」Story에서 비확정성을 더욱 강화시켰다. 「이야기」에서는 동작 순서를 공연 시작 전 옆막에 붙여놓고 그것을 무대 어느 위치에서 얼마나 많이 반복할지, 그리고 어느 정도의 빠르기로 할지 등을 무용수가 결정하게 했다. 「필드 댄스」에서 머스 커닝엄은 무용수의 즉흥을 허용했다. 무용수는 어느 동작 프레이즈를 공연할지 결정했고 세트와 의상 디자인을 맡은 로버트 라우션버그는 공연 직전 극장에서 발견되는 소재로 '발견된'

1972년 산마르코 광장에서 펼쳐진 머스 커닝엄 무용단의 이벤트.
커닝엄은 야외에서 공연할 기회가 생기면 짜깁기와 우연성을 이용했다.

의상과 장치를 만들었다.

머스 커닝엄도 작품을 1964년부터 '이벤트'라 부르기 시작했다. 1964년부터 거의 10여 년 이상 지속된 그의 유명한 이벤트 시리즈는 기존의 여러 레퍼토리를 부분적으로 발췌, 조합해 휴식시간 없이 길게 이어서 공연하는 형식이다. 1964년 머스 커닝엄은 전체 무용단을 데리고 처음 세계 순회공연을 하는데, 6개월에 걸쳐 유럽과 아시아 14개국 30개 도시에서 공연하는 전환점을 이루는 시기였다. 그러나 비엔나와 스톡홀름에서는 극장이 아닌 박물관에서 공연하게 된 관계로 기존 레퍼토리를 할 수 없었다. 따라서 새로운 공간을 위해 다른 공연 방식으로 생각해낸 것이 '이벤트'다.

「박물관 이벤트」Museum Event 1번, 2번, 3번은 이전 작품의 일부분 혹은 작품 전체를 새롭게 이어서 동시적으로 혹은 중복해 공연하는 것이었다. 이 공연들은 휴식 시간 없이 80분 동안 이어졌는데 반주 역시 존 케이지의 여러 음악을 반복 연주하는 방식이었다. 머스 커닝엄은 결과에 매우 흡족해 극장이 아닌 공산, 즉 농구장이나 체육관, 베니스의 산 마르코 광장 같은 곳에서 공연할 기회가 생기면 이런 이벤트 류의 공연을 계속했다. 기존 작품의 부분들을 짜깁기해 결합시키는 수법은 완결과 전체성을 회피하기 위한 의지로 보이며, 우연성의 안무를 지향해 안무가의 영향력을 최소화하려는 목적에도 부응하는 전략이다. 머스 커닝엄은 이런 방식으로 관객이 작품에서 무엇을 보고 들을 것인지를 의도적으로 강조하지 않으려는 것이다.

해프닝을 하는 전위예술가들의 작업은 새로운 미디어 테크놀로지를 예술에 결합시키는 데 기여했다. 머스 커닝엄 역시 1960년대부터 TV와 비디오라는 미디어와 춤을 결합해 '비디오 이벤트'Video Event를 만들었으며, 1970년대엔 영상과 공동 작업을, 1990년대에는 미디어 예술가들과 함께 컴퓨터 테크놀로지 작업을 하며 컴퓨터 안무를 하기도 했다. 1960년대 말부터 1970년대에 걸쳐 일어난 댄스 해프닝의 또 다른 예는 안나 할프린과 그녀의 무용단 'Dancer's Workshop'이다. 전형적인 해프닝의 요소를 보이는 그녀의 작품은 평상복을 입은 무용수들이 무대에 올라 관객을 쳐다본 다음 옷을 벗었다가 입었다가 다시 벗기를 반복한다. 결국 모두 나체가 된 채 서로 껴안고 히스테릭하게 웃고 소리치고 바닥에 깔린 갈색 포장지로 몸을 감싸며 기어다니기도 하고 위험하게 점프하는 극장 공연이다. 그런가 하면, 어느 여름날 샌프란시스코의 해변에서 건축가와 무용수 들이 '동적인 환경'kinetic environments의 가능성을 탐색하기 위해 원하는 구조의 건물을 함께 지었다. 그 다음 이들 예술가들이 그 집에서 먹고 얘기하고 잠을 자며 다음 날까지 그곳을 떠나지 않았다. 또한 7월 어느 날 정오에 샌프란시스코 유니온 광장에 젊은이 40명이 모여 자유롭게 낮잠을 자거나 점심을 먹고 얘기를 나누다가, 3시 종이 울리자 모두 광장 중심에 모여 풍선을 불어 하늘로 날리거나 어린이들에게 나눠주기도 했다.

 이들 해프닝에서 시작되어 오늘날의 복합매체 예술까지 이어지는 전위예술의 유산은 바로 행위하는 인간의 몸이 지각의 대상이며, 인지 방식에 대한 새로운 시각을 제공하는 것이 예술작품에서 간과할 수 없는 중심이라는 점이다.

현대무용 테크닉 Modern Dance Technique

 20세기 초 등장한 현대무용은 안무자의 감정적 경험과 직관과 같은 아이디어를 전달하는 자연스럽고 표현적인 움직임을 이상으로 삼았기 때문에 발레 테크닉을 전면적으로 거부했다. 자유정신으로 가득 찬 자발적인 즉흥처럼 보이는 공연 스타일을 지녔던 현대무용의 선구자 이사도라 덩컨은 움직임을 체계화하려 하지 않았다. 그녀의 뒤를 이은 현대무용가들은 각자 스타일만큼이나 다양한 움직임 어휘와 기술을 개발했다. 하지만 어느 현대무용 테크닉도 발레 테크닉처럼 중심적인 시스템과 공통 레퍼토리 같은 단일화를 이루진 못했다. 이러한 점이 현대무용의 약점이라 여기는 이들도 있다. 하지만 다행히 현대무용이 발레와 같이 획일적인 테크닉 체제를 지니지 못했기 때문에, 현대무용가들이 움직이는 신체 위에 현재의 영향에 민감하게 반응하고 삶을 디자인하고 다가오는 미래를 담는 안무를 할 수 있었던 것이다.

 발레 테크닉은 주로 무용수에서 은퇴한 교사들이 주로 가르쳤던 데 비해 현대무용가들은 자기 작품의 무용수이자 안무자로서 활동의 정점에서 기술을 개발하고 동시에 이를 무용수 제자들에게 교육했다. 따라서 이들은 단지 스텝을 가르친 것이 아니라 기술을 가르치면서 동시에 무용 이념과 안무 사상을 함께 전수했다. '모던 댄스'란 용어가 일반적으로 쓰이게 된 1930년대에 뉴욕에는 무용 학교들이 많이 생겨났는데, 그 가운데 1934년에 설립된 베닝턴 여름 무용 학교Bennington

School of Dance가 현대무용 테크닉을 보급하는 데 크게 기여했다. 당시 스타 현대무용가이자 안무자인 마사 그레이엄, 도리스 험프리, 찰스 와이드먼, 하냐 홈이 여름 동안 이 학교에서 현대무용 테크닉을 가르쳤다. 이들은 각자 개성만큼이나 스타일이 달랐지만 공통 신념을 가지고 있었다. 예쁘거나 지나치게 매력을 뽐내거나 기량을 과시하는 테크닉을 피하는 것이다. 하냐 홈을 제외한 데니숀 무용단 출신 세 명은 움직임을 철저하게 발가벗기는 데 특히 관심을 두었다. 이들은 결과가 추할지라도 강렬한 감정이 신체에 가하는 충격을 발견하고자 했다.

현대무용은 발레처럼 끊임없이 균형을 이루고 언제나 척추를 곧추세워야 한다는 생각에서 벗어났다. 신체 중심을 동작의 추진력으로 삼아 몸통이 시작한 움직임을 사지가 따라오는 형식을 취한 것이다. 또한 테크닉 수업은 간혹 예외가 있긴 하지만 대체적으로 플로어 엑서사이즈 다음 제자리에 서서 하는 엑서사이즈에 이어 홀을 가로지르는 연결 동작으로 구성되었다. 초기 현대무용가 중 마사 그레이엄과 도리스 험프리는 상대적으로 모든 움직임의 기초 원리에 입각해 테크닉을 구축했다. 마사 그레이엄은 몸통을 호흡상자로 생각해 호흡의 리듬에 기초한 '수축과 이완'contraction and release 원리를 만들었다. 그 결과 척추가 둥글게 휘고 골반이 꺾이고 머리와 손도 구부러지는 디자인을 만들어냈다. 마사 그레이엄 테크닉은 자기의 자그마한 몸을 위해 만든 극도로 개인적인 어휘였다. 그러나 무용 학교에서 체계적으로 기술을 전수해 전 세계에 보급했으며, 1991년 세상을 떠날 즈음 이 기술은 마사 그레이엄이 직접 가르치던 1930년대보다는 덜 거칠고 덜 빈약하고 덜 충격적인 모습을 지니게 되었다.

마사 그레이엄보다 서정적이었던 도리스 험프리는 안정과 평화를 원하는 욕구와 동시에 위험과 전진을 원하는 인간의 이중적 욕구에 기초해 '낙하와 회복'fall and recovery 원리 위에서 기술을 발전시켰다. 모든 움직임의 드라마는 완벽한 평정equilibrium과 완전한 무너짐total collapse이라는 극단적인 '동작의 죽음' 사이에서 일어난다고 생각해, 다양한 신체 부위의 낙하와 회복 방법을 고안했다. 험프리 테크닉에서 호흡은 그레이엄 테크닉에서 만큼 중요했지만, 마사 그레이엄이 숨이 들어오고 나갈 때의 동작을 강조하는 것과 달리 도리스 험프리는 몸의 상승과 낙하에 집중했다. 도리스 험프리는 고관절염으로 1944년 공연 활동을 접고 제자인 호세 리몽José Limón, 1908~72 무용단의 예술 감독으로 안무 활동을 계속했다. 하지만 마사 그레이엄처럼 테크닉을 체계화하지는 않았다. 그러나 험프리 테크닉은 1920~30년대의 혁신 사상을 반영하는 실용적인 움직임 어휘를 만들어냈고, 이로부터 후대의 현대무용이 발전하는 기초를 쌓았다.

그밖에 마리 비그만의 제자로 뉴욕에 스튜디오를 열어 비그만 테크닉을 보급한 하냐 홈과, 마사 그레이엄의 제자와 파트너로 활동했지만 매우 다른 테크닉을 지닌 에릭 호킨스, 그리고 머스 커닝엄, 서부에서 활동한 흑인 안무가 레스터 호튼Lester Horton, 1906~53이 현대무용 테크닉 시스템을 연구했다. 이들의 테크닉 기초와 초점과 스타일은 매우 다양하다. 1950년대 이후부터 현대무용 테크닉이 스승에서 제자로 이어지는 패턴이 사라지고 발레를 비롯한 다양한 기술을 필요에 따라 습득하는 경향이 나타났다. 그 배경에는 우연성 안무와 콜라주, 해프닝, 이벤트 등을 하는 후기 현대파의 등장도 한 영향으로 자리한다. 이 새로운 세대들은 자기의 미학과 교수법의 이상에 합당한 기술을 발견하기 위해 기존 테크닉의 부분을 발췌하거나 더하거나 재해석해 사용했다.

최근에 활동하는 유명한 안무가 중에는 이들 초기 현대무용가 선배들과 달리 테크닉 시스템을 만들지 않고 아예 테크닉을 전혀 가르치지 않는 이도 있다. 이들은 순회공연 중에 마스터 클래스나 단기 워크숍을 여는 정도에 그친다. 이미 '이런 춤은 한 번도 본 적 없을 거예요'라는 포스터를 내걸고 춤 훈련을 받지 않은 무용수로 공연을 하는 엘리자베스 스트렙Elizabeth Streb이 등장하고도 한참 지난 일이니 그리 이상한 일도 아니다. 트와일라 타프가 무용단을 가지고 있을 때1988년 해산는 무용수들이 수업 시간에 발레 테크닉을 배운 뒤 플로어 엑서사이즈에서 그녀의 작품에 나오는 동작 프레이즈들을 배웠다. 반면 그레이엄 테크닉은 저작권을 등록해, 공식 그레이엄 테크닉 교사는 그레이엄 뉴욕 스튜디오로부터 승인을 받아야 한다. 그런가 하면 1983년에 무용학교를 만든 폴 테일러는 미국의 대표적인 안무자이며, 20년 이상 무용단 감독을 하면서도 한 번도 자기의 테크닉을 '테일러 테크닉'이라고 주장한 적이 없다.

후기 현대파 운동의 설립자 가운데 한 명인 트리샤 브라운도 1995년 무용 학교를 열었다. 마사 그레이엄과 같은 훈련 시스템이 무용수의 개성을 앗아간다고 주저하던 트리샤 브라운도 복잡하고 묘기에 가까울 만큼 복잡해진 동작을 긴장하지 않고 소화할 수 있는 무용수를 가르칠 필요가 생긴 것이다. 트리샤 브라운은 현대무용가로 분류되지만 아직은 아무도 '브라운 테크닉'이라고 주장하지 않는다. 오늘날 컨템퍼러리 무용가들은 요가, 발레, 무술, 접촉즉흥이나 몸을 일깨우는 데 필요한 많은 엑서사이즈들을 접한다. 원래 현대무용 테크닉은 단지 무용수의 신체만 훈련시키는 것이 아니라 선생의 미학을 나누는 역할이 컸다. 그러나 오늘날의 후예들은 선배들만큼 테크닉에 열정적이지 않다. 최근 테크닉 클래스는 특정 무용 개념을 주입하기보다는 강하고 유연하고 바르게 정렬된 신체를 만드는 데 관심을 둘 뿐이다. 20세기 말에 이르러 무용수와 안무자 들이 발레와 현대무용을 모두 익히고 작업하는 경향이 눈에 띄게 두드러지면서 두 테크닉 간의 장벽이 약화되었다.

생각 THOUGHT

가상의 힘 Virtual Power

 미국의 철학자 수잔 랑거 Susanne Langer, 1895~1985는 '우리가 춤에서 보는 것은 가상의 힘'이라고 했다. 랑거는 남성철학자들이 주도해온 서양 철학사에서 가장 주목받고 영향력을 크게 발휘한 최초의 여성철학자였다. 그뿐만 아니라 자기의 예술 이론을 설명하는 모델로 '무용'을 선정해 그 예술적 메커니즘과 철학적 기초 개념을 처음으로 제공한 철학자였다. 수잔 랑거는 예술을 '감정의 상징적 표현 형식'이라고 주장함으로써 20세기 중반까지 유행했던 표현주의 예술 이론의 계통을 이었다. 독일 철학자 에른스트 카시러 Ernst Cassirer, 1874~1945의 상징주의 이론에서 영향을 받아 예술을 '표상적 상징 활동'presentational symbolic activity으로 설명해 상징론자로 불리기도 한다. 후기 현대파 이론의 등장과 함께 수잔 랑거의 이론은 잊혔지만 수잔 랑거는 20세기 중반 미국 철학에서 매우 중요한 인물이었다.

 수잔 랑거는 저서 『Feeling and Form』1953에서 전통 예술론의 주요 모델이었던 시나 음악이 아니라 무용을 예술로서 진지하게 다루었다. 무용의 예술적 구조와 특성을 자세하게 설명한 수잔 랑거의 무용 이론은 대학에 무용과가 생긴 이후 무용계가 지녔던 염원, 즉 '무용의 학문적 성립'을 위한 철학적 기초를 제공해주었다. 수잔 랑거는 무용의 표현 특성과 상징 형성 과정을 자세하게 설명하면서, 모든 무용 이론이 공통적으로 지지하는 무용 요소인 '제스처'gesture가 무용 환영dance illusion이 만들어지는 기초 추상이자 일차적인 환영primary illusion이라고 했다. 수잔 랭거는 무용 동작 제스처의 특성이 환영적이며, 그런 제스처가 표현하는 힘도 마찬가지라고 주장했다. 즉 무용에서 우리가 보는 '힘'은 무용수가 신체적으로 분출해낸 힘이 아니라 창조된 것으로, 그것은 유사한 제스처들의 외형과 인상에 의해 창조된 것이다. 그러므로 무용 상징을 위한 기초적 환영이 만들어지는 세계는 가상의 힘의 영역이고 그 힘을 보여주는 제스처 역시 가상의 것이라는 의미다.

무용 제스처가 가상인 이유는 제스처가 표현하는 바가 실제 감정이 아닌 '상상된 감정'이기 때문이다. 무용수의 제스처는 사실적이지만 그것을 감정적인 제스처로 만드는 것은 환영이다. 무용수는 실제로는 슬프지 않지만 슬픈 제스처를 꾸며서 보여주기 때문에, 가상의 감정 표현 혹은 가상의 자기표현을 하는 것이다. 그러므로 무용수가 생각하는 감정에 관한 개념이 무용수의 신체로 하여금 특정 감정을 상징하도록 배열하는 것이다. 따라서 우리가 보는 무용 무대는 가시화된 힘의 유희들, 즉 가상의 제스처들이 가상의 힘의 왕국을 구성하고 창조한 것이다.

이사도라 덩컨, 루돌프 라반, 쿠르트 작스Curt Sachs, 1881~1959, 마거릿 두블러, 존 마틴 등 감정적인 예술 이론의 유행 아래 직접적인 감정 표현으로 무용을 설명해왔던 무용가와 무용학자 들의 관점에서는 감정의 '개념'을 가상적으로 표현한다는 수잔 랭거의 입장을 받아들이기 힘들었을 것이다. 그러나 예술이 인간의 상징적인 행위라는 그녀의 지적은 오늘날 인류에게 지속적으로 영향을 미치는 기본적인 인식이며, "모든 감각정보는 일차적으로 상징적이다"라는 생각 역시 감각적인 정보로 넘쳐나는 오늘날 몸의 시대를 예견한 것이다. 가상성 혹은 가상

실재에 대한 그녀의 생각이 장 보드리야르Jean Baudrillard, 1929~2007의 '시뮬라시옹'simulation: 가장 개념에서 계승한 것으로 보이므로 그녀의 이론은 오늘날 진지하게 재평가할 필요가 있다.

당스 데콜 ^{Danse d'ecole}

당스 데콜이란 글자 그대로 '무용학파'dance of the school를 뜻하는데, 여기서 지칭하는 '스쿨'이 아카데미를 지칭하기에 내용적으로는 아카데미파라 할 수 있다. 따라서 당스 데콜은 17세기 중반 프랑스 무용 아카데미에서 발전되고 확립된 발레 테크닉과 전통적 스타일에 기초한 발레 댄싱연습법에 적용된다. 프랑스 무용 아카데미 설립은 발레 기법의 체계화와 고도의 기술 개발로 이어졌으며 동작의 형태 역시 수평적이기보다 수직적으로 변해갔다. 1680년, 루이 14세의 무용 교사 피에르 보샹은 왕립 무용 아카데미의 교장이 되자 루브르 궁에 있던 아카데미를 집으로 옮겼다. 그곳에서 발레를 가르치면서 피에르 보샹은 프랑스 궁정 발레의 피겨 댄스figured dance를 강력한 기교를 중시하는 아카데미파, 즉 당스 데콜로 발전시켰다. 그는 발레에서 다리를 턴 아웃시키는 원칙과 그 위에 발의 기본자세 5가지, 팔의 자세 12가지 등 중요한 원리를 확립해 발레 기교와 교육의 기초를 만들고 발전시켰다. 그리고 이는 기교를 중시하는 아카데미파 당스 데콜의 시초가 되었다. 피에르 보샹의 발레 교습 방향은 기교적인 완성을 추구하고, 고전적인 이상과 균형, 조화를 지향하는 명료함이었다. 이는 시대를 풍미한 수학적 신념을 무용 교습에 반영한 결과라 볼 수 있다.

그리하여 1700년대 초반, 오늘날까지 계승되는 발레 교습의 기초와 용어들이 확립되었다. 프랑스가 발레 테크닉을 체계화하고 교육하면서 발레 용어도 프랑스어가 공식 언어가 되었다. 루이 14세가 죽기 2년 전인 1713년에 파리 오페라에 무용 학교가 설립되자, 그곳에서 피에르 보샹의 발레 댄싱 원칙이 뿌리내리면서 오늘날 발레 댄싱과 동의어라 할 수 있는 '당스 데콜'이란 용어가 정착되었다. 17세기 말경 피에르 보샹이 확립한 발레 댄싱의 기초와 원칙들은 피에르 라모$^{Pierre\ Rameau,}$ $_{1674~1748}$의 『The Dancing Master』^{1725}라는 책에 공식적으로 기록되어 전해온다. 한때 스페인 여왕의 무용 교사를 지내기도 했던 피에르 라모는 이 책에서 피에르 보샹을 '발레의 발전과 당스 데콜의 확립에 기여한 최고의 댄싱 마스터'로 평가했다. 그러나 피에르 보샹이 확립한 발레 테크닉의 기초 중 5가지 발의 자세는 이미 1588년 토니오 아르보^{Thoinot} $_{Arbeau,\ 1519~95}$의 『오케소그라피』^{Orchésographie}라는 책에 유사한 스케치가 존재한다. '그리스의 기교적인 춤'을 지칭하는 'orchesis'와 '글을 쓰다'라는 의미의 'graphie'를 결합시킨 이 책의 제목은 마치 아리스토텔레스가 시창작의 원리를 이야기한 『시학』이나, 혹은 루키아노스가 팬터마임과 춤에 대해 얘기한 글의 구조를 본떠 상상의 사제간 대화체로 무용 제작과 공연에 대해 논의하는 무용 창작 교본이다.

발레 댄싱의 기본과 원칙이 확립되고 점차 오페라 발레가 유행하는 18세기 전반에 이르러, 당시 사교춤이었던 볼룸댄스와 극장춤인 발레는 기교적으로나 스타일상 완전히 구분된다. 그리고 스타일에 있어 프랑스학파가 단정하고 예의바른 몸가짐과 우아한 움직임을 강조했다면, 이탈리아학파는 곡예와 같은 묘기와 눈을 사로잡는 탁월한 기량을 특징으로 한다. 이탈리아 무용 훈련법은 곡예적인 강조가 현저한 특성으로 오늘날까지 계승되고 있다. 17~19세기 말까지 이탈리아적인 취향이나 이탈리아에서 훈련받은 춤 스타일이 프랑스의 형식에 치우친

스타일보다 훨씬 재기발랄하고 화려한 것으로 생각되었다. 이때부터 이탈리아에서 교육받은 무용수들은 뛰어난 기교를 지닌 것으로 인정받으며 유럽 무대를 장악했다.

그러나 아카데미에서 피에르 보샹이 확립한 클래식 발레의 기초 '당스 데콜'도 17세기 말 궁정 발레 형태가 끝나고 18세기 전반에 프랑스에서 오페라 발레가 유행하자 그와 함께 내용이 변화했다. 오페라 발레의 구조는 프롤로그와 3~5개 정도의 막, 에필로그로 구성되었는데, 각 무대는 일관성 있는 이야기가 없어 독립적이었고 프롤로그와 배경 장소가 같은 에필로그로 끝난다. 극적인 내용 없이 노래하고 춤추는 스펙터클인 오페라 발레는 발레 무대를 무용수나 음악가가 재주를 과시하는 경연장으로 만들었다. 내용이 사라지자 무용수들은 장식적이고 추상적인 움직임에 몰두했고 기교 과시에 머물게 되었다. 그리하여 내용 전달보다는 기교적 우수성만을 무용의 목표로 삼고 장식적 예술로 보는 기교적 전통, 즉 아카데미파가 확립되었다.

동양무용 Oriental Dance

동양무용의 스타일과 예술사상은 크게 두 가지로 나누는데, 하나는 우리나라가 포함된 동북아시아의 춤이고, 다른 하나는 중동, 중앙아시아, 동남아에까지 퍼져 있는 이슬람 문화권 춤이다. 아시아 춤의 예술적 기준은 주로 사원과 궁중의식에서 다듬어진 전통 춤에서 형성되었다. 아시아에서 춤은 음악과 분리될 수 없는 통합 구조를 지니며, 공통 리듬 위에 노래와 마임과 제스처, 가면극 등이 통합된 구조다. 무용수는 소리와 움직임의 상호작용을 이루는 기반이 되고, 이 통합된 소리와 움직임이 분위기를 조성하고 보는 이의 감각에 호소해 춤이 일어나는 공간이 단지 무용수를 둘러싼 영역에 그치지 않도록 초월적인 성격을 강화한다. 따라서 다양한 감각에 작용하는 영향력과 포용력에서 아시아 춤의 깊이가 우러나온다.

아시아 춤의 예술 규칙과 기능은 스승에서 제자로 그리고 부모에서 자식으로 여러 세대에 걸쳐 예술적 성과와 표준이 이어지는데, 이는 동양철학의 중심 개념인 영원한 존재의 리듬을 받아들이는 태도다. 춤을 가르치는 데 있어 스승은 계승해야 할 예술적 신탁의 보호자로 존경받고, 춤동작도 누구의 동작인지보다는 전통적으로 내려온 방식대로 하는 것이 표준이다. 아시아 예술의 사상적 근원은 인도를 기반으로 한 힌두교와 불교, 그리고 중국의 유교와 도교를 들 수 있다. 두 축을 이루는 이들 사상의 중심에는 인간과 자연은 분리될 수 없는 하나이며, 이런 완전한 전체 속에서 자기의 의미를 찾아가야 한다는 생각이 있다. 예술적 이상도 이 전제에서 벗어나지 않는다.

인도의 초기 힌두교 철학자들은 만물의 근원에 초월적인 우주 원리 브라만Brahman이 있다고 했고, 이 브라만을 지각하는 것은 정신적 승화를 통해 자기실현을 성취하는 것이라 했다. 이런 생각은 '내가 사는 것이 아니라 내 안의 브라만이 이 세상을 산다'는 불교적인 가르침으로 중앙아시아에서 동남아 그리고 중국, 한국, 일본까지 퍼졌다. 예술적인 승화를 정신적 성취와 인접하는 것으로 받아들이고, 세계 인식을 이룬 예술가는 예술을 통해 세계의 내적 실체를 표현할 수 있는 힘을 지닌다고 보았다. 그리하여 끊임없이 예술적 극치를 경험하면 자기 이해의 길이 열린다는 생각에 인도 종교에서는 춤이 수련의 중심 방식이 된 것이다.

2~8세기 사이에 기록된 바라타Bharata Muni의 『나탸샤스트라』Natya Shastra는 인도의 춤과 음악의 경전으로, 동양예술을 이해하는 데 아리스토텔레스의 『시학』에 비견될 만큼 중요한 책이다. 이 책의 핵심은 아시아 예술의 주요원칙인 '라사'rasa에 있다. 공연자와 관객 사이에 극적인 경험이 완성되려면 이들 간에 무용수의 상징적 동작에 의한 제시가 분위기를 불러일으키고 이에 대한 관객의 감정적인 반응과 같은 느낌의 교류를 통해 예술적 인식에 다다르는 상호작용이 일어나야 하는데, 라사는 이 반응이 일어나는 과정을 분석한다. 라사란 결국 예술적 창조란 그 예술 경험이 교양 있는 관객의 마음에 인식될 수 있을 때 비로소 완성되는 것임을 의미한다. 이 개념은 아시아 예술의 원칙을 설명할 때 그리스의 '정화'Katharsis 개념만큼 중요하다.

기원전 6세기부터 등장한 중국의 도교는 인간이 자연과 공통의 기원을 지닌다는 인도 사상을 받아들여, 인간과 자연을 상호관계로 지배하는 통일성의 상태로 보았다. 도道의 보편적 질서는 만물이 생겨나는 우주적 힘인 '양陽'과 '음陰'의 개념으로 나타난다. 양과 음은 비록 반대 성격을 지니지만 우주의 기능에서는 없어서는 안 되는 동등한 힘이다. 도교에서는 깨달음에 이르기 위해 태극권과 같은 여러 신체 수양 방법이 개발되었는데, 이는 동북아시아의 춤 스타일에 근원적인 영향을 미쳤다. 도교 사상은 '모든 사물의 내적 본성인 도는 외형적 과정으로부터 전적으로 독립되어 있다'고 주장한다. 그러므로 자발적이고 즉각적인 인식을 통해 도에 도달한다고 했으며, 따라서 직관적인 지식과 침묵이 깨달음에 이르는 두 가지 방법으로 제안되었고 명상 호흡 훈련이 개발되었다.

기원전 6~5세기경 등장하는 유교는 이를 삶의 근원적인 진리로 받아들여 인간과 자연 그리고 인간과 사회의 관계를 조화로운 혈족 관계로 보았다. 유교적 세계관은 가족을 중심으로 모든 인간관계가 외적으로 퍼져나가는 구조다. 유교는 의식과 예법을 중시했고, 춤과 음악은 격식 있는 사람이 갖춰야 할 필수 소양이자 안정된 정신 수양을 위해서도 필요한 것으로 생각했다. 춤과 음악 훈련은 의지를 깨끗이 하고 행동의 완성을 가져온다는 현자의 가르침에 따라 무용은 유교 교육의 근본요소로 생각되었고, 『예기』禮記에서는 명망 있는 집안의 소년들에게 열세 살부터 무용을 가르쳐야 한다고 했다. 유교의식의 춤은 품위 있는 움직임과 위엄 있는 자태가 특징이다. 정교한 대형을 이루어서 소품을 들고 추는데 시민적인 문무文舞와 군사적인 무무武舞로 나뉜다.

기원전 1세기 인도의 불교가 중국에 소개되면서 도교의 급작스런 깨달음 이론과 접합해 새로운 불교사상인 선 종파를 낳았다. 선불교 사원에서는 호흡 조절과 동작 절제 그리고 정지에 기초한 신체 단련법을 폭넓게 수련했다. 여기서 소림사의 전설이 시작되었다. 태극권이라 알려진 방법도 이런 체조 방식에서 비롯된 것이다. '태극권'이란 이름은 음양 에너지 간의 연속적인 실재라는 도교 논리 '태극'에서 유래하고 이에 따라 신체와 공간이 원활한 관계를 이루는 것이다. 이 원리가 바로 한국춤의 특성인 '정중동'靜中動을 낳게 한 근원이다. 정지 순간과 동적인 순간은 극단적인 음과 양의 순간인데, 한국춤은 매우 유장해서 이를 분화되기 이전의 연속체로 확인하는 것이다. 이는 비단 한국춤뿐만 아니라 아시아 무용의 일차적인 특성이다.

아시아 무용은 실질적으로 '라사'와 '도'를 추구하는 역사에서 알 수 있듯이 춤추는 이의 세계관의 표현으로, 그리고 정신적 열망의 자극제로 간주되었다. 한국무용의 기품 있고 절제된 자세는 예의를 중시하는 유교 전통에서 근원을 찾을 수 있고, 한국춤의 특성을 설명하는 '신명'이나 '흥' 개념도 춤꾼과 관객이 하나 되는 메커니즘에서 모두 '라사'와 '도'에 이어진다.

7세기 이슬람 문화가 형성될 때, 이슬람 무용도 그 문화적 토대 위에서 형성되었다. 강력한 단일신 사상 아래 이슬람 문화는 '통일성'에 기초한다. 이슬람에서 '신'Allah은 자연을 넘어 초월적 존재이기에 이슬람의 미학은 자연의 모습을 완전히 가리는 일이 된다. 따라서 이슬람 예술은 형태 재현을 거부하는 추상성을 지닌다. 춤에서는 이야기나 정조의 표현, 스텝 조합이나 대형, 움직임이나 제스처의 조화 없이 계획에 따른 안무를 거부해 추상적이다. 그러므로 춤에서 인물을 재현한다거나 드라마를 연출하는 것이 아니므로 의상 역시 일상복의 관습을 따른다.

이슬람 예술은 영원히 지속될 것 같은 복잡한 디자인을 창조해 감상자의 마음을 신에게 이끌어간다. 다양한 이슬람 춤에서 끝없이 이어지는 즉흥적인 움직임에서 무한한 패턴과 함께 이런 경향을 발견할 수 있다. 춤의 구조에서 어느 한 순간의 절정도 끝도 없으며 예정된 스텝 순서나 공연의 단위도 없다. 이런 춤은 공연자의 영감과 관객 반응에 따라 몇 분에 그칠 수도 있고 몇 시간씩 이어질 수도 있다. 이들의 춤은 다른 이슬람 예술처럼 단위적 구조를 지닌다. 춤은 어느 정도 구분되는 단위 춤들의 연속으로 이어지는데, 그 경계는 공연자 교체나 움직임, 템포, 리듬의 변화로 알 수 있다. 하지만 이어지는 춤은 앞선 춤의 단위에서 발전적인 것이 아니라 첨가되며, 그 자체로 독립적이라서 성공적인 공연을 위해 꼭 따라야 할 연결 순서가 있는 것은 아니다. 그러므로 마지막 그랑 피날레로 무대 중앙에서 춤이 끝나는 일은 없다. 페르시아 카펫의 복잡한 문양이 반쯤 잘렸다고 해서 그 문양이 끝나지 않는 것처럼 무용수들은 무대를 떠나서도 계속 춤춘다.

  이슬람 춤동작은 이슬람 회화가 복잡하게 무한반복하듯이, 작고 복잡하게 얽힌 작은 동작들을 강조한다. 이들은 비교적 제한된 공간에서 몸을 떨거나 흔들거나 회전하며, 다리를 벌리거나 멀리 뛰는 움직임은 없다. 무릎을 꿇거나 앉아서 추는 춤도 있다. 이런 춤은 반주자와 움직임 사이의 복잡한 상호작용을 주의 깊게 따라가야 알 수 있다. 이슬람 춤 중에서 가장 잘 알려진 것은 수피교도들Sufis의 제자리에서 빙빙 도는 춤이다. 터키와 아라비아, 이란과 아프가니스탄, 파키스탄, 방글라데시, 구소련 남부의 중앙아시아권 그리고 말레이시아, 인도네시아, 필리핀 등 동남아시아에 걸친 10억 이슬람 사람들의 춤은, 지역적으로 조금씩 선호하는 특성이 있다 하더라도 앞에서 언급한 추상적인 경향과 무한한 패턴과 조각 구조 그리고 작고 복잡한 움직임의 특징에서 벗어나는 법은 없다. 이는 이슬람 사람들의 춤에 내재한 예술적 통일성을 증명하고 이들의 응집력을 보여주는 것이다.

뮤즈^{Muse}

'춤의 기쁨'을 뜻하는 테르프시코레는 그리스 신화에 나오는 아홉 뮤즈 중 춤의 여신이다. 뮤즈는 그리스 신화에서 예술을 관장하고 영감을 불어넣는 여신으로서 그리스 시대에 숫자가 아홉으로 고정되었다. 뮤즈들은 물의 요정이었고 트라키아 지방의 피에리아에서 태어나 헬리콘 산에서 아폴로와 함께 살았다고 하여 헬리콘 산이나 피에리아의 샘이 영감의 원천으로 생각된다. 헤시오도스의 『신들의 계보』 Theogony, BC 7세기에 따르면 이들 아홉 명의 뮤즈는 신의 왕인 제우스와 기억의 여신인 므네모시네의 딸이다. 므네모시네는 피에리아에서 제우스와 아홉 밤을 함께 지낸 뒤 아홉 명의 뮤즈를 낳았다고 한다.

그리스 시대에는 아홉 명의 뮤즈가 표현예술 영역을 두루 관장했지만 특정 뮤즈를 특정 예술 형식과 관련지은 것은 나중이다. 이들 뮤즈가 세분된 시 예술의 영역을 관장하게 된 것은 헬레니즘 시대 말기며, 이들의 관장 분야에 관한 일반적인 분류는 르네상스 시대 이후에 확립되었다. 테르프시코레는 합창과 춤, 칼리오페^{Calliope}는 서사시와 영웅시, 클리오^{Clio}는 역사, 에라토^{Erato}는 사랑시, 에우테르페^{Euterpe}는 서정시, 멜포메네^{Melpomene}는 비극, 폴리힘니아^{Polyhymnia}는 찬가와 수사, 탈레이아^{Thaleia}는 희극, 우라니아^{Urania}는 천문학을 주관했다. 신화에서 이들 뮤즈는 올림포스 산의 신들의 축제에서 음악을 연주했으며, 아폴로와 마르시아스의 음악 경연 때 심판을 보았고, 칼리오페의 아들인

뮤즈들이 아폴로와 함께 원무를 추는 모습을 그린 프레스코화.
로마노 줄리오의 「Apollo Dance with the Muses」.

오르페우스의 시신을 수습해 묻어주었으며, 노래 솜씨를 겨루고자 한 타미리스Thamyris의 불경에 노해 타미리스를 눈멀게 했다.

그리스 사람에게 춤은 본질적으로 음악과 시가 결합된 것이었으므로 '뮤즈들의 예술'을 뜻하는 '무시케'mousikē는 춤과 음악과 시가 융합된 예술을 지칭했고, 이는 달리 '케이로노미아'cheironomia라 불리기도 했다. 오늘날 음악을 뜻하는 'music'이나 미술관을 뜻하는 'museum'도 모두 뮤즈라는 단어로 부터 유래한 것이다. 오늘날 영어에서 뮤즈는 영감을 뜻하기도 하지만 동시에 '즐기다'amuse, '숙고하다'musing upon 등에도 의미가 들어 있다.

테르프시코레는 춤과 극적인 합창을 관장했는데, 당시 합창 형태의 춤을 주로 리라가 반주했기 때문에 리라를 든 모습으로 묘사된다. 당시 그리스에서 추던 디시램브나 비극, 희극 등 합창무용 대형에서는 리라 연주자가 함께 춤추면서 동시에 무용수들의 합창을 반주했다. 테르프시코레의 이름으로부터 오늘날 '춤의' '춤과 관련된'이라는 단어 'terpsichorean'이 나왔다. 테르프시코레는 때때로 사이렌siren의 엄마라고 얘기되기도 하는데 반은 여자고 반은 새인 요정 사이렌은 아름다운 노랫소리로 지나가는 뱃사공들을 유혹해 죽였다고 한다. 사이렌은 테르프시코레와 강의 신 아켈로스Achelos 사이에서 태어났다.

그리스 시대에 춤이 영감의 여신인 뮤즈의 지배를 받는다는 생각은 춤의 신비로운 창작 과정을 신의 힘을 빌려 설명하고자 한 것이다. 이런 신화적 설명은 인간의 이성 활동으로 예술을 설명하고자 한 플라톤이 춤을 설명할 때 신에게 홀린 상태라 한 이유가 되고, 따라서 춤에 대한 그의 부정적인 태도의 원인이 된다.

미메시스 Mimesis

그리스 미학에서 가장 역사가 오랜 용어 중 하나인 '미메시스'는 '춤'을 지칭하는 단어였다. 초기 그리스 시대에 미메시스는 디오니소스 교도들이 종교의례에서 춘 춤에 적용되었으며 움직임과 소리, 가사를 통해 감정과 경험을 표출하는 행위를 뜻했다. 더 구체적으로는 디오니소스 종교 제의에서 제사장이 디오니소스의 일생을 춤동작으로 흉내 내는 것을 지칭했으므로 '모방'copying보다는 '공연'acting에 가까운 개념이었다.

그리스 문명 초기에 춤은 모든 예술 중 가장 중요한 형태였으며 사회적 영향력도 가장 강력했다. 종교 축제에서 감정을 발산하는 음악과 춤이 결합된 제의祭儀 춤의 전통은 여러 고대 문화에서 흔히 발견되지만, 그리스의 경우 문화의 최고 절정기까지 춤 문화를 즐겼다. 십여 세기 이상 매년 디오니소스 축제에서 열린 디시램브에 그리스 사회 전체가 열광했던 것이 그 증거다. 이렇듯 종교 제의뿐 아니라 대중을 위한 중심 스펙터클로서 춤이 지속된 이유는 그때까지 그리스에는 움직임이나 제스처 없이 행해진 음악이나 시가 존재하지 않았기 때문이다. 춤과 결합된 코레이아 형태로부터 음악이나 시가 독립하기 전이었다. 호머 시대 이후부터 문헌에 등장하는 '미메시스'라는 단어는 아폴로 축제 때 부른 찬양가나 기원전 6세기의 서정시인 핀다로스Pindaros, BC 518~438의 시에서 춤을 지칭한다. 디오니소스 제의에서 제사장의 춤과 노래, 음악 공연 행위에서 미메시스가 유래했다는 점은 플라톤도 인정한다. 그러므로 당시에 미메시스란 춤과 흉내 내기^{mimicry} 그리고 음악만을 지칭하는 데 고유하게 사용되었으며 조형예술은 포함되지 않았다.

이 원시적인 표현으로부터 인류 최초의 예술 이론이 형성되는데 그것이 '모방론'이다. 모방^{imitation}은 그리스어로는 'mimesis', 라틴어로는 'imitatio'다. 기원전 5세기 아테네에서 소크라테스가 제안한 것을 모방론으로 발전시킨 플라톤과 아리스토텔레스에 따르면 모방이란 사물의 '외형'을 모방한다는 의미였다. 이 새로운 개념은 소크라테스가 당시 미메시스로 생각되지 않던 회화와 조각을 숙고한 결과다. 그러므로 이때 미메시스의 의미가 크게 바뀌었다. 소크라테스는 화가가 본 것을 반복하거나 모방한다고 생각해 새로운 개념의 모방을 고안한 것이다. 따라서 모방이 예술의 근본 기능이라는 그의 주장은 이후 18세기까지 으뜸가는 예술론이 되었다.

플라톤은 초기에 모방이라는 단어를 춤과 음악에만 적용하다가 이후에는 세계의 외형을 수동적으로 그리고 충실하게 베끼는 행위로 생각했다. 그러나 플라톤은 예술에 의한 현실 모방을 진실에 이르는 방법이 아니라는 이유로 인정하지 않았다. 반면 아리스토텔레스 역시 예술이 현실을 모방한다는 원리를 지지했지만 그의 모방 방식은 플라톤식의 충실한 모방이 아니라 자유롭고 쉬운 현실적 접근 방식이었다. 즉 예술가는 자기만의 방식으로 현실을 모방해 표현할 수 있다고 생각했다. 아리스토텔레스에게 모방은 애초에 인간 행위의 모방이었다가 점차 자연 모방 개념으로 바뀐다. 그는 인간 행위의 재연으로 춤을 설명하면서 모방예술로 설명했다.

플라톤과 아리스토텔레스의 모방론은 이론적 입장 차이에도 불구하고 종종 함께 묶여 생각되었으며 르네상스 시기에 이르러 조금 더 온건한 아리스토텔레스의 모방 개념이 지지받았다. 20세기의 예술 이론들은 예술이 모방 개념이나 자연에 기초한다는 원리마저 포기했다. 오늘날의 예술 개념 아래서는 실질적으로 예술에 속하는 것은 자연을 모방하지 않은 것이라는 생각이 대부분이라 하겠다.

발레 닥시옹 Ballet d'action

발레 닥시옹은 18세기에 발전한 새로운 발레 형식으로, 일정한 줄거리가 없는 에피소드식 발레 앙트레ballet entrée와 달리 극적인 통일과 명료함을 추구한다. 18세기 중반에 몇몇 안무가가 무용의 표현성과 극적인 가능성에 대해 연구하기 시작했고 발레 닥시옹의 옹호자로는 장-바티스트 헤세Jean-Baptiste de Hesse, 1705~79와 프란츠 힐버딩Franz Hilverding, 1710~68, 프란츠 힐버딩의 제자인 가스파로 안지올리니Gasparo Angiolini, 1731~1803와 장-조르주 노베르가 대표적이다. 장-바티스트 헤세와 프란츠 힐버딩, 가스파로 안지올리니가 발레 닥시옹의 전개에 크게 기여했지만, 장-조르주 노베르의 책『무용과 발레에의 편지』Lettres sur la Danse, 1760가 널리 보급되면서 비로소 유럽 전역 안무자들의 발레 드라마에 대한 인식을 고취시키는 데 결정적인 영향을 미쳤다. 장-조르주 노베르의 책은 당시 발레계에 개혁을 요청한 용감한 외침이었다. 이 책은 장-조르주 노베르가 아리스토텔레스의『시학』을 본떠 상상 속 제자와 대화체로 발레 창작법에 대해 논의하는 것으로, 춤이 신체적 기량만 선보이는 것이 아니라 극적인 표현성과 의사소통의 수단이 되어야 함을 강조한다.

발레에서 플롯을 가장 중요하게 생각하는 원칙은 18세기 프랑스 안무가 장-조르주 노베르에서 기인했다. 그는 스텝과 제스처가 캐릭터의 동기를 서술하는 데 쓰여야 하고 이들이 발레의 플롯 라인을 리드해야 한다고 확신했다. 군무 무용수들의 역할도 단지 장식적인 배경에 머물지 말고 행동의 구성요소로 강화시킬 것을 주장했다. 장-조르주 노베르는 좋은 발레의 플롯은 논리적으로 구성되어야 하고 무용수들의 행위는 알기 쉽고 분명하게 조리가 서야 한다고 확신했다. 그는 당시 궁정 발레가 몰두한 추상과 상징을 싫어하고 자연에 충실할 것'아름다운 자연'의 모방을 요구했다.

발레 닥시옹에서 '행동'action이란 신체 활동을 뜻하는 것이 아니라 드라마틱한 행동 혹은 특정 캐릭터나 드라마를 묘사하는 활동을 뜻한다. 이렇게 극적인 발레는 팬터마임을 무용수의 어휘에 포함시키면서 발전했다. 발레 닥시옹 발전 이전의 춤인 발레 앙트레는 장식적인 사교춤 형식으로 환상적이고 즐거운 춤이었다. 발레 앙트레가 다양성과 과시를 강조했다면 발레 닥시옹은 통일과 드라마를 강조한다.

18세기 중반 발레 닥시옹은 주요 발레 형식으로 자리 잡았으며 이 사상에 대한 대중적인 지지가 무용의 예술적 자율성을 촉진시켰다. 18세기 중반부터 '발레 앙 액시옹'ballet en action, '발레 팬터마임'ballet pantomime, '발레 헤로익'ballet heroique 등으로 다양하게 불렸는데, 일반적으로 비극적이지만 근본적으로는 이야기하는 구조의 발레를 말한다. 그는 발레 움직임이 눈부신 기교에 그치는 것이 아니라 극적인 표현성으로 관객을 감동시켜야 한다고 생각했다. 그의 사상은 발레 제작의 모든 요소가 주제 전달에 기여하는 통일된 예술작품이어야 한다고 주장했다. 당시에는 안무자와 작곡자, 세트와 의상 디자이너, 극장 기계 담당자가 작품 제작단계에서 공연 직전까지 독자적으로 작업했는데, 장-조르주 노베르는 이들이 발레 창작자와 조금 더 밀접한 협업을 강조하고 음악이나 의상도 극적인 요청에 부응해야 한다고 생각했다.

장-조르주 노베르의 개혁적인 생각은 발레 역사에서 끊임없이 되풀이되는 묘기와 표현적인 힘 사이의 이분법 딜레마에서 생겨난 것이다. 당시 공허한 광채로 넘쳐나던 스타일과 우아함을 뽐내는 앙트레 춤의 시대에 표현을 강조한 장-조르주 노베르의 주장은 18세기 후반 유럽을 휩쓴 지적 이상의 변화를 반영한 징후로 해석할 수 있다. 이성과 계몽의 시대였던 당대의 지성 드니 디드로$^{Denis\ Diderot,\ 1713~84}$는 『백과전서』$^{Encyclopedia,\ 1751}$에서 발레를 '춤으로 설명되는 행동'으로 정의해 발레 닥시옹 사상의 핵심을 예견했다. 장-조르주 노베르는 '무용계의 셰익스피어'라 불렸으며 볼테르$^{Voltaire,\ 1694~1778}$로부터 '무용에만 국한되지 않고 모든 예술에 빛을 던져주는 천재적인 작업'이라는 칭송과 숭배의 편지를 받았다. 당시 볼테르는 여론의 지배자였다. 장-조르주 노베르는 책에서 '오페라 극장의 춤이 무의식적으로 르네 데카르트$^{René\ Descartes,\ 1596~1650}$의 체제를 받아들인 것 같다. 과도한 피루엣으로 빙글빙글 도는 사이에 정신이 빠져버린 것 같다'고 한탄했다.

부정의 미학 Strategy of Denial

1960년대 초, 아방가르드 무용가인 머스 커닝엄의 추상 경향을 추종하면서도 기교적으로 완성된 움직임에 반대하는 새로운 안무자들이 등장했다. 1962년 뉴욕의 그리니치빌리지에 위치한 저드슨 교회에서 첫 콘서트를 개최한 이들은 이후 저드슨 그룹 Judson Dance Theater이란 정식 무용단으로 활동하면서 후기 현대파 무용의 설립자가 되었다. 이들의 전위적인 생각은 극장무용의 관례와 구조를 자의적으로 검토하고 예술춤과 삶의 경계를 붕괴시켰으며 무용 작품을 구성하는 형식적 속성들을 문제 삼았다. 그 결과 무용 예술의 기초적 전제들을 제거하고자 한 이들의 방법은 비움직임 non movement, 비무용수 non dancer, 신체적 노출 nudity 그리고 일상복과 일상적 대상을 특징으로 하는 비무용 non dance 혹은 반무용 anti dance식 접근을 하게 했다. 저드슨 무용단은 새로운 춤 형식을 만든다든지 새로운 표현 규범을 만드는 것에는 관심이 없었다. 이들은 무용 제작 자체를 급진적으로 의문시했고 기존 공식을 파괴하는 데 몰두했다.

부정의 미학은 초기 저드슨 그룹의 예술 이념과 모토를 담은 선언으로 이본 레이너가 발표한 성명서다. 이본 레이너는 저드슨 그룹과 제2세대 후기 현대파 무용단인 그랜드 유니온 Grand Union의 설립 단원이자 1960~70년대에 가장 많은 작품을 만들고 논쟁의 중심에 선 안무자다. 이들 후기 현대파 운동을 설명하고 옹호한 무용 비평가 질 존스턴 Jill

Johnston, 1929~2010은 그녀를 포스트모던 댄스의 대표 예술가로 꼽았으며, 활동 초기에 저드슨 그룹은 이본 레이너의 개인 무용단으로 생각되기도 했다. 그 이유는 이들이 커닝엄 스튜디오에서 창작 수업을 받은 뒤 토론과 워크숍을 병행하며 작업을 해왔는데, 1962년 가을부터 창작 수업이 중단되자 이들의 작업이 이본 레이너의 스튜디오에서 이루어졌기 때문이다. 이본 레이너는 우연과 즉흥, 일상 움직임 등의 급진적인 요소들을 병치하는 방법을 즐겨 사용했는데 1964년 '대장 따라하기' follow-the-leader에 기초한 작품 「룸서비스」Room Service로 안무에 전환점을 맞았다. 이 작품에서 과제를 실행하는 동작과 오브제를 조작하는 행위가 움직임으로부터 표현성을 완전히 제거해버렸기 때문이다.

이런 환원주의적 무용을 한창 탐색하던 때 발표한 유명한 성명서는 다음과 같다. "스펙터클 부정, 탁월한 기량 부정, 마법과 가장, 전환 부정, 스타 이미지의 매력과 탁월함 부정, 과장된 영웅주의 부정, 반 영웅주의 부정, 시시한 이미지 부정, 공연자나 관객의 몰입 부정, 스타일 부정, 꾸미는 태도 부정, 책략으로 관객을 유혹하는 일 부정, 기발함 부정, 감동을 주고받는 것 부정"이다. 성명서 이후 발표한 「트리오 A」Trio A, 1966에서 분석적인 시기의 포스트모던 댄스의 전형적인 예술 목표를 보이는 진술을 했다. 이 작품에서 이본 레이너는 전통적인 무용 구조의 프레이징, 클라이맥스의 발전, 베리에이션, 캐릭터, 공연, 버라이어티, 대가적인 기량, 연장된 신체를 제거하는 대신 에너지와 강조의 평등, 발견된 움직임, 신체 부분들의 평등, 분리된 이벤트들의 반복, 불명확한 공연, 과제나 업무적인 동작, 특이한 행위, 이벤트, 음색, 목소리 등으로 대체했다. 「트리오 A」는 이후 이어지는 15년 동안 포스트모던 댄스의 지배적인 스타일이 되었다.

「트리오 A」에서 이본 레이너.

1962년 로버트 모리스가 공연한 「I-Box」.
관중이 알파벳 'I' 모양의 상자를 열어보도록 유도한 작품이다.

전통 춤의 구조를 전면적으로 부정하는 급진적인 사상이 나오게 된 데는 1950년대의 현대무용이 발레만큼 정교한 관습과 체계를 이루었다는 배경이 있었다. 그리고 1960년대 미국 사회가 다양한 분야에서 해방을 부르짖으며 과격한 시위로 이어지는 급진성을 보였기 때문이기도 하다. 베트남 전쟁에 대한 반전운동과 흑인과 여성인권운동을 위한 시위와 행진 그리고 우드스탁 페스티발처럼 기성사회에 과격하게 저항하는 연대감이 있었기 때문이다. 그러므로 이들은 신체의 민주화를 원했고 해방을 실천하는 춤을 추었다. 현대무용의 선구자들처럼 이들은 독자적인 무용단을 만들거나 연습 테크닉을 구축하지도 않았다. 후기 현대파 안무가들은 서로의 작품에 무용수로 출연했다. 이제까지 가르치던 기술과 규범, 이상적인 독재로부터 해방시킨다는 목표와 함께 엘리트 의식과 권력통치를 거부하고, 무용의 과정과 구성요소 그리고 본질의 민주화를 시도하는 것이 이들 포스트모던 댄스 선구자들의 관심사였기 때문이다.

서양무용 Western Dance

　서양무용은 유럽 대륙의 춤을 일컫는다. 사상적으로는 그리스 철학에서 출발했고 형식상으로는 축제와 연회의 사교 목적에서 시작돼 극장춤 형태로 발전했다. 고대 그리스에서 무용에 대한 철학적 논의가 시작될 때는 비록 음악, 연극과 함께 섞여 논의되었지만 무용은 교육과 사회화의 도구로 그리고 예술 공연양식으로 거론되었다. 플라톤은 『공화국』에서 '예술이란 인간 감정과 행위 그리고 감각적으로 지각된 사물이나 사건을 모방한다'고 했다. 모방론이 형성될 당시 그리스 시대 무용은 정신 수련을 위한 첫 번째 수단이자 김나지움의 신체 단련 방법으로 매우 중요했다. 춤에 대한 플라톤의 논의는 교육과 덕목으로서의 춤과 모방예술로서의 춤으로 나뉜다.

　플라톤은 잘 교육받은 시민은 연례 무용축제에 참가하고, 누구나 춤을 잘 추도록 무용을 배워야 한다고 했다. 춤을 못 추는 사람도 축제에 참여할 수는 있지만 춤을 잘 추는 사람이 주축이 되어야 한다고 했다. 그의 말에 따르면 시민의 목표는 춤을 통해 몸과 마음을 발전시키는 것인데, 이때 무용이 심신 교육의 으뜸 수단이었다. 공연자로서 무용수의 목표는 공중에게 고결한 삶의 교훈을 보여주는 것이며, 춤이 도덕적으로 선량하고 예술적으로 아름다운 사람을 정확하게 모방한다면 인간의 덕성을 북돋우는 데 기여할 것이라고 했다. 플라톤은 예술의 가치 측면에서 도덕적 유용성을 즐거움보다 우위에 두었다.

아리스토텔레스는 『시학』보다는 예술의 목적을 논의한 『정치학』에서 춤을 상세히 다루었는데, 춤을 포함한 모든 모방예술의 목적을 '인간 특성과 행위 그리고 경험의 모방'이라고 했다. 무용의 수단은 '조화를 결여한 리듬'에 있다고 본 아리스토텔레스는, '무시케'mousikē란 용어로 춤을 지칭한『정치학』에서 춤의 목적은 지적 교양의 발달에 있으며 궁극에는 도덕적 품성 함양에 있다고 했다. 그리스 시대에 춤을 논의한 주요 철학자로는 플루타르크와 루키아노스, 아테네우스가 있는데, 이들은 무용을 모방예술로 논의하며 무용의 구성 요소와 춤의 종류에 대해 더욱 전문적으로 논의를 이끌었다.

중세 시대 무용에 대한 논의는『성경』에서 출발했다.『성경』에서 신을 찬양하는 춤은 호의적인 평가를 했지만, 우상숭배나 살로메의 춤과 같은 불길한 에피소드와 관련된 춤은 그렇지 못했다. 아우구스티누스Aurelius Augustinus, 354~430와 기독교 교부들은 무용을 도덕적 해이로 보고 일제히 신의 찬양을 위한 춤만 인가했다. 아우구스티누스는 신으로부터 나와 영혼을 거쳐 신체에 각인되는 리듬이 신체 행위와 열정에서 시작되는 리듬보다 낫다고 했다. 교부들의 무용 논의에서는 종교적이고 도덕적인 문제가 형식이나 표현, 스타일 같은 예술적인 고려보다 중요했다. 중세 말 토마스 아퀴나스Thomas Aquinas, 1224~74는 무용이 우선적으로 즐거움을 추구하는 '순수 유희'라고 생각했다. 토마스 아퀴나스는 무용이 도덕에 직접적인 위협을 가하거나 삶의 균형을 완전히 무너뜨리는 경우가 아니라면 예술적 즐거움이 영적 안녕을 위해 필요하다고 생각했다. 이는 이미지나 아이디어를 물질로 실현하는 것이 예술가의 우선 목표라는 아리스토텔레스의 생각을 따른 것으로, 토마스 아퀴나스에게 신체는 영혼의 이미지를 실현하는 필수적인 무용 수단이다.

르네상스 시기에 무용을 논의한 철학자로는 조반니 미란돌라Giovanni Mirandola, 1463~94, 마르실리오 피치노Marsilio Ficino, 1433~99, 발타자르 카스틸리오네Baldassare Castiglione, 1478~1529 등이 있다. 그중 가장 직접적으로 무용을 논한 이가 발타자르 카스틸리오네인데, 그는 당대 귀족들에게 무용 예술을 실시할 때 세 가지 근본 요건을 갖추라고 요구했다. 세 가지 조건은 '자연스러워 보이고, 사회적 예의 규범을 따르며, 근본적인 아름다움을 지녀 삶의 요건을 충족시킬 것'이다. 발타자르 카스틸리오네는 구체적으로 귀족들이 춤을 출 때 우아하고 능숙한 세련미를 지닐 것을 당부했다. 당시에는 무용 교사들이 무용 안내서를 발간했는데, 그 가운데 중요한 것이 도메니코 다 피아첸차Domenico da Piacenza, 1400~70, 파브리티오 카로소Fabritio Caroso, 1526~1600, 토니오 아르보의 교본이다. 이들이 내세운 주요 원칙은 당대의 미학 개념인 상상력과 아름다움 그리고 우아함이다.

17세기 합리주의 철학 시기에는 예수회 철학자이자 무용 교사인 클로드 메네스트리에가 무용론의 대변인이었다. 클로드 메네스트리에는 저서 『Les Ballets Anciens et Modernes Selon les Règles du Theatre』1682에서 당대 200여 발레 작품들을 거론하며 발레 창작의 규칙을 세워 신고전주의 미학의 패러다임을 세웠다. 그는 발레를 가리켜 조화로운 리듬과 제스처와 행위 그리고 조정된 움직임 패턴을 수단으로 인간 특유의 행위와 감정을 표현하는 춤이라 정의했다. 그리고 형식적이고 필수적인 발레 창작 요건을 구체적으로 지적하며 무용이 시나 회화와 다른 점을 설명했다. 18세기에 무용을 논한 철학자들로는 장-바티스트 뒤보스Jean-Baptiste Dubos, 1670~1742, 샤를 바퇴Charles Batteux, 1713~80, 드니 디드로, 애덤 스미스Adam Smith, 1723~90가 있다. 이들은 무용이 음악과 시와 함께 모방을 통해 즐거움을 산출한다는 점에 동의했다. 그리고 무용이 생각과 감정을 표현한다는 추론을 받아들이며 모방이 무용의 본질적인 성격인지에 의문을 제기했다. 샤를 바퇴나 드니 디드로는 무용이 '본질적으로 모방적이거나 재현적인 예술형식'이라고 한 반면, 장 바티스트 뒤보스는 '모방의 요소를 인정하지만 동작이 무용에서 즐거움을 창조하는 우선 수단'이라 했다. 스미스는 '시간과 박자에 맞춘 특정 스텝과 제스처, 동작들의 연속'이라 무용을 정의하고 모방을 꼭 할 필요는 없다는 형식론적 입장을 취했다. 스미스는 '움직임 그 자체 외에는 어떤 주제도 취하지 말라'는 매우 현대적인 충고를 무용 창작자들에게 했다.

18세기 안무자 중 존 위버John Weaver, 1673~1760와 장-조르주 노베르는 절친한 친구이자 당대를 대표하는 안무자다. 이들은 근본적으로 모방론의 입장에서 무용을 설명했다. 존 위버는 무용이 말 한마디 하지 않더라도 동작과 행위로 안무자의 생각을 '분명하고 지적으로' 묘사한다는 점에서 모방 능력이 훌륭한 무용의 증거라 했다. 장-조르주 노베르는 '성공적인 극적 표현은 마음을 두드리고 감동을 주고 상상력을 불러일으켜야 한다'고 했다. 장-조르주 노베르는 '무용에서 우아하고 고귀한 기교라 할지라도 모방 없이는 충분하지 않다'며 드니 디드로와 같은 입장을 취했다.

19세기 중반 '질풍노도Sturm und Drang 미학'과 함께 일어난 낭만주의 움직임은 신고전주의적 규칙 준수와 엘레강스보다 천재성과 강렬한 감정을 강조하며 19세기 유럽과 미국을 장악했다. 낭만주의 사상가와 예술가들은 순수예술로 진정한 실체를 알 수 있다 생각해 예술을 철학보다 높이 평가하기도 했다. 철학자 게오르크 헤겔Georg Hegel, 1770~1831

은 무용을 단지 정신이나 영혼을 표현하는 측면에서 다루어 불완전하다는 이유로 예술 체제에서 제외했다.

낭만주의 시기 대표적인 무용 평론가 테오필 고티에는 무용을 가리켜 '우아한 자세의 아름다운 형태와 시각적으로 즐거운 선을 과시하는 예술'이라는 형식론적 입장을 취했다. 그러기 위해 발레리나들에게 형이상학적 주제를 다루기보다는 뛰어난 기교와 강렬한 감정 표현을 요구했다. 상징파 시인이자 무용 평론가 스테판 말라르메는 낭만 발레를 '극장 형태의 최고 시'라고 생각했으며, 환상과 실재의 경계에 선 발레리나를 그 어떤 것으로도 표현할 수 없는 진실을 드러내는 무의식적 현시자로 만드는 상징 형식이라고 했다. 비록 당시 낭만 발레가 낭만주의 사상가들이 요구하던 형이상학적 주제를 담지 않았지만 이성주의 원칙보다 영적이고 감정적인 요소를 더 강조하고, 환상과 실재가 어우러지고, 초현실적이고 마법적인 요소가 섞이고, 세계를 상상적으로 바라보던 낭만적 태도와 공통점이 많았다. 이런 낭만 세계를 반영히는 데는 낭만 발레를 따라올 예술이 없었다. 낭만 발레는 곧 문화 현상이 되었을 정도로 대단한 인기를 누렸다.

테오필 고티에와 스테판 말라르메는 둘 다 '예술을 위한 예술' 운동을 지지했는데, 이는 이후 형식론으로 발전하고 감정과 직관을 강조한 낭만주의 경향은 표현주의 예술론을 낳았다. 20세기 초 새로운 춤이 등장하면서 철학자와 평론가 들의 모방적 재현 요구가 사라지고, 무용의 목적도 감정과 분위기 그리고 역동성 같은 움직임 등 표현적인 속성을 나타내거나 전달하는 것으로 변했다. 폴 발레리, 앙드레 레빙송, 아킴 볼린스키Akim Volynsky, 1865~1926, 아드리안 스토크스Adrian Stokes, 레이너 헤펜스톨Rayner Heppenstall, 1911~81은 발레에 대한 형식론적 접근에 기여했다. 폴 발레리와 앙드레 레빙송은 각기 움직임에 내재한 특질과 턴 아웃된 신체에 기초한 순수 춤에 주목해 이를 행위나 특성 묘사보다 중시했다. 로빈 콜링우드Robin Collingwood, 1889~1943, 수잔 랑거, 루돌프 아른하임Rudolf Arnheim, 1904~2007, 넬슨 굿맨Nelson Goodman, 1906~98은 무용 표현이 인간의 상징적 행동 양식이라 했고, 수잔 랑거는 작품 속 감정이란 그 감정에 대한 작가의 아이디어를 재현하는 것이고 무용은 실제가 아닌 가상의 제스처이며, 춤 속의 감정 역시 실제가 아니라 상상이라 했다.

분석철학적 시각으로 무용을 논한 철학자로는 먼로 비어즐리Monroe Beardsley, 1915~85, 넬슨 굿맨, 조지프 마골리스Joseph Margolis, 1924~가 있는데 이들은 무용 속 '표현'의 의미를 분석했다. 비어즐리는 '무용이 되기 위한 동작의 필수 속성'을 '표현성'이라 했다. 데이비드 레빈David Levin은 조지 발란신의 작품에 대한 순수 형식상의 표현성을 설명하는 형식론적 접근을 시도했다. 프랜시스 스파샷Francis Sparshott, 1926~은 『Off the Ground』1988와 『A Measured Pace』1995라는 방대한 책을 펴내 무용의 철학적 문제에 대해 역사상 가장 포괄적인 노력을 기울였다. 근본적으로 무용이 인간 삶에서 어떤 의미를 갖는지에 초점을 맞춰야 한다고 생각한 프랜시스 스파샷의 핵심 개념은 '연습'과 춤추는 사람이 경험하는 '전이'transformation다. 프랜시스 스파샷은 무용이 연습이라는 형태로 존재한다고 생각해 무용 연습에 내포된 예술적 규칙이나 기준 혹은 이상과 가치를 문화적 입장에서 분석했다.

20세기 초 이사도라 덩컨이 발레의 무용 이념을 거부하고 자연스러운 움직임을 지향하는 장르를 개척하면서, 서양무용은 종전까지 유일한 예술춤이라 여겨지던 발레의 획일적 시각에서 벗어나 다양한 접근이 가능해졌다. 현대무용의 정신을 설명하는 데 기여한 무용 평론가 존 마틴은 현대무용의 최우선 목적이 개인의 경험을 개성적으로 구체화하려는 욕구에 있다고 했다. 20세기 중반 현대 발레를 완성했다고 평가받는 조지 발란신은 '발레란 박자에 맞춰 움직이는 움직임일 뿐 아무것도 재현하지 않는다'고 했다. 1960~70년대 후기 현대파 무용가들은 발레와 현대무용이 기초한 무용 미학 일체에 도전하는 의미에서 '부정의 미학' strategy of denial을 선보였다. 이들은 극장예술로서의 무용 개념을 해체해 오늘날의 무용 개념을 열린 것으로 만들었다.

  이렇듯 서양무용의 스타일이나 중심 가치는 개인 철학자나 안무자들의 생각이나 이론에 의해 변화해왔다는 점이 동양무용과 다르다. 이는 동양무용 사상이 종교의 영향을 받고 이로부터 크게 벗어나지 못했다는 점, 그리고 춤동작도 누가 행했느냐가 아니라 전통 방식이 표준인 것과 대조된다.

신명 神明

한국춤의 성격을 설명할 때 흔히 '신명의 춤'이라고들 한다. 신명은 춤뿐만 아니라 한국 문화와 한국인을 이해하는 중요한 개념이다. 한자어를 풀자면 '밝게 깨어 있는 마음가짐'이다. 동양사상은 정신을 인간이 지닌 천天의 정기라고 인식한다. 신神이란 인간의 반성적 사고력인 '마음'을 뜻하는데, 대자연의 정기精氣에서 유래한 것으로 본다. 그러므로 철학적으로는 자아에 내재하는 신을 통해 개명하는 것을 뜻하지만, 문화적인 이해는 한자어의 의미와 차이가 있다. 신명이란 한국을 대표하는 긍정적 정서로 단기적으로 삶에 만족한 상태를 '신명 난다' '신바람 난다'고 한다. 내면에 있는 신명이 일제히 밖으로 나와 집단적으로 발현되는 사회적 기풍을 일컫는다.

인도와 중국 그리고 우리나라의 전통 무용 문화에서 무용과 음악은 신의 뜻에 따라 창조되어 신과 사람 사이에 조화를 가져다주는 것이었다. 종교 제의로서의 성격이 강한 동양무용에서는 자연계의 에너지가 신체를 빌어 모습을 드러내는 것이라 생각한다. 우리 전통 춤에는 발생이나 기능, 구체적인 동작 등에 제의적 의미가 편재해 있다. 무속신앙의 굿판에서는 무당이 춤에 몰입해 엑스터시 상태에 이르면 접신接神을 해 신의 힘을 얻고, 이를 신명이라 한다. 이런 신명 현상은 굿판에 참여한 마을 사람들에게도 나타난다. 신이 주는 음식을 먹음으로써 신들리기도 하고 무당이 접신해 춤출 때 일으키는 신바람에 감염되기도 했다. 따라서 굿판의 마지막은 무당과 마을 사람들이 함께 어울리는 난장판 신명풀이로 끝난다. 한국인이 북치고 춤추며 몰아의 경지에 들기를 잘한다는 '고무진신鼓舞盡神의 민족'이라는 『삼국지』의 기록은 한국춤의 신명 풀이적 성격을 지적한 것이라 하겠다.

이렇듯 신명은 무속 제의적 성격을 지닌 개념이다. 그러나 그 근원적인 속성은 억압되었던 것이 어떤 계기를 맞아 풀려 나오며 해방되는 과정에서 일어나는 일종의 힘에 있다. 이를 신기神氣라고 말할 수도 있고 천지만물과 사람이 공히 지니는 창조적 약동 혹은 생명력이라고 할 수도 있다. 고난의 역사를 살아온 한국인들은 매년 초에 마을에서 굿판을 벌여 신명을 공유했으며 이로써 겨우내 억압되었던 생명력을 해방시켰다. 또 공동체의식을 다지고 마을 전체의 행복을 위해 다함께 춤을 추었다. 종교축제나 예술 경험에서 안에 간직한 신기를 발현하며 신명풀이를 한다. 기氣는 예술적 존재를 살아있게 하는 힘이며 동양사상의 핵심을 이룬다. 사람의 마음 또한 기이고 이 기가 운동을 한다고 여겨, 사람이 사물을 인식하고 표현해내는 과정을 신기 발현으로 생각하기도 한다. 내면의 신기가 행위나 표현으로 드러나는 것을 신명풀이라 하겠다.

신명은 한국적인 특이한 심성으로 생각되는 '한'恨 정서와 대척점에 있다. 한은 순탄치 못했던 고난의 역사에서 누적된 울화나 쓸쓸한 자책감, 그리고 인생무상, 체념 등의 정조와 태도라고 한다. 그런데 신명에 대한 논의에서 공통적으로 지적되는 것은 부정적으로 억압되고 축적된 '한'이 '신명'을 통해 풀린다는 것이다. '풀어야 하는 것'이 한이고 '풀린 상태'가 신명이라고 인식한다. 그러므로 우리 역사의 고난을 극복하는 데 우리네 선조의 춤을 통한 신명풀이는 한을 직접적으로 해소하는 엄청난 기능을 발휘했다.

 하지만 한을 불변하는 민족 정서라고 보기는 힘들다. 적어도 신명만큼 근원적이지 못하다. 현대 한국인은 한을 느끼지 않고, 부정적인 감정이나 정서를 표현할 때도 '한'이라는 용어를 쓰지 않는다는 점에서도 알 수 있다. 어렵고 불행한 상황이 해소될 때 느끼는 환희가 바로 신명이다. 춤출 때의 신명 경험을 얘기하는 사람들은 춤에 몰입해 신바람이 나고, 자기 의지가 아니라 자연에 내맡겨 움직이는 대로 춤추게 된다고 한다. 마치 '신이 오른' 상태와 같은 것이다. 이런 순간에는 우선 흥에 도취되어 황홀해지고 자의식이 약화되고 그 순간에 완전히 집중한 즉흥적인 춤으로 나타난다. 이런 신명 체험의 정도는 작은 기쁨부터 만족과 경이, 황홀경까지 다양하다. 이럴 때 무용수의 상태는 캐나다 철학자 프랜시스 스파샷이 존재론적으로 춤을 설명한 '자아전이'와도 비슷하다.

 물론 신명이나 흥은 세계 모든 민족과 문화에서 발견된다. 동양예술에서 흥이란 내적 감정의 발동으로 가장 중요한 예술 창작 요소이자 영감이 된다. 서양예술에도 비극을 보면서 관객이 부정적 감정을 배설해 마음의 정화를 경험한다는 카타르시스 이론이 있다. 아리스토텔레스는 교정 작업이자 정화 작용인 카타르시스를 통해 예술이 사회 문제 해결에 기여해야 한다는 궁극적 목적을 발견했다. 흥이나 카타르시스는 둘 다 신명풀이 작용에서 어느 정도 발견되는 요소들이다. 하지만 한국인에게서 특히 두드러진 모습을 보이는데, 먼저 '그냥 흥이 나는 정도나 신나는 상태'는 진정한 신명이라 할 수 없다. 그 이유는 진정한 신명이란 한을 극복하고자 하는 한풀이 동기에서 나오는 것이기 때문이다. 한은 그 상태에서 정지된 것이 아니라 풀어야하는 것이고 한이 풀리면 신명이 생겨난다. 즉 한이 '맺히는 것'이라면 신명은 '맺힌 것을 푸는 것'이다.

춤을 통한 신명 경험은 '생명 에너지가 그득히 충전된 상태'나 '논리적으로 따질 수 없는 저력' 등 매우 강렬한 정서다. 그리고 신명은 환희와 감격, 쾌락 등 긍정적인 정서이며 주변 사람들에게 빠르게 전이된다. 우리 민족은 감성이 풍부하고 엑스터시에 잘 빠져들며 몰입도가 높다. 개인으로 시작되었든 집단적 경험이든 간에 신명 경험은 상호확인을 통해 증폭되고 서로 뒤섞여 난장을 이룬 상태에서 하나됨을 확인하는 수단이 되기도 한다. 이런 신명은 춤이나 전통 예술뿐만 아니라 월드컵 거리 응원이나 프로야구 응원 문화에서도 발견된다. 한국춤은 전통적으로 집단적이고 제의적이며 축제적이고 즉흥적이다. 이러한 한국춤의 성격이 신명풀이 춤이 형성되게 한 기본 인자다.

신체 문화 ^Physical Culture

서양문화에서 신체는 억압받고 무시되었다. 19세기 중반 이후 유럽과 미국에서 진지하게 육체를 이해하고 받아들이기 시작하면서 큰 문화 변동이 일어났다. 신체에 대한 주목과 신체 경험을 추구하게 된 배경에는 19세기의 다양하고 복잡한 문화 요인이 있지만, 흥미로운 것은 이러한 변화가 전개되는 전 방위적인 흐름이다. 20세기 전반까지 신체 문화가 남긴 유산은 인간이 육체를 받아들여 즐기고 육체가 생활에서 어떤 영향을 미치는가를 이해하려는 노력이 높아졌다는 점이다. 구체적으로는 그 기간에 개발되고 유행한 다양한 신체 훈련 방식을 들 수 있다. '신체 문화'라는 용어는 20세기 중반 '엑서사이즈'exercise 혹은 '체육'physical education이라는 용어와 혼용되기도 했지만 뉘앙스는 조금 다르다.

19세기 중반 유럽과 미국에서는 엄격한 성도덕에 반발하며 육체를 이해하고 향유하려는 노력이 일었다. 그와 동시에 예술에서도 일상의 신체가 있는 그대로 묘사되기 시작했고, 1860년대에는 의사, 과학자, 사상가들이 정신과 육체의 상호작용을 연구하기 시작했다. 예술철학자들은 인간의 심미적 반응까지 신체적 용어로 설명하는 생리학적 미학을 연구했으며, 1880년대에 이르러 성에 대한 연구가 양적·질적으로 놀랄 만한 발전을 이루었다. 1890년대에 지그문트 프로이트가 개척한 정신분석학은 신체가 성격에 미치는 영향을 설명하고 신체가 갖는 의미를 발견하는 데 엄청난 공헌을 했다. 19세기 후반, 의학과 공중위

1917년 테드 숀과 루스 세인트 데니스가
『신체 문화 매거진』을 위해 포즈를 취했다.
이 잡지는 건강, 미용, 운동 등 20세기
신체 문화에 대한 관심사를 다양하게 소개했다.

생의 진보는 육체에 대한 유럽인들의 생각을 크게 바꾸어놓았다. 정치적·기술적 진보로 위생이 개선되면서 청결을 유지하기 위해 육체에 관심을 가지게 된 것이다. 19세기 후반에는 의사와 미학자, 신체 훈련을 지지하는 이론가들이 신체를 꽉 조이는 의복의 피해를 연구했으며, 『자라투스트라는 이렇게 말했다』[1883]에서 니체는 건강한 육체의 목소리에 귀 기울일 것을 권장하며 자라투스트라를 통해 "당신의 예지보다 육체에 더 많은 이성이 존재한다"고 말했다. 이는 신체 문화 시대의 도래를 알리는 선언이었다.

산업혁명 이후 유럽에서는 앉아서 생활하는 데서 오는 급격한 신체적·정신적 질환을 '풍요병'이라 불렀고, 도시 생활의 스트레스 문제를 줄이기 위해 다양한 운동 프로그램이 고안되었다. 놀이나 무용, 체조가 다양하게 개발되어 20세기에 접어들면서 신체 훈련 운동이 유럽 전역으로 퍼져나가고, 많은 사람들이 하이킹, 신선한 공기, 운동과 자전거가 건강 증진에 도움이 된다고 생각했다. 1886년에 앞바퀴와 뒷바퀴의 크기가 같은 자전거가 나오고, 1890년에는 공기주입식 타이어가 나오면서 자전거는 남녀 모두에게 대유행했다. 자전거는 빨라진 삶의 속도와 어울렸고, 무엇보다도 빠른 속도로 질주하면서 주변 환경을 지배한다는 흥분과 쾌락에 눈뜨게 만들었다. 자전거는 양다리를 움직임으로써 신체를 변화시켰고 도시 생활이 주는 사회적 구속, 코르셋과 같은 의복의 신체적 제약과 성도덕과 같은 정신적 제약에서 벗어나는 날개로 인식되었다. 자전거와 함께 속도감과 운동감에 눈을 뜬 유럽인들은 1890년대 자동차가 등장하면서 속도 경쟁에 빠져들어 오늘날의 '속도 숭배'를 낳았다.

무용은 신체 문화와 체조, 스포츠가 유행하면서 부활했고 1900년경

이사도라 덩컨의 '해방된' 동작은 엑서사이즈와 성 개혁 운동가들이 추구한 신체 해방의 상징이 되었다. 19세기 말부터 20세기 초에 걸쳐 춤을 비롯해 체조와 골프, 테니스, 크로케와 수영, 보디빌딩과 사이클링 등 열광적인 신체 문화가 번창했다. 이 기간에 춤에서 영향을 받은 델사르트나 달크로즈 엑서사이즈가 만들어졌고, 이들은 또 무용가들의 신체 훈련에 영향을 주었다. 델사르트와 달크로즈 시스템의 인기는 열광에 가까웠다. 원래 표현적인 움직임과 리듬 교육을 위해 만들어진 이들 엑서사이즈는 전문배우나 연설가, 가수, 선생 들뿐 아니라 사교계에서도 여인들은 우아한 걸음걸이를 위해, 학생들은 시 낭송에 적합한 제스처를 위해 배웠다. 이런 다양한 신체 훈련은 예술체조 혹은 '리드믹 체조'rhythmic gymnastics로 불렸고 당시 무용과 리드믹 체조의 개념은 거의 혼용되었다. 다양한 엑서사이즈들은 고대 그리스와 로마의 신체 훈련에 사상적 기반을 두었고 과학적, 이론적 기초 위에 구성되었다. 이런 신체 훈련과 신체 문화 프로그램은 체육교육의 일환으로 장려되었다.

  신체 해방을 앞세운 신체 단련 문화는 독일에서 인종주의 사상과 결합되면서 '몸의 정치'body politics의 수단으로 사용되었다. 독일 민족주의는 독일 민족이 육체적으로나 정신적으로 우수하다는 생각에서 출발했다. 독일 체육운동은 시작부터 군사력과 혈통 보존과 관련해 강한 군인이 되기 위한 신체 단련법으로 이어졌고, '건전한 육체에 건전한 정신이 깃든다'는 그리스적 이상을 부활시켜 조직적이고 국가적으로 신체 단련을 호소했다. '당신들의 육체는 국가의 것이다'는 훈령 아래 독일 청년들은 동작을 조정하고 단련하면서 독일인의 우월한 신체를 과시하는 법을 배웠다. 나아가 '좋은' 신체를 양성하기 위해 인종적 이상에 맞지 않는 체형은 배척하고, 공공연하게 '나쁜' 외국 신체를 파괴해야 한다고 주장하는 등 독일 체조협회는 국수주의의 본거지가 되었다.

독일의 신체 문화는 특수한 역사, 문화적 배경에서 나타난 것이고, 그 이외 지역에서 신체 문화의 영향력은 신체 활동이 갖는 생명 긍정적 기운과 육체를 가꾸고 이해하고 즐기고 배려하는 태도를 보급했다. 이런 과정에서 춤은 신체 문화의 총아로서 대중문화 속에서 가장 두드러지게 발견되는 문화 활동이 되었다. 20세기 초 춤의 열기는 순수예술과 대중예술을 가리지 않고 유럽 전역으로 퍼져 음악 홀에서 열렬히 공연되었다. 춤은 가수나 코미디언, 연예인 들이 필수적으로 갖추어야 할 자질이었다. 20세기 초 등장하는 뮤지컬과 영화는 이런 춤의 열기를 도입해 이들 신생 예술이 성공적으로 자리 잡는 흥행요소가 되었다. 20세기 초 뮤지컬 코미디가 처음 나왔을 때 춤은 빠질 수 없는 요소였다. 1920~30년대 대중적인 춤을 장기로 삼은 뮤지컬은 유럽과 뉴욕의 관객을 열광의 도가니로, 춤의 열기 속으로 몰아넣었다. 20세기 초 새롭게 등장한 영화에서도 춤은 중요한 흥행요소였다. 1930년대부터 영화에서 춤의 시대가 시작되었고 황금기를 맞았다. 이후 유성영화 시대와 함께 본격적으로 시작된 영화는 20세기 현대사회에서 시대별로 유행한 춤의 열기를 고스란히 기록해 놓는 매체가 되었다.

이런 신체 문화는 유럽 문화가 오랫동안 신체를 '열등한' 것으로 과소평가해온 데서 벗어나 적어도 인간이 살아 움직이는 육체를 가진 의식적 존재라는 것을 깨닫게 하는 데 도움을 주었다. 이어 장 폴 사르트르Jean Paul Sartre, 1905~80는 신체를 찬미하고 신체가 우리의 존재 그 자체라고 주장했다. 오늘날 패션모델이나 스포츠 스타처럼 아름다운 육체를 지닌 미의 엘리트들이 부와 명성을 얻고 특권을 향유하게 된 것도 바로 이런 신체 문화의 유행이 있었기에 가능해진 것이다.

심신이원론 Dualism

　심신이원론은 형체는 없지만 지성과 지혜를 지닌 것으로 생각되는 영혼에 대한 플라톤과 아리스토텔레스의 사색에서 기원했다. 마음과 물질의 관계에서 정신이나 영혼의 능력이라 생각되는 지성은 물질적 신체로 설명될 수 없는 다른 것이라는 입장의 이론이다. 서양 문화에서는 소크라테스 이후 헤겔에 이르기까지 철학자 대다수가 몸과 마음을 이원론적으로 생각해왔으며, 이들의 관계를 갈등과 대립의 구조로 생각했다. 정신과 신체간의 분명한 구분을 지은 사람은 플라톤이었다. 플라톤은 인간을 변화하는 육체와 불멸의 영혼으로 보았으며, 참된 인간성의 본질은 죽지 않는 실체, 즉 영혼에 있다고 생각했다. 그에 반해 물질인 신체가 그 속성인 열정과 감정, 본능과 충동 등에만 충실하면 동물과 다름없는 상태로 전락한다고 보았다.

　인간에 대한 논의에서 신체와 영혼의 이원적 대립을 주장하는 심신이원론은 피타고라스BC 580~500로부터 플라톤과 칸트1724~1804를 거쳐 데카르트에 이르며 논의의 정점에 달했다. 때문에 철학적으로 이원론자란 데카르트학파를 지칭한다. 물질과 다름없는 열등한 신체와 불멸성을 지닌 정신의 구조로 설명하는 심신이원론은 기원전 6세기부터 시작된 서양철학사의 근간에 자리 잡으면서, 신체를 매개로 하는 무용이 철학적으로 해석되지 못한 결정적인 이유가 되었다. 마음의 철학인 심신이원론은 그리스의 '아름다운 신체 안의 아름다운 영혼'이라는 이상적인 인간상에 대한 논의에서부터 출발했다. 그리스인에게 훌륭한 신체와 훌륭한 영혼의 상관관계는 필연적이었고 이들은 육체와 영혼의 균형과 조화를 이루고자 노력했다.

그러나 플라톤은 당대 유행한 그리스의 춤 '코레이아'Choreia에서 심신의 조화를 발견할 수가 없었다. 그는 코레이아라는 용어로 지칭한 춤에 대한 입장을 『이온』Ion에서 밝혔는데, 춤의 강력한 흡인력과 독특한 매력을 인정하면서도 움직임 예술로서 춤이 지니는 신체적 수단이 사람들을 정신이 결여된 상태로 만든다는 이유로 나쁘다고 판단했다. 플라톤은 춤의 전염성을 알았으며 춤의 매력에 빠져 진실을 모르게 되면 공화국에서 추방해야 한다고 했다.

이에 반해 아리스토텔레스는 모방을 예술의 부정적인 성격이 아니라 본질적인 것으로 이해해, 예술을 가치 있는 인지적 경험이라 설명했다. 이런 입장에서 아리스토텔레스는 "무용은 인간의 유형을 재현할 뿐 아니라 행위와 감정을 재현한다"고 정의하며 모방예술로 설명한 바 있다. 인간성과 행위와 감정에 관해 완전하지는 않지만 춤이 유형별 지식을 제공할 수 있다는 것이다.

그러나 무용에서의 정신 작용, 혹은 무용이 지니는 정신적 가치를 주장하기에 가장 근원적으로 걸림돌이 되는 것은 바로 플라톤이 춤을 경계한 것처럼 심신이원론이 정초한 신체에 대한 시각이다. 심신이원론을 확립한 데카르트에 이르러 신체는 의식이 결여된 물질적 대상으로 전락했다. 데카르트는 신체와 정신의 상관관계의 이론을 체계적으로 확립하는 과정에서 신체에서 정신적, 영적, 목적적 요소 들을 완전히 제거했다. 물질계의 모든 사실은 기하학, 기계학에 의해서만 설명할 수 있다는 생각에 따라 신체는 정신의 지배를 받는 기계로 전락했다.

그러나 심신이원론자이자 근대철학의 아버지라 불리는 데카르트가 발레를 안무했다는 사실은 잘 알려지지 않았다. 그는 1646년 스웨덴 크리스티나$^{Christina, 1626~89}$ 여왕의 초청으로 스톡홀름에서 지내던 중, 여왕의 요청으로 황실에서 공연된「평화의 탄생」$^{La\ Naissance\ de\ la\ Paix}$이라는 발레를 만들었다. 그러나 대본에 이름이 실리는 것은 사양했다고 한다. 오랫동안 춤이 받아온 철학적 경계와 의심보다 현실 속에서 차지하는 춤의 중요성과 비중을 보여주는 사례다.

20세기 초, 현상학자들을 필두로 심신이원론이 대표하는 서양의 철저한 정신주의와 이성주의에 대한 도전이 일어나는데, 몸의 우선성과 중심성을 강조하는 방향으로 몸의 복권이 시도되었다. 현상학자 메를로-퐁티$^{1908~61}$는 '의식 신체'$^{consciousness\ body}$와 같은 몸의 이성을 얘기하고 이성적 주체 대신 '육체적 주체'와 '신체적 주관'을 주장해 심신이원론적 신체관을 불식시켰다. 이성 중심 사고에서 주장하는 것처럼 사유나 인식을 의식이 전담하는 것이 아니라 몸의 지각을 통해 이루어진다고 함으로써 사유나 인지능력의 근원으로 몸을 내세운 것이다. 심신이원론 구조 속에서 20세기에 이르기까지 무용의 예술성은 평가절하 되었으나, 현상학적 해석 이후 새로운 관심을 받아 본격적으로 예술철학 논의가 이루어지기 시작했다. 모든 예술의 모태로서 가장 오래된 인간 활동인 무용을 본연의 모습으로 보기 위해 근본적인 관점 재정립이 필요했던 것이다.

서양에서 오랫동안 정신이 구현된 인간의 춤이 아니라 감각적이고 감성적인 물질로서 신체가 드러난다는 이유로 비난받던 무용은, 이제 이성의 주체로서 존재 표명이라는 목적을 위해 가장 근사한 매체를 지닌 예술이 될 수 있는 가능성이 열렸다. 이에 그치지 않고 21세기 초

포스트모더니즘의 자본주의 시대에 이르러 데카르트의 '몸이 결여된 이성'은 체험주의 철학과 인지과학의 발견으로 '이성이 결여된 몸'으로 대체되었고, 그 결과 오늘날 거리에는 감성적이고 성적인 몸이 넘쳐나고 있다.

아프리카 Africa

아프리카는 지역적으로는 서양이지만 무용 문화는 인류의 가장 원형적인 모습을 간직하고 있으며 삶과 예술의 관계나 개념화 방식에서 서양보다는 오히려 동양에 더 가깝다. 아프리카 예술은 세부 장르로 나뉘지 않고 춤과 함께 모든 예술 활동이 한 형식이 되는데, 이렇게 총체적인 예술행위는 '성스러운'the sacred 혹은 '놀이'the play, '주술'medicine 이라고 번역되는 한 단어로 불린다. 이런 집합적인 예술 활동은 마을 광장처럼 사람들이 에워싼 가운데 일어나는데, 무용과 음악, 마임, 이야기, 의상과 조각 그리고 구경꾼과 현장에서 일어나는 온갖 일상까지 포함시켜 삶과 예술의 경계가 없이 포괄한다. 일상의 일부로 예술이 존재하고 그런 예술 행위가 일상과 관객을 특별하게 만든다.

아프리카에서 춤이란 단지 특정 스텝을 실시하거나 레퍼토리를 추는 것이 아니다. 아프리카인들은 '어느 영혼'을 추거나 '선조'의 춤을 추거나 '강력한 동물의 위협' 혹은 '초자연적인 여인'의 춤을 춘다고 말한다. 이때 춤은 무용수가 아니라 춤의 내용에 해당하는 대상이 추는 것이다. 여러 맥락에서 춤은 대개 움직임에 국한되는 것이 아니라 어떤 존재를 불러들이는 것이다. 따라서 훌륭한 공연이란 그 춤의 대상이 얼마나 잘 전달되었는지, 혹은 무용수가 동작으로 그 대상의 '힘'을 얼마나 잘 포착했는가에 달려 있다. 그러므로 아프리카 의식에서는 주술을 외울 때 소리가 단어의 의미 이상을 표현하듯이, 춤은 행위와 아

아프리카의 춤은 인류의 가장 원형적인 모습을 간직하고 있다.
일상의 일부인 아프리카의 춤에는 삶과 예술의 경계가 없다.

이디어를 결합하며 움직임은 춤추는 사람의 삶을 변화시킨다고 믿는다. 즉 춤에 참여하는 농부나 어린이도 영적 매개자나 조상의 영이 될 수 있다.

아프리카 사람들은 서양처럼 성스러운 것과 세속적인 것으로 이분하지 않는다. 전통적인 아프리카인의 삶은 여러 차원의 영적 교감을 이룬다. 신성한 의례에서든 아니면 일상의 놀이에서든 춤의 예술적인 형태는 우주적인 힘과 인간의 행동 사이에서 끊임없이 관계를 인정하는 것이다. 아프리카인에게 신체는 우주적인 존재의 상징이자 소우주다. 춤은 일차적으로 공동체를 통합하고, 조화와 응집을 이뤄 행복을 구하는 사회적 활동이다. 아프리카인에게 춤은 단지 번식무용이 아니라 원만한 사회를 창조하고 구성원들의 공동체의식을 측정하고 공공과 개인의 관심사를 터놓기 위한 것이다. 그런 무용이 행해지는 사회만이 건강하고 번성한다고 생각하기 때문에 아프리카인들은 음악가가 없는 마을은 사람이 살 만한 곳이 아니라고 본다. 그러므로 어느 공동체에서나 매년 예산의 상당 부분을 의식과 공연에 할당하고 있다.

아프리카 춤의 중요한 특색은 음악과 무용에서 다양한 리듬을 수용하고 다양한 신체 부위를 사용한다는 점이다. 무용 이벤트는 복합 교차 리듬으로, 다양한 주제들이 표현 대상을 조정하고 상호보완하는 것이 본질이다. 아프리카 음악과 무용에는 '부르고 화답하는' 대화체 구조가 많은데, 무용수는 드럼 반주자와 관객에게 춤의 강렬함에 상응하는 반응을 요구한다. 음악 반주자가 춤을 이끌든가 아니면 무용수가 음악을 리드하면서 서로 경쟁하듯 절정에 이르기도 한다. 관객도 춤에 참여하거나 자유롭게 중간에 빠져나가기도 하며 춤에 대한 지지와 비난의 평가를 말하기도 한다. 무용수가 다양한 복합 리듬을 얼마나 잘 다루는지 예술성을 시험하는 자리이기도 하다. 그들은 이중적이고 이원적인 리듬에서 활기를 찾고 하나로 일치된 리듬은 죽은 것으로 생각한다.

대부분 아프리카에서 왕권은 춤을 반주하는 드럼에서 나온다고 하며 그것은 왕의 권장보다 더 막강하다고 한다. 족장이나 왕을 선출한 뒤 며칠씩 이어지는 공동체춤을 추어야만 비로소 족장 임명이 끝나는데, 이때 춤을 반주하는 드럼이 바로 왕의 상징이자 조상의 목소리다. 아프리카 흑인들이 미국 남부에 노예로 팔려갔을 때 농장주들은 북을 압수하고 금지했는데, 노예들의 춤이 묘사하는 영들의 힘에 두려움을 느꼈거나 그들의 춤에서 적어도 집단적인 응집력을 확인한 것이 아니었나 생각한다. 20세기 후반에 접어들어 아프리카가 급격하게 서구화되었지만 여전히 가장 원형에 가까운 것이 음악과 무용이다.

영감 Inspiration

영감이란 모든 예술 활동에서 무의식적인 창조성의 격발을 뜻하는데, 이 용어가 이렇게 긍정적인 개념으로 변화하게 된 것은 근대에 천재나 창조성 개념과 결합되면서부터다. 그 이전에는 인간의 의지와 상관없는 신성한 작용, 혹은 비합리적인 현상으로 생각되었다. 그리스 사람들은 영감이 뮤즈로부터 온다고 믿었고, 아폴로와 디오니소스가 영감의 능력을 인간에게 불어넣어 준다고 생각했다. '영감'을 뜻하는 그리스어 'enthousiasmos'는 신적 존재나 신성한 영기에 사로잡혀 '신에 홀린' 상태를 뜻한다. 'enthousiasmos'는 열광을 뜻하는 'enthusiasm'의 어원이기도 하다. 소크라테스는 시인의 영감이 열광 상태라고 생각했다. 영감의 문자상 의미는 '불어넣어지는 것'으로, 아폴로나 디오니소스의 여사제와 여신도들이 모두 귀신이 붙은 접신 상태다.

그리스 시대 'enthousiasmos'란 용어는 종교적인 열광 상태, 혹은 강렬한 종교적 열정이나 감정에 국한되는 종교적 용어였다. 그런데 그리스인들은 당시의 표현적인 예술, 즉 시, 무용, 음악을 설명하는 데 이 용어를 사용해 영감이 시인이나 예술가를 황홀경이나 시적 열정, 신성한 발작이나 광기로 몰아간다고 생각했다. 그 결과 예술가는 마음과 상관없이 신의 생각을 구체적으로 표현하게 된다는 것이다. 따라서 당시에는 시와 무용, 음악 예술이 인간에 의한 활동이 아니라 뮤즈들의 영감의 소산이라고 설명했다. 이런 관점의 배경에는 시와 춤과 음악이 결합된 형태의 코레이아 춤을 바커스를 위한 종교 축제 때 추었기 때문이기도 하지만, 이들 예술이 사람의 마음을 사로잡는 매력을 지녔고 강렬한 감정을 불러일으킨다고 생각했기 때문이다.

그리스 예술을 설명하는 모방론은 인간의 이성 활동으로 예술을 규명하고자 했다. 그러나 당시의 춤 코레이아는 영감의 활동으로 인식되었다. 뮤즈에 홀려 어떤 신성한 힘에 사로잡힌 상태에서 이성적인 작용이나 진리를 발견할 수 없다고 생각했던 것이다. 그리스 시대에 뮤즈의 예술인 무용, 음악, 시를 제외한 다른 예술은 '테크네'techne로 설명되었는데, 이 말이 '테크닉'technique과 '테크놀로지'technology의 어원이 되었다. 테크네의 중요한 속성은 바로 규칙에 입각한 제작 행위라는 것이었는데 이것이 이성적인 행위의 증거라 생각한 것이다. 그러나 뮤시케 예술무용, 음악, 시은 그런 규칙이나 지식보다는 상상과 영감과 관련되었고 무엇보다 '무에서 창조해내는' 능력을 지닌 뮤즈의 능력에 힘입은 것이라 보았다.

'creation'의 어원이 되는 그리스어 'creo'는 '창조하다' '만들다'라는 뜻이며 '무에서 창조하는' 신의 능력을 뜻했다. 그러나 르네상스 시대에 발전된 자의식에 힘입어 독립심과 자유정신의 발로로 인간도 창조력을 지닌다는 주장이 나타났다. 벨타사르 그라시안Baltasar Gracián, 1601~58은 "예술은 제2의 창조자처럼 자연을 완성한다"고 주장했다. 그러나 이런 주장은 거의 1세기 이상 저항을 받다가 18세기 계몽시대에 예술을 논의하는 과정에서 창조성 개념이 주로 쓰였고 상상력과 창조적 능력을 지닌 음악적 천재 개념과 이어졌다. 그러면서 20세기에 들어 예술과 과학에서 창조성이 자주 논의되면서 창조가 인간적 발명이라는 인식이 자리 잡게 되었다.

영감 개념 역시 역사적으로 변화를 거듭하는데, 기독교에서는 영감이 성령의 선물이라 생각했고 20세기 프로이트는 예술가의 내면에 자리한다고 했다. 오늘날 영감이란 인간의 의지로는 제어할 수 없는, 전적으로 인간의 내면적인 과정으로 인식한다. 종교적 광기와 같은 신에 홀린 상태에서 창조한다는 이유로 비난받던 영감 예술로서의 춤 이론을 자신의 춤을 설명하는 이론으로 삼아 현대적으로 설명하고자 한 무용수가 바로 이사도라 덩컨이다. 20세기 초 감정과 영감, 직관과 상상력이 강조되는 지적 조류를 배경으로 이사도라 덩컨은 그리스 예술을 이상으로 삼아 자아도취적인 영혼의 표현으로서 새로운 춤을 소개했다. 그녀는 내면의 사상을 표현한다는 직관적이고도 영적인 춤 사상을 지녔다.

이사도라 덩컨은 춤을 설명하는 과정에서 감정의 중심을 가슴에서 찾았으며, 이것을 '태양신경총'solar plexus이라 명명했다. 그리하여 태양신경총과 교감하는 영혼 표현으로 자기의 춤을 설명했다. 이 시기는 감정을 중시하는 '표현론'이 '모방론'을 제치고 새로운 예술 이론으로 유행하기 시작한 때이기도 하다. 그녀의 춤을 본 사람들 가운데 어떤 이는 그녀를 여신이라고 칭송했고, 다른 이들은 미친 사람이라고 비난했다. 이런 평가들은 그리스 시대 무용가들이 받았던 비난과 춤 창작의 메커니즘에 대한 설명을 정확하게 반복하는 것이라, 한편으로는 그리스 예술의 이상을 제대로 재현한 것이 아닌가 생각한다. 그녀의 춤이 그런 이미지를 지니게 된 구체적인 특성은 먼저 대단한 카리스마를 지닌 독특한 무용수로서의 개성을 들 수 있고, 둘째로는 그녀의 천재성에 대한 확신과 용기를 들 수 있다. 그녀의 춤은 이제까지 예술 창작 과정에 등장한 영감, 여신, 광기, 천재, 매력, 감정, 창조, 내면 등의 모든 요소가 녹아들어 있는 종합 세트다.

오리엔탈리즘 Orientalism

'오리엔탈리즘'은 서양 예술에서 근동과 아시아인의 표현 관습이나 특성 혹은 특징이라 생각되는 스타일의 적용과 가장을 지시한다. 동양식 혹은 동양학이라고 불릴 수 있는 오리엔탈리즘은 일반적으로 서양의 문화적 특성과는 다르거나 반대되는 것으로 정의한다. 오리엔탈리즘이라는 용어는 18세기 말~19세기 초 유럽에서 아시아와 중동의 언어와 종교, 역사, 사회 등에 관한 광범위한 관심에서 빈번히 쓰였다. 이 시기는 유럽의 식민지 경쟁과 제국주의 시기다. 19세기 유럽 귀족들은 아프리카와 아시아의 토착예술품 수집을 최고의 취미로 여겼으며 이집트, 그리스, 아프리카에서 대대적으로 고고학적 발굴 사업을 벌였다. 19세기 말 유럽에서는 모든 동양적인 것, 특히 일본식에 대한 걷잡을 수 없는 열정이 일었고, 20세기 첫 10년 동안에는 현실도피처로서 동양에 관한 온갖 종류의 간접 경험이 넘쳐났다. 19세기 유럽의 저술에서 동양은 모험과 인상적인 그림과 여성에 대한 환상으로 드러난다.

1890년대 유럽 예술계의 화두는 도피와 실험이었다. 동양과 아프리카, 외딴 섬에 대한 매혹은 폭넓은 실험으로 이어지고 일부 예술가들의 삶을 풍성하게 해주었다. 예술가들은 그곳에 다른 삶의 방식이 있음을 발견했고, 폴 고갱Paul, Gauguin, 1848~1903을 비롯한 몇몇 예술가들은 그곳에 이르는 방법을 추구했다. 세기말 현실로부터 이국적인 오리

왼쪽 | 루스 세인트 데니스의 「관음」(Guan Yin).

오른쪽 | 동양과 여성의 관능이 잘 드러난 루스 세인트 데니스의 작품 「라다」.
루스 세인트 데니스는 순회공연 중 우연히 본 광고에서
고요한 명상 자세로 앉아 있는 이집트 여신 이시스의 모습에 매료되었다.

엔트로 도피하고자 하는 경향은 19세기 시, 문학, 회화, 음악, 무용에서 나타난 낭만적 움직임과 연관이 있다. 『천일야화』One Thousand and One Night처럼 페르시아의 시나 인도의 고전, 중국과 일본의 우화나 전설 등 그림으로 번안된 것들을 통해 유럽과 미국인들은 자기들만의 시야로 이해한 아시아와 중동의 문화적 전형을 만들었고 이는 1세기 이상 지속되었다. 동양에 관한 이들의 이해는 식민지 행정관이나 학자, 여행자들의 기록에서 종합된 것으로, 일반적으로 동양은 엄청난 부와 화려함, 게으름, 관능과 잔인함이 넘치는 땅으로 생각되었다. 괴테를 비롯한 많은 문인이 동양적인 주제와 인물을 작품에 다루어 서양인의 '동양 판타지'라는 역할을 강화시켰다.

춤에서 오리엔탈리즘은 19세기 후반의 낭만 발레에서 나타나기 시작해 1890년대 절정을 이루는 러시아 고전 발레와 20세기 첫 10년에 활동을 시작한 발레 루스, 동시대의 몇몇 현대무용가들의 춤에 나타난다. 「해적」Le Corsaire, 1856, 1899과 「라 바야데르」La Bayadère, 1877에서 동양 이야기를 주제로 하는 전막 발레가 시작되고 「호두까기 인형」Nutcracker, 1892에서 중국 인물과 동양식 의상의 오리엔탈 디베르티스망이 소개되는 등, 낭만 발레에서 보았던 마법의 세계는 이국적인 동양의 환상으로 바뀌었다. 1900년 파리 만국박람회에서는 동양의 춤을 처음으로 선보였다. 만국박람회 전시관에 로이 풀러를 위해 설계된 극장에서 풀러는 일본의 여배우 사다 야코Sada Yacco, 1871~1946의 춤을 선보이도록 후원을 받았고, 불교적인 그녀의 춤은 관객을 감동시켰다. 이 만국박람회에서 미국 현대무용가 이사도라 덩컨과 루스 세인트 데니스와 이후 발레 루스를 결성하는 세르게이 디아길레프가 오리지널 동양인의 춤을 보았다.

세르게이 디아길레프가 이끈 러시아 발레단 발레 루스는 20세기 첫

10년 동안 프랑스와 영국, 미국에서 엄청난 영향력을 행사했다. 이 무용단 역시 다른 근대 작품들과 함께 동양적인 「셰에라자드」Scheherazade, 「클레오파트라」Cleopatra, 「동양인」Les Orientales 같은 도발적 레퍼토리를 만들었다. 미하일 포킨 안무에 레온 박스트가 디자인한 『셰에라자드』는 노랑과 분홍, 오렌지 색이 가미된 눈부신 빨강과 초록, 파랑의 대담한 병치로 동양적 환상을 보여주는 대표적인 오리엔탈 발레 작품이다. 강력한 안무와 화려한 의상과 장치는 유럽과 미국의 패션에 영향을 미쳤다.

   미국 현대무용의 선구자들은 춤에서 오리엔탈리즘 경향의 절정이라 할 수 있다. 로이 풀러의 「태양 경배」The Salute of the Sun, 「살로메의 비극」La Tragédie de Salom´과 이사도라 덩컨의 「루바이야」The Rubaiyat도 동양적 주제를 다루었다. 살로메는 사치스럽고 육체적이고 성적인 것의 전형으로서 동양적 인물의 대표 초상으로 부각되었다. 이다 루빈스타인, 로이 풀러 등 많은 무용가들이 살로메를 추었지만 그 가운데서도 살로메를 가장 방탕하게 그린 모드 앨런의 「살로메의 환영」The Vision of Salome, 1908은 선풍적인 인기를 얻었다. 모드 앨런은 캐나다 출신으로 음악가로 교육받았고 무용은 배운 바가 없었다. 하지만 당시 유행하던 덩컨 스타일 모방자로 춤을 독학했다.

   모드 앨런의 살로메 춤은 춤이라기보다는 극적 마임에 가까웠지만 두툼한 입술에 검은 머리, 청록색 눈동자, 창백한 피부와 육감적인 몸매는 동양의 요부로 보이기엔 안성맞춤이었다. 그녀의 예술은 영국에서 '마법적인 아름다움'으로 평가받았고, 상대적으로 이사도라 덩컨보다 훨씬 이해하기 쉽고 성공적인 무용수였다. 1906년부터 유럽 순회공연을 한 루스 세인트 데니스는 그 당시 이미 활발하게 활동하던 모드

1915년 테드 숀과 루스 세인트 데니스가
『내셔널지오그래픽』을 위해 동양 의상을 입고 포즈를 취했다.
서양이 20세기 초반에 동양에 가진 관심을 알 수 있다.

앨런과 이사도라 덩컨의 춤을 보았고, 이 경험에 대해 자서전 『*An Unfinished Life*』에서 "오 이런, 세상에 모순이⋯⋯"라고 적었다. 당시 런던의 조그만 극장에서 공연하던 루스 세인트 데니스는 왕실 극장에서 몇 블록씩 줄지어서 공연을 기다릴 만큼 만원인 가운데 공연하는 모드 앨런과, 반면에 작은 극장에서 많지 않은 관객을 두고 공연하는 이사도라 덩컨을 본 것이다. 그리고 루스 세인트 데니스는 모드 앨런이 "왕 앞에서 높은 출연료를 받고 공연한다 할지라도 그녀나 그녀의 추종자 누구도 이사도라 덩컨의 '순수 영혼의 춤'은 흉내도 내지 못할 것"이라고 적었다.

그러나 미국 현대무용에 오리엔탈리즘을 분명하게 접목시킨 가장 유명한 '오리엔탈' 무용수는 루스 세인트 데니스다. 1904년 배우로 순회공연하던 중 우연히 본 담배 광고 포스터에서 고요한 명상 자세로 앉아 있는 이집트 여신 이시스의 모습에 매료된 루스 세인트 데니스는 그 이시스를 상상 속 또 다른 표상으로 삼아 무용수로서의 경력을 형성했다. 루스 세인트 데니스는 스스로 "덩컨처럼 음악에 춤추는 무용수가 아니라 아이디어를 춤추는 무용수"라고 말했다. 그 아이디어란 신적 존재나 현자와 같은 동양 인물의 아이디어였다. 1920년대 덩컨 스타일의 몇몇 솔로 작품을 제외하고 루스 세인트 데니스는 결코 자신으로서 춤을 춘 적이 없다. 그녀는 이국적인 동양 여신이나 의식을 치르는 인도 무희 등 다양한 동양 인물을 그림처럼 묘사하면서 깨달음의 상태를 보여주고자 했다. 루스 세인트 데니스는 1925~26년에 아시아를 순회공연하기도 했는데, 아시아는 그녀에게 '더 나은 자아'였다.

19세기 말 유럽인들에게 여성과 동일시되던 동양과 여성의 관능은 루스 세인트 데니스의 작품 「라다」Radha, 1906에서 잘 드러난다. 루스 세인트 데니스는 힌두교와 불교의 철학을 배우고 시각 자료를 연구하고 자기 무용단의 아시아 무용수를 통해 오리엔탈리즘에 충실하고자 했다. 그녀는 남편 테드 숀과 함께 캘리포니아에 데니숀 무용 학교 Denishawn School를 세우고 그곳에서 동양무용을 가르쳤는데, 미국 현대무용의 설립자인 마사 그레이엄, 도리스 험프리, 찰스 와이드먼 등이 그곳에서 대중적인 춤과 발레 트레이닝의 대안으로 오리엔탈리즘 개념과 춤을 교육받았다. 그레이엄 테크닉에서 이런 동양 테크닉의 영향을 많이 발견할 수 있다. 그러므로 20세기 초 동양은 미국 현대무용의 새로운 창조성의 토양이 된 것이다.

제2차 세계대전 이후, 일본 회화와 디자인에 대한 관심과 함께 오리엔탈리즘의 열기가 다시 한 번 되살아났다. 1950년대부터 이제까지 알려지지 않은 아시아에 대한 관심이 잠시 일었는데, 서구인들이 동양의 철학과 종교, 무술에 매혹된 것이다. 이런 관심을 춤에 반영해 수피교 Sufi, 도교, 선Zen, 요가, 가라테, 타이지Taiji 등의 테크닉이 춤과 공연 스타일에 포함되기 시작했다. 로라 딘Laura Dean, 1945~이 이런 움직임에 앞장선 데 이어서 오리엔탈리즘은 아시아 무용수와 안무자인 리타 데비Ritha Devi, 1934~, 케이 타케이Kei Takei, 1946~에 의해 서양과 동양의 주제와 기술을 융합하는 실험으로 전개되었고, 이런 움직임은 1990년대에 일본 부토butoh의 움직임을 더 '느리게' '현대적'으로 작업한 일본 출신 미국 현대무용가 에이코와 코마Eiko&Koma 무용단으로 이어졌다. 이들은 큰 성공을 거두었다.

유의미한 형식 Significant Form

'유의미한 형식'은 형식론을 주창한 영국 철학자 클라이브 벨Clive Bell, 1881~1964이 예술작품을 지칭하면서 사용한 개념이다. 형식론은 예술의 가치가 형식에 의해 결정된다고 보고 내용이나 의미보다 형식을 강조하는 이론이다. 이는 20세기 초 등장하면서 20세기 전반 표현론과 함께 유행했다. 벨이 예술작품을 '아름다운 형식'이라고 하지 않고 '의미 형식'이라고 부른 이유는 예술가들이 창조한 형식이 불러일으키는 감정이 보석이나 꽃, 나비의 아름다움이 자아내는 것과는 다르다고 보았기 때문이다. 벨은 예술작품은 특이한 의미를 지닌다고 했다. 그러나 이런 유의미성이 언제부터 나타나는지는 아무도 정확히 알 수 없다고 했다. 또 형이상학적 전제 아래 예술가는 작품으로 감정을 표현하지만 꽃이나 보석은 아무것도 표현하지 않기 때문에 그런 측면에서 유의미하지 않다고 주장했다. 그러므로 형식주의 이론은 예술의 본질이 형식에 있다고 보고 심미적 감동을 불러일으키는 특수한 형식은 현대 미학에서 가장 큰 영향과 공감을 불러일으켰다.

1930년대 미국의 현대춤을 대중에게 설명하고 이 새로운 예술을 대중에게 이해시키기 위해 노력한 사람으로는 마거릿 두블러와 존 마틴이 있다. 이들은 감정 표현을 내용으로 하는 새로운 춤 형식을 설명하기 위해 '유의미한 형식'과 '유기적인 통일' 등 형식론 개념을 당대의 주도적인 예술 이론이던 표현론의 구조 속에서 설명했다. 마거릿 두블러는 위스콘신 대학에서 생물학과 화학, 철학을 전공한 뒤, 1916년 콜롬비아 대학에서 대학원 과정을 거치는 동안 현대무용을 접하고 1917년 모교로 돌아와 교수직을 맡으며 이를 가르치기 시작했다. 그녀는 1926년 위스콘신 대학에 최초로 무용과를 설립하고 그 학문적 당위성을 설명하기 위해 많은 노력을 기울이며, 최초의 고전적 무용 이론이라고 할 만한 무용 예술서를 펴냈다. 1927~62년 『뉴욕 타임스』에서 무용 비평을 한 존 마틴은 단지 평론가라기보다는 현대무용을 위한 십자군 전사였다. 당시 마사 그레이엄과 도리스 험프리 등 젊은 현대무용가의 작품에서 콘스탄틴 스타니슬라프스키Constantin Stanislavski, 1863~1938의 표현 원칙을 느낀 존 마틴은 무관심한 대중에게 현대춤의 중요성을 알리고자 했고 이에 성공했다.

마거릿 두블러와 존 마틴의 무용 이론은 당시 유행한 현대무용을 대상으로 삼았으며 내용이 매우 유사하다. 이들은 각자 저서에서 '형식', '내용'을 제목으로 장을 구성하는 등, 당대 유행하던 감정표현론의 토대 위에서 그 구성을 설명하는 개념으로 형식론의 기초 개념과 용어를 사용했다. 이들은 안무자의 감정이 예술 충동이나 내면적 필요성에 의해 움직임 표현으로 나타나고, 이는 움직임의 정조나 분위기에 의해 의미가 해석된다는 입장이었다. 그리고 관객에게 미적 반응을 불러일으키는 바람직한 움직임 형식에 많은 지면을 할애했다. 이는 당시 훌륭한 형식을 가능케 하는 형식론자들의 세부 원리 연구서가 많이 발간된 데서 영향을 받은 것으로 보인다. 존 마틴은 무용 구성이 '유의미한 형식'이 되어야 한다고 했으며 마거릿 두블러는 '유기적인 통일성'을 지녀야 한다고 했다. 그래야 비로소 관객에게 의도를 전달하는 함축적인 구성이 완성된다고 했다. 유기적인 통일성은 다양성의 통일과 함께 형식론에서 형식원리의 중심이 되는 개념이다.

마거릿 두블러와 존 마틴은 나아가 의미 형식과 유기적 통일성을 훌륭한 무용의 척도로 삼고 이들 요소, 즉 무용 구성 요소로서 형식미의 부수 원리들을 열거했다. '대조', '다양성', '전이', '균형감', '조화', '반복' 등 이런 개념들은 회화 형식을 설명하기 위해 고안된 형식론의 원칙과 거의 일치하거나 유사하다. 무용 이론에 사용된 형식주의 개념들이 여러 안무가에 의해 안무법으로 사용되었다. 안무 연구서들은 대부분 이들의 무용 구성 이론 위에서 발전했다. 무용을 형식주의적으로 바라본다는 것은 동작의 의미보다는 모양에 신경 쓰는 것이고, 동작을 구성하는 여러 요소들의 관계를 따지는 것이다. 이는 발레 동작 구성에서 시각적으로 즐거운 신체 배열에 치우치는 경향이 있다. 존 마틴은 말년에 조지 발란신을 칭송하며 그의 추상 발레에서 훌륭한 형식을 발견했다.

따라서 마거릿 두블러와 존 마틴이 무용 형식을 설명하기 위해 차용한 형식주의 개념들이 오늘의 무용을 시각적으로 바라보게 하는 데 어느 정도 영향을 미쳤다고 할 수 있다. 형식과 내용은 동시에 추구하기 힘들다. 강렬한 표현성을 지닌 독일 표현주의 무용의 선구자 마리 비그만의 춤이 그로테스크했다는 평판에서도 알 수 있다. 여기서 그로테스크하다는 것은 시각적으로 즐겁지 않고 형식적으로 낯설다는 뜻이다. 최근 컨템퍼러리 댄스에서 빈번히 사용되는 영상의 도움으로 인상적인 그림 그리기 같은 경향과, 의미가 빈약하거나 실종된 채 시각적으로 즐겁게 번쩍이는 스펙터클한 춤이 많은 이유가 20세기 전반에 정초된 형식주의적 시각에 있는지 모른다.

카타르시스 Catharsis

고대 그리스의 대표 예술 코레이아는 노래와 춤 그리고 음악이 결합된 상태로 감정을 표현하는 행위였다. 코레이아는 관조의 대상이라기보다는 행위로 감정을 표현하는 것이었으며 디오니소스 제의와 관련해 행해졌다. 코레이아에 참여해 감정을 발산하는 사람들은 그것이 구원을 가져다줄 것이라 기대했다. 즉 코레이아가 카타르시스를 초래하는 것이라 생각했다. 그러므로 정화 예술로 생각된 코레이아는 그리스 사회에서 사교나 신비교 또는 이교적인 제의의 맥락에서 실행되었다. 디오니소스교의 제의는 근본적으로 카타르시스였다. 중세 무도광이나 집단적 히스테리도 모두 종교적 형식을 빈 사회적 방출형태였다. 디오니소스제가 오랫동안 지속될 정도로 그리스 사회에서 정당화된 이유는 디오니소스제에서 추는 춤과 노래가 치유 효과를 지녔다고 믿었기 때문이다.

고대 그리스에서는 코레이아가 다른 예술에 비해 가장 강력한 카타르시스 효과를 지녔다고 여겼다. 그리스 초기에는 춤과 노래에 직접 참여한 사람에게만 위안과 정화를 준다고 생각했으나, 점차 직접 춤추거나 노래하지 않는 감상자나 청취자에게도 정화 효과가 일어난다고 보았다. 따라서 처음에는 춤만이 카타르시스 기능을 가진 것으로 생각되다가 점차 연극이나 노래도 그런 기능을 지니는 것으로 여겨졌다. 그리스 문명 절정기까지 춤은 모든 예술 중 가장 중요한 예술이었으며 따라서 가장 강렬한 카타르시스 기능을 지닌 것으로 평가되었다.

카타르시스라는 단어는 '청결하게 하다'라는 그리스어 'katharein'에서 유래했다. 이후 카타르시스는 종교, 의학, 철학 논의에서 다양한 의미로 쓰였다. 그러나 가장 일반적인 의미는 '정화'인데, 특히 죄나 제의 상 오염으로부터 깨끗이 한다는 것이 원래의 의미였다. 카타르시스를 철학에 소개한 이는 플라톤인데, 그는 철학으로 오염된 상태를 정화해야만 더 나은 삶을 준비할 수 있다고 했다. 의학적으로는 히포크라테스BC 460~377와 그 학파가 주로 인체로부터 부정한 것을 제거한다는 뜻으로 카타르시스를 사용했으며, 그리하여 사람과 신 사이에 건강한 조화와 올바른 관계를 확립하고자 했다.

아리스토텔레스는 『시학』에서 비극에 대해 정의하면서 오늘날까지 풀리지 않는 카타르시스의 의미 논란을 불러일으켰다. 아리스토텔레스는 비극을 보는 사람들이 "연민과 공포를 통해 그러한 종류의 감정의 카타르시스를 이룬다"고 했는데 이에 대한 해석이 여전히 분분하다. 일단 카타르시스를 경험한 이후에도 연민이나 공포가 남지만 어느 정도 정화된다는 입장과, 완전히 정화되고 제거된다는 입장, 마지막으로는 카타르시스가 비극의 플롯과 인물에 한정된 것이라는 해석 등이 있다. 이렇게 불명확한 의미에 대해서는 아리스토텔레스의 원래 문장이 필경사의 오류로 필사 과정에서 손상되어 일어났다는 페트로세브스키Petrusevski 교수의 주장까지 다양한 설명이 있다.

그러나 춤이 감정을 달래고 진정시키며, 현대적인 표현으로 하자면 영혼을 세척해 깨끗이 정화하는 역할을 한다고 믿었던 카타르시스 개념은 그리스 초기부터 예술과 관련된 그들의 논의에서 중심적으로 사용된 용어였다.

커뮤니케이션 Communication

20세기 전반 예술이 감정에 관련해 호소하고 이런 예술적, 도덕적 감정을 관객에게 전달함으로서 이해된다는 표현-전달 이론expression-communication theory이 유행했다. 소설가 레오 톨스토이Leo Tolstoy, 1828~1910가 "예술이 다른 사람에게 감정을 표현하고 전달하는 간접적 수단이 된다"는 생각을 처음 제시했는데, 이는 철학자 베네데토 크로체Benedetto Croce, 1866~1952와 로빈 콜링우드에 의해 예술이 감정을 표현한다는 관점으로 발전했다. 이는 예술작품이 본질적으로는 예술가의 마음속에 있다는 것을 뜻하고, 이때 표현은 전달을 의미한다. 어느 예술가가 '표현을 잘한다'고 할 때 그것은 예술가의 의도가 감상자에게 잘 전달된다는 뜻이다. 그리고 표현이란 언어적으로 해석되는 의미를 전제로 하기 때문에 언어화될 수 있는 명료성이 매우 중요하게 부각되기 시작했다. 그리하여 예술가에게 표현성은 새로운 가치가 되었고 1960~70년대 일어난 비언어적 커뮤니케이션에 대한 관심과 연구는 몸짓 커뮤니케이션의 가치와 중요성을 새롭게 인식하게 했다.

20세기 무용가에게 표현과 전달은 창작에서 가장 중요한 가치가 되었다. 표현성과 전달성이라는 측면에서 전통 한국춤을 보면 앞서 언급한 것처럼 언어적으로 해석될 수 있는 명료성은 서양춤에 비해 상대적으로 열등하다고 할 수밖에 없다. 한국무용에는 어느 동작이 어떤 의도를 구체적으로 표현한다는 개념이 없고 객관적이고 명료한 전달이 허용되지 않는다. 사회적으로도 적극적인 자기표현보다는 비언어적이고 모호한 표현과 신중한 행동이 우선하며, 예술에서도 강렬한 감정표현보다 절제가 요구된다. 이는 우리 문화의 커뮤니케이션 방식의 차이에서 기인하는 것이다. 동·서양 커뮤니케이션 방식의 차이가 춤의 표현-전달 방식에서도 차이를 야기한 것이다.

커뮤니케이션을 말과 몸의 영역으로 나누어볼 때 동양에서는 말보다 몸을 더 신뢰하고 중요하게 여겼다. 동양의 전통에는 '최소한의 언어로' '최대한의 진실'을 전달하려는 언어최소주의적인 생각이 뿌리 깊고, 언어에 대한 불신은 '불립문자'不立文字, '언어도단'言語道斷, '입상진의'立象盡意 등의 개념에서 발견된다. 이는 '말이나 문자를 통하지 않은 즉각적인 깨달음' '말이 이룰 수 없는 도' '모양을 만들어 뜻을 전한다'는 뜻으로, 말로는 참뜻이 전달되지 못하고 몸 언어가 따라야 한다는 의미다. 모두 비언어적 감성을 중시하는 직관적 의사소통관이다. 언어보다는 마음의 일치를 중시해 소통의 주체와 객체의 구분이 미묘한 명상과 직관, 조화를 중심으로 통합적인 화법을 형성했다. 반면 서양의 커뮤니케이션은 대상을 언어로 치환할 수 있다는 신념에서 출발해 객관성과 명료성이 커뮤니케이션의 중심 가치가 되었다.

이런 영향으로 한국춤은 개별 동작의 언어적 표현보다는 몸 전체에서 우러나는 바탕의 표현을 중시한다. 전통 한국춤은 춤을 시작하기 전에 노래로 먼저 내용을 제시하는 구조이기 때문에 동작 자체에서는 구체적인 표현성을 찾아보기 힘들다. 한국춤은 개별 동작의 표현성보다는 무용수의 몸에서 드러나는 관객에 대한 예법이나 전체적인 제시를 중요시한다. 이는 동양 커뮤니케이션의 특징인 상대방 존대 예절이 춤에서도 나타나는 예다. 한국춤은 제작 과정도 집단적이고 내용에도 개인의 감정이나 아이디어가 들어올 여지가 없다. 춤에서 존대는 궁중 춤에서 춤을 시작하고 끝낼 때 한삼 낀 두 손을 모아 입을 가리고 내용을 노래한 뒤 몸 앞으로 손을 내려 공손하게 절하는 것과, 퇴장할 때 경의를 갖춘 몸가짐 등에서 알 수 있다. 춤을 추는 동안 무용수의 눈빛, 낯빛 등 용모와 몸짓은 모두 단정하고 온화하고 공손하고 덕성스러워 최대한 겸손과 공경을 표한다. 이는 몸을 통해 의식을 드러내고 정체를 형성하는 유가적 인간관의 영향이다.

공연과 소통에서도 한국춤은 궁정 뜰이나 동네 광장 같은 현실 공간에서 이루어지고 움직임도 일상의 몸짓과 일치한다. 이는 일상의 시간성과 공간감으로부터 단절된 무대와 객석이라는 서양춤의 이원적 구조와 대조된다. 한국춤에서는 표현 주체와 객체가 구분되지 않는 쌍방향의 수평적 커뮤니케이션이 이루어진다. 관객과 공연자의 일상적인 시간성과 공간성이 공존하며 넘나든다. 움직임 커뮤니케이션의 발화자와 청자가 같은 시공간에 존재할 때 몸의 언어는 정보전달보다는 공동체 안에서 유대감을 공고히 하고 신념의 표상을 나누는 특성을 지닌다. 공연자도 현란한 기교를 과시하기보다는 춤을 통해 관객과 소통하는 것이 우월성을 증명하는 것이고, 관객 역시 이심전심 직관으로 이해한다. 춤이 일어나는 공간은 관객과 공연자의 차이를 강조하는 것이 아니라 만남을 확인하고 하나되는 교차로다.

이런 구조와 특성은 우리의 춤이 생활에서 분리되지 않은 전통에서 기인한다. 또한 이런 무용 전통은 서구적인 커뮤니케이션 구도에 따라 극장 무대에서 작업해야 하는 오늘날의 한국 무용수들에게 어려움을 초래하기도 한다. 그렇기 때문에 무용을 조금 더 폭넓은 시각으로 바라보는 도전의식이 필요한 이유다.

코레이아 · 오케시스 Choreia · Orchesis

그리스 춤을 지칭하는 단어는 여러 가지가 있는데 대표적인 것이 '코레이아'와 '오케시스'다. 그리스 시대 예술에는 표현적인 예술과 구성적인 예술 두 가지 유형이 있었다. 춤은 표현적 예술형태의 중심으로 음악과 가사로 수식되었으며, 구성적 예술의 중심은 건축으로 조각과 회화로 장식되는 시스템이었다. 그러므로 그리스 시대 춤은 음악과 시와 융합된 활동이었다. 따라서 합창무용 형태였다고 생각하면 정확할 것이다. 그리스 시대 청년 교육에 주로 쓰인 방법이 바로 합창무용이기도 하다. 당시 일반적으로 춤을 지칭하는 단어는 '오케시스'였으며 '코레이아'는 공공의 종교 축제와 관련된 춤을 주로 지칭했다. 코레이아는 제스처와 단어, 멜로디 그리고 리듬을 통해 인간의 감정과 중농을 표현하는 예술이었다. 군무를 뜻하는 'choros'로부터 코레이아가 유래했다는 점이 춤의 중요한 역할을 강조한다.

기원전 508년부터 그리스 아테네에서 이제까지와 달리 디시램브 경연대회를 노천극장인 디오니소스 극장에서 개최하게 됨으로써 디오니소스 극장의 춤추는 공간 오케스트라orchestra에서 춤을 추게 되었다. 그러므로 '오케스트라'는 합창무용을 하는 사람들을 위한 춤추는 공간을 뜻했으며 이로부터 'orcheisthai'가 유래했다. 이는 '춤추다'라는 그리스어다. 이로부터 '오케시스'가 나왔다. '오케스트라'라는 말을 처음 문헌에 쓴 이는 플라톤이며, 그는 『변론』에서 소크라테스의 입을 빌려

책이나 팸플릿을 살 수 있는 곳을 오케스트라라고 말했다. 이로부터 유추하자면 디오니소스 축제가 열리지 않는 시즌에 디오니소스 극장은 상업적으로 활용된 듯하다. 반면 호머가 『일리아드』*Iliad*에서 무용 무대를 지칭하기 위해 쓴 단어는 'choros'다. 당시 코로스는 일반적으로 춤을 뜻하기도 했고 특히 군무를 지칭했으며 이로부터 코레이아의 어원이 되었다.

'코레이아'는 관중이 참여하는 무용으로 근본적으로 원무이며, 단순한 스텝으로 이루어지는 참여자들의 행진 궤적을 중시한다. 이에 비해 '오케시스'는 수직적인 도약이나 높은 발차기나 브리지bridge 동작처럼 전문적인 기예를 과시했다. 남에게 보여주는 데 중점을 둔 것이다. 두 단어는 서로 혼용되기도 했지만 두 개념의 관계가 불분명하기도 했다. 그러나 '코레이아'가 '오케시스'보다 많이 쓰였다. 참고로 플라톤이 무용을 논할 때 쓴 용어가 '코레이아'이며, 무용에 대해 호의적인 글을 쓴 2세기 그리스 철학자이자 풍자가 루키아노스가 쓴 용어는 '오케시스'다. 루키아노스는 고대 그리스 신비교 가운데 춤추지 않는 종교는 하나도 없다고 말한 바 있다.

코레이아는 공공 종교 축제에서 추던 합창무용으로, 디오니소스를 숭상하는 종교의식에서 추었으므로 근본적으로 감정을 발산하고 표현하는 것이 특징이다. 디오니소스교도들이 와인의 신을 위해 술에 취해 쓰러질 때까지 춤추며 찬양하는 이유는 바로 생의 불행으로부터 구원받는다는 믿음에서였다. 그러므로 코레이아가 지닌 이런 감정 발산은 결과적으로 마음을 진정시키는 치유 효과로 받아들여졌다.

이에 반해 기교 과시를 위한 오케시스는 기계체조 같은 춤이었으며 이런 오케시스는 전쟁과 관련해 추었다. 로마 군대가 전쟁에서 이기고 로마에 입성하는 개선행진에서 장군들이 군중 앞에서 춘 춤이 바로 오케시스였다고 한다. 히포크라테스도 부인에게 청혼할 때 빼어난 오케시스 솜씨 때문에 장인에게 승낙을 받았다고 한다.

표현주의 Expressionism

　표현주의는 일반적으로 20세기 초 독일 예술가들 사이에서 일어난 움직임이다. 예술가 개인이 세계를 바라보는 주관적 관점을 제시하고 기분과 사상을 전달하기 위해 감정적 효과에 기대는 강한 감정주의적 특징을 지닌다. 이는 이전까지 객관적이고 이성적인 세계를 그리고자 한 예술사상에 비해 전위적이었다. 자연의 객관적인 실재보다 예술가의 감정 경험과 실존 경험을 표현하고자 한 표현주의는 시, 회화, 무용, 연극, 영화, 건축, 음악 등 다양한 분야에서 나타났다. 독일의 표현주의는 제1차 세계대전 전부터 시작되어 1920년대에 절정에 이르렀다.

　철학자 니체는 고대예술의 아폴로적이고 디오니소스적인 예술 경험을 설명함으로써 현대적인 표현주의의 탄생 토대를 제공했다. 그리스 시대 아폴로적 예술로는 회화와 조각이, 디오니소스적 예술은 무용과 시가 대표적이었다. 19세기 말까지 활기와 강렬함, 황홀함, 도취감을 특성으로 하는 디오니소스적 인식이 고조되면서 그 결과 예술가의 정서 표현이라는 표현주의 이론이 등장하게 된 것이다.

　독일 표현주의 운동과 관련된 유럽 무용을 '표현주의 무용'이라 부르는데, 선구자는 흔히 마리 비그만을 꼽는다. 그녀의 춤은 표현주의 무용이란 뜻의 '오스드럭스탄츠'Ausdruckstanz로 불렸는데, 미국에서는 '독일 무용' 혹은 '독일 표현주의 무용'으로, 영국에서는 '본토 유럽 무용'Central European Dance으로 불렸다. 마리 비그만의 표현주의 무용은 20

세기가 시작되면서부터 제2차 세계대전까지 영향을 미친 새로운 무용 예술의 기초가 되었다. 1890년대부터 유럽과 미국에서 일어난 계몽의 식이 새로운 예술인 표현주의 무용의 토대가 되었다. 당시 독일에서는 크게 각성된 젊은이들의 문화 사조를 '유겐트슈틸'jugendstil: 젊은 스타일이라 명명할 정도였다. 마리 비그만의 춤도 젊은 스타일에 속했다.

20세기가 시작되는 1900년대까지도 독일은 유럽에서 유독 발레가 깊이 자리 잡지 못한 나라였다. 따라서 20세기의 시작과 함께 전개된 현대무용 선구자들의 새로운 무용에 독일인들이 더욱 개방적이고 진지한 태도를 보였다. 신체에 대한 새로운 인식이 나타나면서 체조도 발전했다. 예술적 감성을 가미한 신체단련법 창시자 자크 달크로즈의 학생으로 출발한 마리 비그만은 현대춤의 스승 루돌프 라반과 함께 새로운 춤의 기초를 쌓으며 현대무용의 선구자가 되었다.

표현주의 무용은 당시 독일에서 대유행이던 신체 문화에 대한 관심에서 상당 부분 비롯되었다. 그들은 춤을 문학적·음악적 구속으로부터 해방시키고자 했다. 움직임만으로 충분한 표현 수단을 탐색함으로써 무용의 독립성을 증명하고자 했다. 마리 비그만은 음악이나 플롯 등 외적인 요소에 크게 의존하지 않는 '절대 무용' 이념을 주장해 무용의 자율성을 주장했다.

마리 비그만의 「마녀의 춤」Witch Dance, 1914은 새로운 춤의 원칙들을 잘 보여준다. 중력과 대지를 인정하고 긴장과 이완에 기초한 안무 방식, 무용수의 감정에서 바로 표현이 시작되는 것 등이 전통 발레와는 완연히 다른 점이었다. 표현주의 무용은 아름답고 눈부시고 기교적인 어휘를 넘어서지 못하던 발레의 한계를 뛰어넘어 무용의 표현적 가능성을 확장시켰다. 마리 비그만은 바이마르 시기 독일 문화를 대표하는

마리 비그만의 「마녀의 춤」. 그녀는 금기시되던 노년과 죽음, 전쟁, 파괴 등을 다루었으며, 강력한 무의식을 드러내는 악마 같고 그로테스크한 춤을 보여주었다.

아이콘이었으며 오늘날 유럽 무용사에서 가장 중요한 인물로 평가받는다. 1920년 마리 비그만이 드레스덴에 무용 학교를 열면서 '본토 유럽' 움직임 시스템이 시작되었다. 표현주의 무용의 이론과 기술은 유럽 전역으로, 그리고 마리 비그만의 제자들에 의해 미국과 영국, 러시아 등지로 퍼져나가면서 현대무용의 발전을 도왔다. 그러나 이 새로운 춤의 개인적 성향으로 교수법이 발전하지는 못했다.

비그만의 춤은 깊은 존재 경험을 무대에서 보여준다며 대단히 인정받았다. 비그만 스타일은 제1, 2차 세계대전 사이의 독일 사회에 잠재한 긴장과 불행감을 정확하게 반영했다. 그녀의 작품 경향은 침울하고 어둡고 무거웠다. 표현주의 무용의 영향은 본토 유럽의 경계를 뛰어넘어 다양하게 전파되었다. 마리 비그만이 1930년대에 미국 순회공연을 한 뒤를 이어 1931년에 제자 하냐 홈이 뉴욕에 비그만 스튜디오를 세웠다. 이 학교는 당시 뉴욕에서 현대무용을 가르치는 가장 중요한 교육장이 되었다. 미국의 비평가와 관객은 그녀의 춤이 추하고 보기 불편하다고 했지만 미국 현대무용에 미친 영향력은 지대했다.

비그만 스튜디오를 통해 하냐 홈은 미국 현대무용을 이끌어갈 다음 세대에게 큰 영향을 미쳤다. 그녀의 제자로는 얼윈 니콜라이, 발레리 베티Valerie Bettis, 1919~82, 글렌 테틀리Glen Tetley, 1926~2007 등이 있다. 마리 비그만의 춤을 보고 입문한 얼윈 니콜라이는 1950년대 이후 미국을 대표하는 세계적인 현대무용가가 되었고 미국을 넘어 유럽에서 크게 환호받았으며, 사후 파리 예술가 묘지에 이장될 정도로 유럽에서 인기를 누렸다. 19세기 말 미국의 두 여성 로이 풀러와 이사도라 덩컨이 유럽으로 건너가 현대무용의 씨앗을 뿌리고 거기서 잉태된 마리 비그만은 제자들을 통해 미국의 다음 세대에게 자양분이 되었다.

그러나 나치 시대[1933~45]를 거치면서 독일 현대무용은 급작스레 맥이 끊겼다. 표현주의 무용은 1930년대 이전에 이미 혁명적 단계를 넘어갔다고 보아야 한다. 표현주의가 지니는 개인적 구상과 이해, 제도적 지원 부족, 기교 결여가 이 춤이 살아남기 힘들게 만드는 요소다. 표현주의 무용은 춤을 창조한 안무가이자 무용수에게 밀접하게 관련되므로 그 춤은 다른 사람을 통해 배우거나 공연될 수 없다. 「마녀의 춤」을 마리 비그만이 아닌 다른 사람이 춘다는 것은 오리지널리티 측면에서 의미가 없기 때문이다.

표현주의 무용은 유럽 춤이 완전히 다른 방향으로 발전하도록 영향을 미쳤고, 움직임의 표현적인 힘을 주장하고 자율적인 예술로서 춤 해방의 길을 닦았다고 하겠다. 1930년대 미국의 무용학자와 비평가가 새로운 현대무용을 설명하는 이론을 형성할 때 이들은 표현주의의 관점을 적용했다. 필자는 그들의 이론을 '표현주의 무용 이론'이라 명명했다.

프랑스 왕립 무용 아카데미 Académie Royale de Danse

태양왕 루이 14세는 친정을 시작한 첫 해 1661년 3월에 왕립 무용 아카데미를 설립했다. 이는 서구에 처음 생긴 무용 기관이었는데, 전문에 밝힌 설립 목적은 "무용 예술을 본래의 완벽한 상태로 되돌리고 최대한 향상시키고 발전시키기 위한 데" 있었다. 아카데미가 필요하다고 판단한 이유는 '무용은 항시 고귀한 예술로 인식되었고 신체 훈육을 위해 가장 필요한 것임에도 불구하고, 최근 전쟁으로 인해 자격을 갖추지 못한 사람들이 무용을 가르칠 뿐 아니라 무지한 사람들이 무용을 훼손하고 있어 이를 바로잡지 않으면 이 예술을 영원히 망쳐버릴 것'이라는 생각에서였다. 이와 동시에 무용 교사인 피에르 보샹을 '왕의 발레'ballets du Roi 감독으로 임명해 궁정의 모든 발레 공연을 책임지게 했다.

루이 14세는 당시 무용계에서 가장 경험이 풍부하고 명망 있는 댄싱 마스터 13명을 선정해 무용 예술을 가장 완벽한 상태로 재건할 수 있도록 논의하라고 명령했다. 이들 중에는 당시 루이 14세의 무용 선생을 비롯해 왕비와 왕자 그리고 왕가의 무용 선생이 모두 포함되었다. 루이 14세의 무용 선생인 피에르 보샹이 아카데미 회원의 13인의 수장이었는데, 이들은 무용 교사들을 양성, 감독하고 현존하는 무용 지식들을 관리하며 새로운 춤을 검열했다. 아카데미 초기에 이들이 실질적으로 한 일은 왕의 발레를 위해 필요한 뛰어난 무용수들을 제공하고,

아카데믹 발레 규칙을 정의하고, 어설픈 자들이 무용을 가르치지 못하도록 하는 일이었다. 이들은 매주 토요일 베르사유 궁의 살롱에서 중요한 사안들을 결정해야 했지만 무용 예술에 대한 토의와 규칙 제정을 위해 선술집에서 만나는 것을 선호했다. 그리하여 이 아카데미는 가시적인 업적을 남기지 못하고 1780년대에 폐지되었다.

진정한 프랑스 발레와 기술 발전은 제2의 무용 아카데미, 즉 오페라 아카데미에서 이루어졌다. 이 아카데미는 1669년 오페라 공연을 위해 왕실 허가를 받아 설립되었는데, 처음부터 발레단을 가지고 있었으며 '연극 작품들을 이탈리아, 독일, 영국처럼 12년 동안 공개적으로 노래하는 임무'를 지녔다. 1672년 루이 14세의 작곡가인 장-바티스트 룰리가 이 아카데미의 원장이 되면서 전년도에 설립된 음악 아카데미를 흡수해 왕립 음악·무용 아카데미가 되었지만 편리하게 '오페라'라 불렸다.

장-바티스트 룰리는 무용수이자 음악가였는데 아카데미에서 직접 음악을 담당한 발레들만 공연했고 피에르 보샹과 장-바티스트 몰리에르Jean-Baptiste Molière, 1622~73 그리고 장-바티스트 라신Jean-Baptiste Racine, 1639~99과 협력해 오페라 발레를 탄생시켰다. 고전과 신화적 주제를 음악으로 다루면서 앙트레를 곁들인 정교하고 형식적인 연희는 18세기 중반까지 오페라의 전형이었다. 이런 스펙터클에서 춤이 점차 인기를 얻고 중요성이 확인되자 1713년 파리 오페라에 부설 무용 학교가 생겼다.

루이 14세는 이 제2의 무용 아카데미를 발족시킨 이듬해 1670년부터 춤추기를 그만두었다. 루이 14세가 공연자로서 은퇴한 사실은 발레가 전문적으로 발전하는 계기가 되었다. 나아가 무용 학교의 설립은 전문적인 직업무용수의 출현으로 이어졌다. 1681년 장-바티스트 룰리의 오페라 발레 「사랑의 승리」에 네 명의 여성무용수가 등장하게 되는데, 당시까지 여성은 행동 제한이 많은 코르셋 의상으로 유연성이 떨어져 기교적으로 남성보다 초보적이었고 무대에서도 남자보다 열등한 위치에 있었다.

아카데미 설립은 발레 기법에 체계화를 가져왔다. 발레가 아마추어 유형에서 극장 무대로 올라가게 된 지 수십 년 뒤, 발레에서 연기는 아카데미에서 훈련받은 직업 무희들이 담당하게 되었고 결과적으로 고도의 기술을 개발하게 되었다. 장-바티스트 룰리에 이어 아카데미 교장이 된 피에르 보샹은 5가지 발 자세와 12가지 팔 자세 위에 오늘날까지 이어지는 발레 기교와 교육의 기초를 만들고 발전시켰다. 이렇듯 프랑스가 발레 테크닉을 체계화하고 교육시킴으로써 프랑스어가 발레 용어의 공식 언어가 되었다.

현상학 Phenomenology

현상학은 20세기 초에 등장한 새로운 철학 방법으로 의식의 구조와 의식 활동 결과 나타나는 현상에 대한 체계적인 숙고에 관심을 둔다. 현상학자들은 의식과 의식 경험의 본질과 구조를 체계적인 반성을 통해 밝히고자 했다. 서양 전통 철학에서는 보이는 현상을 의심하고 현상 배후에 있는 초월적 실재에서 참된 존재를 찾고자 노력했는데, 이것이 현상학의 등장과 함께 현상의 토대로서 근원적 존재로 자리하게 된 것이다. 에드문트 후설Edmund Husserl, 1859~1938이 창시한 현상학의 철학적 의미는 플라톤 이후 서양 사상을 장악해온 이성주의적 편견을 거부한 데 있다. 대신 이들은 개인의 '생 경험'을 드러내는 반성적 직관 방법을 선호했다. 현상학적 본질 인식을 위해서는 사전, 사후의 숙고를 배제하고 직관 이해에 의지하는 판단 중지를 수반해야 한다. 무엇보다 존재의 사실성을 중시하면서 직관을 통한 현상 이해에 도달하고자 한 현상학은 신체에 대한 새로운 시각을 제공했다.

플라톤 이후 정신과 신체를 분명히 구분지어 변화하는 육체와 불멸의 영혼으로 규명한 뒤, 참된 인간성의 본질을 죽지 않는 실체인 영혼에서 찾고자 한 심신이원론은 신체를 매개로 하는 무용이 철학적으로 해석되지 못한 결정적인 이유가 되었다. 심신이원론에서 신체는 물질로서 열정과 감정, 본능과 충동 등이 특징이다. 이런 속성에만 충실하다면 인간은 동물과 다름없는 상태로 전락하게 된다. 심신이원론적 신체 이해를 불식시킨 것은 현상학을 새롭게 발전시키고 꽃피운 프랑스 철학자 메를로-퐁티다. 메를로-퐁티는 세계를 인식하는 주체로서 인간을 의식신체consciousnessbody 개념으로 설명했다. 즉 세계를 직관하는 신체적 주관 개념을 제시함으로써 대상을 인식하는 것이 정신만의 활동이 아니라 의식과 신체가 함께 작용하는 것이라고 주장한 것이다. 인간이 세계를 지각하는 데 신체가 중요한 역할을 한다고 인식하는 현상학적 돌풍은 여러 학문 분야에 불어닥쳤다.

현상학적 신체 개념 등장 이후 무용 철학 논의가 활발해지고 현상학적 무용 해석의 시도가 일어났다. 무용 철학자 맥신 쉬츠-존스턴Maxine Sheets-Johnstone은 『무용 현상학』The Phenomenology of Dance, 1966에서 메를로-퐁티의 현상학 개념을 춤에 적용해 새로운 무용 철학 해석을 시도했다. 쉬츠-존스턴은 움직임을 통해 표현되는 '힘시간공간'forcetimespace으로 무용을 설명했다. 이는 전통적으로 무용의 구성요소라 생각된 힘, 시간, 공간을 분리할 수 없는 총체로 보는 개념이다. 쉬츠는 무용을 전객관적으로 보고 '움직이는-물체'object-in-motion라는 새로운 용어로 표현했다. 이는 메를로-퐁티의 '세계 내 존재'being-in-the-world와 같다고 보아도 무방할 것이다. 그리고 무용수는 춤에 공간성과 시간성을 부여하는 힘의 중심점으로 '만들어지는-형태'form-in-the-making라 설명했는데, 이는 통상 춤과 무용수를 분리시키는 시각을 거부한 것이다. 쉬츠의 현상학적 해석의 성과는 무용을 새롭게 보고 접근할 수 있는 가능성을 제시해준 것이다.

무용을 전공한 최초의 무용 철학자로서 쉬츠의 무용 이론은 수잔 랭거의 무용 예술론과 함께 당시 대학 무용과가 학문으로서 무용 예술의 위상을 인정받기 위해 절실히 필요로 하던 이론을 제공한 셈이었다.

그러므로 모든 예술의 모태로서 가장 오래된 인간 활동 중 하나인 무용이 새롭게 해석되기 위해서는 세계를 바라보는 시각을 근본적으로 재정립할 필요가 있었던 것이다. 현상학적 관점이 보장하는 육화된 정신으로서의 신체 인식과 함께, 무용은 인간의 존재 표명이라는 예술 활동을 위해 가장 근사하고 지적인 매체를 지닌 예술이 되었다.

후기 현대파 춤 Post-modern Dance

1960~70년대 무용 사상에 근원적인 질문을 제기하는 무용가들이 등장했는데, 이들은 저드슨 그룹 Judson Dance Theater, 1962~64의 작업에서 비롯되었다. 저드슨 그룹은 커닝엄 스튜디오에서 열린 무용 창작 수업의 결과를 공연하면서 공식 무용단으로 탄생했다. 1950년대의 전위정신을 대변하는 머스 커닝엄은 이들 후기 현대파의 모태가 되었다. 머스 커닝엄은 현대무용의 압도적인 정조주의와 표현주의 그리고 전통 안무 방식에 도전했다. 후기 현대파는 머스 커닝엄의 실험정신을 더욱 극단적으로 몰고 간 유파로, 이들은 무용의 존재 방식 자체에 대한 물음을 통해 무용의 가능성을 무한정 넓혀놓았다.

포스트모던 댄스의 선구 저드슨 그룹의 안무와 공연 활동에는 춤 훈련을 전혀 받은 적 없는 미술가, 작곡가, 시인, 철학자, 영화 제작자 등이 참여했다. 이들 후기 현대파 움직임의 구성원은 트리샤 브라운, 이본 레이너, 스티브 팩스턴, 루신다 차일즈, 주디스 던, 데이비드 고든, 알렉스 헤이와 데버러 헤이, 메러디스 멍크, 루스 에머슨, 로버트 모리스, 로버트 라우션버그, 로버트 윌슨 등이었다. 후기 현대파 실험의 초기에 참가한 인접 예술 전공자들은 이후 모두 자기 분야에서 전위적 실험의 선구가 되었다. 미술에서 로버트 라우션버그나 로버트 모리스, 음악에서 존 맥도웰이나 로버트 윌슨, 그리고 나중에 하버드 대학의 철학 교수가 되는 넬슨 굿맨이 대표적이다. 1960년대 저드슨의 실험은 다양한 안무법 개발과 현대춤에 대한 상대적인 존재 방식을 탐구한 철학적 노력이었다. 이들의 특징은 자연스러운 움직임과 비움직임non movement, 비무용수non dancer, 신체 노출 그리고 일상복과 일상적 대상이다.

'포스트모던 댄스'란 용어는 이들 후기 현대파 움직임의 대변인으로 인식되던 이본 레이너에 의해 1960년대 초 처음 사용되었는데, 이는 1960~90년대에 이르기까지 모든 종류의 실험적인 무용을 뜻한다. 이들이 처음 등장했을 때는 '새로운 실험주의자' 혹은 '극단적인 전위파'라고 불리다가 1975년경에야 '포스트모던 댄스'라는 명칭이 일반적으로 사용되었다. 후기 현대파 춤은 현대무용의 구성과 표현상 구속에 대한 반동으로, 전통적으로 춤을 구성하는 모든 형식 요소를 문제 삼아 제거했다. 이들은 프로시니엄 극장에서 고도로 훈련된 무용수들이 제시해야 한다는 전통적인 안무 개념을 거부했다.

후기 현대파는 당시 확고한 양식을 갖추고 논리적으로 정형화된 현대무용에서 그 구성 개념과 구조적 틀을 이루는 모든 요소를 해체하고 거부했다. 이들은 무용의 본질에 대한 물음을 주제로 실험했으며, 예술로서 춤의 가장 기본적인 이론적 가전제 모두에 도전했다. 즉 출중하게 훈련된 몸에 의해 특별한 기술로 극적으로 구성해 특별한 장소에서 공연한다는 인식을 거부한 것이다. 포스트모던 안무가들은 스펙터클보다는 구조에 더 큰 관심을 가졌고 평범하고 스타일이라곤 없는 발견된 움직임과 과제를 수행했다. 이들은 절제된 움직임과 일상적인 스텝과 동작 언어를 강조했고 그런 춤은 훈련을 받지 않은 초보자라도 누구나 출 수 있었다. 무용 예술의 전제들에 대한 도전과 제거 노력은 이 그룹의 목표가 기존 무용에서 발견할 수 있는 것이 아닌 외부에서 새로

1989년 허드슨 강에서 재연된 트리샤 브라운의 「Raft Piece」(1973).
세 명의 무용수가 뗏목에 누워 움직이면 진동으로 인해 다른 무용수가 영향을 받는다.

운 무용 언어를 발견하고자 한 것이라는 점에서 비무용 혹은 반무용적이라 할 수 있다.

후기 현대파의 초기 사상은 저드슨 무용단 세대에서 가장 강력한 영향력을 발휘한 이본 레이너가 1965년에 발표한 성명서에 잘 요약되어 있다. 그것은 '부정의 예술' 이념으로 전통 극장 예술과 무용의 매력 또는 핵심 요소들을 부정하는 리스트를 열거한 것이다. 그 결과 후기 현대파 춤에서는 전문 무용수와 기술, 캐릭터, 안무까지 사라지고 거의 즉흥에 가까운 무대가 되었다. 1960~70년대까지 후기 현대파 춤은 근본적으로 해프닝이나 복합매체 예술 이벤트, 공연 형식을 취했다. 포스트모더니즘은 이런 퍼포먼스 행위를 통해 관객의 감동보다는 예술가의 창의성과 씨름하는 문제의식을 중요시했다는 점에서 획기적이다. 이들은 애초에 관객의 존재를 인정하지 않았고 관객에 대한 인식이 희박하므로 그들을 즐겁게 한다거나 매혹시킨다는 생각이 전혀 없었다. 트와일라 타프는 자서전 『*Push Comes to Shove*』에서 "저드슨 공연에서는 모두 걷거나 달렸다. 만약 춤을 추었다면 아마도 객석이 만원사례가 됐을 것이다"라고 기록했다. 무용 비평가 애덤 고프닉Adam Gopnik, 1956~이 『뉴요커』 지에서 탄식했듯이 포스트모던 댄스는 무엇보다도 '관객을 뒷전에 두는 예술'post-audience art이었다.

후기 현대파 춤의 정신을 구체적으로 보여준 2세대 후기 현대파 무용단인 그랜드 유니온Grand Union 결성으로 무용은 철학적 운동장이 되었다. 그랜드 유니온이란 이름도 후기 현대파 춤이 공동 작업으로 이루어지고 안무자의 역할이 경미해지면서, 안무자의 이름을 따서 무용단 이름을 짓는 전통 방식이 아니라 록 밴드처럼 '농장'The Farm, '애크미 무용단'Acme Dance Co., '더 하우스'The House 등으로 짓는 당시 세태를 보여주는 것이다. 그랜드 유니온의 공연은 근본적으로 해프닝 성격이며 기술이나 무대에는 관심이 없었고 개인의 창의성에만 몰두했다. 이들은 춤을 꼭 극장에서만 추어야 하는지, 3차원 공간에서 중력을 받으며 추어야 하는지, 아니면 일정한 장소에서 시작되고 끝나야 하는지, 그리고 반드시 무대에서 행해야 하는지에 대한 물음을 실천했다. 나아가 무용이 꼭 움직여야 하는지, 무용은 꼭 보여야 하는지 등에 대한 물음으로 몇 시간씩 움직이지 않고 가만히 서 있거나 막 뒤에서 쿵쿵거리며 움직이는 소리만 들을 수 있도록 한 공연도 있었다.

'포스트모던 댄스'라는 명칭 아래 분류되는 안무자와 구성원 각각의 생각과 목표는 매우 다양하다. 하지만 공통점은 춤을 본질적인 요소로 환원시키려는 강렬한 욕구였다. 후기 현대파의 반무용적이고 비무용적인 전략의 저의는 무용 매체 자체의 자율성을 실험하고 무용을 순수하고 비표현적인 예술로 만들고자 하는 생각에서였다. 1970년대 말 이후 이들의 극단적인 실험이 수그러들고 포스트모더니즘 무용단에도 다시금 의미와 감정, 이야기에 대한 새로운 관심이 등장했다. 이런 경향은 의미와 해석을 강조하는 후기 구조주의와 해체 이론 같은 지적 이론의 유행과 관련 있다. 포스트모더니즘의 활동은 결과적으로 무용에서 안무 방법과 공연 스타일, 의상, 공간, 움직임과 여타의 공연 요소들에서 선택의 자유를 증대시켰고 춤의 모습과 개념을 더욱 확장시켰다. 1980년대에는 '후기 현대파 다음 무용'after post-modern dance이라는 용어가 나오기도 했고 1990년대에 들어서는 '후기 현대파 이후 무용'post-post-modern dance이라 지칭되는 예술가나 활동이 전개되었다. 오늘날 1960~70년대식의 극심한 후기 현대파 움직임은 사라졌으나 이들의 유산은 컨템퍼러리 댄스에서 발견된다.

이본 레이너의 「We Shall Run」(1963).

후기 현대파의 이론적 기초는 당대 유행한 후기 구조주의 사상에서 찾을 수 있다. 후기 구조주의는 특정 텍스트가 하나의 목적이나 의미, 혹은 단 하나로서만 존재한다는 생각을 거부했다. 대신 모든 독자가 개인적인 의도와 의미 그리고 존재를 주어진 텍스트에서 새롭게 발견한다는 것이다. 롤랑 바르트Roland Barthes, 1915~80가 말하는『저자의 죽음』*The Death of the Author*, 1968이란 주어진 텍스트의 의미에 대해 작자가 더 이상 확실한 원천이 될 수 없다는 것이다. 텍스트는 '독자의 탄생'으로 새로운 의미로 증식될 수 있는 것이다.

이런 생각은 머스 커닝엄이 안무의 의도를 관객에게 강요하지 않기 위해 우연성과 열린 장을 만들어낸 1950년대의 작품 세계에서 이미 사상적 시초를 찾아볼 수 있다. 머스 커닝엄은 움직임과 음악, 의상, 장치 등을 서로 종속되지 않은 독립적인 존재로 제작해 공연 당일 무대에서 처음 만나게 했다. 그리하여 개별적인 공연 요소들이 동시에 관객의 눈앞에서 처음 만나 각자 모습을 드러내는 열린 장을 만들어내고 이 동시적 사건을 어떻게 받아들이고 볼 것이냐는 관객에게 일임한 것이다. 후기 현대파 무용의 모태격인 머스 커닝엄의 시도는 후기 구조주의의 핵심 이론들이 형성되기 10여 년 전 작업이라는 점에서 천재성이 돋보인다. 이런 경향은 라디오를 틀어놓은 채 신문기사를 낭독하며 움직이는 것처럼 동시적 공연 방식으로 다양한 텍스트 융합과 새로운 의미 탄생을 시도한 후기 현대파 작품으로 계승되었다.

참고문헌

김말복, 『무용예술론』, 금광, 1987.
김말복, 『무용예술의 이해』, 이화여자대학교 출판부, 2003.
김말복, 『우리 춤』, 이화여자대학교 출판부, 2005.
김말복, 『증언으로 듣는 한국근대무용사』, 두솔, 2007.
김말복, 『춤과 몸』, 이화여자대학교 출판부, 2010.
김말복, 『Korean Dance』, 이화여자대학교 출판부, 2005.
김말복 외, 『한국의 일상문화와 몸』, 이화여자대학교 출판부, 2006.
김말복 외, 『효명세자연구』, 두솔, 2005.
김숙현 외, 『한국인과 문화간 커뮤니케이션』, 커뮤니케이션북스, 2001.
김영기, 『한국미의 이해』, 이화여자대학교 출판부, 1998.
김영주, 『한국미술사』, 나남출판, 1997.
김우룡 외, 『비언어적 커뮤니케이션론』, 나남출판, 2004.
김정기, 『한국미술의 미의식』, 한국정신문화연구원, 1984.
김정탁, 『노장, 공맹 그리고 맥루한까지』, 월간 넥스트, 2004.
김정탁, 『禮&藝』, 한울아카데미, 2004.
김찬정, 『춤꾼 최승희』, 한국 방송 출판, 2002.
데이빗 베스트, 김말복 옮김, 『움직임과 예술에 있어서 표현』, 현대미학사, 1995.
도리스 험프리, 김말복·김옥규 옮김, 『현대무용입문』, 청하, 1983.
마크 존슨·조지 레이코프, 임지룡·노양진 옮김, 『몸의 철학』, 박이정, 2002.
맥신 쉬츠-존스턴, 김말복 옮김, 『무용의 현상학』 예전사, 1994.
모로하시 데츠지, 심우성 옮김, 『공자 노자 석가』, 도서출판 동아시아, 2003.
모리스 메를로-퐁티, 오병남 옮김, 『현상학과 예술』, 서광사, 1990.

미우라 구니오, 『주자와 기 그리고 몸』, 예문서원, 2003.
박석준, 『몸』, 산해, 2001.
박이문, 『자연, 인간, 언어』, 철학과 현실사, 1998.
베르너 융, 장희창 옮김, 『미메시스에서 시뮬라시옹까지』, 경성대학교 출판부, 2006.
브라이언 터너, 임인숙 옮김, 『몸과 사회』, 몸과 마음, 2002.
서복관, 『중국예술정신』, 동문선, 1990.
성경린, 『韓國傳統舞踊』, 일지사, 1975.
스티븐 컨, 이성동 옮김, 『육체의 문화사』, 의암출판, 1996.
안휘준, 『한국회화의 전통』, 문예출판사, 1988.
앤 허치슨 게스트, 김말복·조은숙 옮김, 『무용보의 역사와 실제』, 예전사, 2001.
양주한, 황갑연 옮김, 『중용 철학』, 서광사, 1984.
요하네스 휠스베르거, 강성위 옮김, 『서양철학사』 상·하, 이문출판사, 1991.
우리사상연구소 엮음, 『우리말 철학사전』, 지식산업사, 2002.
유아사 야스오, 이정배 외 옮김, 『몸과 우주』, 지식산업사, 2004.
윤재근, 『동양의 미학』, 둥지, 1993.
이거룡 외, 『몸』, 한길사, 1999.
이광세, 『동양과 서양 두 지평선의 융합』, 길, 1998.
이동철 외 엮음, 『21세기의 동양철학』, 을유문화사, 2005.
이시다 히데미, 이동철 옮김, 『기 흐르는 신체』, 열린책들, 1996.
이택후, 『화하미학』, 동문선, 1990.
임법융, 『도덕경 석의』, 여강출판사, 1999.
장사훈, 『韓國傳統舞踊硏究』, 일지사, 1977.
장파, 유중하 외 옮김, 『동양과 서양, 그리고 미학』, 푸른숲, 1999.
정화열, 『몸의 정치』, 민음사, 1999.
조앤 카스, 김말복 옮김, 『역사 속의 춤』, 이화여자대학교 출판부, 1999.
조요한, 『한국미의 조명』, 열화당, 1999.
주디스 알터, 김말복 옮김, 『무용:그 실제와 이론』, 예전사, 1994.

최봉영, 『한국문화의 성격』, 사계절, 1997.
최영진, 『동양과 서양』, 지식산업사, 1993.
크리스 쉴링, 임인숙 옮김, 『몸의 사회학』, 나남출판, 1999.
펜처 · 제랄드 마이어스 엮음, 김말복 옮김, 『무용의 철학』, 예전사, 1993.
한국정신문화연구원, 『한국 전통 예술의 미의식』, 고려원, 1985.
황준영, 『한국 사상의 이해』, 박영사, 1992.
Christy Adair, *Women and Dance*, New York: New York University Press, 1992.
David Best, *Expression in Movement and the Arts*, London: George Allen and Unwin Ltd., 1978.
Deborah Jowitt, *Time and the Dancing Image*, Berkeley: University of California Press, 1988.
Debra Craine and Judith Mackrell, *The Oxford Dictionary of Dance*, New York and Oxford: Oxford University Press, 2000.
F. S. C. Northrop, *The Meeting of East and West*, The Macmillan Company, 1946.
Felicia McCarren, *Dance Pathologies*, Stanford: Stanford University Press, 1998.
Francis Sparshott, *A Measured Pace*, University of Toronto Press, 1955.
Francis Sparshott, *Off the Ground*, Princeton University Press, 1988.
Jack Anderson, *Ballet and Modern Dance: A Concise History*, New Jersey: Princeton Book Company, 1992.
John Martin, *The Modern Dance*, New York: Standard Book, 1933.
John Rudlin, *Commedia dell'Arte*, New York and London: Routledge, 1994.
Lynn Garafola(ed.), *Diaghilev's Ballets Russes*, New York and Oxford: Oxford University Press, 1989.
Lynn Garafola(ed.), *Rethinking the Sylph*, Hanover: Wesleyan University Press, 1997.

Martha Bremser, *Fifty Contemporary Choreographers*, New York and London: Routledge, 1999.

Mary Clarke and Clement Crisp, *The History of Dance*, New York: Crown Publishers Inc., 1981.

Maurice Merleau-Ponty, Colin Smith trans, *Phenomenology of Perception*, London: Routledge&Kegan Paul, 1962.

Maxine Sheets-Johnstone(ed.), *Illuminating Dance: Philosophical Essays*, London: Bucknell University Press, 1984.

Maxine Sheets-Johnstone, *The Phenomenology of Dance*, London: Dance Books Ltd., 1966.

Paul Edwards(ed.), *The Encyclopedia of Philosophy vol. 1~7*, New York: The Macmillan Company&the Free Press, 1975.

Philip P. Wiener(ed.), *Dictionary of the History of Ideas: Studies of Selected Pivotal Ideas vol. 1~4*, Charles Scribner's sons, 1979.

Ray Billington, *Understanding Eastern Philosophy*, New York and London: Routledge, 1997.

Richard Kraus and Sarah Chapman, *History of the Dance in Art and Education(2nd edition)*, New Jersey: Prentice-Hall Inc., 1981.

Richard Nelson Current and Marcia Ewing Current, *Loie Fuller*, Boston: Northeastern University Press, 1997.

Robert Greskovic, *Ballet 101*, New York: Hyperion, 1998.

Roger Copeland and Marshall Cohen(eds.), *What Is Dance*, New York and Oxford: Oxford University Press, 1983.

Sally Banes, *Terpsichore in Sneakers: Post-Modern Dance*, Middletown: Wesleyan University Press, 1987.

Sarah Nettleton and Jonathan Watson, *The Body in Everyday Life*, London and New York: Routledge, 1998.

Selma Jeanne Cohen(ed.), *Dance as a Theatre Art*, New York: Harper&Row, 1974.

Selma Jeanne Cohen(ed.), *International Encyclopedia of Dance vol. 1~6*, New York and Oxford: Oxford University Press, 2004.

Susan Au, *Ballet and Modern Dance*, New York: Thames&Hudson Inc., 2002.

Walter Sorell, *Dance in Its Time*, New York: Columbia University Press, 1981.

그림출처

007 The celebrated Pas de quatre composed by Jules Perrot, 1845, NYPL.
010 이영숙, 『발레와 복식문화사』, 형설출판사, 2001, p.121.
025 Marie Taglioni als Satanella im gleichnamigen Ballet, 1853, NYPL.
045 이건용, 『작곡가 이건용의 현대음악강의』, 한길사, 2011, p.102.
048 Jane Desmond, *Dancing Desires: Choreographing Sexualities on and off the Stage*, Wisconsin: the University of Wisconsin Press, 2001, 표지. (ⓒCylla von Tiedemann)
054 (왼쪽) Selma Jeanne Cohen(ed.), *International Encyclopedia of Dance vol.3*, New York and Oxford: Oxford University Press, 2004, p.93.
054 (오른쪽) _____, *International Encyclopedia of Dance vol.3*, New York and Oxford: Oxford University Press, 2004, p.91.
069 Elizabeth Kaye, *American Ballet Theatre: a 25-year retrospective*, Kansas City: Andrews McMeel Publishing, 1999, p.1.
070 Susan Au, *Ballet and Modern Dance*, New York: Thames&Hudson Inc., 2002, p.203.
075 Mary Clarke and Clement Crisp, *Ballet in Art: From the Renaissance to the Present*, London: Ash&Grant, 1978, p.67.
079 Barbara Morgan, *Martha Graham: Sixteen Dances in Photographs*, Morgan, 1980, p.28.
084 M. Gauci, Portrait of Mademoiselle Fanny Elssler, 1838, NYPL.
095 Yvonne Rainer, *Feelings are Facts: A Life*, Cambridge, Mass.: MIT Press, p.392.
104 (왼쪽) Deborah Jowitt, *Time and the Dancing Image*, Berkeley: University of California Press, 1988, p.109.

104 (오른쪽) _____, *Time and the Dancing Image*, Berkeley: University of California Press, 1988, p.112. (ⓒFoulsham and Banfield)

113 Allen Robertson, New French Dance, *The Drama Review 28(1)*, 1984, p.106.

119 유타 크라우트샤이트, 엄양선 옮김, 『춤』, 예경, 2005, p.60.

140 Mary Clarke and Clement Crisp, *The History of Dance*, New York: Crown Publishers Inc., 1981, p.96.

145 이은경, 『발레이야기』, 열화당, 2001.

151 (왼쪽) Mary Clarke and Clement Crisp, *The History of Dance*, New York: Crown Publishers Inc., 1981, p.178.

151 (오른쪽) _____, *The History of Dance*, New York: Crown Publishers Inc., 1981, p.179.

152 _____, *The History of Dance*, New York: Crown Publishers Inc., 1981, p.173.

162 _____, *The History of Dance*, New York: Crown Publishers Inc., 1981, p.106.

168 Selma Jeanne Cohen(ed.), *International Encyclopedia of Dance vol.5*, New York and Oxford: Oxford University Press, 2004, p.535.

173 Mary Clarke and Clement Crisp, *The History of Dance*, New York: Crown Publishers Inc., 1981, pp.102~103.

174 _____, *The History of Dance*, New York: Crown Publishers Inc., 1981, p.103.

184 Selma Jeanne Cohen(ed.), *International Encyclopedia of Dance vol.2*, New York and Oxford: Oxford University Press, 2004, p.332.

190 정병호, 『춤추는 최승희』, 현대미학사, 2004.

205 제랄드 조너스, 김채현 옮김, 『춤』, 청년사, p.76.

210 서인화 외 엮음, 『조선시대 진연 진찬 진하병풍』, 국립국악원, 2001, p.29.

225 Selma Jeanne Cohen(ed.), *International Encyclopedia of Dance vol.3*, New York and Oxford: Oxford University Press, 2004, p.382.

246 Lincoln Kirslein, *Four Centuries of Ballet: Fifty Masterworks*, New

York: Dover, 1984, p.217.
250 _____, *Four Centuries of Ballet: Fifty Masterworks*, New York: Dover, 1984, p.216.
257 Selma Jeanne Cohen(ed.), *International Encyclopedia of Dance vol.5*, New York and Oxford: Oxford University Press, 2004, p.628.
261 (왼쪽) 스티븐 에스크릿, 『아르누보』, 한길아트, 2000, p.101.
266 Selma Jeanne Cohen(ed.), *International Encyclopedia of Dance vol.1*, New York and Oxford: Oxford University Press, 2004, p.244. (ⓒPeter Moore)
269 _____, *International Encyclopedia of Dance vol.1*, New York and Oxford: Oxford University Press, 2004, p.245. (ⓒMonica Mosely)
273 Mary Clarke and Clement Crisp, *The History of Dance*, New York: Crown Publishers Inc., 1981, p.138.
277 Susan Au, *Ballet and Modern Dance*, New York: Thames&Hudson Inc., 2002, p.10.
278 Lincoln Kirstein, *Four Centuries of Ballet: Fifty Masterworks*, New York: Dover, 1984, p.57.
283 Mary Clarke and Clement Crisp, *The History of Dance*, New York: Crown Publishers Inc., 1981, p.237.
288 Selma Jeanne Cohen(ed.), *International Encyclopedia of Dance vol.1*, New York and Oxford: Oxford University Press, 2004, p.634. (ⓒPeter Moore)
293 헌선도, 국립국악원 무용단
297 Allen Robertson and Donald Hutera, *Dance Handbook*, Longman Group Uk Limited, 1988, p.95.
298 Tim Scholl, *From Petipa to Balanchine*, London&New York: Routledge, 1994, p.102.
318 (위·아래) Nobert Servos, *Pina Bausch*, Kieser Verlag, 2008.
324 (왼쪽) Mary Clarke and Clement Crisp, *Dancer*, London: British Broadcasting Co., 1984, p.45.

324 (오른쪽) Selma Jeanne Cohen(ed.), *International Encyclopedia of Dance vol.6*, New York and Oxford: Oxford University Press, 2004, p.98. (ⓒJames J. Kriegsmann)

329 _____, *International Encyclopedia of Dance vol.1*, New York and Oxford: Oxford University Press, 2004, p.271.

358 _____, *International Encyclopedia of Dance vol.1*, New York and Oxford: Oxford University Press, 2004, p.379.

375 (위) _____, *International Encyclopedia of Dance vol.2*, New York and Oxford: Oxford University Press, 2004, p.291. (ⓒJed Downhill)

375 (아래) Deborah Jowitt, *Time and the Dancing Image*, Berkeley: University of California Press, 1988, p.293. (ⓒJames Klosty)

380 Selma Jeanne Cohen(ed.), *International Encyclopedia of Dance vol.3*, New York and Oxford: Oxford University Press, 2004, p.595.

400 _____, *International Encyclopedia of Dance vol.5*, New York and Oxford: Oxford University Press, 2004, p.534.

403 Susan Au, *Ballet and Modern Dance*, New York: Thames&Hudson Inc., 2002, p.22.

415 Selma Jeanne Cohen(ed.), *International Encyclopedia of Dance vol.6*, New York and Oxford: Oxford University Press, 2004, p.162.

447 Susan Au, *Ballet and Modern Dance*, New York: Thames&Hudson Inc., 2002, p.154.

448 Deborah Jowitt, *Time and the Dancing Image*, Berkeley: University of California Press, 1988, p.315. (ⓒBruce Jones)

478 (왼쪽) Selma Jeanne Cohen(ed.), *International Encyclopedia of Dance vol.2*, New York and Oxford: Oxford University Press, 2004, p.377.

481 Ruth St. Denis and Ted Shawn in an out-of-doors photo, 1915, NYPL.

508 Selma Jeanne Cohen(ed.), *International Encyclopedia of Dance vol.6*, New York and Oxford: Oxford University Press, 2004, p.163.

511 Deborah Jowitt, *Time and the Dancing Image*, Berkeley: University of California Press, 1988, p.318. (ⓒPeter Moore)

찾아보기

이 책에 등장하는 인물을 가나다순서로 정렬하고,
각 인물 아래에 이 책에서 언급한 해당 인물의 작품을 정리하였습니다.

ㄱ

가그리아노 254
가르델, 피에르 172
　「La Dansomanie」 172
가브릴로프, 알렉산드르 90
가보, 나움 149
갈로타, 장-클로드 38, 116, 409
고갱, 폴 477
고든, 데이비드 289, 506
고슬린, 주느비에브 394
고티에, 테오필 28, 29, 82, 83, 88,
　93, 102, 103, 105, 454
　「지젤」 29, 82, 102, 367
고프닉, 애덤 509
괴테, 요한 141, 479
굿맨, 넬슨 455, 506
귀리, 마리아 362
그라시안, 벨타사르 475
그란, 루실 86
그레고리, 존 284
그레이엄, 마사 79, 80, 112, 191,
　419, 420, 421, 483, 485
　「개척자」 79, 80
　「밤의 여행」 80

「원시적 성찬」 80
그로스, 샐리 289
그로피우스, 발터 244, 245, 248
그룸스, 레드 414
그리스, 후안 149
그리지, 카를로타 82, 86, 367
글로버, 새비언 326
김백봉 189
김일성 192, 193

ㄴ

나폴레옹 142, 393
네비, 푀브 289
노베르, 장-조르주 146, 201, 344,
　392, 402, 404, 442, 443, 444, 453
　『무용과 발레에의 편지』 146, 442
노스, 마리온 123
누레예프, 루돌프 156, 157
니진스카, 브로니슬라바 46, 149
니진스키, 바슬라프 44~47, 49, 89,
　91, 149, 153, 156, 157, 382
　「나르시스」 44, 46, 382
　「목신의 오후」 45
　「셰에라자드」 44

찾아보기 523

「장미의 정령」 44, 46
니체 463, 495
니콜라이, 얼윈 57, 112, 201, 237, 251, 263, 267, 271, 498

ㄷ

다구, 마리 101
다닐로바, 마리아 394
다윈, 찰스 385
다인, 짐 414
단테, 알리기에리 253
달크로즈, 자크 35, 341, 379, 381~383, 496
    『리듬ㆍ음악ㆍ교육』 382
    「에코와 나르시스」 382
    『유리드믹스, 예술과 교육』 382
    『자크 달크로즈 메소드』 381
던, 로버트 285, 385
던, 주디스 289, 506
던햄, 캐서린 284
덩컨, 이사도라 32, 34, 49, 52, 77, 78, 80, 103, 188, 227~229, 235, 236, 240~242, 328, 341, 381, 383, 385, 404, 405, 418, 426, 455, 464, 476, 479, 480, 482, 498
    「루바이야」 480
    『My Life』 32
데니스, 루스 세인트 181, 227, 240, 341, 383, 385, 405, 462, 478~482
    「라다」 478, 482

「미완성 교향곡」 383
『An Unfinished Life』 482
데비, 리타 483
데즈몬드, 올가 34
데카르트, 르네 444, 466, 467, 468, 469
델사르트, 프랑수아 242, 339, 340, 341, 379
두블러, 마거릿 123, 385, 426, 484~486
뒤보스, 장-바티스트 452, 453
뒤샹, 마르셀 268
듀복, 오딜 116
듀이, 존 385
드가, 에드가르 24, 31
드뷔로, 장 393
드뷔시, 클로드 149
드쿠플레, 필립 116, 393, 409, 411
디드로, 드니 139, 444, 452, 453
    『백과사전』 139
디아길레프, 세르게이 44, 47, 87, 91, 148~150, 153~155, 265, 327, 382, 406, 479
딕스트라, 브람 103
딘, 로라 483

ㄹ

라너, 요제프 172
라리우, 다니엘 116
라모, 장-필리프 275

「Les Indes Galante」 275
라모, 피에르 429
『The Dancing Master』 429
라반, 루돌프 123, 236, 249, 315, 354, 385, 426, 496
라벨, 모리스 149
라신, 장-바티스트 501
라우션버그, 로버트 406, 412, 414, 506
라이징거, 줄리우스 65
  「백조의 호수」 65
라퐁텐, 마드무아젤 402
  「사랑의 승리」 402
람뷔레, 캐서린 드 101
랑거, 수잔 425, 426, 455, 504
  『Feeling and Form』 425
램버트, 마리 382
러셀, 헨리에타 341
레냐니, 피에리나 67, 363
  「백조의 호수」 67, 363
  「신데렐라」 67
레빈, 데이비드 455
레빙송, 앙드레 105, 454, 455
레오나르도 다빈치 253
레오폴드 1세 223, 224
  「La Contessa dell'Aria e dell'Acqua」 224
레이너, 이본 37, 81, 116, 266, 286, 289, 385, 386, 406, 445~447, 506, 507, 509, 511

「룸서비스」 266, 446
「즉흥에 관한 몇 가지 생각들」 386
「트리오 A」 81, 446, 447
로댕, 오귀스트 52, 53
로덴바흐, 조르주 262
로레인 공주 279
로렌초 대공 194
로렌초 메디치 공 194
로빈스, 제롬 284
  「웨스트사이드 스토리」 283, 284
로빈슨, 빌 323, 324
로사이, 게오르게 47
로슬레임 278
로에, 미스 반 데어 244
로크, 에두아르 409
로트라인, 알렌 289
로포코바, 리디아 90
루빈스타인, 이다 104, 105, 480
루소, 장 자크 139
루오, 조르주 149
루이 13세 203, 219, 221, 371, 372, 401
  「Les Triomphe」 372
루이 14세 42, 117, 119, 137, 140~143, 145, 160, 172, 202~207, 209, 214, 215, 219, 221, 223, 224, 272, 274, 353, 401, 428, 429, 500, 501
  「바커스 축제」 202
  「밤의 발레」 203, 205, 214

찾아보기 525

「카산드르」 202
루이즈 여왕 279
루키아노스 390, 391, 429, 451, 493
룰리, 장-바티스트 119, 139, 214~216, 273~275, 501, 502
　「강제 결혼」 214
　「사랑의 승리」 402, 502
뤼미에르 형제 405
　「불의 춤」 405
리몽, 호세 420
리슐리외, 아르망 204, 214, 371, 399, 401
리처즈, 메리 412, 413
리파르, 세르주 47
리폴드, 리처드 412
리폴트, 루이즈 413
링케, 수잔 315

□

마골리스, 조지프 455
마돈나 409
마랭, 마기 113, 116, 321
마신, 레오니데 152, 154, 406
　「송시」 406
　「퍼레이드」 152, 154
마자랭, 쥘 202, 204, 214, 272, 275
마티스, 앙리 149
마틴, 존 192, 228, 230, 307, 426, 456, 484~486
마틴스, 피터 297, 329

말라르메, 스테판 52, 454
맥도웰, 존 506
맥케이, 스틸 340
맥루언, 마셜 13, 78
멍크, 메러디스 268, 269, 289, 383, 506
메네스트리에, 클로드 223, 452
　『Les Ballets Anciens et Modernes Selon les Règles du Theatre』 452
메디치, 캐서린 드 110, 194, 195~197, 221, 276, 277, 279, 280
　「왕비의 희극 발레」 110, 196, 197, 276, 277, 278, 343, 370
　「폴란드인의 발레」 197
메를로-퐁티 468, 504
멜리에스, 조르주 405
모니에, 마틸드 116
모리스, 로버트 289, 414, 448, 506
모리스, 마크 47~49
　「디도와 아이네이스」 47, 48
　「하드 너트」 47
모차르트, 볼프강 172
모호이너지, 라슬로 244
몬테베르디, 클라우디오 224, 254
　「Mercury and Mars」 224
몰리에르, 장-바티스트 200, 214, 215, 501
　「강제 결혼」 214
　「상상병 환자」 215
　「서민 귀족」 215

「프시케」 215
「훼방꾼들」 214
몽탈보, 호세 411
무소륵스키 149
미드, 마거릿 42
미란돌라, 조반니 452
미로, 호안 149
미치오 이토 382
미테랑, 프랑수아 409, 115

ㅂ
바가노바, 아그리피나 364
바그너, 리하르트 53, 148, 175
　「발키리의 기행」 53
바라타 432
　「나탸샤스트라」 432
바르트, 롤랑 512
　『저자의 죽음』 512
바리시니코프, 미하일 157
바실루스 389, 390
바우시, 피나 38, 270, 315~321
　「봄의 제전」 316
바이어스, 파니 394
바이프, 장-앙투안 드 383
바쿠, 이시이 188, 189
바테니프, 엄가드 123
바퇴, 샤를 452, 453
박스트, 레온 68, 149~151, 480
　「셰에라자드」 151, 480
박연 294

반데케이부스, 빔 38, 409
반스, 클라이브 321
발라, 자코모 267
　「불꽃놀이」 267
발란신, 조지 36, 37, 61, 67, 77, 150,
　155, 156, 191, 282, 296~300,
　327~330, 374, 397, 455, 456, 486
　「세레나데」 61, 296
　「On Your Toe」 282
　「Slaughter on 10th Avenue」 282
발레 루스 42~44, 49, 60, 87~89, 91,
　106, 148~150, 153~155, 237,
　264~267, 327, 406, 479
　「결혼」 87, 148, 154
　「동양인」 480
　「레 실피드」 60, 87, 148, 296
　「목신의 오후」 45, 87, 148
　「방탕한 아들」 87, 148, 150
　「봄의 제전」 87, 148, 254
　「불꽃놀이」 267
　「불새」 87, 148, 149
　「셰에라자드」 44, 151, 480
　「아폴로」 87, 148, 298
　「암사슴들」 87, 148
　「잠자는 숲 속의 공주」 88, 366
　「퍼레이드」 148, 152, 154, 155, 265
　「페트루슈카」 87, 148, 303
발레리, 폴 241, 454, 455
배랭, 장 274
백남준 406

밴더빅, 스탠 406
밸루아, 니넷디 383
버드, 보니 373
번스타인, 레너드 376
베네쉬, 루돌프 354
베네쉬, 조안 354
베롱, 루이-데지레 85
베버, 카를 88, 175
「무도에의 초대」 88, 175
베스트리스, 가에타노 118, 120
베스트리스, 오귀스트 120
베자르, 모리스 112
베토벤 175
베티, 발레리 498
벨, 제롬 41
벨, 클라이브 484
보드리야르, 장 427
보들레르, 샤를 78
보몽, 마르그리트 276
보샹, 피에르 119, 120, 202, 214, 274, 275, 353, 401, 404, 428~430, 500~502
「훼방꾼들」 214
보조이외, 발타사르 드 197, 276, 280, 361
「왕비의 희극 발레」 197
보티첼리, 산드로 32, 33
「프리마베라」 33
본, 매튜 70, 71, 106
「백조의 호수」 70, 71, 106

볼린스키, 아킴 454
볼테르 444
봄, 아돌프 47
부비에, 조엘 114
뷔젠탈, 그레테 381
브누아, 알렉산드르 149, 150
브라운, 트리샤 112, 289, 385, 406, 421, 506, 508
「A String」 406
「Raft Piece」 508
브라크, 조르주 149
브로이어, 마르셀 244
브로크웨이, 메릴 346
「비디오 이벤트」 346
브루놀리, 아말리아 394
블라시스, 카를로 28, 362, 365, 366
「*Traité Élémentaire Théorique et Pratique de l'Art de la Danse*」 362
비가노, 살바토레 383, 392
「타이탄」 392
「프로메테우스」 392
뷔그만, 마리 36, 78, 191, 201, 227, 230, 315, 382, 383, 385, 420, 486, 495~499
「마녀의 춤」 80, 496, 497, 499
비두, 앙드레 56
비어즐리, 먼로 455
빌라니, 아도레 34

ㅅ

사르트르, 장폴 465
사티, 에릭 149, 152, 154, 268, 413
  「퍼레이드」 152, 154
  「The Ruse of Medusa」 413
살레, 마리 49
상드, 조르주 101
생상스, 카미유 68
  「동물의 사육제」 68
  「백조」 68
샤넬, 코코 44, 154
  「푸른 열차」 154
샤르보뉴, 피에르 406
샤를 9세 280
샤원키스, 알렉산더 251
서머스, 일레인 289
설리반, 해리 123
성종 351
  『악학궤범』 351
세르노비치, 니콜라스 412
세잔, 폴 404
소바주, 마르셀 261, 262
소바주, 앙리 235
소크라테스 166, 440, 466, 474, 492
쇤베르크, 베시 383
쇼팽, 프레데리크 60, 172, 175, 296
숀, 테드 181, 341, 462, 482, 483
순조 208, 211, 213, 295
쉬츠-존스턴, 맥신 504
  『무용현상학』 504
쉴리 110
슈니만, 캐롤리 289
슈레이어, 로타르 245
슈베르트 175
슈퇴츨, 귄타 244
슈트라우스, 리하르트 149, 172
슈트라우스, 요한 172
슐레머, 오스카 236, 244~251, 267
  「3화음 발레」 245~251
  「곡예사」「Chorus of Masks」「Form Dance」「Gesture Dance」「Glass Dance」「Hoop Dance」「Metal Dance」「Musical Clown」「Space Dance」 249
스미스, 애덤 452, 453
스쿱, 트루디 123
스타니슬랍스키, 콘스탄틴 485
마담 드 스탈 101
스테빈스, 제네비에브 341
스테파노프, 블라디미르 353, 354
스토크스, 아드리안 454
스튜어트, 매리 280
스트라빈스키, 이고르 149, 150, 328, 374
  「불새」 149
  「아폴로」 150
스트렙, 엘리자베스 421
스파샷, 프랜시스 455, 459
  『A Measured Pace』 455
  『Off the Ground』 455

ㅇ

아들러, 알프레트 123
아르보, 토니오 159, 429, 452
　『오케소그라피』 429
아르킬로코스 130
아르토, 아토냉 268, 412
아른하임, 루돌프 455
아리스토텔레스 130, 429, 432, 440,
　441, 442, 451, 459, 466, 467, 488
　『시학』 429, 432, 442, 451, 488
　『정치학』 451
아우구스투스 389
아우구스티누스 451
아인슈타인, 알베르트 377
아퀴나스, 토마스 451
아테네우스 451
아틀라스, 찰스 346
아폴리네르, 기욤 154, 265
아피아, 아돌프 55, 236, 263, 382
안드로니쿠스, 리비우스 392
안막 192, 193
안지올리니, 가스파로 442
알렉산더 대왕 142
알베르티, 레온 398
압둘, 폴라 409
앙리 2세 194, 224, 110
앙리 3세 197, 276, 279, 280
앙리 4세 110, 203
앙투아네트, 마리 344
애스테어, 프레드 324, 325

앨런, 모드 103~105, 480, 482
　「살로메의 환영」 104, 480
야코, 사다 479
에드워드 7세 103
에디슨, 토머스 405
에른스트, 막스 149
에머슨, 루스 506
에반, 블랑쉬 123
에브레오, 굴리엘모 126
　『무용 예술 교습』 126
에쉬카, 셀리 349
에쉬콜, 노아 354
에스페냐, 릴리언 123
엘슬러, 파니 84, 86, 304, 305
　「카추차」 304, 305
영조 211
예카테리나 2세 62, 175, 313
오도 주교 136
오든, 위스턴 328
올덴버그, 클래스 414
올슨, 찰스 412
와이드먼, 찰스 282, 419, 483
와일드, 오스카 43, 44, 103
요스, 쿠르트 249, 315
　「녹색 테이블」 249
워링, 제임스 286
위고, 빅토르 27
위버, 존 453
위트릴로, 모리스 149
윌슨, 로버트 268, 321, 506

융, 카를 123
이바노프, 레프 66, 67
　「백조의 호수」 67
이스토미나, 아브도티아 394
이텐, 요하네스 244

ㅈ

작스, 쿠르트 426
잔캥, 클레망 253
잠볼로냐 366
잭슨, 마이클 409
정도전 292
정조 211, 212
조지 4세 175
존스, 빌 348, 349
　「Ghostcatching」 348, 349
존스턴, 질 289, 455
주아이외 공작 276
주은래 192

ㅊ

차이콥스키, 모데스트 66
차이콥스키, 표트르 65, 66, 175, 299, 374
　「백조의 호수」 65, 175
　「잠자는 숲 속의 공주」 175
　「호두까기 인형」 176
차일즈, 루신다 289, 406, 506, 112, 116
채플린, 찰리 200

체리토, 파니 86
체이스, 마리안 123, 124
첼리체프, 파벨 406
　「송시」 406
최승희 188~193
　『조선민족무용기본』 192

ㅋ

카로소, 파브리티오 452
카로, 마리아 드 394
카르두치, 알레산드로 224, 226
카마르고, 마리 92
카스틸리오네, 발타자르 452
카시러, 에른스트 425
카이저, 폴 349
카플란, 엘리엇 346
　「Points in Space」 347
칸딘스키, 바실리 244
칸트 466
칼리굴라 황제 391
캐슬, 버넌 255
캐슬, 아이린 256
커닝엄, 머스 112, 116, 237, 251, 264, 270, 271, 285, 286, 289, 309, 310, 346, 347, 349, 373~378, 404, 406, 412~416, 420, 445, 446, 506, 512
　「극장 작품 제1번」 413
　「박물관 이벤트」 416
　「비디오 이벤트」 346

「이야기」 414
「필드 댄스」 414
「Biped」 349
「Hand-drawn Spaces」 349
「Points in Space」 347
「Sixteen Dances for Soloist and Company of Three」 374
「Symphonie Pour un Homme Seul」 377
「Variation V」 406
케이지, 존 268, 285, 286, 373, 374, 376~378, 412, 413, 416
「극장 작품 제1번」 413
「Music of Changes」 373
「Fabrications」 375
「Boarst Park」 375
켈리, 진 325
코너, 필립 289
코지모 3세 224
「Il Mondo Festiggiante」 224
콕토, 장 152, 154
「퍼레이드」 152, 154
콜, 잭 282
콜링우드, 로빈 455, 489
쿠닝, 윌리엄 412, 413
쿠닝, 일레인 412, 413
퀴리, 마리 55
퀴리, 피에르 55
크레이그, 고든 55, 263
크로체, 베네데토 489

크리스티나 여왕 468
클레, 파울 244
클레멘스 7세 194
키리코, 조르조데 149
키어스매커, 안나 38, 409
킬리안, 지리 39
킹, 케네스 289

ㅌ
타미리스, 헬렌 36
타이난 38
타케이, 케이 483
타프, 트와일라 270, 421, 509
『Push Comes to Shove』 509
탈리오니, 마리 25, 28, 29, 60, 62, 73~75, 82, 86, 91, 92, 96, 296, 394, 396
「라 실피드」 27, 73~75, 82, 83, 96, 394, 396
탈리오니, 폴 25
테일러, 폴 286, 421
테틀리, 글렌 498
톨스토이, 레오 489
튜더, 데이비드 412
트리시노, 지안조르노 253

ㅍ
파렐, 수잔 297, 329
파브르, 얀 38
파블로바, 안나 68, 71, 242, 382, 375

「빈사의 백조」 68, 71, 242
팩스턴, 스티브 81, 289, 387, 406, 506
퍼셀, 헨리 47
페로, 쥘 24
페이시스트라투스 166
페트라르크 253
페트로세브스키 488
페프스너, 앙투안 149
포르코피에프, 세르게이 149, 150
 「방탕한 아들」 150
포르티, 시몬느 286, 385
포먼, 리차드 267
포사이드, 윌리엄 321, 410, 411
포킨, 미하일 44, 59, 60, 68, 88, 99, 103, 105, 149, 242, 296, 327, 328, 392, 480
 「나르시스」 88
 「빈사의 백조」 68, 242
 「셰에라자드」 480
 「쇼피니아나」 59, 60, 296
 「장미의 정령」 88
 「클레오파트라」 103, 105, 480
 「페트류슈카」 88
폰테인, 마고 67, 156, 157
표트르 대제 62
푸아티에, 디안 드 194
풀랑, 프란시스 149
풀러, 로이 49, 51~57, 78, 103, 227, 235, 236, 240, 241, 259~263,

265, 271, 281, 405, 413, 479, 480, 498
 「라듐 댄스」 55
 「불의 춤」 53, 54, 405
 「살로메의 비극」 480
 「서펜타인 댄스」 51, 262
 「태양 경배」 480
풀러, 벅민스터 412
퓨이에, 라울 353
 『무용교본』 353
프랑수아 1세 109, 110
프렐조카주, 앙젤렝 40
프로이트, 지그문트 105, 122, 123, 385, 461, 476
 『꿈의 해석』 105
프티파, 마리우스 63, 64, 69, 313, 327, 335, 337, 338, 344, 366, 374, 396
 「잠자는 숲 속의 공주」 366
플라톤 32, 166, 382, 438, 440, 441, 450, 466, 467, 488, 492, 493, 503
 『대화편』 467
 『변론』 166, 492
 『이온』 467
플루타르크 451
피아첸차, 도메니코 다 253, 452
 「Rostiboli」 253
피치노, 마르실리오 452
피카비아, 프랑시스 405
피카소, 파블로 44, 149, 150, 152,

154, 328
「퍼레이드」152, 154
피타고라스 466
핀다로스 439
필라데스 389, 390

ㅎ

하리, 마타 35
하이네, 하인리히 102
　『독일에 관하여』102
하인즈, 그레고리 325
하퍼, 허비 282
할프린, 안나 286, 385, 417
핼프린, 앤 38
험프리, 도리스 236, 282, 374, 383, 419, 420, 483, 485
헤겔, 게오르크 453, 466
헤세, 상-비티스트 442
헤시오도스 436
헤이, 데버러 289, 506

헤이, 알렉스 406, 506
헤코, 프레드 289
헤펜스톨, 레이너 454
헨리 8세 43
호머 166, 439, 493
　『일리아드』166, 493
호킨스, 알마 123
호킨스, 에릭 201, 420
호튼, 레스터 420
호프만, 라인힐트 315
홈, 하냐 383, 419, 420, 498
화이트하우스, 메리 123
효명세자 208, 209, 211~213, 295
　『열성어제』213
후설, 에드문트 503
휘트먼, 로버트 414
휴록, 솔 191
히포크라테스 129, 488, 494
힐, 마사 383
힐버딩, 프란츠 442

김말복

이화여자대학교와 동 대학원 무용과를 졸업한 뒤, 미국 위스콘신-메디슨 주립대학교에서 무용학박사학위(Ph.D.)를 취득했으며, 미국 페퍼다인대학교 경영대학원에서 수학했다. 현재 이화여자대학교 무용과 교수 및 학과장으로 있다. 저서로는 대한민국 학술원 우수학술도서인 『무용예술의 이해』를 비롯해 『춤과 몸』 『우리춤』 『Korean Dance』 『Dancing Korea』 『무용예술론』 등 20여 편의 저 역서를 집필했다. 본 저서 『무용예술코드』가 2012년 한국연구재단 인문사회분야 10년 대표 연구성과로 선정되어 교육부장관상을 수상했고, 「니체의 이성비판과 20세기 현대 춤의 반향」 「현상학적 무용해석의 과제」 「한국 춤에 나타난 미의식」 「춤에 나타난 동서양의 사고」 「처용무에 나타난 음양론적 의미」 「해체미학의 선구 머스 커닝엄」 「컨템포러리 댄스의 몸」 등 40여 편의 논문을 발표했다.